TEATRALIDAD Y EXPERIENCIA POLITICA
EN
AMERICA LATINA
(1957-1977)

Gustavo Geirola

TEATRALIDAD Y EXPERIENCIA POLITICA
EN
AMERICA LATINA
(1957-1977)

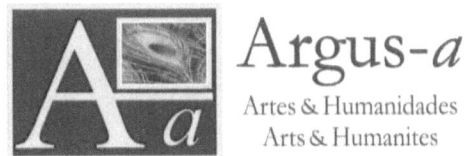

Buenos Aires, Argentina - Los Ángeles, USA
2018

Teatralidad y experiencia política en América Latina
(1957-1977)

Segunda edición: ISBN 978-1-944508-16-6

Ilustración de tapa: Vania Paola Bilen

© 2000 Gustavo Geirola
© 2017 Gustavo Geirola

Primera edición: Gestos, Irvine, California, 2000. ISBN 0-9656914-5-4

All rights reserved. This book or any portion thereof may not be reproduced or used in any manner whatsoever without the express written permission of the publisher except for the use of brief quotations in a book review or scholarly journal.

Editorial Argus-*a* Artes y Humanidades/Arts & Humanities
16944 Colchester Way,
Hacienda Heights, California 91745
U.S.A.

Calle 77 No. 1976 - Dto. C
1650 San Martín - Buenos Aires
ARGENTINA
www.argus-a.com.ar

A Marcelo, en su memoria

Brutus:

Between the acting of a dreadful thing
And the first motion, all the interim is
Like a phantasma, or a hideous dream.
The genius and the mortal instruments
Are then in council, and the state of a man,
Like to a little kingdom, suffers then
The nature of an insurrection.

Shakespeare, *Julius Caesar*, II, 1

"¡Por favor, carajos,
déjennos hacer tranquilos nuestra Edad Media!"

Gabriel García Márquez. *El general en su laberinto*, 132

RECONOCIMIENTOS

Aunque la escritura de este libro es de mi entera responsabilidad, debo indicar que es el producto de experiencias y conversaciones compartidas con muchas personas, sin cuyo entusiasmo, apoyo y talento jamás este trabajo hubiera llegado a término. La familia, los amigos, profesores, los colegas y estudiantes que he tenido a lo largo de muchos años recorriendo el noroeste argentino y que, contra muertes y exilios, siempre conservo en mi corazón, todos han colaborado desde perspectivas múltiples. La lista sería muy larga y correría indudablemente el riesgo del olvido y la injusticia. Sin embargo, no puedo dejar de nombrar el apoyo siempre incondicional de Tita Geirola y Donnie Bryant. Asimismo, quiero agradecer a Norma Borruel y a mis amigos Mabel Cepeda, Susana García, Cristina Guzzo, Omar Abraham, Aida Pierini, Marita Miguel, Nené Baunaly y Carlos Malcún, que me han mantenido siempre en contacto con la dolorosa realidad de mi país. Este trabajo se origina, sin duda, en la experiencia de esa Argentina diferente, siempre escamoteada por la soberbia e ignorancia porteñas, que Gustavo Fontanarrosa me abrió en Tucumán durante los años terribles de la dictadura; comenzó a balbucearse en las euforias del grupo Teatro de Hoy que formamos con Carlos Alsina, continuó luego en las noches incansables de trabajo, entre máscaras y pelucas, compartidos con Graciela Miranda en la humedad salteña de San Ramón de la Nueva Orán. Mariana Zarrabeitia es tal vez la responsable más directa de mi siempre precaria formación lacaniana. Kuki Amado y Graciela Córdoba politizaron cada palabra que atiné a pronunciar por el noroeste argentino. Juana Rodas me abrió con su cariño y entusiasmo la puerta a mi etapa norteamericana, y a su intervención debo mi amistad con el Dr. Mario A. Rojas de The Catholic University of America, a la Dra. Kirsten Nigro, a mis compañeros de Whittier College, en especial la Dra. Doreen O'Connor y el Dr. Rafael Chabrán, y finalmente a Lola Proaño-Gómez y los demás integrantes del Grupo de Investigación Teatral que el Dr. Juan Villegas coordina en la Universidad de California, Irvine. A todos, muchas gracias.

Este libro se funda en mi tesis doctoral presentada a Arizona State University en mayo de 1995. Quiero agradecer al Dr. David William Foster, quien me aconsejó con su incansable pericia crítica durante todos los años en que se gestó. Quiero agradecer también a los integrantes del comité académico de mis estudios doctorales en Arizona State University, al Dr. Manuel Jesús Hernández-Gutiérrez, por su cuidadosa lectura y sugerencias, y al Dr. Agustín Boyer, por su respetuosa actitud hacia mi proyecto.

INDICE

Introducción: La máquina de los Sesentas   1

**Capítulo I: Los sesentas latinoamericanos
y su óptica política**   15

1.	Introducción	15
2.	La teatralidad y el teatro	26
3.	Las estructuras teatrales	29
3.1	Espacio/lugar: pacto simbólico/ cambio imaginario	29
3.2	Semiótica del teatro/semiótica de la teatralidad	31
3.3	Teatralidad: geometría y campo escópico	32
3.4	La seducción: matriz de la teatralidad	33
3.4.1	X está mirando a Z, y Z no está mirando a X	34
3.4.2	X mira a Z y Z mira también a X	34
3.4.3	El cuerpo no está llano de ojos	35
3.5	Proliferación de las miradas/proliferación de los vectores	36
3.6	La teatralidad del goce	45

**Capítulo II: Desde Marx: Cuerpo
y máquina en la fábrica y en el teatro**   47

1.	La corporalidad y la fábrica	56
2.	Del taller al laboratorio, del laboratorio a la fábrica	62

**Capítulo III: La teatralidad de la guerrilla:
Sujeto, mirada, cuerpo**   69

1.	La consideración sartreana del prójimo	69
2.	Primera impugnación "sartreana" al método de Stanislavski	71
3.	La invisibilidad del Otro	76
4.	La mala fe y la renegación: hombre, muñeco, robot	77
5.	La creencia y los "realismos"	78
6.	La religiosidad de los *sesentas* y la mala fe	80

7.	Segunda impugnación "sartreana" al método de Stanislavski	81
8.	Hablar o ser hablado	84
9.	La máquina sartreana	86
10.	La lucha óptica: cuerpo propio vs. cuerpo ajeno	88
11.	La teatralidad de la guerrilla	91

Capítulo IV: La teatralidad de la guerrilla: de Loyola al Che Guevara — 101

1.	Cristóbal Colón, Don Quijote, Che Guevara	101
2.	Cimarrones y gauchos malos	107
3.	Teatralidad, lucha armada y religión	108
4.	Del cuerpo sacrificial al cuerpo obediente	114
5.	Imperativo jesuítico y organización guerrillera: el ideal de la masculinidad y la mujerización del prójimo	117
6.	La máquina jesuítica: delicia homoerótica y disciplina homosocial	127
7.	Disciplina y obediencia debida.	138
8.	La reinscripción de Ignacio de Loyola en los textos del Che Guevara.	142
9.	Reformismo y revolución: la promoción del modelo inimitable	153

Capítulo V: Prácticas teatrales de la utopía — 159

1.	Los autores: formas y temas	164
1.1	Rozenmacher y la paternidad	164
1.2	Dragún y la soledad del rebelde	165
1.3	Buenaventura y las trampas de la fe	169
1.4	Cristianismo en todas partes: Boal, Escambray, Carballido	172
2.	Perversión y metateatralidad: Villegas y Pavlovsky	173
2.1	Transgresión sexual y delación en la dinámica perversa de *Santa Catarina*	175
2.2	El silencio de la voz: Pavlovsky y la perversión metateatralizada	179
3.	El paraíso perdido del Escambray	183
4.	Luis Valdez y la negociación "espacial"	192
4.1	Cantinflas: del artesanado a la producción industrial	193

4.2	Brecht: tecnología y teatro popular	197
4.3	Brecht y Cantinflas: ¿extremos sintetizables?	200
4.4	Valdez: ¿síntesis estética o negociación cultural?	202
5.	Boal y los límites de la teatralidad	205
6.	*Happenings*	215
7.	La creación colectiva	220
8.	Los ideologemas de la producción teatral	227
8.1	De la ciencia/ideología	227
8.2	Del empirismo/criticismo	228
8.3	Del saber/ignorancia del público	229
8.4	Del proceso estético/proceso social	231
8.5	De la producción artesanal/producción fabril	231
8.6	Del reflejo/ilustración	232
8.7	Del lugar/espacio	233
8.8	De lo universal/lo revolucionario	234
9.	Un "lapsus" a manera de conclusión	236

Obras citadas 239

INTRODUCCION

La máquina de los Sesentas

> PACO: (*Con desprecio.*) ¡Las chicas jóvenes...! ¡Pero qué pueden interesarme las chicas jóvenes, Giuliana! ¡Son tan parecidas, que si uno no les hace una marquita, no las distingue!

Si la "epistemología de la pose" (Molloy, 134) define en parte un proceso ligado a la constitución de una dialéctica entre máscaras e identidades culturales cuyo momento de plenitud se registra desde fines del siglo pasado y modela en parte la experiencia del modernismo y de la modernidad latinoamericanos, Dragún pareciera subrayar un hecho que, si no diferente, al menos se presenta como la instancia de un proceso que se ha colectivizado. El fetiche cultural o bien el estereotipo parecen ser ahora máquinas ligadas a la producción de identificaciones, más que de identidades. En los *sesentas* los individuos parecen ofrecerse a una euforia donde su destino ya no es la diferenciación individualista, sino, por el contrario, la conformación metonímica de un espacio de sustitución generalizada. La "marquita" con la que el Paco de *Amoretta* (1964) quisiera aprehender a la mujer, a una mujer, supone un sistema de apropiaciones y de propiedad que comienza a sufrir los embates de una internacionalización promovida no sólo por la progresiva desnacionalización de los capitales, sino también por la globalización cultural inherente a los medios masivos de comunicación.

Nadie puede ya desconocer que si a nivel económico el capitalismo cubre todas las instancias de una sociedad, el estereotipo -en tanto diseño de máscara cultural- configura un modelo de negociaciones cuyo horizonte más inmediato está ligado a los terrores de la pre- y postguerra; reconocemos el funcionamiento del estereotipo y su eficacia política durante la persecución nazi (imagen del ario y su correspondiente negativo, el judío), con su eliminación progresiva de las diferencias y disidencias y su constitución del otro como un campo enemigo amenazante de la pureza racial; también funcionó promoviendo el terror en otros países, anatematizando al marxista o al subversivo frente a la amenaza comunista. La "guerra fría," a su vez, irá abriendo camino a un fantasma de polarización ideológica y cultural, sin dejar espacios alternativos y tensionándose progresivamente frente a la conflagración nuclear. El estereotipo constituye un enmascaramiento que no sólo supone un sistema de uniformización y control social; también implica por parte de quienes lo reproducen y lo acatan, una posibilidad de escamoteo ante el poder del Estado y su sistemática persecución de aquello que pudiera amenazarlo. La promoción y constitución fascista de una monología cultural tiene como correlato, a niveles de superficie, una festiva carnavalización de supuestos efectos de disolución cultural: los *hippies*, la liberación sexual, el rock, en fin, la rebeldía juvenil.

Si las décadas del 40 y 50 pueden, para el ámbito latinoamericano, ser leídas en las letras de los tangos y boleros, ligados a la experiencia de la radio, la experiencia de los *sesentas*, en cambio, hay que buscarla en la letra del rock y la televisión. En 1950 comienza a funcionar en Brasil la televisión desde San Pablo con *TV Difusión*, y en 1951 TV Tupi desde Río de Janeiro, realizándose en 1972 la primera transmisión en color; en Argentina desde 1951, con tres nuevos canales desde 1960 y alcanzando una cifra de 31 canales para su red nacional en 1973, siendo la primera transmisión en color con motivo del Mundial de Fútbol en 1978; Chile ya tiene cubierta su red nacional desde 1962. Con capitales nacionales ligados a la CBS norteamericana, se inaugura en 1959 el Canal 5 de Lima y en 1964 el Canal 8 de Caracas y así sucesivamente con el resto de los países latinoamericanos (M. y A. Mattelart, Romano, Muraro). Esto es importante, no porque los medios sean todopoderosos, ya que "éstos no pueden -dice Muraro ("La manija I," 48)- lograr por sí mismos cambios de conciencia en el público lo suficientemente intensos y orgánicos como para desencadenar procesos políticos radicales"; es importante porque, si tomamos el caso argentino, de los 800.000 aparatos estimados para 1960 a los 4.080.000 que se calcula para 1973 (Muraro, "La manija II," 54), las cifras muestran por sí mismas la competitividad de eficacia que pueden tener frente a "los intelectuales confinados a escribir para públicos cuantitativamente insignificantes" (Muraro, "La manija I," 48). Comparadas las cifras de la televisión en Argentina frente a los tirajes de *Rayuela* (1963) de Julio Cortázar o de *Cien años de soledad* (1967) de Gabriel García Márquez para las mismas fechas y para el Cono Sur, se observa inmediatamente el impacto de estas tecnologías ya no en la promoción de cambios de conciencia sino en la reestructuración de los sistemas perceptivos en su globalidad (Sarlo, 57105).

A estas transformaciones se suman, lógicamente, la sustitución de productos culturales. Mientras los tangos y boleros parecieran cerrar o culminar un ciclo que viene desde principios de siglo en Latinoamérica; el rock, por su parte, abre una nueva etapa cultural. En tanto el tango y el bolero se definen por una poética de la intimidad y de la ausencia, y su baile configura un diálogo de dos cuerpos que, abrazados, se friccionan lentamente en espacios que evocan una luminosidad leve y acogedora, el rock, por su parte, convoca un espacio colectivo, uniformizado, una superficie de cuerpos que, como liberados de las garras del abrazo, parecen querer explotar bajo luces brillantes y provocativas, una dimensión para extrovertir la energía que fluye hacia los éxtasis masivos. Asistimos a lo que Jorge Monteleone designa como "cuerpo constelado" que, a partir del ritmo, "funda la tribalidad *rocker*" (402).

Por su parte, y en lo particular de la expresión teatral, cabría incluso extender esas polarizaciones, al punto de considerar los espacios cerrados de los dramas realistas e incluso de los despojados -e igualmente clausurados- ambientes absurdistas, para enfrentarlo con el relato abierto de proyecciones épicas, que se halla en la dramaturgia influenciada por Brecht o en la exasperada búsqueda de espacios para experimentar los sentidos que propone la estructura peripatética del *happening*.

La "marquita" de la que habla Osvaldo Dragún se nos presenta entonces como una utopía de diferenciación frente a la intensiva uniformización producida por los medios de comunicación masivos, frente a los que el teatro tiene que redefinir su estatus de experiencia para obtener su derecho a sobrevivir.

Para América Latina, encender un televisor es, en cierto modo, un gesto implicado en la semiosis de sus *sesentas*. Si en la pantalla asistimos al desarrollo de una escena en la que vemos mujeres con un maquillaje pronunciado alrededor de los ojos y con altos peinados como una especie de colmenas o panes superpuestos, con unos vestidos que desprendiéndose del cuello se deslizan sin imaginación hasta veinte centímetros antes de alcanzar las rodillas; si vemos varones con camisa de cuellos exagerados y anchas corbatas, con pantalones extremadamente ajustados desde la cintura hasta las rodillas, a partir de las cuales se ensanchan desmesuradamente; si el set es una especie de *living* con un bar y luces intermitentes; si los jóvenes se mueven como sufriendo un *shock* eléctrico, como indiferentes unas a otros, es que están en una fiesta (*party* o "asalto") de una película mexicana o argentina de los sesenta. Imposible saber la procedencia nacional de la escena, hasta que se escuche hablar. El dialecto identifica. Todo lo demás se ha "internacionalizado": ¿triunfo del marxismo y del partido comunista, o simplemente basura capitalista que, anulando las diferencias, se impone como "marca de fábrica?" Sea como fuere, hay algo de los *sesentas* que se mueve en la dimensión de la máquina: hay una máquina de los sesentas, o como prefiere expresarlo Fredric Jameson en términos marxistas, se trata de una "mechanization of the superstructure" ("Periodizing," 207).

El cine norteamericano, del cual proceden muchas de esas imágenes internacionalizadas de nuestra pantalla latinoamericana, incorporará, además, otras figuras menos acartonadas: el hippie sucio, fumador de marihuana, sin familia ni lazos que lo arraiguen, deambulando por carreteras interminables, buscando la otredad; esa otredad que en la escena cultural aparecía como otredad genérica (las mujeres), como otredad racial (los negros, los indígenas), como otredad étnica (los chicanos), como otredad partidista y como otredad sexual (disidentes sexuales). Las otredades de la escena cultural con toda la complejidad de su diferencia no aparecerán ni tan pronto ni tan definida ni tan estereotipadamente como la de los (hijos) rebeldes de la clase media.

Podemos reconocer hoy fácilmente, incluso en su acartonamiento, la fecha de producción de esas imágenes: son como referencias indudables de un período histórico. Lo que resulta difícil de discernir es si esas imágenes son también referencias fidedignas de una realidad cultural, o si pertenecen a la dependencia cultural que se presenta como una fraudulenta falsificación de una modernización que poco tenía de consistente más allá de las pantallas del cine o de la televisión. Lo cierto parece ser que casi todas esas producciones enfrentan la rebeldía juvenil frente a la generación anterior y sus prejuicios con la sexualidad (fundamentalmente el matrimonio o las relaciones prematrimoniales, el impacto del divorcio, las libertades del hombre y de la mujer), con el futuro (el estudio, las profesiones liberales, el estilo de vida y el triunfo o promoción económicos), con el placer y la responsabilidad. Es el drama del hijo frente al padre, sea éste representado por la familia, la sociedad en general o algunas instituciones en particular. Es esta disidencia estructural la que el sistema tiene que encausar mediante la promoción de una "rhetoric of youth" (Jameson, "Periodizing," 183) que tendrá en J. F. Kennedy su principal inspirador.

Dejando atrás los héroes seguros de sí mismos (Clark Gable, Gary Cooper, Humphrey Bogart) y los *maudits* o *rebel[s] without a cause* (Marlon Brando, James Dean) del cine norteamericano de los 40 y 50, las producciones latinoamericanas de divulgación masiva, aunque enfrentan el conflicto generacional, tienden a la negociación: a) o bien el joven "madura" y asume la "seriedad" de la vida, y dejando atrás la rebeldía (siempre efímera y nunca con planteos revolucionarios globales) como una etapa siempre perdonable. Demás está decir que, en estos casos, el joven debe "pagar" por su exceso o su transgresión, asimilándose no sin tristeza al sistema y a los protocolos de la clase media (se casa con la amiguita embarazada, se gradúa, lleva una vida "decente"); b) o bien, cuando se trata de una producción que mistifica y mitifica la vida de un ídolo del momento, especialmente cantantes de producción masiva, el triunfo certifica su precoz fe en el futuro y en el reconocimiento de las instituciones, lo cual paralelamente termina validándolas: se corona el esfuerzo y la confianza, y se los premia no sólo con un galardón económico sino también con una consagración social que implica conjuntamente la promoción clasista.

Si bien Elvis Presley está modelizando estas producciones, en cuanto a los intentos de agrupar en un emblema las diferencias de clase, sexo y raza, las producciones latinoamericanas, necesitadas también ellas de responder a la convulsión juvenil mediante un emblema de domesticación -Palito Ortega en Argentina, más tarde Juan Gabriel en México, por ejemplo- estarán ya absolutamente diseñadas sobre una propuesta sanizada que solamente deja emerger los efectos de un mito del héroe circunscripto al melodrama amoroso burgués (Geirola, "Juan Gabriel").

El teatro latinoamericano de ese mismo período no trabaja sobre los mismos presupuestos, o al menos no tiene una visión ni negociadora, ni optimista ni triunfalista. Por el contrario, como veremos más adelante, aparece el antihéroe introspectivo, fracasado desde todo comienzo, atravesado por una historia que no puede incluirlo como protagonista y que, necesariamente, lo condena a ser mero engranaje de una maquinaria mortífera. Con los procedimientos del realismo o del absurdo, el teatro de estos primeros momentos de los *sesentas* esboza una otredad que se impone y que clausura todo futuro y, por ende, toda salida colectiva y revolucionaria, en la medida en que la corrosión individual apenas abre una perspectiva que, por su inconsistencia metafísica, se vuelve sobre sí misma autodestructivamente. *La fiaca* (1967) de Ricardo Talesnik podría servir como ejemplo de la limitada dimensión que puede adquirir la rebeldía de un sujeto y de la perspectiva viciada -al menos para el espectador- desde el comienzo, cuando se trata de escamotearse a la gran maquinaria de la producción.

Estos dramas, como las producciones cinematográficas a las que hacíamos referencias, marcaban que "algo" andaba mal en la década de los 60. Sin embargo, los ejemplos invocados poco podrían hacer por llevarnos a una comprensión, incluso a un abordaje provocativo, de la compleja trama de la producción cultural de ese período. Sin necesidad, como plantea Luis Felipe Noé (257) para la cultura porteña en Argentina, de distinguir entre una temprana promoción de artistas que llegaría hasta 1965 y una promoción del Di Tella ("ditelliana") y así sucesivamente invocando pequeñas unidades, es la consistencia misma de los *sesentas* la que reclama investigaciones que vayan más allá de precarias periodizaciones. No sólo porque resulta necesario discutir -como pregunta Barbara L. Tischler- "[w]hat went wrong? and when (o perhaps, why) did the 1960s end" (3), sino que se trata de la necesidad de ampliar el estereotipo que los *sesentas* tienen en la memoria popular. Pareciera que ya tenemos cierta perspectiva histórica para abordar contradicciones culturales que surgirían de enfrentar producciones diversas y hasta polares, incluso fenómenos paralelos centrales y/o marginados, cuyas cuestiones de base, cuya arqueología, podrían ser proposiciones similares con diferente manifestación o proposiciones disímiles que admitieran parecido efecto y hasta parecida factura.

En todo caso, ir más allá de los estereotipos (como por ejemplo del rebelde, luego del artista comprometido, más tarde del guerrillero, incluso del militante y del revolucionario), proponiéndose evitar la nostalgia, o la justificación ("to trascend the good sixties-bad sixties typology" [Tischler, 3]), supone comenzar a desenredar una trama con resultados no siempre confortables y con dolorosas comprobaciones. "It is the *memory* of the era that is false," dicen Peter Collier y David Horowitz (14).

Se podrían continuar estas polarizaciones hermenéuticas llevándolas hasta el extremo mismo de la reconsideración crítica de los llamados *sesentas*. Santiago Colás revisa los binarimos más sobresalientes con los que la bibliografía intenta acercarse a los *sesentas*: ""free market" capitalism" versus "dependency theory," metrópolis vs. satélite, revolución vs. autoritarismo (1-19). En efecto, para algunos la década del sesenta abre una dimensión casi orgiástica de la cultura, caracterizada por la rebelión estudiantil, los derechos civiles de las mujeres, de las minorías étnicas y sexuales, la exteriorización y asunción del cuerpo propio, el regreso a la naturaleza, entre otras cosas; del lado contrario, la década no deja de ser impugnada por los que quieren subrayar su carácter mortífero —*Destructive Generation* (1989) es el título que Collier y Horowitz ponen a su libro sobre el período- su ilimitada provocación frente a la negación o rechazo de una realidad contenida en los encuadres jurídicos o "democráticos", su falta de estrategias o sus tácticas ilusorias frente a un enemigo político mucho más adiestrado técnicamente en el campo de la represión, su falta de proyección cultural en los términos de una definición social no utópica, entre otros señalamientos.

El debate, que en el fondo parece reducirse a una polarización más profunda y no menos esquemática, se define como la oposición izquierda/derecha en el campo político. Por esto, toda consideración crítica del período, a más de no definir muchas veces sus límites temporales y de no poder evitar la proyección desde el presente del historiador hacia el pasado de su objeto histórico, o bien trata de confirmar a las víctimas culturales en sus antiguas convicciones -para exorcizar la culpa imaginaria de sus endebles aliados, midiendo las correspondientes traiciones- o bien trata de realizar un balance de los "resultados," magros o fundamentales -según la perspectiva- en orden a una prudencia que no pareciera ser más que una petición de principios, en la medida en que cada vez la historia actual redefine el objeto y la mirada sobre él.

De ahí que el peso de la cultura masiva en la memoria de los *sesentas* necesite ser atenuado con su reverso hipercrítico: no sólo en relación a la cinematografía, que da productos de extrema lucidez, sino también a la aparición de una literatura latinoamericana de proyección internacional, el florecimiento de la canción de protesta y la politización extraordinaria del campo intelectual, testimoniado en la aparición de revistas que, por sus características, experimentan formatos inéditos y redefinen un público. Estamos en la época del Tercer Cine, de Glauber Rocha y su *Deus e o diabo na terra do sol* (1963), de Jorge Sanjinés en Bolivia con su *Yaguar Mallku* (1968), de Pino Solanas y Octavio Getino con *La hora de los hornos* (1966-68), de Tomás Gutiérrez Alea y sus *Memorias del subdesarrollo* (1968), de Miguel Littín con *El chacal de Nahueltoro* (1969), y finalmente del "boom" del cine argentino en 1974-75. Este "boom" se hace notorio con producciones como *La tregua* (1974) de Sergio Renán sobre la novela homónima de Mario Benedetti, o las revisiones históricas y su metáfora del presente, como *La Patagonia rebelde* (1974) de Héctor Olivera y *Quebracho* (1974) de Ricardo Wulicher, *Boquitas pintadas* (1974), dirigida por Leopoldo Torre Nilson sobre la novela de Manuel Puig, *La Raulito* (1975) de Lautaro Murúa, *Nazareno Cruz y el lobo* (1975) de Leonardo Favio y muchas otras (Schumann). Es, además, el período de aparición de las grandes novelas: *Rayuela* y *Cien años de soledad*, por citar las más emblemáticas. La producción cultural se ve nutrida asimismo por intensos debates esgrimidos en revistas de circulación continental e intercontinental como la uruguaya Marcha, la cubana Casa de las Américas, la mexicana Siempre, las venezolanas *Zona franca* e *Imagen*, la controversial *Mundo Nuevo* (dirigida desde París por Emir Rodríguez Monegal y siempre bajo sospecha de estar financiada por la CIA [Rodríguez-Carranza, McQuade]) y, finalmente, *Primera plana* y *Crisis*, editadas en Buenos Aires. Además, la canción de protesta, con fuerte impulso dado por los cantautores de la Revolución Cubana, recicla temas tradicionales o folclóricos con ritmos de divulgación masiva, el rock entre ellos (Alí Primera, Oscar Chávez, Amparo Ochoa, María Elena Walsh, Lito Nebbia, Nacha Guevara, Pablo Milanés, Silvio Rodríguez, Violeta Parra, Víctor Jara, Tania Libertad, Rubén Blades).

Efectivamente, la caída del muro de Berlín o la desintegración del bloque soviético, la irresoluta y hasta ambigua proyección de la Revolución Cubana, la divulgación de archivos sobre la represión y genocidios en Estados Unidos, la Unión Soviética y China, el regreso a las democracias burguesas de los sectores neoliberales, apoyados por elecciones "legales," el incremento de representantes neonazis en varias cámaras legislativas de muchos países, los levantamientos indígenas y el resurgimiento del terrorismo en otros, la presión inapelable de los Estados Unidos en el contexto mundial sostenida por el apoyo incondicional de la Organización de Estados Americanos y las Naciones Unidas, junto con la visión intelectual apocalíptica, ecléctica y hasta pesimista del "modelo" postmodernista, no hacen sino replantear a cada momento las coordenadas de apreciación de ese momento indudablemente crítico que se conoce como los *sesentas*.

De todos modos, no es tanto engrosar el inventario a favor o en contra del período lo que resulta más urgente plantearse, sino ver -como lo hace Jameson- hasta qué punto "the 60s, often imagined as a period when capital and First World power are in retreat all over the globe, can just as easily be conceptualized as a period when capital is in full dynamic and innovative expansion, equipped with a whole armature of fresh production techniques and new 'means of production'" ("Periodizing," 186). Porque si bien hoy podemos reconocer, en parte, cierta molecularización del poder y una mayor variedad en sus representaciones (raciales, sexuales, políticas), también resulta ineludible que "[i]n the West, also the great explosions of the 60s have led, in the worldwide economic crisis, to powerful restorations of the social order and a renewal of the repressive power of the various state apparatuses" (Jameson, "Periodizing," 208); y esto no sólo porque a partir de 1977 se están instalando en Latinoamérica gobiernos militares de impresionante efecto letal, sino porque también el encuadre incluye indudablemente a las democracias burguesas de las post-dictaduras. Así es como la euforia de los sesentas puede ser reconsiderada, desde los ochenta, por el testimonio de Leonor Manso, una actriz argentina:

> Los años 60 y 70, hasta el golpe militar del 76, a pesar del gobierno militar de Juan Carlos Onganía que empieza en 1966, fueron años muy vitales para mi generación; años llenos de vida y de energía. ¿Por qué? Porque uno sentía que estaba inmerso en un proyecto común, un proyecto americano[1] signado por la revolución cubana, y aunque uno no

---

[1] Repárese en la ambigüedad de la expresión "proyecto americano." En los setenta, se hubiera especificado "latinoamericano"; ahora la frase tiene toda la fatalidad de lo que abordamos temáticamente en este ensayo.

experimentara una visión acabada del proceso político y social que estábamos viviendo en esos años y, por lo tanto, no se tuviera una militancia partidista concreta, se tenía una posición tomada frente a la realidad; uno era parte de ese momento, uno sentía que podía cambiar las cosas, ser protagonista de la historia política, social y cultural del país. El teatro, por supuesto, era la caja de resonancia de lo que ocurría. (538)

Se pueden medir a través de la enorme bibliografía sobre el período, las dificultades que presenta abordar un objeto histórico "caliente," es decir, que no decanta y que, entramado aún en los discursos que nos afectan, impone sus mismas reglas de juego polarizadas para mantenerse en el debate, para configurar un déficit o un rédito si no de un período histórico, sí del siglo en su totalidad en la medida en que todo *fin de siècle* no deja de incentivar la polémica con su obligada y hasta constitutiva desesperación apocalíptica.

Sin menoscabo de volver sobre la cuestión de la periodización o de los procedimientos de abordaje histórico, podríamos afirmar que los sesentas se definen como ese momento en la historia de Occidente y del capitalismo, en el que se empieza a sentir el efecto del descubrimiento freudiano. No nos referimos aquí únicamente al peso epistemológico que indudablemente tuvo el concepto de inconsciente, sino a una dimensión más profunda: aquella meditación ética escondida como un hilo de Ariadna que murmura en los textos de Freud, esto es, *la idea de que uno tiene alguna responsabilidad para con su deseo y con las posibilidades de su felicidad, incluso hasta con su propia perversión y con aquello que dentro de uno opera contra uno mismo*. Indicamos con ello ese ineludible cuestionamiento sobre la autoridad y la autorización cultural que siempre hacen de fondo a la "cientificidad" de los escritos de Freud, también él en ese cruce de fin y comienzo de siglo, y del que los *sesentas* acusan recibo histórico por medio de una *performance* -"the coming out of desires and identities" (Marks, 371)- que cuestiona la dimensión del cuerpo propio y el desajuste entre sexo y sexualidad, entre palabras y cosas, entre padres e hijos, cuando se trata de plantear el drama del poder y de la ley.

Por eso es que el debate que pone siempre en movimiento la pregunta por los *sesentas*, está necesariamente convulsionado desde dentro del entramado de la cultura occidental y capitalista: se trata de evaluar exasperadamente (desde la izquierda o desde la derecha) qué es aquello que aconteció y -más importante- qué es aquello que, al menos imaginariamente, se institucionalizó posteriormente. La dimensión del debate se hace angustiosa cada vez que se llega al punto de decidir qué se alteró en lo simbólico, si es que algo se alteró, y con qué efectividad de los procedimientos y a qué precio, o si sólo se trató de un mero reordenamiento (de lo) imaginario, una aceptación, naturalización o institucionalización de algunas disidencias ahora negociadas en orden a una pacificación cultural y que, a manera de emparchado, pudieron dar continuidad a un proceso de desintegración subjetiva que se ha designado como postmodernismo o lógica del capitalismo tardío (Jameson). A su vez, el resurgimiento de las euforias nacionalistas en muchos países, cuestiona de hecho la legitimidad del postmodernismo, reduciéndolo a un probable momento de reacomodación de los intelectuales respecto de los poderes hegemónicos.

La radicalidad del debate, entonces, es casi global, en la medida en que, a falta de un repositorio utópico y epistemológico desde el cual articular alguna certeza, la consideración del período, en cualquiera de sus "series" culturales, nos está constantemente involucrando, no sólo por lo que toca al porvenir, y a la ilusión del porvenir, sino también a la que afecta las relaciones más específicas entre rol intelectual y definición política, tanto sobre las estrategias como sobre las tácticas de participación, negociación, disenso, y hasta alianzas con los sectores hegemónicos.

La urgencia de esta cuestión se hace sentir no sólo en cuanto a la "revisión" de la época y de sus muchas determinaciones, sino que pesan al momento mismo de *escribir* sobre cualquiera de sus múltiples dimensiones. Si los binarismos opositivos son residuos de la racionalidad moderna, si las polarizaciones políticas están cuestionadas, si el abordaje debe hacerse sobre la incertidumbre de los viejos conceptos, resulta sin embargo que hay que seguir manejándose con esos mismos conceptos; si, además -lo que es mucho más angustioso- se tiene que asumir el hecho de que parte de nuestra felicidad depende de una lectura de aquellos paradigmas en los que nuestro cuerpo se ha conformado y por los que se ha sufrido y se sigue sufriendo, entonces se ve claramente que no son muchas las salidas por las que puede derivar una "investigación."

Sin embargo, creemos que hay algo que se debe evitar: la nostalgia. Ese gesto retrospectivo e introspectivo no puede llevar a otra cosa que a la re-escritura, toda ella atravesada por el vértigo de la repetición y lo monstruoso. En efecto, la nostalgia es siempre una forma de dependencia atroz que alucina el paisaje, que fantasea la pérdida e hipostasia el padre, a la vez que fascina al deseo hacia la reproducción, a la restauración. Esta utopía retrospectiva, tan incentivada por aquel goce casi adolescente de la rebeldía, el descubrimiento de las dimensiones del cuerpo propio, la añoranza de la tierra natal en el síndrome del exilio, en las dulzuras y murmullos maternales y maternizantes de la patria, en fin, la dimensión familiar en la que se inscribe todo pasado, sólo puede dejar lugar para una letanía en la que insisten las fantasías o ilusiones (fatídicas o no, pero indudablemente "siniestras" [*unheimlich*]) del revisionismo histórico.

La nostalgia por "the *strange* decade of the 1960s" (Kristeva, "On Juri Lotman," 375, el subrayado es nuestro), "the glories of the 60s" (Jameson, "Periodizing," 178), "la década prodigiosa" (De Marinis), "los dichosos sesentas" (Arenas), "the age of great dreams" (David Farber), conlleva la inmediata sacralización del pasado en la idílica reconstrucción imaginaria que articulamos de la infancia y sobre todo de ese exilio permanente -exilarse constantemente del padre y de la madre- que constituye la vida de cada cual. Razón de más para que esta articulación aporte su forma a la fantasía de aquella etapa (los *sesentas*, la infancia) como lo nuevo, lo fundacional, incluso lo original. De modo que, bajo el influjo de este aparato imaginario, cualquier investigación, seducida por el manriqueño "todo tiempo pasado/fue mejor," pierde la perspectiva histórica que supone a la vez describir el orden de la ruptura y asumir la fatalidad de las repeticiones y prolongaciones, el silencioso trabajo de los precursores, la genealogía de los errores, la valentía de lo revolucionario, la vanidad de lo rebelde.

En fin, toda escritura sobre un pasado inmediato, que nos involucra, pone en emergencia el drama del hijo frente al padre, el drama del hijo incluso frente a su propia paternidad; es por ello que, cuestionada esta última por las conmociones de toda crítica del poder, y filtrado el sujeto por la precariedad de cualquier utopía prospectiva, la escritura de una investigación sobre los *sesentas* no tiene otra posibilidad que la del ensayo.

Fuera de toda nostalgia, evadiendo toda polarización, no queda otro camino que avanzar por el débil entramado de las heridas del cuerpo y las fisuras epistemológicas. Siendo "lo real" -según Lacan- lo imposible y siendo lo imposible la dimensión -conformada como insensatez- donde sólo caben las proposiciones utópicas, diseñamos nuestro trabajo como un ensayo -y no como un estudio- de un período histórico que constituye el entramado de nuestra memoria y de nuestra palabra. No pretendemos verdad, si la hubiere, y menos a la manera de una demostración positiva; *este ensayo quiere justamente articular proposiciones utópicas en la medida en que remiten a eso insensato, imposible, que, insistiendo en su inefabilidad, opera en el devenir de lo real.*

Por eso, si el período se caracteriza por una crítica de la representación en todos los planos socioculturales, este trabajo se atiene a la interrogación sobre la consistencia que esta crítica alcanzó en el ámbito donde la representación es constitutiva y empíricamente observable: el teatro.

La diversidad cultural con la que se presenta el período pareciera tener una legalidad interna que, para el caso estadounidense, puede describirse como "[t]he antiuniforms became uniforms" (Gitlin, 215) o ese proceso por el cual lo anárquico devino una "new orthodoxy" (Dickstein, 19). Es como una fatalidad: "Dope, hair, beads, easy sex, all that might have started as symbols of teenage *difference* or *deviance*, were fast transformed into signs of cultural *dissidence* (or what both protagonists and critics considered dissidence, which amounted to the same thing)" (Gitlin, 215). La paradoja, que superará los límites del ámbito norteamericano y se extenderá como una *onda* sin frontera, va a cuestionar tangencialmente la ecuación -constantemente apelada- de ruptura/continuidad: en la medida en que el joven quiere a la vez reaccionar impugnando la imposición macartista (o la de cualquier otro fascismo cultural) mediante la presentación insurgente de su diferencia en el orden de una gestica subversiva y una indumentaria "impertinente," esta modalidad y este orden vestimentario es inmediatamente recapturado por los medios masivos como estereotipo o emblema modelizante de la disidencia en sí. Por este procedimiento el *marketing* disuelve el inicial carácter contestatario y la fuerza de aquella impugnación cultural.

Teatralidad y experiencia política en América Latina

La disidencia acosada por el "gran autómata," por las relaciones de mercado que la promocionan para sus propios beneficios, permite la rápida des-politización y el inmediato control de la diferencia por su mera colectivización. Ron Davis, al frente de The San Francisco Mime Troupe, se enfrentará rápidamente -como veremos- a la paradoja de una guerrilla sin revolución; lo cual significa que la acción política se transforma en una rebeldía y como tal va a ser encausada, castigada si es preciso, porque en la medida en que no se la reprima con éxito tenderá a convertirse rápidamente en terrorismo (Gitlin, 3).

A partir de aquí la cuestión se diseña con la pregunta sobre quiénes respaldan la lucha por los derechos de la diferencia. Lo que aparece al principio como una euforia colectiva ("divine delirium" dice Gitlin [435]), lentamente se va transformando en una clandestinidad elitizada. Lo que comienza percibiéndose como un placer, tiene que ser sostenido progresivamente con el sacrificio. Hay toda una línea, un ciclo que puede ser leído como un desarrollo, pero que también admite ser considerado como un despliegue de algo *ya* contenido. Al querer sostener la diferencia frente a las presiones de las instituciones burguesas, muchos comenzarán a sufrir no sólo los efectos de la represión del Estado, sino también el despliegue de sus propias pulsiones de muerte.

Resulta necesario pensar hasta qué punto "the period we have conceptualized as 'the sesentas' was characterized by the continuation and extension of many cherished political and social traditions" (Tischler, 4, Dicksein, 22), entre las que indudablemente hay que incluir, especialmente para América Latina, el catolicismo y el racionalismo liberal.

La relación entre intelectuales y masas trabajadoras, y la insistencia de tendencias modernizantes que vienen desde antes, plantearán una serie de encrucijadas culturales tanto para la *New Left* estadounidense como para las vanguardias políticas y culturales de América Latina. Si la primera tiene que enfrentar los efectos del macartismo, las segundas tendrán que enfrentar los efectos de los proyectos populistas y/o dictatoriales: en Brasil con los efectos del régimen de Kubistchek, en Argentina con la caída del peronismo, en Colombia con los efectos de la dictadura de Gustavo Rojas Pinilla, en Perú con la dictadura de Manuel Odría, en Venezuela con el derrocamiento de Marcos Pérez Jiménez, y en Cuba, con la caída de Batista. En otros casos habrá, a partir de los 50, dictaduras de larga duración que signarán la experiencia de los *sesentas* acentuando -aunque no siempre- los brotes de insurgencia: como en Paraguay, a partir del golpe de Alfredo Stroesner en 1954 que significará casi 30 años sin vida democrática; Haití, a partir de 1957 con la elección de François Duvalier y su sucesor, su hijo Jean Claude Duvalier; y Nicaragua, con la dinastía de los Somoza. Asimismo, países como México, Venezuela, Bolivia o la República Dominicana vivirán bajo la continuidad de un partido o un solo gobernante electo asentado en el poder por extensos períodos, mientras que Brasil o Argentina tendrán alternancias militares y democráticas de regular duración y periodicidad. Colombia, Guatemala y El Salvador estarán sacudidas por guerras civiles de considerable duración.

En el seno de las potencias modernistas, los intelectuales parecían prolongar las seducciones de la vanguardia histórica de los años 20 por el *noble savage* de la época premoderna (Gitlin, 164) Es a partir de cruces de tradiciones y de imágenes que, frente a los primeros embates de las fuerzas represivas, se disparan -sobre la ejemplaridad de la pobreza- los ideales de la renunciación y del martirologio, los cuales, ligados a la formación de milicias, no dejarán de reproducir en los textos del "hombre nuevo" (y en las prácticas teatrales de la época) los ideales medievales de la caballería y de la obediencia jesuítica. Pero a la vez, y por ese mismo movimiento, esos ideales no dejarán de inscribir en la noción de revolución, una variante cristiana de santidad cuya dimensión autodestructiva -que se puede rastrear desde los textos de José Martí- una vez instalada en el campo de la izquierda y sus mesnadas, tendrá consecuencias nefastas.

Todo lo dicho derivará, indudablemente, en una reconsideración del cuerpo y fundamentalmente de sus potencias, ya que "poner el cuerpo" o el "put your body on the line" de Gitlin (134), constituye una "expressive politics" que no está ajena a un reciclado de la dramaturgia sado-masoquista, desde la avanzada guerrillera latinoamericana hasta la resistencia pacífica de Gandhi o los ideales grotowskianos del teatro pobre y el actor santo. Más adelante en este ensayo, tendremos que detenernos tanto en la formación de la dimensión pública como en la construcción del *otro* como prójimo en el imaginario cultural de los *sesentas*, tratando de medir los ideales puestos en juego y las contradicciones doctrinarias que podrían descubrirse allí: frente a la colectivización fraternal e internacionalizada, los fantasmas familiares del aislacionismo nacionalista; frente a la búsqueda de igualdades, la articulación genérico-sexual y la política de guetos sacudidos por los terrores al incesto y al homoerotismo, principalmente; frente al ensalzamiento de las potencias colectivas en orden a la liberación general, la distribución jerarquizada y vertical de los sistemas organizativos partidistas y la apropiación selectiva de los saberes y autoridades. Será necesario, pues, ver cómo la redistribución de los parámetros de lo público y lo privado no pudieron evitar la reproducción de los modelos de la familia y de la estructura patriarcal, no sólo como utopía comunitaria (Monsiváis, "Milenarismos"), sino en aquellos casos particulares de "sospechosas" desviaciones: por ejemplo, la pareja homosexual concebida en los términos de la familia heterosexual.

Es que bajo la enorme explosión contestataria y la insurgencia del imaginario, los *sesentas* son sospechosos de reproducir lo simbólico del capitalismo como tal. Y es este nivel que asumimos como el lugar de trabajo de nuestro ensayo: ver hasta qué punto estas contradicciones operaron en la construcción de un proceso cuya imposibilidad de salida (a pesar del hipercriticismo del período) no encuentra otro cauce que el de derivar (como de hecho hoy se lo comprueba en una especie de revival) por los senderos del culto, del ritual, de la religiosidad.

La denominada crisis del marxismo y hasta los cuestionamientos sobre el fracaso de las experiencias soviética, china y cubana, tienen que comenzar a ser replanteados como el fracaso de una estrategia y no tanto como invalidación apresurada de los ideales de una revolución orientada hacia la distribución más justa de la riqueza y el levantamiento de la opresión económica, social y política que se ejerce sobre las masas trabajadoras. Por eso creemos que urge hacerse cargo de criticar la revolución para continuar con ella y revalidar el marxismo como un horizonte vigente para pensar nuevamente la revolución. Porque si efectivamente trabajando en la revolución se pudo y se puede trabajar inconscientemente contra ella y contra el marxismo, es necesario también enfrentar hoy la tarea de atravesarla críticamente, aún bajo riesgo de aparecer como trabajando en su contra, para beneficiarla proyectivamente.

CAPITULO 1: LOS SESENTAS LATINOAMERICANOS Y SU ÓPTICA POLÍTICA

1. Introducción

Cuando uno se acerca a la bibliografía sobre los sesentas y particularmente cuando uno quiere situarse en el campo teatral, tiene que recorrer una serie de textos (estudios, ensayos, investigaciones todas ellas de mayor o menor extensión y profundidad) que rápidamente intentan paralizar al investigador si éste no puede resistir el vértigo de la acumulación de información. En efecto, todos los procedimientos que allí pueden pesquisarse corresponden a clasificaciones, enumeraciones, presentaciones de documentos inéditos o de acceso dificultoso y/o dificultado; en todos estos casos, estos datos forman parte de una danza macabra en la que entran a reforzar una imagen de la cultura de la época, es decir, los datos vienen a proporcionar la autoridad o cuanto menos la verificación de una imagen que se tiene por anticipado, tanto en términos laudatorios ("los dichosos sesentas") como apocalípticos (destructive generation).

Nos parece más interesante establecer una conversación de ciertos textos que, por razones que luego se verán, nos resultan paradigmáticos, a fin de llevar el diálogo hacia zonas en donde hagan evidente la racionalidad y el límite de racionalidad que los funda. No se trata de reconocer frecuencias de uno u otro rasgo, ni siquiera de plantear influencias, sino más bien de asumirlos como un campo de fuerzas que determinaron ciertas "certezas" y ciertas "conductas," es decir, avalaron ciertos acontecimientos que, en algunos casos, podrían aparecer como alejados de ellos o bien indiferentes a su propio movimiento textual.

Así como muchas épocas de la historia se expresan por frases elocuentes, que parecieran coagular o concentrar la sustancia de su misma importancia histórica (*¡Qué maravilla es el hombre!* o *Cogito, ergo sum*), la emblematización del período podría buscársela en frases como *¡Revolución o muerte!*, *¡Patria o muerte! ¡Venceremos!* (Fidel Castro), *el hombre nuevo* (Gustavo Gutiérrez, Che Guevara), *"el movimiento es una enfermedad del ser"* (Sartre, 438), *"el hombre colonizado se libera en y por la violencia"* (Fanon, 77), *"régimen de libertad o comunismo"* (J. F. Kennedy) o *liberación o dependencia, la imaginación al poder, llevar el arte a la calle*, entre otras muchas.

De tal modo, cuando Sartre afirma en *El ser y la nada* (1943) que "[e]l cuerpo es totalidad de relaciones significativas con el mundo [y] en este sentido, se define también por referencia al aire que respira, al agua que bebe, a la carne que come" (434), y agrega que "a cada tipo de realidad corresponde una nueva estructura de percepción" (437), ha comenzado a conformar un discurso capaz de sostener una red de postulados que, siguiendo sus propias convicciones, no es la que expresa una acción, sino que ya es la acción misma de una episteme cuya extensión histórica viene de antes (del descubrimiento freudiano, de la primera guerra, entre otros) y se dirige a un después: los *sesentas*. Sin duda, los "dichosos sesentas" conforman el momento *espectacular* de una serie de proposiciones cuyo poder corrosivo no hay que situar en el marxismo como tal, sino en esa red de respuestas generadas en la ciencia y en la filosofía -división ésta ya poco sostenible para sus mismos protagonistas (Nietzsche, Husserl, Einstein entre otros)- a la ruptura epistemológica que se produce alrededor de fines del siglo XIX y que, probablemente, señalen a Freud como uno de sus mayores implicados. Sea como fuere, lo cierto es que los *sesentas* se presentan, incluso para el Sartre del prólogo a la edición de *Los condenados de la tierra* (1961) de Franz Fanon, como un "espectáculo inesperado" que hay que afrontar para dar inicio al "*striptease* de nuestro humanismo" (23).

Sartre descubre, vía Fanon, que hay otros, los oprimidos, que han decidido hablar, y que lo hacen en el marco alienado de la propia podredumbre europea; se siente responsable por eso ("¡Ved lo que hemos hecho de ellos!" ["Prefacio," 7]), e inmediatamente descubre que esos otros ya no se conforman con ser el eco de Europa, ni tampoco con gritar la injusticia para que no se les preste más atención que la de aquello de que "perro que ladra no muerde" ("Prefacio," 8). En la lógica de su propio razonamiento, Sartre descubre en Fanon un discurso en el que los europeos "somos objetos del [su] razonamiento" ("Prefacio," 10). Pero inmediatamente Sartre saca su propio rédito centralista: "Basta que nos muestren lo que hemos hecho de ellas [las colonias] para que conozcamos lo que hemos hecho de nosotros mismos" ("Prefacio," 13). El descubrimiento de Sartre -que probablemente tenga en mente su mundo, ése que a manera de fondo de su conciencia, la conciencia sobre la que él quiere teorizar, denominamos nazi-fascismo-es de alguna manera tardío. En efecto, Fanon no es ninguna excepción y mucho menos un precursor. Francia descubre *reflexivamente* lo que es su otredad *refleja*, y hace de esto un drama de conciencia por medio del cual logra captar aquello que se le escapa: aquella conciencia *irreflexiva* para la cual "el dolor *era* el cuerpo" (*Ser y nada*, 425). Sólo "[l]a conciencia reflexiva es conciencia del mal" (*Ser y nada*, 425), y Francia -los intelectuales franceses- recupera, vía su propia lengua, vía Fanon-Sartre, conciencia de su propia responsabilidad en la expansión colonial y en el imperialismo. Sartre viajará inmediatamente a Cuba. Sin embargo, mucho de lo que llevó a la Revolución Cubana tiene una historia que no depende totalmente de las elucubraciones europeas de postguerra sino de otros procesos del imaginario cultural. En efecto, César Vallejo, en sus *Crónicas* -desde 1923 hasta 1938- había convertido a Francia y a su burguesía en un objeto y en un espectáculo mucho antes que Fanon, y también muchos años antes que el argelino, Vallejo -entre otros intelectuales latinoamericanos- había denunciado el horror del capitalismo como tal.

Históricamente, no obstante, no importa tanto quién dice las cosas, sino cuál es el impacto de lo que dice. El libro de Fanon muestra la presencia del otro colonizado, pero a la vez demuestra la vigencia de la ceguera cultural metropolitana: Sartre descubre lo que estaba ya allí, ni siquiera más allá de sí mismo; si descubre luego la existencia de un Tercer Mundo más generalizado y más allá de la política y cultura francesa como tal, nunca descubre la historia y las diferencias de ese drama según se viene tramando más allá/en y desde otros horizontes, en otras geografías, en otras lenguas. El impacto político y cultural de su "Prefacio" muestra a la vez, y devela, la pervivencia de Francia -por ahora de Sartre- como modelo consagrado y las operaciones de autoridad/autorización que los discursos del Tercer Mundo todavía tomarán (consciente o inconscientemente) de su desarrollo histórico-cultural y de la filosofía sartreana.

Claro está que en la importancia de los *sesentas* en Latinoamérica (y en la definición que comienza a asumirse por esos años de América Latina como tal), no participará solamente el paradigma francés sartreano-fanoniano. Como ya hemos sugerido, asumimos aquí que este paradigma configura un momento de espectacularidad de certezas que remiten a una historia más amplia.

Indudablemente, estamos ahora enfrentados al problema de la periodización: ¿qué son aquí, en este ensayo, los *sesentas*? ¿Desde dónde comenzar y dónde terminar? Una periodización no es nunca algo a lo que se llega después de una investigación, sino justamente algo de lo cual se parte: una periodización es un presupuesto cuya felicidad "informativa" se adivinará después, pero que difícilmente deja de significar un punto de vista determinado cuyo peso, desde el comienzo, opera en la selección del corpus de textos y la serie de cuestiones que quieren abarcarse.

Conviene, pues, señalar qué entenderemos aquí por los *sesentas* y por lo tanto, en lo posible, indicar desde el comienzo las *razones* de nuestra periodización. Los discursos producidos en los sesentas responden a una historia de más larga duración, especialmente si se considera la *relectura* y el *diálogo* al que se sometieron los textos de Marx y de Freud. Para la serie artística y específicamente teatral, no puede dejar de observarse que muchos productos de los sesentas remiten a descubrimientos de la vanguardia de los años 20, asentada también ésta -convocada o promovida- como efectos del marxismo y el psicoanálisis. Esta historia de larga duración (Braudel) -para usar calificativos historiográficos producidos en los *sesentas*- apenas configura un fondo de referencia, pues someter los textos de los *sesentas* a una lectura contrapunteada directamente en discusividades como la marxista y la freudiana, nos arriesga a perder la peculiaridad de los discursos producidos durante el período. Y algo más: nos dejaría cerrada la puerta (o demasiado abierta) para entender aquellas cuestiones ligadas a la *conciencia* de modernidad, a su colapso histórico (postmodernismo) y, probablemente, a entender desviadamente aquellos rasgos que podrían hoy entenderse como *revival* de aquella época.

La alternativa que nos queda, entonces, parecería promover (hacernos ceder) a una periodización por décadas, tal como es habitual en la academia y el periodismo: se habla de los (años) sesenta(s), de los setenta, de los ochenta y de los noventa, como bloques de claras diferenciaciones, sea por remisión a acontecimientos históricos concretos (por ejemplo, la caída del muro de Berlín) o bien a homogeneizaciones de cierta estructura socioeconómica en amplias extensiones geopolíticas (la reinstalación de gobiernos "democráticos" en el Tercer Mundo). Aquí se corre el riesgo de promover una historia llena de discontinuidades e incluso de otorgar a ciertas cuestiones históricas una autoconciencia o una autonomía temporal que no tienen. Se las desgaja del movimiento mismo de la historia y, en muchos casos, sirven para parcelar la memoria, acantonar los procesos culturales en dispositivos manipulables académica o periodísticamente, evitando la peligrosidad que ellos entrañan (una "laboratorización" de la historia reciente).

La idea de *experimento y de laboratorio* no es gratuita y fue incluso deliberadamente instrumentada en el campo teatral. En efecto, los *sesentas* son como el virus de la historia contemporánea, no sólo por las discusiones y polémicas que han promovido, sino porque son responsables ineludibles de ciertos triunfos y de ciertos fracasos con los que la vida cultural actual tiene que vérselas, hasta el límite de la necesidad de evacuar, con la mayor urgencia, una evaluación (una *valorización*) manipulable y suficientemente sanitizada capaz de incentivar los intereses -¿personales? ¿nacionales? ¿estructurales?- en el futuro próximo del mundo y en la incertidumbre filosófica del capitalismo tardío: si hay algo indiscutible que los *sesentas* han hecho problemático, ese algo es justamente el ejercicio del poder, las estrategias de la dominación.

La periodización no es un mero ordenamiento de datos en una cronología, con mayor o menor documentación, sino que forma parte de la instrumentación de estrategias con las cuales se impone el poder -trabajo de los intelectuales mediante- para determinar una visión del pasado e influir sobre las consecuencias del presente y el futuro. No es gratuito que Juan Villegas, quien se ha preocupado por sistematizar una historia del teatro hispanoamericano, haya insistido en varios trabajos en la necesidad metodológica de considerar ya no la secuencia de textos dramáticos sino, por el contrario, la *relación* entre productores, textos y sectores apelados, en tanto éstos configuran un problemático entramado ideológico que no sólo respeta la dimensión dinámica específica de lo teatral, sino que además resiste a cualquier intento de postular una periodización fraudulenta que atendería reductivamente sólo a las formas o contenidos de las obras. "La pertenencia de un discurso teatral o crítico -escribe Villegas- a una u otra categoría [hegemónico, desplazado, marginal o subyugado] -está íntimamente vinculada con las relaciones de fuerza y poder en las formaciones sociales" ("Historia del teatro hispanoamericano," 150). A esto se sumaría lo que Villegas también resalta en un trabajo temprano y que, al menos para los *sesentas*, configura un campo de diversidades, de préstamos y transformaciones que afectan no sólo a los textos sino a las estrategias de representación. Me refiero a lo que Villegas denomina procesos de canonización y recanonización, y a los que me gustaría agregar también "descanonización," todos ellos, lógicamente, como arena donde se debaten violentos enfrentamientos de sectores por la representación cultural frente al "destinatario potencial" (Villegas, "De canonización," 104).

Teatralidad y experiencia política en América Latina

Por otra parte, la periodización por décadas (cronológicas o no) alienta la idea de ciclos que logran saturarse y abrir otros nuevos en los que se detectarían procesos inéditos; de esta forma, aparece todo un discurso ligado a términos como "inmadurez/maduración," metáfora frutal con la que se aborda la cultura arrastrando progresismos con resabios hegelianos y positivistas. La intensa parcelación de la temporalidad va imponiendo idea de rupturas y reacomodamientos y a la vez nos impide abordar con mayor perspectiva las complejas manifestaciones de un mismo proceso, su impresionante continuidad, sus paradojales redistribuciones de los elementos que lo constituyen. Pareciera como si después de los deconstruccionismos, no hubiera otra alternativa que liquidar las (quizás pocas) certezas devenidas del marxismo y el psicoanálisis, siempre sospechosas de modernidad, y ceder irreflexivamente, empíricamente, a la elocuencia -a veces mera vociferación- de algunos datos o acontecimientos históricos, sin recomponer, incluso a la manera de una hipótesis de trabajo, una probable lógica (estrategia/tácticas) del proceso como tal.

Permítasenos si no refutar la periodización por décadas, al menos impugnar su productividad. Baste aludir a la división, aparentemente muy elocuente y definitiva, entre dictadura/democracia en América Latina, o más particularmente en el Cono Sur: una etapa de autoconciencia de la dependencia, una etapa de lucha revolucionaria antiimperialista, una etapa de represión guiada por la filosofía de la "seguridad nacional" y finalmente un retorno a la democracia (llamada formal, precaria, débil, una vez que se superaron los primeros entusiasmos postdictatoriales).

Pueden alegarse datos estadísticos de la base económica, de las reacomodaciones sociales, del producto bruto, de la (an)alfabetización, del control social por medio de la represión estatal, del control del terrorismo, del combate contra los carteles de la droga, de la implementación de los derechos humanos, del develamiento de los parámetros de corrupción estatal, del control inflacionario, de la cuestión militar, del SIDA y los sistemas de cuidado sanitario general, de conciencia ecológica y muchos otros aspectos multirrelacionados. De hecho, la oposición básica dictadura/democracia se apoya en estos índices diferenciales y permite fundamentar la *ilusión de un cambio* cultural, económico, social, en fin, estructural, de la que se descuentan inmediatamente unos magros beneficios, y que permitirían oponer las décadas del 60 y 70 entre sí, e incluso del 60/70 a las del 80/90 (Farber, 5-6).

La década del 60 funciona como base de corte con la cultura de postguerra de los 50 y de simultánea preparación de los conflictos de la década posterior. Sin descuidar los matices que la filiación discursiva de muchos intelectuales imponen a esta polarización, lo curioso resulta -¿o resultaría?- que, incluso para los intelectuales de procedencia marxista, la polarización les impide acceder a una visión de lo que continúa, de lo que se repite, de lo que responde a etapas de desarrollo de un movimiento estructural más amplio, no necesariamente atribuible a un poder maligno con características nacionales precisas. Si el imperialismo estadounidense era en los 60 la encarnación del mal, los mismos *sesentas* se han encargado de producir los cortes necesarios para impedir asimilar ejercicio hegemónico con hegemonía (real) nacional. El sujeto y el Otro ya no están ni personalizados, ni responden a intereses nacionales, salvo en muy escasa medida y en regiones culturales muy sectorizadas. De todos modos, pareciera descuidarse ver cómo los *sesentas* configuraron una *etapa* de *un* período más amplio; una etapa necesaria e ineludible para establecer las bases de implementación de políticas neoliberales, cuyo discurso de promoción se presenta como "ingreso al Primer Mundo de los países tercermundistas o subdesarrollados."

Resulta imposible abordar aquí esta cuestión compleja, que tampoco es tarea de una sola empresa. El presente ensayo se propone un cuestionamiento parcial y muy focalizado, no sólo en el tópico que quiere abordar (la experimentación política y teatral), sino en lo que quiere promover: un abordaje de cuestiones que *permanecen* en el horizonte cultural y que merecen un planteo (que no reclama verdad ni falsedad) que las releve de formar parte de la *ilusión* de una historia acelerada, nihilizada, polarizada. Partimos de sostener que si los representantes del poder pueden ser nihilizados, no así el sujeto del poder. El hecho de haber elegido el término "experimentación" para referirnos a la producción cultural de los *sesentas*, muestra ya las cartas que constituyen nuestro punto de vista y remiten a una estrategia que hemos denominado *laboratorización de las realidades culturales por parte de los aparatos de dominación social desde la segunda década del siglo XX*. La complicidad de la ciencia con el poder no es nada nuevo, pero la cientificización del poder (o del ejercicio del poder como tal) es un proceso progresivo que da cuenta de la modernidad como tal, y que a la vez acapara y positiviza aquellos incesantes desafíos que amenazan su continuidad.

Por ello, nuestra periodización de los *sesentas* va a tomar como límites el año 1957 (fecha de la batalla de Argelia, de la independencia de Ghana, es decir, la conciencia del Tercer Mundo y los procesos de descolonización en Gran Bretaña, Francia y Estados Unidos, la implementación tecnológica de la Revolución Verde) y 1977 (para extender los límites fijados por Jameson ["Periodizing"], muy atenidos a la derrota norteamericana en Vietnam): 1977 parece más comprensivo, en la medida en que para ese año se han instalado en casi todos los países de América Latina dictaduras militares, proceso que comienza con el golpe del General Pinochet al gobierno de Salvador Allende en Chile en 1973.

A partir de 1977 se comienzan a sentir en América Latina los reacomodamientos del Primer Mundo de 1973-74, esa "worldwide economic crisis, whose dynamic is still with us today, and which put a decisive full stop to the economic expansion and prosperity characteristic of the postwar period generally and of the 60s in particular" (Jameson, "Periodizing," 205). Las formas eufóricas del período comenzarán ahora a experimentar los efectos de una represión sistemática ligada directamente a los aparatos de estado, y justificándose para la mentalidad común en los excesos que el terrorismo y la amenaza comunista significan para el ser nacional.

Teatralidad y experiencia política en América Latina

Naturalmente este período puede ser discutido. En primer lugar, podría reprochársenos que 1977 deja fuera algunos procesos de Centroamérica, especialmente la Revolución Nicaragüense, que reconoce sus tempranos momentos en 1969 cuando comienza la acción guerrillera del Frente Sandinista de Liberación Nacional (FSLN). Pero esto puede justificarse, en la medida en que la Revolución Nicaragüense, no obstante participar de las euforias y experiencias de los *sesentas*, alcanza su culminación y efectividad a partir de 1979 y su desarrollo ya no corresponde a una experiencia de experimentación sino, por el contrario, de institucionalidad e imitación, debido a la inmediata influencia de la Revolución Cubana (Beverley y Zimmerman).

La periodización sugerida aquí también podría ser discutida desde otras perspectivas. Probablemente, un trabajo atenido a las particularidades de cada país, o una periodización que tuviera en cuenta un aspecto determinado de la producción social, plantearía ajustes en años o toda una polémica, si se lo trata desde el modelo jamesoniano: por ejemplo, Oscar Terán, en su exhaustivo trabajo *Nuestros años sesentas*, focaliza el caso argentino entre 1956-1966; Silvia Sigal, para el mismo país, pero para un tema específico como son los *Intelectuales y poder en la década del sesenta* (1991), enfocando preferentemente el sector progresista, requiere de una extensión más comprensiva que abarca los años 40 y 50 y llega hasta "el primer lustro de los '70" (249), marcando como ruptura intermedia no 1968 sino el impacto del Cordobazo en 1969. Por su parte, Rosalina Perales, enfocando la serie teatral y ateniéndose a especificidades temáticas y formales, prefiere para el *Teatro hispanoamericano contemporáneo* (1989, 1993) un período que -sin mayores justificaciones- intentaría coincidir con el "boom" de la narrativa latinoamericana, es decir, 1967-87. Ileana Azor, en cambio, al periodizar su antología de ensayos sobre *Teatro latinoamericano siglo XX* (1989), señala como protagonistas de los 60 a Augusto Boal -que funda el Teatro Arena de San Pablo en 1956- a Enrique Buenaventura y a Santiago García; sin embargo incluye un trabajo de Hernán Vidal sobre el teatro chileno que abarca desde 1973 a 1980, y deja -junto con Vidal- para un período anterior la experiencia del teatro universitario chileno, al incluir el trabajo de Domingo Piga que abarca "el movimiento renovador de la generación de 1941 hasta 1964" (177). Beatriz J. Rizk, en su libro *El nuevo teatro latinoamericano: una lectura histórica* (1987), a pesar de su título, no es muy precisa sobre fechas: "Llamamos Nuevo Teatro a ese movimiento teatral que surge al finalizar la década de los 50" (13); alude a la Revolución Cubana como elemento catalizador y, aunque reconoce antecedentes en Dragún y Boal, enfatiza la creación colectiva como eje del Nuevo Teatro, lo cual resulta inmediatamente paradójico cuando afirma que "[l]a aparición de la creación colectiva en la América Latina data a [sic] mediados de la década de los 60; Manuel Galich da la fecha del año 1963/1964" (71). A pesar de ello, Rizk insiste en la continuidad del proceso teatral latinoamericano y termina incluyendo el Nuevo Teatro en una generación "actual" que "cubre los escritores nacidos durante los años 1920-1950. Su período de vigencia se extiende de 1950 a 1980. Casi todos los autores del Nuevo Teatro pertenecen, de hecho, a esta generación, por lo que la denominaremos del Nuevo Teatro" (90). También Ronald D. Burgess, en su libro *The New Dramatists of Mexico* 1967-1985, asume un criterio generacional, con apoyatura en los esquemas de José Juan Arrom, aunque discute algunas variaciones. Atenido al proceso mexicano, y revisando períodos cíclicos de euforia y depresión que ocurrirían cada veinte años, prefiere la fecha 1967, anterior al 68 de París, de Chicago y de Tlatelolco, para marcar el período de gestación de una generación de nuevos dramaturgos. Habiendo tenido una época de oro entre mediados de los años 50 y los tempranos 60, a consecuencia de la creación en 1947 del Instituto Nacional de Bellas Artes, hay una etapa de mediados de los 60 cubierta por el desarrollo del teatro comercial importado de Broadway. Y si bien muchas de las características del teatro mexicano de autor que Burgess aborda pueden homologarse, para las mismas fechas, al teatro latinoamericano en general, resulta necesario marcar también las diferencias que surgen y que tendrían, aunque Burgess no lo menciona, al manifiesto de CLETA (Centro Libre de Experimentación Teatral y Artística), de 1973 como un articulador fundamental para la toma de conciencia de la situación teatral y el impulso renovador posterior (Pianca, 365-367). En este sentido, Burgess agrega que "recent Mexican theater progressed by its own rhythm and rules" (13), en la medida en que, siendo Emilio Carballido una fuerza de influencia generacional, no promocionó la creación colectiva y limitó lo experimental a la sintaxis dramática, a diferencia de las transformaciones más globales impulsadas por Enrique Buenaventura desde Colombia; por otra parte, la censura mexicana -salvo la económica- no alcanzó los niveles de Argentina, Uruguay o Chile, lo cual redundó en que México no registrara una dramaturgia de exilio. Finalmente, el más reciente libro coordinado por Judith A. Weiss, encuadra el *Latin American Popular Theatre* "during the quarter century between the Cuban Revolution and the mid-1980s" (136), aunque luego extienda hasta 1945-48 el contexto necesario para hacer inteligible el Nuevo Teatro Popular:

Marina Pianca, en *El teatro de Nuestra América: un proyecto continental* 1959-1989, establece un período desde la Revolución Cubana hasta el presente de su escritura. Su libro tiene el mérito de haber realizado la base de nuestra tarea. Ella ha reunido los datos y documentos que correlacionan la serie histórica y la serie teatral; ha dividido el proceso en tres períodos que, en cierto modo, apelan a una división por décadas; ha establecido transiciones y ha nominado muy adecuadamente cada momento con su peculiar característica (internacionalización, urgencia e insurgencia, éxodo y reestructuración, exilio y continuidad). Sin embargo, hay que recorrer todo el libro para encontrar el móvil de la investigación; ese móvil no es exclusivo del libro de Pianca, es la pregunta fundamental de nuestra época y es al mismo tiempo la encrucijada en la que se juega el futuro de América Latina y de los países sometidos por el sistema capitalista, entre los que se encuentra, indudablemente, la extensa y diferenciada población de los Estados Unidos. Si hay algo que constituye la interrogación fundamental de nuestra época es justamente la necesidad de saber "lo que pasó," en el sentido de dar una respuesta al enigma del fracaso revolucionario de las décadas anteriores (con el consabido costo en vidas, desarraigos y sufrimientos) y fundamentalmente abrir un espacio para la lucha futura, porque las contradicciones del capitalismo no se han suavizado; muy por el contrario, se han agudizado al punto de que la situación de opresión económica y social es hoy probablemente mucho más imponente que la enfrentada en la década de los 60.

Sería vano pensar que se puede responder esa pregunta de una manera simple, y mucho más que se la puede responder rotundamente. La investigación histórica de arraigo positivista puede reunir una enorme cantidad de información y documentos, pero siempre su respuesta será parcial. Y eso por muchos motivos, entre los cuales se incluye el punto de vista del historiador. Nuestra tarea no va a enfrentar estos obstáculos; nuestra convicción no pasa por estos desfiladeros. Lo que nos proponemos aquí es dar una interpretación. El estatus de esta interpretación no se nos aparece validado porque recurra a datos, homologue situaciones, establezca conexiones de acontecimientos históricos, y mucho menos que postule causalidades empíricas. Pensamos que la eficacia de nuestro discurso va a instalarse en su provocación de ciertas perspectivas y en la apertura de un espacio para que aquellos datos y documentos empiecen a moverse en diversas direcciones, polemicen entre ellos y dejen lugar a la evacuación de sus propias contradicciones. Para ello, queremos situarnos en un espacio bastante poco tratado, un espacio que parte de los documentos y trabaja las nociones o conceptos que quisieran conformar una teoría de la teatralidad, en la medida en que sostenemos la necesidad de comenzar a establecer periodizaciones que tengan en cuenta no la temporalidad de generaciones, movimientos o festivales, sino *la historicidad del sistema de producción de las teatralidades comprometidas en las prácticas teatrales mismas* y que sostengan varios aspectos: formación actoral, modelos escenográficos, sistemas de financiación, sincretismos dramatúrgicos, diseños textuales, conexiones de las series culturales entre sí, al momento de configurar un discurso o una base doctrinaria específica.

En este sentido, las páginas finales del libro de Pianca señalan su propia motivación y abren el horizonte de nuestra tarea: el "fracaso" revolucionario puede ser el fracaso de una batalla, en todo caso, la dicotomía triunfo/fracaso no tiene otra productividad que la de promover un replanteo ya no de las intenciones y certezas que fundan el discurso de la revolución, sino las estrategias y tácticas por las que se define esa misma revolución.

La necesidad de desdogmatización, los beneficios que supuso desarrollar un marco internacional (que hoy podemos evaluar, sobre todo si en el horizonte vemos avanzar la enorme ola de represión que se avecina con el neoliberalismo), pero también esa "vuelta" -sospechosa cuando salvaje- a lo lúdico y a lo ritual, muchas veces más del lado del olvido que de la historia, son algunos de los términos entre los que se encuadra cualquier incursión en la cultura de los *sesentas* y su intrigante *revival*.

Aunque Marina Pianca señala lo positivo de la desdogmatización en el Nuevo Teatro después del período (322), quedan sin cuestionarse los ideologemas con los que se aborda la investigación: libertad, realidad, conciencia, alienación, identidad; en lo particular teatral, nada se dice del teatro en sí, de su específica teatralidad en tanto práctica estético-política, y su inserción latinoamericana como tal queda en el limbo al no poner en tela de juicio el ideologema fundamental: la relación entre la internacionalización y las prácticas revolucionarias en el entorno nacional.

Nuestra postulación se definirá justamente en el cuestionamiento de aquellos ideologemas, de las isotopías, de las remisiones y desplazamientos que los discursos van promoviendo y que los documentos dejan entrever. Porque los documentos en sí (entrevistas, manifiestos, mesas redondas, etc.) no exponen otra cosa que sus intenciones, pero es necesario ir más allá de ellos y abordarlos en el murmullo que sostiene ciertos presupuestos que los definen como tal, que los oponen entre sí, que los aglutina o los separa. Lamentablemente, no podremos ir más allá de esos documentos, entre los cuales -*leivmotiv* de todo estudio sobre lo teatral- no están los espectáculos mismos; esto quiere decir que en esos documentos pocas veces hay específicas teorizaciones sobre la construcción de una teatralidad revolucionaria. Sin embargo, es posible establecer un nivel de hipótesis sobre la teatralidad que subyacía a esas representaciones, en la medida en que los relatos de las experiencias, los fundamentos que se les otorgaban y la crítica que promovían la dejan entrever.

Hemos dicho que la periodización por décadas -que se utiliza ahora para referirse a la historia reciente- reforzada por esa sospechosa discursivización a partir de un progresismo concretado en la metáfora frutal (grados de *maduración* de los intelectuales, grados de *maduración* del teatro), instrumentada incluso por críticos que dicen adherir a postulados marxistas, remata en grados de opacamiento al momento de tomar en cuenta reacomodaciones de sectores de la producción cultural y artística, como resultado de las presiones estructurales del desarrollo capitalista. En efecto, más que de "madurez" de los intelectuales, es probable que se trate de un proceso de liquidación de disidentes y de reagrupación de bloques orgánicos para asegurar la hegemonía de los sectores "burgueses" aliados a los capitales multinacionalizados. Se podrían pensar los *sesentas* como una enorme máquina de liberación (de deseos, de fuerzas productivas, del cuerpo) puesta en funcionamiento para renovar las bases tradicionales de intelectuales, evaluar las disidencias y proceder a una limpieza posterior, una poda sociocultural, capaz de asegurar, por medio de la muerte y el terror, un recambio de sectores orgánicos. Sin llegar al extremo de suponer -otra vez- un genio maligno de la historia, la constante creatividad de fuerzas que el capitalismo pone en movimiento y que muchas veces no puede controlar, termina en una fiesta del monstruo a través de la cual se neutralizan y se incorporan las disidencias al aparato de estado, renovándolo, modernizándolo y volviéndolo a poner en la perspectiva de una nueva apertura y provocación. Vista desde esta dimensión, la alegada "madurez," esa especie de prudencia aprendida a golpes con la que se renuncia a los discursos combativos e insurgentes de la primera instancia, resulta ser una *conciliación* y un *renunciamiento* a los postulados revolucionarios; además, y esto es lo peor, estos postulados revolucionarios corren el riesgo de caer bajo sospecha de haber sido una mera "reacción" -y no una conciencia- a un estado opresivo previo, y por lo tanto, una rebeldía que el sistema hoy tilda, a través de sus protagonistas, de desbordes juveniles.

El caso argentino podría servirnos para justificar alguna de nuestras hipótesis y pensar en probables procesos análogos en otros países del Cono Sur. En efecto, sin remontarnos a los dos grandes momentos de recambio y captación de intelectuales (en lo cultural, en lo artístico, en lo administrativo y en lo técnico) que fueron el radicalismo a principios de siglo y el peronismo a mediados del mismo, con sus respectivos momentos de catarsis -para Gramsci la "catarsis" es el paso del momento meramente económico al momento ético-político, es decir, la elaboración de la estructura en superestructura- se podría pensar que, una vez puestas en juego las contradicciones y las culpabilidades respecto de la incomprensión del peronismo (*Contorno* y otras publicaciones de la misma índole), la izquierda (esa amplia zona que va desde el marxismo ortodoxo hasta las simples rebeldías contestatarias) comienza a diseñarse como un ámbito en el que se reclutan nuevas fuerzas de recambio, provenientes como ya era costumbre en los momentos anteriores, de la pequeña burguesía urbana y de la pequeña burguesía rural, ahora muy redistribuidas después del peronismo.

Si se piensa en la "gran revolución verde" (Jameson) en la cual los países hegemónicos, especialmente los Estados Unidos, estaban comprometidos, y si esta revolución agraria significaba una serie de modificaciones de la estructura económica tradicional de América Latina, se podría estudiar más detalladamente cómo van apareciendo sectores que requieren de intelectuales "orgánicos" (sectores técnicos, de servicios, de administración), y cómo se hace necesario repensar, en términos de espectacularidad democrática, el encausamiento de la violencia implicada no sólo en la desarticulación de sistemas tradicionales sino en el desmontaje de los gobiernos caudillistas, con místicas fascistizantes, de la mitad de la centuria.

Resulta, pues, necesario medir el impacto de los discursos anticolonialistas y de las elaboraciones filosóficas producidas en la postguerra del Primer Mundo sobre este horizonte que en Argentina, por ejemplo, significaba la constitución de grandes sectores de población beneficiados con y por la coyuntura peronista, pero que, al momento de la proscripción del partido que los aglutinaba, tenía que buscar expresión en la superestructura a través de desplazamientos, alianzas precarias, renegociaciones, siempre al borde de derivar hacia radicalizaciones que llevarán posteriormente a definir un intelectual obsesivamente orientado hacia la representatividad de las masas huérfanas (Sigal, Terán).

La cruzada y el éxito de la Revolución Cubana van a significar un impacto tanto para el Primer como para el Tercer Mundo, de modo que se produce una aceleración del proceso y una inmediata redistribución de posiciones: por un lado, algunos inmediatamente admiten el éxito cubano como un certificado de certeza aceptado por la puesta en duda de la perspectiva marxista-leninista sobre la revolución y que, a la vez, permite resolver el drama de autoridad que el peronismo había dejado a la intemperie; por el otro, esta misma conciencia de certidumbre revolucionaria los lleva a la necesidad de resolver el mismo drama, pero por apelación y reforzamiento del sistema de paternidad. En una perspectiva continental, podría pensarse que si la Revolución Cubana jugó un papel crucial, lo hizo en cuanto permitió polarizar situaciones y reestructurar lo que estaba disperso en un nuevo proceso de luchas que, fundamentalmente, implicaban a los sectores urbanos. Sería necesario estudiar el impacto de la Revolución Cubana en las masas indígenas y campesinas de América Latina, para darse cuenta hasta qué punto dicha revolución fue un ideologema que afectó casi exclusivamente la renovación de los cuadros intelectuales. Y, sin duda, sería también hora de emprender una investigación sobre los impactos que ese evento revolucionario significó en la constitución de una ilusión de hegemonía que obstaculizó el proceso ineludible y dialéctico por medio del cual esos cuadros pequeño-burgueses pudieron haber constituido su representatividad popular y a la vez haber permitido la posibilidad de que los grandes sectores obreros, campesinos e indígenas conformaran sus propios intelectuales como representantes directos de su clase de pertenencia, atendiendo lo específico de las contradicciones de cada proceso nacional.

2. La teatralidad y el teatro

Las prácticas teatrales (discursos, espectáculos, debates ideológicos y/o técnicos, formación de actores, textos dramáticos) no pudieron ponerse al margen de lo que fundaba o recorría las textualidades de los *sesentas* en sus preocupaciones básicas, sean de orden ontológico o epistemológico, sea de orden específicamente sociopolítico. Para ser más precisos: estamos fascinados por abordar la constitución histórica de una óptica política, es decir, de un orden de teatralidad cultural que presupone una específica determinación relacional entre los sujetos participantes, pero que más allá dejaba emerger las bases de una constitución de subjetividades y "objetividades" cuyas veleidades -esto es, cuyas dimensiones tanto progresistas como criminales- llegan hasta nuestros días y sin duda reavivan el debate de la postmodernidad.

Postulamos para la época una teatralidad definida como una matriz relacional específica, cuyas articulaciones basales se pueden o se dejan leer en los textos de Sartre y de Ernesto Che Guevara; nos referimos particularmente a la tercera parte de *El ser y la nada* y a la *Guerra de guerrillas*. Creemos leer en ellos -*Los condenados de la tierra* de Franz Fanon mediante- un engranaje de cuestiones y, sobre todo, una matriz de producción textual con la cual y contra la cual se pueden considerar y posicionar discursos y textos específicos en la medida en que la óptica que subyace a las propuestas sartreanas y guevaristas se instaura como límite, y como límite exasperado, de la modernidad. Para lo particular teatral, creemos que la falta de teorización en este campo y sobre esta teatralidad de los *sesentas*, no sólo deja en suspenso toda consideración exhaustiva de los sistemas teatrales de la época (especialmente aunque no exclusivamente del llamado Tercer Mundo), sino que además da lugar al riesgo si no de favorecer repeticiones o *revivals* de la misma, al menos de impedir la apertura de espacios creativos realmente efectivos.

Vamos a partir de cuestionar, y en lo posible negar, el axioma general que parece sostener casi toda investigación crítica-académica sobre el tema y que, no viéndose en la necesidad de especificarlo, lo sostiene como una certeza; este axioma afirma que *el teatro es un objeto*.

El teatro no es un objeto. Esto equivale a decir que es imposible presentarse aquí como queriendo ya ostentar un conocimiento o saber sobre él. Menos aún vamos a vérnosla con una esencia que se podría hacer aparecer cualquiera sea la índole de reducciones sucesivas, fenomenológicas o no. El teatro tampoco es un habla indiferenciada histórica o socialmente, capaz de admitir cualquier tipo de interpretaciones. El teatro no es un objeto, es una práctica; y una práctica o -como la designa Lacan- una praxis es "el término más amplio para designar una acción concertada por el hombre, sea cual fuere, que le da la posibilidad de tratar lo real mediante lo simbólico. Que se tope con algo más o algo menos de imaginario no tiene aquí más que un valor secundario" (*Seminario XI*, 14). El teatro, pues, es un término que remite a prácticas de producción teatral (permítasenos por un momento la tautología) determinadas por discursos "culturales" concretamente ubicados en períodos históricos definidos; cada uno de estos discursos lleva a que el término "teatro" sostenga o se sostenga en algún tipo de relación que puede ser formalizable y fundar de ese modo un discurso teatral capaz de operar, en tanto tal, como una ideología (incluimos la ciencia), interviniendo en el decurso de las transformaciones sociales y la lucha de clases. Otorguemos desde ya al marxismo, al menos, el residuo de esta convicción indiscutible, aunque mucho haya aún por discriminar sobre las formas de esta determinación.

En tanto discurso histórico, el "teatro," según lo concebimos hoy -como una representación por medio de actores frente a un público, que supone cierta e ineludible maquinaria de producción (puesta en escena, saberes en juego, configuración corporal), con el grado de sofisticación que fuere- es un discurso reciente que apenas sobrepasa el siglo XVI y que no se localiza más que en lo que podríamos llamar aquí la "órbita epistémica de occidente." Como intentaremos probar, *el teatro es una determinada forma de hacer política en la dimensión del capitalismo*: esto nos repara de pensar que el teatro, tal como lo conocemos, es algo natural -Aristóteles pensaba que imitar era connatural al hombre- o social ahistórico, que siempre estuvo en cualquier tiempo y lugar al servicio de alguna naturaleza, esencia o necesidad humana que no sabría hallarse sin él. También nos repara de extender este discurso histórico específico a otras culturas que practican formas diversas de representación y que no tienen nada que ver con el teatro.

Suponer, en fin, la generalidad social y ahistórica del teatro no es más que una forma de imperializar el fenómeno, reprimir otras "teatralidades," subalternizar otras representaciones, es decir, impedir la posibilidad de abordar otras prácticas humanas en su diferencia histórica y cultural (clasista, étnico-racial, sexual).

Estamos, como puede verse, en el campo de operatividades de una ética, que impone riesgos y responsabilidades situados en el mismo lugar de construcción de eso que denominamos el texto: me refiero a la posicionalidad de la palabra como concepto. El concepto es el resultado de una práctica política y, como tal, tiene sus objetivos y sus aliados, pero también sus estrategias y sus enemigos. El teatro, en tanto discurso, aparece ahora como una serie de reglas cuyos enunciados operan con nociones o conceptos, y éstos admiten una deconstrucción que abre retrospectivamente su genealogía. Así, el teatro convoca un discurso actoral, un discurso arquitectónico, un discurso narrativo, por citar algunos, cuyos soportes son conceptos o nociones tales como cuerpo, espacio, tiempo, acción, ficción, identificación, que a su vez remiten a una manera de pensar y organizar lo social y cultural desde cierta concepción del poder admitida como "natural" (¿la democracia burguesa es natural?) a partir de un juego preciso de las estructuras socioeconómicas de una sociedad en un período determinado de su historia.

El problema de admitir en bloque el discurso llamado "teatro," no sólo supone imperializar el fenómeno, como ya hemos indicado, sino también configurar una pretensión de verdad como Verdad, capaz de impedir todo tipo de replanteo de la teatralidad en aquellas sociedades o culturas que funcionan colonialmente, esto es, como partes subalternizadas y marginalizadas por un discurso dominante que, lógicamente, necesita del teatro para reproducirse. Lo interesante de esta obturación es que no deja emerger otras formas de representación más acordes a las necesidades de esas sociedades o culturas sometidas, lo cual a su vez remata en el hecho de que todo abordaje crítico al fenómeno se vive como rebeldía o subversión frente a un canon propuesto como inmutable. No se trata entonces de defender "teatralidades" marginadas, para que se conviertan en formas apelables para disputar el poder (el hijo que quiere ser el padre). Tampoco se trata de jerarquizar otras formas de representación como mejores o eficaces, desconociendo nuevamente su dimensión histórico-cultural (el hijo convertido en padre y sometiendo a otros), ni siquiera de admitir ese razonamiento "antropológico" que quisiera oponer lo duro a lo blando, o hacer ingresar zonas blandas en la superficie un poco desgarrada de lo duro (el hombre que tolera ciertas zonas o complementos femeninos en el espacio de la masculinidad hegemónica). ¿De qué se trata entonces? Se trata de pensar la teatralidad del teatro como formando parte de un discurso más amplio que impone sus categorías epistémicas —sexuales y familiares- para luego observar cómo a través de ellas se proyectan sus efectos de imperialización como un drama imaginario entre lo activo y lo pasivo, entre el hombre y la mujer, entre el padre y el hijo.

Queremos pensar la teatralidad fuera de estos órdenes binarios, lo que no significa pensarla "abstractamente" y menos aún fuera de la sexualidad; por el contrario, promovemos la posibilidad de pensar el concepto en el orden de nuevas relaciones socioculturales, es decir, y para empezar, de otras formas posibles (y placenteras) de la sexualidad, no sometidas al entorno reproductivo de la sagrada familia, de esa familia que justamente manifestará su "crisis" a partir de los años 60.

Al abordar la "teatralidad latinoamericana de la utopía," es decir, la voluntad de poder de una teatralidad como la de Latinoamérica durante los *sesentas*, se puede caer en diversos encuadres que, todo lo productivo que ellos sean, no hacen sino subrayar, tal como lo demuestra la bibliografía, el carácter canónico del teatro burgués y el carácter subalterno, cuando no parasitario o inocente, de las teatralidades marginadas.

3. Las estructuras teatrales[2]

3.1 *Espacio/lugar: pacto simbólico/cambio imaginario*

Si un grupo de trabajadores del teatro o un director se enfrentara al proyecto de elaborar una puesta en escena de *El señor Galíndez* (1973) de Eduardo Pavlovsky, por ejemplo, no podría dejar de tener en cuenta que en la extensa didascalia que abre el texto dramático se dice: "Escenográficamente la primera imagen que el espectador recibe es 'extraña.' Al subir muy lentamente la luz, se le presenta sobre el escenario un ámbito no muy definido. Deliberadamente no se grafica qué es ese ambiente" (157). Y más adelante se agrega: "Todo esto, en conjunto, buscando la sensación de que 'estamos' en un 'lugar' que en realidad podría ser 'otro'" (157). Lo que aparecía como un ámbito habitable, se va transformando "en una exacta, terrible, científica cámara de tortura" (159). Como puede verse, hay lugares en donde "se come, se lee, se hace gimnasia, se higienizan, etcétera" (158), es decir, se trata de una selección (ideológicamente muy controlada) de lo que debe verse y no verse. La "transformación escenográfica del escenario" (158) hace coherencia con los otros niveles del texto dramático. Pavlovsky agrega:

---

[2] Parte de lo que se va a leer fue publicado por Gestos 15 (1993): 25-40, bajo el título "Bases para una semiótica de la teatralidad: espacio, imagen y puesta en escena." No hay cambios sustanciales en cuanto a la elaboración teórica del concepto de "teatralidad" como política de la mirada; sí, en cambio, hemos procedido a alguna ampliación de su campo de operatividad.

> La única entrada y salida, el único modo de llegar del exterior o dirigirse hacia él, está dado por un hueco en el piso, en el fondo de la escena. Desde ese hueco, y previa subida de varios escalones, emergen las figuras de los personajes que llegan, y por allí, bajando, desaparecen esas figuras cuando salen de ese "ámbito." A lo "extraño" del lugar, deberíamos agregar ahora un cierto toque "secreto." (157-58)

¿Es estructural que haya una sola puerta? ¿Es indispensable que la entrada y salida de ese "ámbito" se instale como un hueco que conecta al lugar con una dimensión secreta? En principio, es una restricción explícita del autor que, sin duda, podría provocar el deseo de algún director o escenógrafo de montar la obra haciendo proliferar las puertas o bien haciendo ingresar al público por ese "hueco," o incluso dejando ver la representación únicamente desde esa mínima apertura. Sea como fuere, tanto el diseño sugerido por el autor como las transgresiones de cualquier proyecto escenográfico suponen un diseño de quién es el *espectador*.

Podemos pensar que hay un público, formado por un grupo de individuos que asiste a la sala, aunque en un espectáculo no se puede pensar que exista una relación disimétrica según la cual sólo los actores soportarían una máscara. ¿Qué máscara es el espectador previsto por el proyecto de puesta insinuado por las didascalias de Pavlovsky y qué diferencias admite con alguna de las propuestas transgresivas que hemos enumerado? Si el público puede ser numeroso, nunca son muchos los espectadores que cabe diseñar para un espectáculo. D.R. Payne no parece tener esto en cuenta en su detallado estudio sobre el modelo escenográfico. Sin duda, este modelo se elabora para un ojo, que no es puro, que está ubicado históricamente; pero no es menos cierto que el modelo escenográfico construye ese ojo, diseña la imagen del espectador cuando dispone los lugares en los que se va a ubicar al público. Puede ser muy refrescante, o incluso muy *snob*, y hasta para algunos desesperante, poner al público en diversos *lugares*, pero ¿los diversos lugares suponen necesariamente diversos *espacios*? Richard Schechner ya en 1968 postulaba la necesidad de superar lo fenoménico, es decir, las definiciones descriptivas, y favorecer las definiciones relacionales. Para Schechner, la audiencia ingresa a una sala en la que todo el espacio fue diseñado y en la cual el *environment* ha sufrido una transformación orgánica de un espacio en otro (43). Esto supone, entonces, tanto para el director como para el escenógrafo, el ejercicio de un poder que posiciona al público, que le otorga roles, que lo enmascara, que le señala identificaciones y que, en suma, lo sumerge en el furor teatral como tal. Por esto mismo, y como veremos más adelante, *El señor Galíndez* no solamente puede leerse como un texto cuya referencia a la tortura "clandestina" estatal en Argentina es ineludible, sino también como una experimentación metateatral, es decir, una puesta en escena perversa de lo que llamaremos *la teatralidad del teatro*.

Teatralidad y experiencia política en América Latina

Por ahora subrayemos la diferencia entre *lugar* y *espacio*. En el teatro, los lugares están dados, pero los espacios se generan, se producen, como en arquitectura o escultura (Serroni, C. García). Los lugares se ocupan, pero los espacios sitúan, atraviesan los cuerpos, sujetan, identifican. Se puede poner al público en diversos lugares (sobre el escenario, en la calle, en la platea de un teatro a la italiana, ocupando la escenografía como hace Grotowski (obsérvese "la conquista del espacio en el Laboratorio Teatral" en los diagramas para la puesta en escena de *Kordian*, *El príncipe constante* o de *Los antepasados de Eva* [121-130]), pero esto no equivale a sostener que se ha modificado la relación política que supone la estructura de la mirada como tal. Un cambio de lugar no equivale a la producción de un espacio político necesariamente transgresivo, contestatario o meramente diferenciado, que atente contra la teatralidad del teatro "burgués." No siempre, especialmente en la experimentación teatral de los *sesentas*, vamos a toparnos con reales producciones de espacios. Más bien -como veremos- lo contrario es la regla: *una "empírica" confianza en que el cambio de lugar transforma inmediatamente el pacto simbólico que supone la génesis de la mirada en la teatralidad del capitalismo*. De ahí que haya cierta inadecuación entre las propuestas dramatúrgicas y las investigaciones temáticas contestatarias, inconsistentemente mantenidas en una representación que ilusoriamente se sostiene en la certeza de apenas un juego en la combinatoria del imaginario. De este modo se instalarán frecuentes contradicciones entre los espacios construidos (inalteradamente los del "teatro"), la ideología explícita del grupo, los temas presentados y la trampa implicada en el mero cambio de lugar. Y esto es lógicamente correlativo si no del ya tradicional rechazo de la producción teórica por parte de los hacedores de teatro, al menos de la idea misma de teoría que muy tímidamente comienza a aparecer en un Enrique Buenaventura o en un Augusto Boal.

3.2 *Semiótica del teatro/semiótica de la teatralidad*

Si la acción o el relato tienen modelos de abordaje (modelos de análisis del texto dramático), no hay modelos que permitan pensar las posibilidades de *teatralidad* en una puesta en escena (y sus consecuencias políticas). Es posible que la polémica entre los estudiosos del teatro y los hacedores de teatro tenga tal vez su explicación en esa distancia generada por la carencia de una semiótica en producción teatral (Geirola, "Semiótica"). Hay una semiótica del producto (análisis del texto dramático espectacular), pero son modelos deudores de lo que podríamos convenir aquí en llamar *semiótica del signo*, que siempre supone repertorios de ellos capaces de configurar ciertas tipologías, clasificaciones u ordenamientos. Pero los teatristas sabemos que los signos repertoriados son tan escasos al momento de decidir una puesta que, por lógica consecuencia, no podemos más que rechazar los modelos del signo.

En el trabajo de la puesta en escena el problema es otro. Se trata de *producir signos* a partir de significaciones cualesquiera, y para ello la bibliografía es escasa.

Producir signos significa establecer alianzas, pactos con los otros, con el público. Y este pacto -todo él filtrado por la historia y la cultura que lo antecede y ante las cuales tiene lugar- supone una enorme cantidad de condicionantes y condicionamientos que, en principio, ni toda la gente de teatro tiene explícitamente en cuenta, ni hay modelos o teorías que permitan su abordaje.

¿Cuáles son las teorías semióticas de que se dispone para pensar una semiótica de/en producción teatral? En el panorama teórico actual, dos son las posibilidades que no parten del signo constituido, repertoriado, instituido: en primer lugar, la semiótica peirciana ("Signo [es] [c]ualquier cosa que determina a otra cosa (su *interpretante*) a referirse a un objeto al cual ella también se refiere (su *objeto*) de la misma manera, deviniendo el interpretante a su vez un signo, y así sucesivamente *ad infinitum*" [Peirce, 59]). En segundo lugar, la lógica del significante de Jacques Lacan (donde "el significante se caracteriza por representar un sujeto para otro significante" [*Seminario XX*, 63]; de ahí que "[e]l signo no es pues signo de algo; es signo de un efecto que es lo que se supone como tal a partir del funcionamiento del significante [*Seminario XX*, 64]). Hay en estas dos propuestas una base para modelar una teoría de la teatralidad, en la medida en que permiten articular una dialéctica entre máscara, posiciones subjetivas y producción de la significación. Serán, pues, estas dos posiciones las que operarán en el horizonte teórico de nuestro trabajo.

3.3 *Teatralidad: geometría y campo escópico*

Resulta sumamente importante no partir de una noción extractiva de la teatralidad. En efecto, la mayor parte de los trabajos en semiótica teatral parten de la noción de teatralidad establecida por Roland Barthes en sus *Ensayos críticos* de 1957, es decir, de una época en la que aún no se insistía en la semiología. La noción extractiva supone que hay una totalidad denominada "teatro" a la que se le puede sustraer el texto dramático, esto es, el aspecto verbal, quedando como resto una serie de sustancias o de volúmenes que se englobarían bajo el nombre de "teatralidad" (Barthes, *Essais Critiques*, 41-42). No se trata a continuación de esta noción y de sus derivados.[3] Nuestro esfuerzo se va a situar en el pasaje del campo nocional al conceptual, a fin de alcanzar una dimensión teórica donde pueda trabajarse con un modelo predictivo (y no meramente constatativo) de la teatralidad.

Para ello es necesario determinar el horizonte teórico en el que dicho concepto tomaría su lugar, o bien partir de la formulación de una definición provisoria (retroductiva, diría Peirce) con base en una teoría presupuesta, y luego remontarse a sacar de allí todas las consecuencias teórico-metodológicas. Esta segunda opción es la elegida aquí.

---

[3] Hemos realizado la crítica epistemológica de la afirmación barthesiana en otros trabajos (Geirola "Semiótica," "Algunas reflexiones," "Sobre la praxis").

Se ha dicho, y con insistencia, que no hay teatro si no concurren el actor y el público, lo cual si bien es cierto, es también demasiado empírico. Podría igualmente afirmarse que no hay teatro si no hay luz e incluso si no hay un lugar físico para la reunión de actores y público. A partir de aquí se han sacado innumerables consecuencias, muchas veces provechosas, pero insuficientemente elaboradas y fundadas. Podríamos preguntarnos, por ejemplo, qué es un actor, y entonces tendríamos que hacer mención de múltiples cuestiones que, como se sabe, se encuentran dispersas en muchísima bibliografía, toda ella de heterogéneas procedencias teóricas o filosóficas, sin poder conformar por ello un espacio especulativo prometedor (Duvignaud, *El actor*).

Para constituir la teatralidad como concepto podemos establecer dos niveles: uno estático, en el que operarían cuatro elementos básicos: cuerpo, mirada, tiempo y luz; otro dinámico, en el que incluiríamos la energía. La ecuación inicial, y por ende axiomática, del modelo que queremos esbozar puede sintagmatizarse así: *Alguien mira un cuerpo en movimiento*. Tenemos por lo pronto configurado un campo donde se dejan visualizar fácilmente el otro (un cuerpo mirante), la mirada como tal, otro cuerpo (el mirado), la luz y el tiempo a través de un movimiento que lo hace visible espacializándolo. Empíricamente, no hay mirada en la oscuridad, ni espacio sin movimiento. Además, la mirada sobre un cuerpo estático es intolerable (si se la mantiene por mucho tiempo), porque remite al cuerpo muerto, al cadáver. La muerte es un significante que hace corte en la mirada, y remite el ojo a otra cosa, a otro (objeto). Se mira, pues, un cuerpo en acción; se mira por un sentido, no por su falta, ya que la mirada narrativiza.

Nos vemos llevados inmediatamente a presuponer que hay teatralidad allí donde se juega a *sostener la mirada* frente a otro, o bien, para ser más precisos, donde se trata de *dominar la mirada del otro* (o del Otro); con esto queremos insinuar que la teatralidad se instaura en un campo de lucha de miradas, guerra óptica, lo cual demuestra inmediatamente que el movimiento no es el único derivado energético, sino algo más fundamental y menos visible: el poder, el deseo de poder. Queremos, entonces, conceptualizar la teatralidad en un campo escópico que es fundamentalmente un ámbito agonal constituido como una *estrategia de dominación*.

3.4 *La seducción: matriz de la teatralidad*

Podemos partir de la ecuación "X mira a Z" y derivar de allí los componentes de la teatralidad (aquí se presuponen ya la luz y el cuerpo) en varias posibilidades lógicas. En principio, no distinguiremos en cada caso la índole de la mirada: sabemos que hay una mirada fisiológica, una mirada geométrica, otra óptica, otra fenomenológica y también una mirada psicoanalítica, pudiendo el lector discriminarlas convenientemente.

3.4.1 X está mirando a Z, y Z no está mirando a X

Aquí no hay teatralidad, pues X se apodera de la imagen del otro pero no del otro. El otro no resiste, el otro no entrega más que su corteza, el otro no deja ver su mirada (puede ser un robot), es decir, no constituye a X como mirada, en tanto no se siente en peligro, no se sabe mirado. Sin embargo, esto muestra que el otro da su imagen a la mirada, se deja estar en el campo escópico, y provoca la mirada de X. Si X queda atrapado en la imagen de Z, es porque hay algo en esa imagen que lo compromete, o mejor, que compromete su deseo. En este atrapamiento, X no puede sino objetivar a Z con su mirada. Lo que hay que señalar aquí para nuestra reflexión es el hecho de que la causa de la mirada de X es justamente Z, o dicho de otro modo, Z es la representación de la causa perdida (objeto *a* del álgebra lacaniana) en X. La teatralidad no se deja atrapar, no puede constituirse sino por el choque de dos miradas, por la sorpresa, por el golpe o trauma. La teatralidad sólo se instaura como superación imaginaria de este narcisismo; la teatralidad es social. Por eso, en su estudio sobre la constitución de una mentalidad fascista concebida en parte como una teatralidad, Theodor W. Adorno -retomando el modelo freudiano- señala que, en todo caso, el líder sólo finge una posición narcisista y, ofreciéndose como una monumentalidad estatuaria, permite la instalación de lazos entre los participantes de la masa por medio de la liberación de arcaicos impulsos libidinales. "[T]he leader -dice Adorno- has *to appear* himself as absolutely narcissistic" (126, el subrayado es nuestro). Y completando esta epistemología de la pose, agrega: "the leader can be loved only if he himself does not love" (127).

3.4.2 X mira a Z y Z mira también a X

Es necesario suponer la existencia de un doble juego de miradas, de un encuadre intersubjetivo, para considerar la base de constitución de una teatralidad. Así, hay un *vector* que va de X hacia Z y otro de Z hacia X, con lo cual se determina un *segmento*. Y éste presupone un espacio (no un lugar) de guerra, de lucha. Este segmento es, en principio, una distancia regulada indispensable que permitirá el funcionamiento de la seducción:

a) Si X y Z tienden a fundir sus miradas, a reducir a cero la distancia, acercan sus cuerpos y anulan la seducción. Cuando los cuerpos se unen, termina la seducción y comienza una ceguera que, en tanto unidad (ilusoria o no) de los sujetos, podemos denominar amor (dos que quieren ser Uno: Lacan desarma "ese espejismo del Uno que uno cree ser" (*Seminario XX*, 61). El amor es el fin de la seducción, fin de la lucha escópica, instalación de una dominación, ausencia de reversibilidad y, finalmente, comienzo de la producción (de placer y de sentido). La seducción, como la trabaja Jean Baudrillard, está siempre *antes*, es un juego de reversibilidades y por lo tanto no establece una producción; la seducción está gobernada por el juego de los signos, aliena la producción, pero se separa de ella. La seducción es un juego con el poder, donde no hay lugar para esclerotizarse en él, para apropiarse de él definitivamente. Justamente la seducción está allí para denunciar la provisoriedad del poder, de todo poder, o mejor, señalar que el seductor es el que ha sido la primera víctima de aquello que quiere seducir. Además, la seducción supone una superficie de registro, a manera de fondo, que permite la diferencia entre el otro sujeto en tanto tal y el mundo (los otros como objetos que no atrapan a X). Así, en el Amor como fusión se tendería a anular ilusoriamente la diferencia, y por eso el otro es el mundo, para el amante. Retomando a Adorno, podemos ver hasta qué punto la mentalidad y la teatralidad fascistas están sostenidas como una unión amorosa entre líder y masa, por medio de los mecanismos de identificación e idealización, tal como los teoriza Freud: por un lado, "it is -dice Adorno- precisely this idealization of himself which the fascist leader tries to promote in his followers" (126) y la identificación hace su trabajo en la síntesis de la imagen del líder como superhombre y "great little man" (127) o, agrega Adorno, el líder "as an average person" (127). Por eso, "[t]he leader image gratifies the follower's twofold wish to submit to authority and to be the authority himself" (Adorno, 127). En este encuadre amoroso aparentemente homogéneo, la diferencia se instalará hacia el exterior, como pulsión destructiva para los que no aman y no son amados en la comunión con el líder; y hacia el interior, como una instancia de jerarquías disciplinarias que siempre impiden al subalterno la veleidad de sustituir al líder: no se nos deben escapar aquí las derivaciones que estas reflexiones pudieran tener en el campo de la identificación teatral y, más solapadamente, en la constitución de ese espejo fatal que supone el llamado teatro realista, no sólo para entender las impugnaciones de la vanguardia teatral, sino a la vez los debates provocados en torno a la constitución de un teatro popular;

b) También podría pensarse el caso de que se extendiera esa distancia al punto tal que X y Z quedaran fuera del alcance de las miradas, es decir, extender el segmento al infinito. Tendríamos aquí nuevamente el fin de la seducción y el comienzo de lo que correspondería llamar el anhelo, o la nostalgia o incluso la ausencia, que son más bien formas de la gestualidad narrativa. El otro es inatrapable. De modo que la seducción aquí no puede instalarse.

La seducción es nuestra *primera estructura de la teatralidad* y como tal es un campo escópico determinado por una distancia regulada, reversible en cuanto a la articulación o circulación del poder. La seducción es la primera estructura de la teatralidad configurada como *política de la mirada*.

3.4.3 El cuerpo no está lleno de ojos

Desde una perspectiva anatómica y fisiológica, la espalda es lo que se ofrece a la traición, pues se puede matar a alguien esquivando el horror de su mirada;

pero también el ojo no tiene un ángulo de visión de 360 grados, sino de un poco más de 180. A su vez, el campo visual no es "homogéneo," es decir, no todo es percibido con la nitidez de lo que entra en la línea constituida a partir de la *fovea centralis* (Pirenne, 2627). Esto hace que el ojo sólo pueda percibir a condición de no permanecer quieto. Hay que girar la cabeza o mover el globo ocular. Pero más allá de estas determinaciones fisiológicas, podemos afirmar que, desde el punto de vista imaginario, toda imagen se presenta a su vez en su incompletitud. Si miramos nuestra imagen en el espejo (X mira a Z), tenemos dos posibilidades: si miramos nuestro cuerpo, perdemos nuestros ojos, y si miramos nuestros ojos, perdemos el resto del cuerpo. Edipo o Narciso; en ambos casos no puedo captarme en su completitud: castración o muerte. Aquello que nos completa es la verdad que asume su carácter insoportable, del que nos defendemos velándola con la ceguera o, como Narciso, con la emergencia de la belleza en la imagen sentida como un otro. La imagen es, pues, algo que se nos aparece como parcial e incompleto. No es éste el lugar para sacar todas las conclusiones de esta afirmación ni para extendernos con ejemplos históricos, extraídos de una historia de la teatralidad que está por hacerse y que, sin duda, así como la historia de la escritura nada tiene que ver con una historia de la literatura; tampoco la *historia de la teatralidad* podrá homologarse a una historia del teatro (Geirola, "Semiótica," "Algunas reflexiones," "Sobre la praxis").

3.5 *Proliferación de las miradas/proliferación de los vectores*

La seducción es el motor de la teatralidad. Como vimos, se configura como un segmento entre X y Z, una distancia regulada por la consistencia y las posibilidades de la mirada. Ahora bien, si hacemos girar ese segmento apoyándonos en alguno de sus puntos, se configura un círculo. El perímetro de ese círculo equivale a la proliferación de participantes, esto es, está conformado por muchos X y Z que mantienen distancias equivalentes del centro. El hecho apuntado anteriormente de que el cuerpo y el ojo humanos tengan limitaciones específicas, nos permite realizar algunas ecuaciones geométricas y ópticas derivadas.

En efecto, si suponemos una danza donde los cuerpos giran enfilados uno detrás de otro, cada cual recupera su espalda en la espalda del otro. Se gira infinitamente, y porque hay una serie de cuerpos, se sabe que nuestra espalda está protegida; los otros son el espejo donde se puede controlar la seguridad del cuerpo propio. Esta *segunda estructura de la teatralidad* podemos denominarla -para nuestra comodidad expositiva- *ceremonia* y de ella podemos enunciar algunas observaciones: la serie de cuerpos es una serie concatenada y cerrada, constante y continua; esta fila determina a su vez un perímetro que se recorre obsesivamente y que al mismo tiempo insinúa dos espacios virtuales, dados de modo aparente. En efecto, no podemos decir aún que hay un "adentro" y un "afuera." Sólo podemos afirmar que la línea recorrida del círculo es la manifestación del círculo, de un espacio circular organizado a partir de un centro vacío y virtual, carente de representación. Aquí el poder permanece "corpuscular," contiguo y metonímico, sin concentrarse. La concatenación suspende la concentración del poder. Lo único que adquiere (re)presentación imaginaria es el perímetro, ocupado por cuerpos que siguen la misma dirección y que, regulando la distancia, pasan por los mismos puntos. Casi podríamos decir que la seducción se ha desvanecido, se ha atenuado mediante un escamoteo de la guerra: hay repetición y pacificación; el círculo y la serie son el otro; forman un engarce de elementos complementarios del sujeto. No hay, pues, ni detención ni acumulación, por lo tanto, no hay todavía ni dominadores ni dominados. La *ceremonia*, como que deriva de la seducción, es constantemente reversible y por ello objeto y sujeto no son más que figuraciones instantáneas y provisorias.

Ahora bien, bastaría orientar los cuerpos en forma convergente o divergente al centro del círculo, para obtener dos posibilidades teoremáticas. En efecto, si los cuerpos disponen sus miradas hacia adentro o hacia afuera, producen una división del espacio cuyas consecuencias en la dimensión imaginaria conviene esbozar.

Comencemos por una teatralidad que, por carecer de realización histórica (en la génesis real, diría Marx), resulta difícil bautizar. Es el caso de los cuerpos dando la espalda al centro del círculo y habilitando hacia afuera una porción espacial infinita; el movimiento circular de los cuerpos por el perímetro del círculo permitiría a cada uno, sucesiva y alternadamente, ir disponiendo de la totalidad del espacio exterior. El espacio interior aquí es una *reserva de nadie*; ninguno puede hacer uso del poder virtual que significa esta zona y es muy difícil entenderla como sagrada, pues aún ese espacio no admite representación imaginaria y significante. Es un espacio colectivo que reasegura la espalda; no hay, pues, que dejar de ver en esto las distintas disposiciones especulares. Como el espacio interior es determinado colectivamente, puede ampliarse o restringirse pero nunca infinitamente. El hecho de que la mirada recorra porciones cuyo límite perimetral es inconcebible, la apertura infinita hace corte nuevamente por la representación significante de la muerte. Esta teatralidad, que podríamos denominar *contra-rito* no puede sostenerse, como no podía hacerlo la mirada frente al cuerpo estático. El horror es su límite cuando se instaura justamente como falta absoluta de todo límite. De modo que esta *tercera estructura de la teatralidad* tiene posibilidades de realización sólo en lo teórico (Marx diría: la génesis ideal). Por ello, insistimos, es difícil encontrar el "ejemplo" para el contra-rito.

La direccionalidad convergente de las miradas, en cambio, puede designarse como rito y sabemos que tiene realizaciones históricas en todas las culturas, bajo distintos aspectos. Más aún, podría afirmarse que no hay cultura que prescinda del rito, y estamos pensando no sólo en su realización como práctica de lo sagrado, sino también en lo profano, como rito oficial, institucional u obsesivo (Freud, *Totem y tabú* [1913], *Psicología de las masas y análisis del yo* [1921]; Lévi-Strauss). En el rito, la serie de concatenación comienza a sufrir sus primeras conmociones, y con ello también la consistencia del poder. El *rito* es nuestra *cuarta estructura de la teatralidad* que, en tanto estrategia, consiste fundamentalmente en la instauración de un representante imaginario del poder. Esto no significa que tenga que tener una encarnación específica del representante imaginario. Ahora la serie gira en torno a un eje central, el espacio se limita a la interioridad y el afuera está velado/vedado. El afuera es el fondo ("cósmico") que completa y permite la diferencia. Como se puede ver en los anfiteatros griegos, como Epidauro, lo que completa el círculo detrás de la escena es la Naturaleza.

Cada uno converge en el otro y los otros, y todos constituyen un punto de acumulación de poder que los regula, los representa y los significa uno-por-uno. Es el punto generado por la intersección de todas las miradas. La distancia hasta el centro, desde el perímetro, es infranqueable, se hace densa, y es por esto que podemos reconocer la seducción como distancia regulada imposible de reducir a cero. Esta infranqueabilidad genera el deseo de fusión, y también el deseo mismo del poder. Ser el punto central, ocupar el lugar de lo Otro: construcción masoquista, perversa, cuya aspiración es sacrificial, esto es, donde alguien accede al lugar privilegiado a costa de constituirse primeramente como víctima, a costa de ser atravesado por todas las miradas (exhibicionismo). Obsérvese que para "ser el poder," primero hay que padecerlo (mitos de iniciación); y otra vez la seducción impone su lógica: el seductor ha sido ya antes seducido por aquello que quiere dominar. Es esta dimensión la que todavía reviste un aire de misterio en las fronteras entre la psicología individual y social, entre la psicología y la sociología.

El hecho de que este punto central aparezca como un espacio disputable y absoluto, permite pensar en que la invisibilidad del centro es sólo un momento de la génesis ideal de la teatralidad del rito. Algo o alguien tienden a proponerse como la manifestación o la visibilidad (la representación en sentido vicario) del centro. Cómo se llega a esta ocupación podemos leerlo en *Totem y tabú* de Freud. Allí tenemos una interesante ficción teórica que nos permite producir importantes transformaciones imaginarias respecto de la constitución de lo simbólico como tal y de los derivados imaginarios.

Dejando para otro momento las sugerencias psicoanalíticas, que Adorno puntualiza cuidadosamente en su revisión de la teoría freudiana y sus aportes para el estudio de la mentalidad fascista, y sin hacer exhaustivas aquí las prolongaciones que la teoría lacaniana supone para una semiótica de la teatralidad, podemos señalar algunas perspectivas para el estudio de la teatralidad en el campo de una política de la mirada u óptica política.

En primer lugar, el hecho de que el punto central aparezca como el poder mismo, invita a violar la premisa del pacto configurada en las otras teatralidades que describimos anteriormente. Transgredir es aquí constitutivo de la configuración del espacio. En la *ceremonia*, cualquiera podía romper la concatenación de la serie mediante un "matar por la espalda," pero la generalización del hecho anularía la serie y, finalmente, no generaría ninguna compensación imaginaria en relación al poder. Por otra parte, aquí la transgresión sólo sería eventual y contingente, o mejor, inmotivada. Pero *en el rito la transgresión es constitutiva*. Las consecuencias de esta afirmación no se pueden elaborar exhaustivamente en los límites de este trabajo. Pero resulta necesario señalar, a fin de anticipar lo que más adelante denominaremos como "teatralidad de la guerrilla," algunos rasgos de lo que, usando los términos de Richard P. Knowles, conviene denominar como "the Dramaturgy of the Perverse." Si la transgresión es constitutiva del rito, entonces el transgresor es estructuralmente un obediente. Por eso, para una teoría (y para una historia) de la teatralidad deberá tenerse en cuenta esta paradoja que sostiene lo que habitualmente conocemos como teatro "burgués" y sus derivados estético-dramáticos, ya que permite visualizar la estructura perversa constitutiva de lo que más adelante vamos a designar como teatro. Así, la reelaboración lacaniana de la perversión como (una) estructura de la subjetividad (epistemológicamente distinguida de neurosis y psicosis) y la especulación de Johnathan Dollimore sobre la "dinámica perversa," podrían ser enormemente fecundas en el campo de la puesta en escena.

En segundo lugar, el rito organiza una diagramación espacial orientada a constituir un objeto de prestigio disputable y productor indefectiblemente de la transgresión. Queremos insinuar que el rito es un derivado de la seducción, pero su teatralidad ya supone una polarización más permanente de centro-periferia, esto es, una estructura de dominación (reversible, por cierto, pero generalmente con tendencia a la osificación), donde la consistencia del centro es vivida como ontológicamente mayor que la de la periferia. Ya conocemos en Occidente los avatares de esta estructuración binaria. Casi diríamos que no conocemos otras. El centro tiende a visualizarse, a jerarquizarse y finalmente a descentrarse (Derrida). De todos modos, resulta interesante observar que, en una primera etapa, el centro puede ser ocupado por alguien de la serie. Esto implica que, debido a la constitución específica del cuerpo, se produce un cambio en la dinámica de la estrategia: ya no es necesario que todos giren alrededor del centro, sino que, deteniéndose la serie, y careciendo de ojo en la espalda, el *representante representativo* se ve obligado a girar, si es que por su mirada ejerce el poder de la seducción sobre los otros. El ejemplo del juglar es el más rudimentario. Lo que nos interesa subrayar es que son los otros los que aquí, no obstante constituir el centro y reconocerlo, lo hacen girar. Podemos decir que el *poder popular* estaría constituido aquí como el-poder-de-los-otros. En cambio, el *poder dictatorial* sería el caso de cuando el centro hace girar a la serie periférica. Y esto es algo que, registrándose históricamente, replantea la concepción misma del poder; estaríamos ya en una problemática relacionada con la dominación que, sin lugar a dudas, tendrá efectos en la génesis real o histórica de la teatralidad.

La configuración totalitaria del poder no podría permitir ni su propia movilidad ni la movilidad de la serie, y menos aún la serie a sus espaldas. De modo que todo poder que se proponga (y mistifique) como dictatorial hace que la estructura del *rito* sufra una transformación notable y, de su primera organización popular, pase ahora una configuración que podríamos denominar *fascista*. El poder fascista se propone a partir de una reserva del espacio social, como la instauración de un secreto, que lo constituye como poder. Ya no se trata de un poder acumulado por cesión de los otros (en todo caso en un primer momento sí y por las identificaciones-idealizaciones que mencionaban Freud-Adorno), sino de un poder que se sostiene en la ficción de un espacio de reserva habilitado como un contra-poder. De ahí que el fascismo, como estrategia de la teatralidad, supone un poder *representativo* que a su vez aparece como emanando del secreto, de lo ocultado a la mirada de los otros; el fascismo es la emanación de sus signos, de sus máscaras. Conocemos bastante bien la escenografía cuidadosa del fascismo y su emblemática discursiva para su ejercicio del poder (Mosse, Theweleit).

El signo en el fascismo cumple al menos una doble función: a) genera -como pantalla- un velamiento de la reserva de poder que hasta puede ser inexistente; en efecto, si pensamos en el dispositivo panóptico de Bentham -del que Michel Foucault tanto nos ha hablado en *Surveiller et punir* y en *La verdad y las formas jurídicas*- apreciamos que no es necesaria la presencia efectiva del ojo vigilante, sino tan sólo su postulación como estando-ya-allí; de modo parecido, Freud también lo había planteado en su segunda tópica por medio del concepto de superyó, como ojo funcionando en todo momento para controlar al sujeto; b) el signo muestra el poder como emanando de ese lugar ocultado, de esa "otra escena," o mejor retroescena. No hay fascismo sin escenografía, sin una maquinaria en la retroescena; no hay fascismo sin veladuras. En ese espacio reservado se ubicará *la maquinaria teatral*: la tecnología de la represión.

Estas dos instancias del signo nos serán útiles al momento de investigar cómo en el marco de una teatralidad generalizada y fascistizada, la guerrilla tendrá que articular un repliegue interno (ya que no hay afuera, porque como dijimos, el espacio ritual impone una mirada convergente hacia la posición del representante representativo en disputa), mediante la apertura de un espacio clandestino resultado de una dialéctica específica entre el ser y la máscara social.

Conviene insistir en que el fascismo del que aquí hablamos, como emergente de las estructuras de la teatralidad que venimos construyendo, es estructural, esto significa que estamos ante una *quinta estructura de la teatralidad* que vamos a denominar *teatro*.

El *teatro* es aquella estructura de la teatralidad que presupone un espacio de reserva. No es casual que, históricamente, en las culturas donde reconocemos "teatro," éste aparezca siempre ligado a formas cuyo discurso arquitectónico muestra un espacio de reserva escamoteado a la visibilidad y velado como un secreto. Por este motivo, paralelamente a lo que con sus propios argumentos señala Jean Duvignaud en *Le Théâtre et après*, no se puede hablar de la "'universalité' du théâtre" (15), ni tampoco de una continuidad histórica del teatro como tal. Como señalamos antes, no es posible asimilar la historia de la teatralidad a la historia del teatro; tampoco hay un paralelismo estricto entre la génesis ideal de la teatralidad y su génesis real. Por eso queremos subrayar el carácter histórico del *teatro* como tal, una de cuyas manifestaciones es sin duda el discurso dramatúrgico, arquitectónico y escenográfico que, ligado a cierta conceptualización del cuerpo y de la técnica actoral, marca su comienzo histórico junto con la aparición del modo de producción capitalista, con su afán cientificista, su organización "razonada" y fundamentalmente su promoción de la máquina. Es necesario pensar el *teatro* no sólo como lo califica Duvignaud, una "maladie européenne" (60), sino también como un aparato de dominación y control social ligado a una experiencia específica: la modernidad.

Por esto es que, si queremos captar los distintos saltos cualitativos de la teatralidad, tenemos a nuestra disposición no sólo los textos dramáticos en los que coagula una concepción de la misma, sino también en los avatares por los cuales el discurso arquitectónico teatral fue diseñando distintas formas de imaginar el poder. Para el occidente europeo, indudablemente, y su expansión colonial posterior, la teatralidad del teatro como teatralidad fascista se va organizando y perfeccionando como diseño de jerarquías de visualización y extensión de la retroescena. Así, si se observa el Cuadro IV que Gastón Breyer construye en su libro *Teatro: el ámbito escénico*, se puede fácilmente ver en esos esquemas el crecimiento del espacio de reserva hasta el punto que, en los teatros actuales, llega a ser casi más grande que la sala misma.

Para la modernidad, el ámbito teatral se configura en lo que se conoce como "sala a la italiana," modelo privilegiado para leer las relaciones de poder y la concepción social que la anima. Diagramada como una analogía del dibujo del globo ocular, dicha "sala" impuso una manera de ver y de ocultar, un modo de actuar y una economía que afectó tanto la producción teatral como la producción de ficción y por ende, la institución de la verdad.

Si en la Edad Media la representación "teatral" no es aún *teatro*, sino una práctica social (artesanal) generalizada, que admite eventualmente prestar servicios a instituciones más solidificadas (nobleza, Iglesia), la aparición del teatro burgués (o lo que designamos antes como teatralidad del teatro) se caracteriza por ser una institución, es decir, en términos freudianos, un pasaje de la horda a la alianza (Rozitchner, *Moral burguesa*): de las troupes ambulantes medievales o de las organizaciones comunales *ad hoc* (Kahrl, Elliott), vamos pasando a la conformación de una "masa artificial" (como el ejército o las órdenes monásticas), que culminará de algún modo en cierta profesionalización del actor, por el lado oficial, y en grupos pequeños contestatarios, a la manera de la *commedia dell'arte*. Pero además, la institución va a conformar y exigir la diagramación de su propio *edificio*, que monumentaliza y resignifica la teatralidad social.

Por esta razón Duvignaud nos advierte que:

> el actor de teatro, en el sentido que le concedemos a ese término, no aparece más que en sociedades acumulativas o históricas, en aquéllas donde la conciencia implícita formula la posibilidad de una intervención prometeica del hombre sobre las estructuras y experiencias eventuales

no inmediatamente reductibles a las normas de la vida cotidiana cosificada. (*El actor*, 17)

Y agrega, insistiendo en las distinciones históricas, la diferencia entre *actor* y *comediante*:

> En cuanto a las sociedades europeas, no ven aparecer al actor sino a finales del Medievo, en el momento en que las sociedades tradicionales dejan paso a las sociedades monárquicas. (...) Por aquí pasa el límite entre teatralizaciones sociales y el teatro en sentido propio del término, entre el actor que desempeña su función obligatoria en una sociedad (y que sigue desempeñándola) y el comediante que encarna una personalidad imaginaria. (*El actor*, 18)

Se puede comprender entonces "la razón por la que las sociedades de la Edad Media, dominadas por una estructura feudal pura o degradada, han ignorado lo que nosotros llamamos actor, lo cual puede ayudarnos a comprender la razón por la que algunas sociedades ignoran al comediante" (Duvignaud, *El actor*, 36). Y así como "los grupos de danzantes actores de Camboya, los que muestran las marionetas de Sumatra o de Java, la corporación de conservadores del ritual *Nô*, de ninguna manera son actores" (Duvignaud, *El actor*, 56), tampoco podemos extender el concepto de comediante a todas las manifestaciones contemporáneas. Si el comediante deviene en las sociedades capitalistas "un herético, un 'excluido de la horda,'" "un trabajador regular que produce una cantidad definida de emociones en fecha regular y dispone así de medios de subsistencia ordenados" (Duvignaud, *El actor*, 20 y 78), entonces resulta necesario revisar estas definiciones a la luz de las reacomodaciones culturales producidas por la Revolución Rusa (especialmente la polémica Stanislavski-Meyerhold) y sus derivaciones en propuestas como las de los *sesentas*: el Teatro Escambray en Cuba, el Teatro Campesino de Luis Valdez y las transformaciones implicadas por la concepción del teatro popular en Augusto Boal, la creación colectiva, especialmente en Enrique Buenaventura y Santiago García, e incluso el sentido del actor en las experiencias ditellianas del *happening*.

Es imposible describir aquí pormenorizadamente este proceso que va de la esteroscopía (del teatro shakespereano o lopesco) a la monoscopía del proyecto moderno a partir de los diseños de Nicola Sabbattini promocionados en Francia a partir de 1637 (y que Duvignaud estudia detalladamente en su libro *Spectacle et société*; sin embargo, conviene retener el hecho de que estas instituciones modernas se reconocen en una organización vertical, y su conservación y reproducción se reasegura en la conformación y presencia de la mirada del caudillo, a partir de la cual los subalternos encuentran su sujetación uno a uno por medio de la identificación y la idealización. Siguiendo estos lineamientos, el discurso arquitectónico de la sala a la italiana permite visualizar justamente cómo el palco principal,

Teatralidad y experiencia política en América Latina

al ocupar lo que en el plano ocular corresponde a la *fovea centralis*, está a la altura del proscenio y es el que asegura al Rey una visión panorámica que abarca y genera la perspectiva total del diseño escénico. Con el más mínimo desplazamiento hacia arriba o hacia abajo, para un costado o para otro, la mirada se parcializa y algo se pierde. Este resto perdido en la mirada subalternizada es lo que apoya y fortalece la representación del poder real (en el doble sentido de poder específico ejercido por una clase y poder inherente a la figura del rey), y que junto a la maquinaria de la retroescena, configuran el espacio de reserva que soporta la magia del escenario y del origen del poder.

No es ajena a esta diagramación la reconceptualización del cuerpo del actor que, como veremos, llegará a su máxima tensión en la formulación del "método" stanislavskiano, fraguado sobre el horizonte de una devaluación de la teatralidad del teatro implicada por la Revolución Rusa. La explosión del teatro de agitación y propaganda (agit-prop), promoverá -y en esto la figura de Vsevolod Meyerhold será determinante- una búsqueda que el "método" o "sistema" de Stanislavski no promulga. La desconstrucción hecha por Meyerhold del edificio teatral fue, en ese sentido, contundente (Zubov, 37)

La sala a la italiana impondrá al cuerpo del actor una amputación estructural, en la medida en que este proceso, asentado sobre la imposición de un *orden* o *razón* criminal, funda la ocultación de la historia en el seno mismo de la subjetividad: en efecto, si el actor medieval podía ofrecer su cuerpo (sacrificado o no) a una mirada dispersa que lo acosaba circularmente (popularmente) en el espacio ampliado de la plaza pública, del mercado o incluso de las catedrales, dejándole recuperar en ella la imagen totalizada de su cuerpo; ahora, en la sala a la italiana, el cuerpo del actor se fragmenta en función de lo que se designa como "el orden de la expresividad": debe actuar hacia adelante, dirigir su gesto, su movimiento y su voz hacia un espacio privilegiado como mirada privilegiada y, por un instante al menos, hacer desplazar la mirada de los subalternos desde el palco real a lo "real" de la escena, desde la estructura de dominación en lo real, a la ficción de la historia representada. A este proceso se lo viene llamando muy cómodamente "entretenimiento": el actor, en efecto, entretiene de la historia con otra historia que, con mayor o menor urticancia crítica, siempre distrae de la fuente donde se yergue el poder real. El actor gana así, mediante la identificación que proviene de la mirada subalternizada, el placer que pierde en la operación de amputación corporal a la que ahora lo somete el discurso arquitectónico teatral "oficial."

Tengamos presente que incluso la teatralidad de los *sesentas* está tensionada por estas imposiciones de la sala teatral, al punto que, como hemos dicho más arriba, muchos pensaran que, abandonándola, se abandonaba a la vez todo el aparato simbólico e imaginario implicado en la negociación artística de la burguesía. Otros, en cambio, afectarán la distribución espacial misma de la sala. Ya desde Grotowski, por ejemplo, se puede ver esta necesidad de redistribuir diferentemente la posición de la audiencia a fin de recuperar totalmente la corporalidad del actor. Eugenio Barba, asimismo, insiste en el hecho de que "[o]ne of the precepts of the old theatre prohibited the actor from turning his back to the audience. As for as the audience was concerned, the actor was not supposed to have a back. For most of those who write, read and discuss the history of theatre, theatre has no backbone" (200). De ahí que, incluso en los teatros de construcción más actual, aun cuando desaparece el palco oficial, sigue habiendo un punto imaginario desde donde se organiza la perspectiva escénica y donde se conservan las reglas tradicionales de la expresividad actoral.

Encerrar la representación en una sala, montarla sobre un escenario, promueve una distribución de los parámetros con los que la clase dominante construye los efectos de realidad. Si el escenario es el lugar de la representación teatral, entonces el público puede vivir "lo real" como un afuera de la teatralidad. El fraude paradojal e histórico de la teatralidad del teatro, incrementado por la estética realista, es justamente el hecho de que impone esta deliberada división: el actor de una historia ficticia, por un lado, y el espectador ubicado en un lugar que se vive como carente de máscaras, y esto a costa de "naturalizar" con una transparencia convencional (la cuarta pared) el trabajo artístico como tal: la vida escénica fluye como la vida real, pero no es la vida real y no se confunde con ella. Se oculta, pues, el hecho de que lo artístico es un trabajo y, como tal, supone condiciones efectivas de realización y explotación. Esta ocultación sólo se compensa con la pervivencia romántica de la figura del artista (Worthen), y la ilusión, por el lado del público, de protegerse en un espacio supuestamente no enmascarado, en donde el conflicto no asumiría jamás el dramatismo de la escena.

Al desdoblamiento interno de la sala teatral, se suma la oposición edificio teatral/sociedad. Si la existencia de un escenario supone la ilusión de una teatralidad restringida a la escena, la aparición de un edificio para ser/hacer "teatro" implica la negación de la teatralidad social generalizada, como construcción de máscaras históricas a partir de las cuales se fija una posición en la escala del prestigio social y de la división del trabajo (que el edificio, por otra parte, impone cotizando diferentemente sus lugares de observación). La naturalización o reificación de los lugares de la audiencia en "la realidad" de la sala, relevan de cuestionar los roles sociales como máscaras producidas por una teatralidad determinada de configuración del poder y de la producción, de la distribución de los poderes y de los usufructos de los bienes. Así, dicho de una manera más directa, lo que es teatro, está dentro de la sala; lo que resta, es la vida histórica no teatralizada, *naturalmente* histórica; y dentro de la sala, los que actúan por su sacrificio y martirio de santos en el escenario y los que -dinero de por medio- gozan (por el mecanismo que fuere, identificatorio o no) en "la realidad," pretendiendo no confundirse con la ficción y desconociendo en sí, en el núcleo de su subjetividad clasista, étnica, o sexual, la emergencia de la máscara y el proceso de una historia en la que ellos podrían, si la vivieran críticamente, realizar los cambios políticos y las transformaciones culturales que creyesen convenientes. Al naturalizarse y generalizarse la teatralidad, sólo el teatro permite, por un repliegue interno, una distancia controlable entre la máscara y la identidad. Se genera así ese imaginario de la *totalidad* que el burgués -dice León Rozitchner (*Moral burguesa*, 22)- "acepta como propia, [realizando] dentro de ella un movimiento de diferenciación personal," por medio de procedimientos xenofóbicos, clasistas, homofóbicos, etc.

Resulta importante ver cómo se resignifican, desde una política de la mirada, el rito y el teatro como estrategias de poder en donde se juegan todas las alternativas o posibilidades lógicas entre lo popular versus lo fascista; así podríamos establecer relaciones *efectivamente* semióticas y políticas entre el circo y el anfiteatro, por ejemplo, sin quedarnos en definiciones descriptivas (como deploraba Schechner), de índole meramente fenoménica.

3.6 *La teatralidad del goce*

Todas las estructuras de la teatralidad mencionadas hasta ahora (*seducción, ceremonia, contra-rito, rito y teatro*) suponen o producen determinados "verosímiles," pactos o protocolos de recepción y, por ende, también de producción (la escritura -nos recuerda Noé Jitrik- "no comienza en el primer instante de su iniciación sino *antes*" (53, el subrayado es nuestro); estos pactos suponen su acatamiento (todo pacto tiende a reproducirse) y además provocan a la transgresión (que puede asumir diversas estrategias: subversión, inversión, parodia). Sea como fuere, todo pacto asegura la sujetación y configura un placer que, como lo sabemos desde Brecht, es político. Si el canon es el repertorio de los paradigmas del placer, la vanguardia debería definirse por los grados del goce.

La enumeración de nuestras estructuras de teatralidad estaría incompleta, si no abordáramos la contracara dialéctica de las estrategias del pacto. Nos falta, pues, identificar una teatralidad más, aquélla en que X y Z se ubican en cualquier parte, donde no hay serie concatenada, donde hay seducción absoluta (y goce absoluto), donde no hay centro, donde no hay interior ni exterior y donde, en general, no se logran establecer las dicotomías. Esta teatralidad que rechaza todo poder como acumulación, como centro, que se plantea como paragramática, reticular, es la fiesta. Si hubiéramos incluido el problema de la sonoridad, diríamos que se trata de un espacio polifónico, dialógico, multívoco. La *fiesta*, en tanto *sexta estructura de la teatralidad*, y tal como la abordamos aquí, a pesar de los resabios bajtinianos y kristevianos que reconocemos, se nos aparece como lo que paradojalmente está más allá de lo popular o lo fascista. Está configurada como lo pre-semiótico, lo pre-ontológico, lo que está en el orden de la pulsión y del modo pulsativo de aquello que hace corte, que hace agujero en la confortabilidad de los pactos (Barthes, *Le Plaisir du texte*). Se ha dicho que la fiesta es inherente a lo popular, y por supuesto el término "fiesta" sirve para designar en el habla común múltiples acontecimientos, que a veces ni siquiera son populares sino masivos. Estos eventos, como las fiestas patrias o la misa, por ejemplo, no son sino rituales oficializados o teatro. De modo que la *fiesta*, según aquí la entendemos, es la teatralidad del goce. La fiesta desintegra, cruel y momentáneamente, los poderes institucionalizados y, en tanto barre con toda ortopedia y todo secreto, hace obstáculo a la configuración fascista. La *fiesta* es una miríada de miradas que astilla el espacio y también las dicotomías, porque la fiesta atenta contra la constitución de cualquier representante del poder, de lo simbólico como tal. Por ello, aunque resulte paradójico, la fiesta puede ser leída también desde el campo freudiano como mandato del superyó, en tanto heredero del Ello y no como heredero del Edipo (superyó normativizante), lo que explica el doble estatus del carnaval: fiesta cíclica de liberación o catarsis, pero a la vez, en tanto imposición de los sectores dominantes o bien de lo simbólico, como recurso anual de equilibración de tensiones sociales y control político.

La polémica sobre los *sesentas* también permea esta doble consideración: a) momento de absoluta carnavalización de la cultura occidental, puede ser leída a la vez en el registro orgiástico de disolución de lo simbólico preexistente, y a la vez b) como un inmenso aparato de liberación de los excesos para liquidar rápidamente las diferencias y retomar el control y la dominación sociopolítica.

La *fiesta*, entonces, no está ligada a lo popular en tanto no supone la constitución de ningún poder; sin embargo, la fiesta es colectiva por excelencia -lugar del peligro absoluto- aunque paradójicamente presuponga el afuera de lo social (su dimensión utópica), como algo que excedería los límites o bordes de la totalidad. Por eso nos será necesario describir cómo durante los *sesentas*, al no poder alcanzar esa otredad como exterioridad, la estrategia fue hacer su fiesta como un agujero en lo social, y por ello su carácter momentáneo, como un in
stante que estalla y que luego reinserta nostálgicamente a los participantes en la sujetación a lo simbólico.

CAPITULO II
DESDE MARX: CUERPO Y MÁQUINA EN LA FÁBRICA Y EN EL TEATRO

> The *avant-garde* theater of the 1960s and 70s, in all its diverse energies and passions, might be generally interpreted as a reversion to vitalism in revolt against the relentless advance of the homme machine in revolt, that is, against the definition of spontaneity supplied by Diderot. (Roach, 221)

La intención de este apartado es realizar una lectura del capítulo XIII de *El capital*, titulado "Maquinaria y gran industria," como un ejercicio de analogías que permita distinguir, desde el punto de vista del materialismo dialéctico, algunos aspectos relacionados con la teatralidad del teatro y con la teoría de la actuación que le es inherente. Se trata de entender esa progresiva "laboratorización" que, comenzando con la vanguardia de los años 20, culmina en los *sesentas* y determina no solamente una dramaturgia con características propias sino también sistemas de representación y modos de producción teatral específicos. En cierto sentido, y de acuerdo a nuestro epígrafe, la cuestión que se nos ofrece tiende a poner en tela de juicio hasta qué punto "[i]n the 1960s theatrical vitalism took on an added burden of political meaning [and] came to represent a utopian ideal of revolutionized behavior deployed against the tyranny of the *homme machine*" (Roach, 221).

"Una *historia crítica de la tecnología* -dice Marx- demostraría seguramente que ningún invento del siglo XVIII fue obra personal de un individuo" (Capital, I, 303n), con lo cual se plantea la cuestión del sujeto epistémico operando a lo largo y a lo ancho de un espacio de producción cognoscitiva que se manifiesta de diverso modo en las más variadas formas de la producción cultural.

Paralelamente, la conceptualización del trabajo teatral, especialmente de la creación colectiva, será en los *sesentas* producto de búsquedas y experimentaciones diversas; sin embargo, bajo la voluminosa bibliografía de sus protagonistas, se puede descubrir un discurso específico, formado por una serie de recurrencias ideológicas cuyos matices insisten en un sujeto epistemológico y cuyo espacio imaginario de actuación, sostenido por múltiples ideologemas, hemos denominado "la teatralidad de la guerrilla." Como tendremos que estudiar más adelante, este sujeto epistemológico y el discurso que le corresponde no irrumpen en el período que queremos abordar, sino que tienen más largo alcance histórico. Así, por ejemplo, si la base técnica de formación actoral del siglo XX puede reconocerse fundamentalmente en el corpus stanislavskiano, es evidente que el mismo Stanislavski forma parte de un conglomerado de saberes cuya historia Joseph R. Roach ha establecido brillantemente en su *The Player's Passion*, y cuyas proyecciones van a determinar un proceso que -con sorprendentes contradicciones- atraviesa el siglo y las fronteras nacionales, para llegar hasta la América Latina de los *sesentas* e incluso de nuestros días.

En lo que a nosotros incumbe, vale la pena realizar el esfuerzo de ver la forma en que Marx describe el proceso de maquinización del cuerpo desde la manufactura al sistema de maquinaria en la producción del capitalismo industrial, para luego, aunque más no fuese por analogía simple, comenzar a despejar, en un proceso lleno de malentendidos, el pasaje que en el siglo XX se realiza de Stanislavski y su escuela, a Brecht, a Grotowski, a Brook y a la creación colectiva, para desembocar actualmente en las postulaciones de la escuela de Eugenio Barba. No cabe duda de que la historia de la formación del actor en América Latina va a pasar por una filiación más o menos fiel a los postulados de cada uno de los momentos conformados bajo esos nombres propios (Perales, 1: 20-31). Sin embargo, no es una historia lineal ni refleja, sino más bien es un proceso de aceptación/rechazo/sustitución, que no siempre se supera dialécticamente y que, en todo caso, supone restos de los momentos anteriores que se insertan luego haciendo trizas la pureza de cada escuela y, por ende, desvirtuando toda reproducción exacta o sumisión colonial absoluta.

Si pensamos que las postulaciones de Stanislavski, lo que se denomina su Sistema, se desarrolla en un momento específico del desarrollo de las fuerzas productivas en Rusia y gran parte dentro del marco de una revolución socialista, la primera afirmación de Marx relativa a la maquinaria en el capitalismo toma para nosotros un sentido revelador:

> En sus *Principios de Economía Política*, dice John Stuart Mill: "Cabría preguntarse si todos los inventos mecánicos aplicados hasta el presente han facilitado en algo los esfuerzos cotidianos de algún hombre." Pero la maquinaria empleada por el capitalismo no persigue ni mucho menos, semejante objetivo. Su finalidad, como la de todo otro desarrollo de la fuerza productiva del trabajo, es simplemente rasar las mercancías y acortar la parte de la jornada en que el obrero necesita trabajar para sí, y, de ese modo, alargar la parte de la jornada que entrega gratis al capitalista. Es, sencillamente, un medio para la producción de *plusvalía*. (302)

Parecerá, tal vez, un poco rebuscado el hecho de que sometamos a esta cita de Marx todo el corpus stanislavskiano (Meyerhold y Gordon Craig incluidos). Sin embargo, nos hacemos cargo de los supuestos básicos que esta relación supone: estamos afirmando, desde el principio, que la técnica de formación actoral y por ende de construcción de un personaje/rol implica la utilización de la corporalidad humana (amén de una definición específica de la misma) en el encuadre de un sistema de producción tendiente a la obtención de plusvalía.

Lógicamente, esto puede resultar urticante en tanto el Sistema fue avalado por la política soviética interesada en el teatro como aparato ideológico del Estado, no sólo por su relación con la tradición burguesa sino a pesar de ella y de los restos del humanismo burgués. Como se sabe, frente a Meyerhold y Gordon Craig, triunfó Stanislavski. El acelerado proceso del *agit-prop* se enfrenta -en la primera etapa del proceso revolucionario- a las concepciones del "teatro de arte"; la transformación del "actor" en "ejecutante" supone no sólo el enfrentamiento entre Stanislavski y Meyerhold, sino también entre el espectáculo y el gran arte, entre las concepciones bolcheviques, con Lenin y Lunacharsky a la cabeza, y las de los líderes del *Prolekult* (Cultura Proletaria) (Rudnitsky, 45 y ss., Garcia, 41). En efecto, Lenin, teniendo en mente los festivales masivos, escribe a Klara Tsetkin: "[W]ith regard to spectacles, there's no harm in them! I don't object. But it must not be forgotten that the spectacle is not truly great art, but only a pretty entertainment. Our workers and peasants really do deserve something greater than a spectacle" (citado por Rudnitsky, 47).

> De ahí que los líderes de una cultura proletaria, sospechando lo poco que Shakespeare o Molière podían contribuir a la liberación popular, exigieran una política teatral basada en "the creation of a new theatre by passing through the stage of destruction of theatre." (Rudnitsky, 46)

Estos enfrentamientos no serán, como veremos, exclusivos de la *intelligentsia* marxista de la Rusia de los 20. La convicción leninista de que "not the *invention* of a new proletarian culture, but the *development* of better examples, traditions and results of *existing* culture from a Marxist *point of view* and conditions of life and the struggle of the proletariat in the epoch of its dictatorship" (Rudnitsky, 46), marcará todas las futuras discusiones de la izquierda en relación a la construcción de una estética marxista y, particularmente, de un teatro marxista. Así es como Enrique Buenaventura pudo decir en su intervención en los debates durante el I Encuentro Continental de Teatristas, celebrado en Nueva York en agosto de 1982: "Libramos una batalla muy larga contra ellos. Ellos tenían una especie de lista de temas que debían tocar y decían que el Nuevo Teatro no podía tocar sino los problemas de la clase obrera" (citado por Rizk, *Buenaventura*, 53). Y agrega, citando a Lenin: "A la clase obrera le interesan todos los problemas, le interesan los problemas de la burguesía, le interesan los problemas de la nobleza porque como va a tomar el poder, le interesan todos los problemas" (citado por Rizk, *Buenaventura*, 53).

Sin embargo, aunque las ideas sean analogables, aunque ambos se planteen la cuestión de la tradición teatral burguesa en el seno de un nuevo modo de producción, la cuestión de Buenaventura no es parangonable punto por punto a la de Lenin. Si para Buenaventura la cuestión se sitúa en el terreno de los temas, para Lenin la cuestión se dirime en el campo de la estética o, mejor, en lo que Jameson llamaría "*the ideology of form*" (*The Political Unconscious*, 76). Para Lenin no quedaban dudas: "If there is a theatre from the past which we should at all costs save and preserve, then it is, of course, the MAT [Moscow Art Theatre]" (Rudnitsky, 47). Pensando que el proletariado nunca le perdonaría una nihilización "espectacular" del pasado, Lenin dejaba inevitablemente la puerta abierta a Stalin e intentaba detener con esto el proceso de transformación *estructural* que, en el campo teatral, va desde una producción artesanal a una industrial. Es así cómo, detrás de la calma burguesa del estudio de Stanislavski, donde maestro y discípulos construyen artesanalmente roles y personajes sin la menor referencia a la escena social que los rodeaba, Maiakovsky se suicida y Meyerhold desaparece en 1939, muriendo al poco tiempo en una prisión siberiana (Symons, 265, Braun).

Si pensamos que las propuestas del *agit-prop* -"ce théatre, foncièrement non littéraire et même antilittéraire" (Ivernel, "Introduction," 11)- partieron de la idea tradicional del marxismo de democratizar la cultura, y que prontamente entraron en conflicto con el partido al comprobarse los peligros inherentes a toda generalización del habla colectiva (que rematarán en un control estricto de las prácticas y la institución literarias), se nos hace necesario preguntarnos por el origen de la diferencia y el proceso de transformación de los postulados artísticos que allí pugnaban. Si, como afirma Philippe Ivernel, "le théâtre d'agit-prop ne se réduit pas à une simple fabrique de slogans plus ou moins abstraits, mais tend a investir le champ de la vie quotidienne" ("Ouverture," 11), se comprende cómo prontamente esta práctica entrará en conflicto con "le sectarisme partidaire" (11) y promoverá no solamente una divulgación del catecismo revolucionario sino que postulará "un nouveau type d'acteur et un nouveau type de spectateur" (12). De ahí que gran parte del experimentalismo de los 60 sea una versión de estas polémicas dentro de la izquierda política, y que la creación colectiva o sus prácticas derivadas se hayan basado menos en la propaganda que en la utopía de promover un arte popular autogenerado, autogestionado: "L'art populaire autogéré... est doublement subversif: subversif comme le plaisir, qui se trouve moins du côté de la consommation que du côté de la production, subversif aussi comme tout défi à l'institution garantissant aux artistes le monopole de l'art" (10).

Volvamos a la cita de Marx: ella nos va a permitir ver hasta qué punto lo que se quiere suprimir al hacer desaparecer a Meyerhold -su biomecánica- regresa políticamente neutralizado en Stanislavski; en efecto, el Sistema se propone como una técnica en el campo mayor de un espacio teatral específico: la teatralidad burguesa, la teatralidad del teatro como maquinaria, el cuerpo como máquina: "[t]he human body -escribe Rudnitsky a propósito de Meyerhold y los constructivistas- was perceived as a machine: man had to learn to control that machine" (93).

Esto deberá necesariamente conducirnos a ver las transformaciones implicadas en el pasaje de la definición del actor, desde las antiguas bases de la *Paradoxe sur le comédien* (1777) de Diderot, con su individualismo aristocrático, hasta su incorporación mecanizada en la maquinaria capitalista, cuyo mayor exponente probablemente sea la creación colectiva. Planteamos la hipótesis de que los restos burgueses se conservaron (y no se superaron dialécticamente) bajo la mistificación religiosa del trabajo actoral.

Volviendo a Marx, podemos decir que si "[e]n la manufactura, la revolución operada en el régimen de producción tiene como punto de partida la *fuerza de trabajo*; en la gran industria, [tiene como punto de partida] el *instrumento de trabajo*" (302). Si el estudio del cuerpo como un todo psicofísico ocupará gran parte de las preocupaciones sobre la técnica actoral desde mucho antes de Diderot (Roach), con sus investigaciones sobre la energía y fundamentalmente sobre la producción de emociones capaces de generar conmociones colectivas desde el mismo cuerpo del actor, las postulaciones de Stanislavski y Meyerhold tendrán como objetivo fundamentalmente no ya la búsqueda del secreto psicofísico, o incluso fisiológico, de una figura individual determinada por el genio, sino la definición de un cuerpo como máquina, esto es, como un programa específico que define una "segunda naturaleza" perfeccionable, controlable y reproducible:

> In Ippolit Sokolov's article "The Industrialization of Gesture" it is stated categorically that 'on stage the actor must become an automaton, a mechanism, a machine.' He is required to master 'the culture of industrialized gesture', that is 'the gesture of labor, built on the principle of economy of effort', the gesture is 'linear', of a geometric order.' (Rudnitsky, 93)

La primera operación de Marx está orientada a encontrar "la diferencia entre la herramienta y la máquina" (302); esto supone una descripción de las partes que componen toda maquinaria: "Toda maquinaria un poco desarrollada se compone de tres partes sustancialmente distintas: *el mecanismo de movimiento, el mecanismo de trasmisión y la máquina-herramienta o máquina de trabajo*" (303). El mecanismo de movimiento o máquina motriz provee la fuerza propulsora autogenerada que sostiene todo el mecanismo. Es la fuente de energía. El mecanismo de trasmisión regula el movimiento mediante la transformación y distribución de la energía a fin de que por medio de ella la máquina-herramienta modele el objeto trabajado. Esta máquina-herramienta, como su nombre lo indica, es un conjunto de herramientas que están engarzadas en un mecanismo que ya no son las manos humanas.

Si partimos de una analogía simple, podemos nosotros por nuestra parte pensar la máquina motriz como el cuerpo natural o base psicofísica del individuo, la técnica artística como el mecanismo de trasmisión,[4] y finalmente el "actor"

---

[4] Marx establece que "al multiplicarse las máquinas de trabajo accionadas simultáneamente, crece la máquina motriz y se desarrolla el mecanismo de trasmisión, convirtiéndose en un aparato voluminoso" (308). En el sentido de nuestra analogía, el corpus técnico-teórico crecerá en la medida en que se multipliquen las máquinas-herramientas.

como la máquina-herramienta capaz de modelar el personaje/rol, la ficción o el espectáculo en su totalidad. Sin embargo, esta analogía -que nos llevará a más de una contradicción cuando la hagamos funcionar en el campo de la creación colectiva latinoamericana- proviene de una doble oposición entre la producción manufacturera y el sistema de maquinaria.

Es necesario entender aquí cuidadosamente la distinción que Marx hace entre la aparición de la máquina como tal y la revolución del sistema de producción que da lugar a la producción industrial. En efecto, la aparición de la máquina no caracteriza la revolución industrial y no modifica las relaciones de producción. Para ello, Marx se ve obligado a distinguir entre herramienta y máquina-herramienta: en la producción manufacturera, el artesano u obrero utilizan una herramienta que les permite incrementar su fuerza muscular como fuerza motriz para trabajar sobre un objeto; no importa, dice Marx, que la fuerza motriz sea específicamente humana o pueda provenir de una máquina. En la gran industria, en cambio, la fuerza motriz proviene de un mecanismo de movimiento, que puede ser una máquina o no, pero que no caracteriza a este sistema de producción; lo que aquí importa es que *la máquina-herramienta ya no es manejada por un artesano u obrero, sino por otro mecanismo*. Esta transformación, de donde arranca la revolución industrial, tendrá enormes consecuencias económicas, sociales y políticas y -como es parte de nuestro ejercicio analógico- afectará también a la teatralidad del teatro y, con ello, promoverá una nueva concepción del actor que requerirá, a su vez, de una formulación técnica precisa.

"La máquina-herramienta, dice Marx, [es] la verdadera *máquina de trabajo*" (304) y conserva los rasgos generales de los aparatos y herramientas, con la diferencia de que ahora se trata ya no de herramientas en manos de un hombre sino herramientas engranadas en un mecanismo.

En nuestra analogía, el "actor" del período industrial es una máquina de trabajo -no una "persona," no un individuo, como en la producción "manufacturera," aun con todo lo que pudiere haberse maquinizado- que utiliza un instrumental no diferenciado del que utiliza un individuo amateur o el profesional, con la diferencia de que los hábitos adquiridos correspondientes a la "segunda naturaleza" artística adquirida (modo de caminar, hablar, gesticulación) son ahora partes de un "mecanismo" definido por su funcionamiento "orgánico." Estas herramientas del individuo humano en su representación social (cuerpo, voz, movimiento, gesto) dejan de ser tales y se definen como "máquinas" cuando pasan a la representación teatral abordada ahora como un mecanismo "orgánico," sistémico.

Las ciencias tendrán, pues, la función de colaborar en esa etapa de crecimiento y perfeccionamiento de la técnica, pero también tendrán que definir las formas en que se puede "extender" o incrementar la fuerza motriz, en nuestro caso, como veremos más adelante, el aspecto físico de la corporalidad deshistorizada.

Teatralidad y experiencia política en América Latina

Se desprenden de esto, inmediatamente, varias consecuencias, entre las que podemos resaltar dos. En primer lugar, si el "actor" de la manufactura era un cuerpo psicofísico capaz de utilizar sus recursos corporales como herramientas, siendo él mismo la fuerza motriz, sin importar el grado de automatización logrado con algún tipo de aprendizaje o experiencia, y que trabajaba sobre su objeto (personaje) modelándolo en base a su destreza personal cuyas características imponía al producto; el "actor" del período industrial, en cambio, será una máquina-herramienta, movida por otras máquinas, fabricada por medio de máquinas. El cuerpo psicofísico quedará ahora desplazado/dividido: una parte pasará a ser la fuerza motriz, pero ya no como lo hacía dentro del modelo "del músculo"; el ideal que se comenzará a esbozar desde Stanislavski y sus discípulos, es el de proveer una técnica, un método, un *sistema* capaz de formular una fuerza motriz concebida como un cuerpo maquinal, con todas las "ventajas" que de ello derivan y que luego enumeraremos. Su relación con el producto ya no es personal ni individual, en la medida en que la otra parte de su cuerpo es puesta como máquina-herramienta provista de diferentes herramientas con movimiento mecánico. Como vemos, todo el sistema está absolutamente dirigido a liquidar todo resto de impronta personal (divo, gran actor, modelo personal), para promover, en cambio, una mecanización del proceso en la que el individuo, como el obrero de la industria, no tiene otra función que la de convertirse en un instrumento de la máquina misma -un apéndice de la producción, totalmente sustituible- absolutamente limitado a la vigilancia y corrección del funcionamiento "corporal" maquinizado (se completa o no se completa el ejercicio, se lo asimila o no se lo asimila).

En segundo lugar, si la corporalidad humana, en el sentido de una base psicofísica, está limitada por sus órganos físicos en tanto "instrumentos *naturales* de producción" (304, el subrayado es nuestro) y si, desde la *Etica Nicomaquea* de Aristóteles sabemos que dicha corporalidad está sometida a una modelización social históricamente determinada, dos cosas van ahora a resultarnos sorprendentes: en primer lugar, que esa primera modelización -la base psicofísica- ya es una segunda naturaleza caracterizada por la necesidad de la automatización como ahorro de energía, como conducta repetida, fijada por el hábito; en segundo lugar, la "segunda naturaleza" provista por el Sistema sería en realidad una "tercera naturaleza" caracterizada no sólo por la desautomatización del hábito -sentido ahora como restricción para la expresividad corporal- sino por la conversión del cuerpo en una maquinaria que entraría en contradicción con la base "natural." Si la "segunda naturaleza" aristotélico-marxista es ya una elaboración de la base material psicofisiológica en relación a un sistema de producción social determinado y, como tal, constituye un primer intento de "automatización" corporal para aprovechamiento de la energía; si opera como una primera modelización tendiente a la plusvalía y si, finalmente, constituye una máscara para el funcionamiento de la "representación social," entonces la "tercera naturaleza," que parte de un desmonte del modelo previo, automatizado por la educación y demás aparatos ideológicos del Estado, al convertir a la herramienta en máquina, define su nuevo modelo como una maquinaria que, en tanto tal, debería ir más allá de las limitaciones o posibilidades naturales del cuerpo. En efecto, Marx escribe: "Como se ve, el *número* de herramientas con que puede funcionar simultáneamente la misma máquina de trabajo salta desde el primer instante esa barrera orgánica que se alza ante el trabajo manual del obrero" (305). Es evidente que la "contradicción" que queremos abrir aquí entre las posibilidades "físicas" del cuerpo humano y las modelizaciones a las que quiere someterlo la utopía "biomecánica," deriva no de Marx sino de nuestra analogía. Pero tratemos de medir su productividad extendiendo sus posibilidades operativas. Lo que Marx subraya es que la máquina, si en una primera instancia se limitó a una forma ligada al modelo del cuerpo humano (base material psicofísica y fisiológica [primera naturaleza] + modelo sociocultural [segunda naturaleza]), luego se da un salto cualitativo en el momento en que la máquina se desentiende de ese modelo corporal y lo ramifica, lo extiende, lo diversifica: si el primer telar mecánico contaba con dos husos que, a manera de manos humanas, realizaban la misma tarea que éstas, aumentando sólo su productividad, "la 'Jenny,' dice Marx, rompió a hilar desde el primer momento con 12 a 18 husos" (305).

Este salto cualitativo, que romperá con la dependencia de la tecnología al modelo corporal humanista, planteará, en el campo de nuestra analogía, algunos interrogantes y llevará, como se puede leer en Stanislavski y fundamentalmente en Meyerhold y Gordon Craig, a una búsqueda expresiva que no sólo exigirá mayor productividad de los "órganos físicos," sino que determinará una utopía en la que el cuerpo del actor, como mecanismo, se verá forzado a ir más allá de su propia naturaleza y de su preformación social, para superar cualitativamente las determinaciones del modelo corporal socialmente determinado. No está lejos de estas búsquedas la correlativa expansión "imperialista" para extraer de otras culturas nuevas posibilidades expresivas que reviertan sobre el constante perfeccionamiento del modelo, así como tampoco estará lejos -como en su momento ocurrió con la ciencia en la revolución industrial- la "interdisciplinariedad" del "teatro" con la biología, la física, la antropología, la fisiología, la semiología.

Es interesante, a este respecto, el hecho de que en un momento determinado de desarrollo del teatro de *agit-prop* en la Unión Soviética, donde evidentemente poco tenían que aportar las postulaciones de Stanislavski atenidas y limitadas al pequeño ámbito de su Estudio, las autoridades gubernamentales decidieran interrumpir el proceso de descubrimiento de una nueva corporalidad (¿socialista?) ligada al teatro de masas, para institucionalizar el Sistema de Stanislavski, produciendo, al mismo tiempo, la capitulación de Meyerhold y su biomecánica. ¿Qué cuerpo era el que podía resultar de convertir al actor en un mecanismo que superara cualitativa y cuantitativamente las limitaciones de la primera y segunda naturalezas? Estamos ante los límites de la concepción del individuo en la sociedad aristocrático-artesanal de la modernidad burguesa; más allá de ese "cuerpo humanista" estaba lo que Marx designa como "la gran maquinaria," el "gran autómata" que definía una nueva etapa del modo de producción capitalista como capitalismo industrial. Como veremos luego, esta misma contradicción va a operar en los *sesentas* latinoamericanos con la creación colectiva: ¿hasta qué punto el modelo del "gran autómata" que define al actor como máquina puede mantenerse en una sociedad donde la teatralidad del teatro está todavía sometida a un sistema de producción pseudomoderno, con fuertes articuladores feudales, sistemas de consagración liberales, y con una fuerte tendencia a la represión de toda diferencia que, no teniendo encuadre cultural orgánico, no puede más que encontrar un destino letal?

En efecto, en lo que se refiere a la revolución marxista, y en lo que implicó, tanto para el Partido Comunista como para los grupos de la izquierda revolucionaria de los años 60 en América Latina, la adopción del Sistema no deja de ser una paradoja y una contradicción. ¿Cómo desarrollar un teatro revolucionario con una concepción del actor que, no pudiendo definir una conceptualidad "teatral" socialista, se presentaba como culminación de los procesos de teatralidad burgueses? En fin, ¿cómo desarrollar un teatro revolucionario de las estructuras capitalistas con técnicas que promovían el desarrollo mismo del capitalismo? ¿Cómo articular demandas contestatarias con el instrumento del enemigo? Será por esta contradicción, probablemente, que el teatro de los *sesentas* no tendrá otra alternativa que la rebeldía con algunos aspectos "sintácticos" (ligados a la estructura del relato) pero no *estructurales* de la teatralidad del teatro y que, por ello mismo, al momento de encontrar aspectos "novedosos," asumió como vanguardia "contestataria" (o "revolucionaria") lo que no era más que transformaciones inherentes al sistema de producción capitalista: pensemos en el *happening*, por ejemplo, o bien en otras experiencias que funcionaron como modelo de lo que luego sería ampliamente explotado a nivel masivo por las exigentes reglas del mercado cultural. Y seguramente por estas mismas razones es que, especialmente en países de economías dependientes, como en Latinoamérica o Polonia, no pudiendo desarrollar su lógica interna, no pudiendo articular una demanda mediante la evacuación de una técnica que surgiera de la elaboración crítica (no sólo doctrinaria) a partir del marxismo, toda expresión teatral terminaba siendo un mecanismo paralizado por una mística expresiva y una religión artística.

El salto cualitativo de la máquina respecto de la superación del modelo corporal, es, para Marx, lo que "revoluciona el régimen de producción" y no el hecho en sí de la existencia de máquinas. Por eso, es este nuevo espacio entrevisto desde el Sistema y desde la biomecánica, el que debió haber permitido una revolución en el campo de la formación actoral y, por ende, teatral; como sabemos, no se parte de la experiencia stanislavskiana sino de todo aquello que se adjudica: se aplica a Stanislavski o se *discute* su "mitología" (a veces su "teología") en orden a instaurar fidelidades a una palabra "verdadera" del maestro, como base de apostolados varios. Sin embargo, como bien estudia Roach, el Sistema queda atrapado en las paradojas ya esbozadas por Diderot, y su reformulación, en los términos de la ciencia de la época -Lewes, Ribot, Pavlov, Sechenov- no pareciera hacerlo constituir un nuevo paradigma epistemológico. La discusión se centra, para decirlo en los términos de nuestra analogía, en si el "Sistema" culmina el sistema de la manufactura (Strasberg, por ejemplo) o realiza efectivamente una "revolución" que abre un nuevo período, tal como Raúl Serrano, por ejemplo, intentó desarrollar con "el método de las acciones físicas" en su enseñanza en Buenos Aires (Serrano, 65). Resolver esta ambigüedad supone resolver cuál es la situación de la máquina en el corpus textual stanislavskiano.

Sabemos que, desde antiguo, existía la búsqueda de aparatos mecánicos o autómatas; en lo que respecta a la Modernidad, el pensamiento sobre la máquina aparece ya claramente formulado en Descartes y llega hasta Hegel, Marx y Walter Benjamin. Incluso, desde el famoso pato de Vaucanson hasta las elucubraciones de Hoffmann, que harán las delicias de Freud, la máquina o aparato será algo ligado a las posibilidades de un pensamiento automático, a los problemas de la circulación de la energía y de las capacidades "programáticas" de la memoria, tal como nos llegan incluso en las formulaciones de la lingüística contemporánea (Chomsky, por ejemplo) y del psicoanálisis lacaniano (Lacan, *Seminario II*).

El teatro de marionetas y hasta la concepción del actor como supermarioneta en Gordon Craig, están implicados en estas preocupaciones. Marx, no obstante, se interesa en señalar el momento en que se produce el salto cuanticualitativo de la máquina como momento privilegiado de una "revolución" del sistema de producción. Nos muestra cómo la aparición de la máquina reposiciona el modelo corporal (el hombre, dice Marx), y lo incorpora a un nuevo proceso.

1. La corporalidad y la fábrica

Recapitulemos: la máquina, que cuando era herramienta suponía de algún modo una determinación humana, cuando era un instrumento alargaba e incrementaba la energía corporal definiendo al hombre como causa eficiente, ahora, en el régimen industrial, subalterniza el cuerpo del obrero y lo fragmenta poniéndolo a su servicio: el modelo corporal se convertía así en la fuerza motriz "maquinal" o "maquinizada" de la máquina, para lo cual era necesario devolverlo a su primera instancia de energía puramente "natural," es decir, apenas socializada para lograr un rendimiento adecuado según las necesidades del sistema de maquinaria: "[E]sa parte del instrumento manual es la que primero transforma la revolución industrial, dejando al hombre, por el momento, aparte del nuevo trabajo de vigilar la máquina con la vista y corregir sus errores con la mano, *el papel puramente mecánico de fuerza motriz*" (305, el subrayado es nuestro). No será, entonces, la aparición de la máquina la que modifique el régimen de producción sino un desplazamiento del cuerpo psicofísico y la correlativa transformación de las relaciones de poder en las que el cuerpo del obrero se define. Frente al individuo aplicando su fuerza motriz sobre el objeto trabajado en una unidad de energía y con una diferencia histórica personal, aparecerá una sustitución de este individuo por una máquina-herramienta, a partir de lo cual no solamente el hombre pasa a ser una herramienta más o una fuerza motriz de una máquina-herramienta, sino que la máquina-herramienta se revoluciona y puede superar el modelo humanista (modelo "del músculo," dice Marx), para adquirir dimensiones de producción imposibles e impensables desde el cuerpo humano como tal. Escribe Marx:

> La máquina de que arranca la revolución industrial sustituye al obrero que maneja una sola herramienta por un mecanismo que opera con una masa de herramientas iguales o parecidas a la vez y movida por una sola fuerza motriz, con la que nos encontramos aquí como elemento simple de la producción maquinizada. (306)

Se trata de un proceso en que las sucesivas sustituciones de herramientas que prolongan o perfeccionan el trabajo manual llevan, por esta cadena metonímica, a una primera sustitución de la fuerza humana por otras fuerzas naturales (agua, viento) y posteriormente a la conformación de una máquina que, en su dimensión metafórica, reposiciona totalmente la corporalidad como tal, retrotrayéndola a ser mera fuerza motriz deshistorizada (ideal del esclavista). Es interesante seguir este mismo proceso en el correspondiente a la teatralidad del teatro porque deja ver más claramente cómo, en el campo propio de la producción cultural, la contradicción se hace más específica: maquinizar la corporalidad supone un primer proceso de desarmado (desautomatización, en términos del formalismo) del conjunto de hábitos y conductas económico-sociales de la etapa antesanal anterior (que Marx estudia cuidadosamente en su proyección sociojurídica en el mismo capítulo XIII), para luego promover un nuevo "programa" ya mecanizado que responda eficazmente a las exigencias industriales. Si Marx puede ver aquí cómo el individuo pasa a asumir funciones de vigilancia y corrección, a nosotros nos interesa ver cómo esta "reeducación" requerirá de dos aspectos intrínsecamente relacionados: por un lado, un aislado ideológico de la "energía" como energía pura, no historizada, y por el otro, una técnica de ejercicios apropiados al perfeccionamiento de cada órgano parcial (manos, dedos, piernas), que luego en el campo social la educación técnica especializada reproduce y amplía. Sin embargo, en el ámbito de la técnica teatral, aparece algo de ineludible preponderancia: la memoria. Los postulados conductistas y pragmáticos -que están en la base stanislavskiana- serán muy bien recibidos, por cuanto no plantean la dimensión del automatismo ligada, como ve Freud, al inconsciente y, por esa vía, a la dialéctica de la producción y de la historia. Se entiende, en principio, la resistencia de toda investigación en el campo de las técnicas actorales para con la elaboración freudiana del inconsciente y la incorporación parcial e ideológica de algunas evidencias "salvajes" (superficiales, asistémicas) en el campo de la práctica de la enseñanza teatral. Pero se hace esto, especialmente en los *sesentas*, a costa de sostener nuevamente la contradicción entre la necesidad de armar demandas contestatarias al sistema capitalista, sin cuestionar críticamente (marxistamente) la técnica y el sistema de producción en el que se está trabajando. De ahí que muchas producciones de la época, especialmente cuando incorporan *acríticamente* los postulados brechtianos, no superan la mera exposición doctrinal y hartamente esquematizada de la vulgata marxista,[5] sin abordar de plano (carecen lógicamente del instrumental teórico y práctico) las diferencias específicas de cada proceso histórico "nacional": el teatro épico latinoamericano será, a lo sumo, hegeliano, con su dramática exposición de la lucha del amo y del esclavo, del victimario y de sus víctimas, de la vulgata comunista y partidista sobre la explotación socioeconómica, la violencia de los encuadres de poder verticalistas, dictatoriales, pero en ningún caso se tratará de un teatro que haya realizado una experiencia "teatral" marxista.

Es que si hay algo, como luego veremos, de indudable ambigüedad en los textos de algunos "maestros" de teatro, es justamente el lugar en el que colocan la producción inconsciente y al inconsciente como tal.

En términos teatrales sabemos que, en diversos períodos históricos, determinados actores se presentaron como modelos a imitar (Roach da muchos ejemplos: Garrik, Kean, Bernhardt) y, lo que en ellos era creatividad, en los demás se volvía copia y estereotipo. La búsqueda de los motivos que hacían de un individuo un gran actor, llevó necesariamente a diversas investigaciones psicofísicas y hasta fisiológicas que intentaban aislar aquellos mecanismos que podrían ser la causa del "secreto" de la transformación actoral en la escena. Es así como, por esa vía, se llegó al desmembramiento de facultades, a la fragmentación de las posibilidades expresivas y a la consecuente ilusión de una técnica que, operando sobre hábitos adquiridos o bien ejercitando nuevos procedimientos, fuera capaz de definir otras capacidades *reproductibles*; muchos de estos nuevos hábitos se consideraban artísticos en tanto reproducían el modelo del genio mediante la más burda imitación o bien, como en el caso de los *castrati*, se llegaba a verdaderas amputaciones a fin de superdesarrollar ciertas capacidades en desmedro de otras. Lo que estaba en el horizonte de estas cuestiones, era dotar al teatro de una posibilidad expansiva, es decir, de superar su período manufacturero o artesanal, para expandirlo en gran escala, lo cual suponía lógicamente contar con una técnica que asegurara la producción seriada de actores, ya no como individualidades "anormales" o "extraordinarias," sino como engranajes de un proceso de producción maquinal. Sólo cuando este nivel se puede alcanzar, la burguesía es capaz de calcular los réditos de la empresa teatral en el control político de la sociedad.

Así es como, de acuerdo con Serrano, podemos aceptar una diferencia fundamental en la investigación stanislavskiana: para Serrano, el método de las acciones físicas, que el maestro ruso emprende al final de sus años, es una verda-

---

[5] Por eso Fernando de Toro (1984) puede construir "semióticamente" un "sistema Brecht" que apenas describe aspectos de superficie.

dera revolución copernicana, que invierte la primera propuesta del método basando en la memoria emotiva. Podemos seguir a Stanislavski o incluso verlo en Strasberg: en la técnica con la memoria (sensorial o emotiva), el actor es un sujeto capaz de responder con su cuerpo entero a los estímulos de la rememoración; la fuerza motriz está de lado del objeto, a partir del cual se derivan sensaciones o bien recuerdos, que a su vez permiten una clasificación entre el *stock* de vivencias del actor, que pueden ser utilizadas a discreción. No se trata, como dice Strasberg citando a Vakhtangov (88), de usar emociones reales, literales, que no son artísticas (aunque la verdad sea dicha, no se nos dice por qué): "Este tipo de emociones es el que únicamente puede ser controlado" (88). Y agrega Strasberg: "Las cosas emocionales que se usan en el tinglado del teatro son susceptibles de ser recordadas, porque así se ofrece un modo de repetirlas" (88). He ahí lo que está funcionando como modelo del actor: una máquina capaz de almacenar programas sensoemocionales que pueden ser activados según necesidades de la escena, que pueden ser controlados (para evitar que Otelo mate una actriz todas las noches) y que pueden ser repetidos (en virtud del sistema de producción teatral que define un tipo determinado de funcionamiento profesional). Por eso justa-mente es que Strasberg se ve en la necesidad de afirmar que "[u]n ser humano no funciona con la precisión de una máquina" (86), y que, aunque el actor "debe ser capaz de repetirlo [el proceso de representar una emoción en el escenario cada noche] a voluntad" (85), "no quiero que se convierta [el objeto con el que trabaja] en un accesorio." Es decir, se trata de dejar al objeto (imaginado, percibido) en el nivel de la fuerza motriz, para que el actor pueda "vivir" lo recordado o percibido como nuevo, original. Estamos todavía, como se ve, en el esquema que Marx denominaría "período de la manufactura," en la medida en que Strasberg, como Stanislavski, no quieren que se archiven emociones o sensaciones, sino que se establezca una relación maquinal con el objeto, para que, posicionando al actor frente a éste, vuelva a reproducir(se) la vivencia original.

El método de las acciones físicas, en cambio, se establece como una verdadera "revolución industrial," por cuanto coloca al cuerpo físico del actor como la verdadera fuerza motriz de todo el procedimiento, salvando toda la posible "subjetividad" o incluso individualidad artesanal que aún conservaba el método de la memoria emotiva, y promoviendo un nuevo cuerpo automatizado para responder, al ser activado por el engranaje total de la representación (del elenco, del equipo técnico, del director, del texto). Este actor es sustituible, la fuerza motriz es ahora una máquina entre otras máquinas (otros actores, otras máquinas para luces, para sonidos): nada de la personalidad o de la historia del sujeto puede generar una diferencia en el funcionamiento total del engranaje teatral. Es un método que va en contra del divo, de su producción como individuo dotado (ahora tendrá que haber otras agencias -tales como el periodismo, la radio, la televisión- encargadas de esta mistificación). El sistema de producción teatral se colectiviza necesariamente, porque lo que las acciones físicas dejan de lado (o pretenden) es justamente desentenderse de la historia del sujeto, de la historia social y fundamentalmente del inconsciente como tal. Al adiestrar un cuerpo en el campo de la acción física, se puede justamente coleccionar cuerpos capaces de sustituirse sin menoscabo de la producción en general. Por eso, si el actor strasbergiano puede lograr sus mejores éxitos en el cine de Hollywood, el actor stanislavskiano adiestrado en las acciones físicas, puede asegurar su competencia en el mercado teatral -especialmente en la comedia musical- de Broadway. Y si esto en el teatro -sobre todo en América Latina- pudo llevar a la creación colectiva, con la base de anonimato que idealmente pretendía definirla, sus mejores resultados se pueden medir en la danza moderna: todo depende de contar no ya con un stock de emociones que pertenecen a un individuo particular, sino de cuerpos debidamente adiestrados capaces de sustituirse sobre la base de similares rendimientos.

Paralelamente, aquellas herramientas que requerían de la energía del actor más allá de la presentación y elaboración de su personaje, fueron necesariamente convirtiéndose en máquinas con fuente de energía diversificada. Toda la "abstracción" escenográfica del teatro isabelino o del teatro lopesco que exigían al actor el uso de recursos adicionales para indicar lugar, hora del día, los objetos, ya en el barroco estaban convertidas en verdaderas máquinas escenográficas que permitían al actor limitarse a su papel. Del mismo modo, a medida que se va incorporando la tecnología a los desarrollos del sonido, de los diversos tipos de escenarios, de la luminotecnia, el actor puede dedicarse a su especificidad, aun cuando ya no tiene control sobre la extensión de su propio cuerpo.

Derivado de esto, Marx nos permite pensar dos afirmaciones que, de no hacerlas funcionar críticamente, producen (como de hecho han producido) nociones peligrosamente engañadoras: la primera, que los desarrollos tecnológicos son revolucionarios cuando significan un salto cualitativo (Broadway o cualquier teatro comercial latinoamericano puede incluir muchas maquinarias pero no por eso va a revolucionar la teatralidad); la segunda, que el desarrollo tecnológico no es necesariamente una liberación del actor para que ahora pueda desentenderse de todo aquello que le exigía dar visualidad o sonoridad al espectáculo sacrificando su expresividad actoral en la elaboración e interpretación dramática, sino, muy por el contrario, si el salto cualitativo se produce a partir de lo cuantitativo, entonces lo que la tecnología hace es redefinir al actor e incorporarlo como apéndice de un sistema escénico que ya el actor no controla, al que ya no domina, y más aún al que ya no representa. Un actor de Broadway (o similares centros de producción industrial de teatro), por ejemplo, puede hoy utilizar al máximo su trabajo actoral, pero no como ejercicio de la libertad expresiva, sino como mecanismo del que el capitalista (el productor en este caso) puede obtener mayor plusvalía. Una investigación que siguiera el derrotero de nuestra analogía con las afirmaciones de Marx en el capítulo XIII, mostraría seguramente, en las alternativas de la lucha sindical de los actores, probablemente las mismas encrucijadas que el sistema de maquinaria implicó respecto de la duración de la jornada de trabajo, del trabajo de mujeres y niños, de la desocupación, del incremento de los sistemas policiales sobre el trabajo.

Se trata, pues, de un proceso general de producción que va contra el hombre (al menos contra el hombre del humanismo), en la medida en que éste, como dice Marx, "es un instrumento muy imperfecto de producción, cuando se trata de conseguir movimientos uniformes y continuos" (306). El actor, al haber devenido en una máquina-herramienta, desalojó la diferencia histórica personal, para trasladar el cuerpo psicofísico a una función de fuerza motriz maquinizada que necesariamente va a exigir "revolucionar" la técnica de formación actoral. Por ello es que se comienzan a investigar las posibilidades de equilibrio, de relaciones con la gravedad, de la tensión muscular, que no por mera casualidad van a tomar el temprano nombre de "biomecánica" y cuya pregunta fundamental (cómo explotar al máximo las posibilidades psicofísicas del individuo) seguirá siendo parte de un planteo que llega hasta nuestros días. Así, el cuerpo psicofísico del individuo comienza a separarse del cuerpo del actor, mucho más extendido, incluso por *acoplamientos* (como sería del gusto de Deleuze y Guattari) a otras máquinas-herramientas. El cuerpo del "actor" requiere a partir de ahora un cuerpo psicofísico como fuerza motriz mecanizada que, en lo posible, funcione también como una máquina, a la manera de la máquina de vapor de Watt, que tenía en sí misma las tres características capaces de ir más allá de cualquier determinación natural: en efecto, la máquina de Watt fue el primer motor que sustituyó al hombre, al animal y a otros fenómenos naturales como el agua o el viento, pues su "fuerza motriz se engendraba en su mismo seno," "[su] potencia era controlable" y "[era] una máquina móvil" (307). Por eso, *el cuerpo del actor* puede ser hoy un ser humano o bien una marioneta, y sus efectos no son ni siquiera diferentes desde el punto de vista del rendimiento teatral, como lo demuestran los siniestros muñecos de Kantor, casi gemelos de algunos de sus "actores."

El teatro, como estructura histórica de la teatralidad capitalista, sólo puede expandirse, cumplir su misión imperialista, en la medida en que tenga a su disposición este cuerpo del actor, capaz de reproducirse en Londres, Nueva York, Río de Janeiro o Buenos Aires. Este *cuerpo del actor*, tal como queremos definirlo aquí, se presenta como una "máquina universal por sus posibilidades tecnológicas de aplicación y relativamente poco supeditada en su aspecto geográfico a circunstancias de tipo local" (Marx, 308), lo cual permite ahora pensar la dificultad de su impugnación desde los espacios nacionales, con sus diferencias raciales, étnicas y culturales específicas. Aunque Stanislavski afirme que "Man is not a machine" (*Creating a role*, 42), su método, que remite a la cientificidad universalista, puede rendir lo mismo en Moscú que en México, en Lima que en Montevideo, porque justamente su definición (que los teatristas llaman, al parecer inocentemente, "científica"), se basa en una conceptualización del cuerpo del actor como máquina dentro de un sistema de producción artístico seriado, controlable, repetible, transnacional, transhistórico y hasta transexual.

Es de esperar que en los espacios subalternizados, este método cuya concepción del actor está diseñada -como se lee en la patente de la máquina de Watts- no para un fin específico, sino para ser un "*agente general de la gran industria*" (Marx, 308), entre en contradicción no sólo con la base feudal o artesanal de producción en la que permanecen esos espacios, sino con los reclamos políticos específicos (a veces llamados "revolucionarios") que se elaboran desde ellos.

2. Del taller al laboratorio, del laboratorio a la fábrica

El actor de la manufactura tenía un cuerpo formado por diferentes órganos que él hacía funcionar como herramientas para satisfacer las necesidades de la escena. En la medida de su éxito, se convertía en un maestro que, escribiendo o no sus memorias, viviendo o no directamente de la enseñanza, proyectaba su figura en un espacio didáctico con las características de un taller de artesanos. En efecto, de padres a hijos, de generación en generación, la ecuación maestro-discípulo que constituye al taller implica un espacio de relaciones laborales fuertemente marcado por lazos personales de afecto, de familiaridad, de comunidad y de tradiciones compartidas. El aprendizaje se hace en forma progresiva en la medida en que la producción del objeto supone fases graduales y operaciones parciales por las que éste pasa hasta su completamiento final. En la moderna manufactura, nos dice Marx, nos encontramos con la cooperación simple y directa de varios operarios o artesanos, que fungen como varios motores de fuerza motriz: hay un principio subjetivo de la organización del trabajo. La destreza de cada operario constituirá en parte el valor de su fuerza de trabajo y surgirá de la proporción en que resulten la calidad de su rendimiento, la cantidad de productos elaborados en un cierto tiempo de trabajo.

La aparición de la máquina, como hemos visto, va a trastornar el taller, aunque todavía no lo haga hasta el punto de revolucionar las relaciones de producción. Una vez advenidos los cambios que hemos enumerado más arriba, una vez que cada operario ha sido reemplazado por una máquina-herramienta y que ha sido desplazado de la relación inmediata con el objeto y de su lugar como fuerza motriz, todo el sistema de producción y, por ende, toda la dimensión cultural, se alteran.

No vamos a detenernos aquí en aquellos aspectos que Marx va considerando en el capítulo XIII y que resultan de la maquinización del taller: mayor cantidad de productos en menos tiempo de trabajo y con mejor calidad, producción seriada, menos necesidad de mano de obra adiestrada o de fuerza motriz "masculina," incremento del trabajo de niños y mujeres a más bajo jornal, incremento del desempleo, aumento de la violencia social, entre otros. Nos interesa establecer aquí la diferencia entre la producción manufacturera y el sistema de maquinaria, para contar con una referencia conceptual concreta al momento de enfrentar la discusión sobre el sistema de producción teatral, especialmente cuando se pasa -si se pasa- de la ecuación maestro-discípulo a la creación colectiva. Pero asimismo, para pensar la creación colectiva en relación a un sistema de producción y consecuentemente a su evaluación crítica.

La cantidad de documentos que se tiene sobre la creación colectiva, la enorme masa de argumentos que ha generado, especialmente en América Latina, no pueden continuar estudiándose en virtud de aspectos simplemente técnicos o histórico-afectivos, partidistas o simplemente doctrinarios. La mayor parte de ellos es -como veremos en el capítulo quinto- el resultado de experiencias directas, y su formulación no supera, en general, la felicidad precaria de todo pragmatismo. Se trata, además, de diversas postulaciones relatadas por sus protagonistas, en la mayoría de los casos con escasa o nula formación teórica o base epistemológica sistemática. Cuando han admitido algún tipo de formalización -como es el caso de Enrique Buenaventura y el caso de Augusto Boal- el resultado es el que siempre deviene cuando el modelo importado de otra disciplina es utilizado no para hacerlo *producir* un saber específico de la disciplina sino *para dar cuenta de* él (sin haber prioritariamente establecido las diferencias disciplinarias) y/o para divulgar la experiencia.

Nosotros queremos abordar la cuestión desde nuestra conceptualización de la *teatralidad del teatro* y la *corporalidad del actor*, consideradas desde un punto de vista histórico y dialéctico, en la medida en que estamos preocupados por la cuestión de la producción de teatralidades y de la producción "teatral" en los *sesentas*, y las posibilidades de emergencia de nuevos paradigmas de teatralidad.

Marx nos invita a distinguir entre "la *cooperación de muchas máquinas semejantes y el sistema de maquinaria*" (308). La primera de estas posibilidades, aparece como un momento intermedio entre la manufactura y la producción industrial. En efecto, una vez reemplazadas en el taller las herramientas por una máquina, ésta, "trabajando con diversas herramientas combinadas, ejecuta todo el proceso que en la manufactura se descomponía en varias fases graduales" (309). Una vez que el taller se maquiniza, puede incluir varias máquinas semejantes, todas ellas realizando todas las operaciones parciales "que el obrero manual ejecutaba con su herramienta... o bien las que llevaban a cabo diversos obreros manuales con diversas herramientas" (308). Lo importante aquí es señalar que, en este taller convertido ahora en *fábrica*, a) "volvemos a encontrarnos con la *cooperación simple*, cooperación que empieza presentándose (si prescindimos del obrero) *como un conglomerado local de diversas máquinas de trabajo que funcionan para un fin semejante y al mismo tiempo*" (309); b) nos encontramos con "una *unidad técnica*, puesto que todas estas máquinas uniformes de trabajo reciben simultánea y homogéneamente su impulso de un motor común" (309). Y agrega Marx: "Y así como muchas herramientas forman los órganos de una sola máquina de trabajo, ahora todas estas máquinas de trabajo funcionan como otros tantos órganos *armónicos del mismo mecanismo motor*" (309). Sin embargo, la *cooperación* entre máquinas no define al sistema de maquinaria, base de la producción industrial. En la cooperación, se trata de una serie o conglomerado de máquinas *independientes*, cada una de ellas realizando la totalidad del proceso de elaboración del producto. En el sistema, en cambio, el objeto trabajado recorre procesos parciales y etapas parciales articulados entre sí y "ejecutados por una cadena de máquinas *diferentes*, pero relacionadas las unas con las otras y que se complementen mutuamente" (309). Si aquí hay cooperación, la hay de una manera mucho más compleja, como una "*combinación de diferentes máquinas parciales*" (309), cada una de las cuales "suministra la materia prima a la que le sigue inmediatamente, y como todas ellas trabajan *al mismo tiempo*, el producto se encuentra constantemente recorriendo las *diversas fases* del proceso de fabricación, a la par que en el tránsito de una fase de producción a otra" (310, el subrayado es nuestro).

Esta fábrica, cuya máquina de trabajo combinada "es ahora un sistema orgánico de *diversas* máquinas y grupos de máquinas" (310) será un gran *autómata* en la medida en que dicho sistema orgánico "esté impulsado por un motor que no reciba la fuerza de otra fuente motriz" (311); su funcionamiento "será más perfecto cuanto más continuo es su proceso total" (310) y "cuanto menor es la intervención de la mano del hombre en este proceso" (311).

De modo que si la producción manufacturera se caracteriza por ser un proceso discontinuo en el cual "el aislamiento de los procesos diferenciados es un principio dictado por la propia división del trabajo, en la *fábrica* ya desarrollada impera el principio de la *continuidad* de los procesos específicos" (311). Pero tal vez lo que más importe ahora subrayar aquí es que en el taller la división del trabajo responde a un proceso *subjetivo*, según el cual, para que el obrero sea asimilado al proceso de producción, "éste ha tenido que adaptarse antes al obrero" (310). "En la producción a base de maquinaria -escribe Marx (310)- desaparece este *principio subjetivo* de división del trabajo." En efecto:

> Aquí [en el sistema de maquinaria], el proceso total se convierte en *objetivo*, se examina de por sí, se analiza en las fases que lo integran, y el problema de ejecutar cada uno de los procesos parciales y de articular estos diversos procesos parciales en un todo se resuelve mediante la aplicación técnica de la mecánica, la química, etc., para lo cual, como es lógico, las ideas teóricas han de ser necesariamente corregidas y completadas, ni más ni menos que antes, en gran escala, por la experiencia práctica acumulada. (310)

Esta cita es fundamental si, en el campo de nuestra analogía, pensamos ahora la articulación entre el actor y el Sistema, tal como queremos leerlo en Stanislavski. Si el actor se define como una máquina-herramienta, si ésta trabaja con "otras máquinas-herramientas" o "máquinas de trabajo" (que realizan trabajos parciales, semejantes o diferentes), y si, finalmente, todas ellas trabajan con continuidad sin interrupciones "personales" y respondiendo a una fuente motriz autosuficiente, definirán la producción teatral como un gran autómata. Se puede entender así la obsesión de Stanislavski por definir la especificidad del trabajo actoral (para diferenciarlo de otras máquinas parciales como la escenografía, la iluminación o el sonido), y por promover a la vez, por la vía institucional, la autonomía presupuestaria del Teatro de Arte de Moscú y, paralelamente, su autonomía artística.

Podemos pensar, a la vez, la analogía en relación a la corporalidad misma del actor y a la utopía que se fragua como idealidad en los textos stanislavskianos: en efecto, en la medida en que cada órgano (mano, piernas, voz, gesto) operando como herramienta dentro de la máquina, se vaya convirtiendo a su vez en máquina, la corporalidad del actor podrá también pensarse recursivamente como un autómata, es decir, como un cuerpo cuya *organicidad* (palabra clave de Stanislavski) resulta automática en la medida en que la energía física mueva las diversas máquinas parciales y diferenciadas.

Sea por el lado de la producción teatral, sea por el de la concepción de la corporalidad, el concepto de *actor* supone la eliminación de lo subjetivo, de lo histórico, para llevarlo a un campo cuya profesionalidad se define dentro de un sistema de gran autómata, no importa cuánto se insista en los residuos humanistas y románticos de la caracterización del artista que aparecen en los textos stanislavskianos.

Siendo, como aclara Marx, que el sistema automático de maquinaria requiere de una planificación objetiva dada por el apoyo de ciencias conexas, y que necesariamente la relación dialéctica entre teoría y práctica va a ser una constante, se entiende que el giro del "segundo" Stanislavski sea justamente en relación a las acciones físicas (y ya no a la memoria emotiva), a la necesidad de instrumentación científica y al establecimiento de un Sistema abierto y progresivo. Lo importante para nosotros no resulta de que ahora podamos evaluar en qué medida y hasta qué punto la creación colectiva puede ser pensada en el orden de la manufactura, en la dimensión del taller, o si por el contrario, su definición se acerca más a la fábrica y al sistema de maquinaria (lo cual sería volver a ortopedizar con un modelo prestado lo que forma parte de otra serie en la producción general), sino que tenemos que plantearnos hasta qué punto la creación colectiva no puede ser un trabajo de taller, de manufactura y que su dinámica interna sólo resulta verdaderamente productiva en la medida en que responda a toda la "revolución" que supone pensar la corporalidad del actor y la producción de la teatralidad del teatro desde la automatización generalizada. En todo caso, no sólo se tratará de medir las contradicciones históricas que se pueden haber establecido en Latinoamérica a partir de la no adecuación entre el sistema de producción general y el sistema de producción implicado por la creación colectiva como momento o fase superior del sistema de Stanislavski y sus derivados, sino que, además, tendremos que ver hasta qué punto la automatización es cómplice de la teatralidad del teatro y es la contrapartida de la inflación ritual y religiosa que tiene hoy el teatro latinoamericano. En todo caso, es imprescindible pensar, como Lenin, en un nuevo *qué hacer* con la teatralidad si se quiere evitar caer en las contradicciones que sucintamente hemos esbozado en este capítulo. No nos escapa que logremos tan sólo esbozar un camino de superación de una problemática teórica intrínseca al marxismo como tal: cómo promover una producción que no responda al sistema de producción general y cómo articular con ella la demanda de los sectores oprimidos, cómo articular la lucha contra el sistema de producción general, en este caso, el capitalismo. Sin duda, todos los procedimientos actuales (o los ya históricamente periodizados) en que ha funcionado la parodia, corresponden a momentos de transición y a estrategias desesperadas por derruir el paradigma opresor vigente y construir una nueva legalidad.

Sin embargo, tenemos que volver otra vez a Marx, en el sentido de que el sistema de maquinaria, al desplazar al obrero de ser fuerza motriz de una herramienta o una máquina a ser mero apéndice de ella para los fines de la vigilancia y corrección de su funcionamiento, supone redefinir también los términos en que opera la fuerza de trabajo en el mercado. Si la máquina motriz puede llegar a la sustitución de "la misma *mano del hombre*" (Marx, 314) y si el proceso de producción ya no depende de la presencia del obrero ni debe adaptarse a él, entonces se imponen al menos dos aspectos: a) el obrero es contingente y puede ser sustituido sin alterar el proceso de producción; y b) en la medida en que la maquinaria "sólo funciona en manos del trabajo directamente socializado o *colectivo*" (316), es necesario asegurar un ámbito de adiestramiento técnico mínimo, impuesto por "*la propia naturaleza del instrumento de trabajo*" (316), la cual también impone "como una *necesidad técnica* el carácter *cooperativo* del proceso de trabajo" (316) e incrementa la necesidad de un régimen "militarizado" de producción - "disciplina cuartelaria," dice Marx (350).

Como "la productividad de las máquinas se mide por *el grado en que suplen la fuerza humana de trabajo*" (320), y teniendo en cuenta que la maquinaria, "al hacer inútil la fuerza del músculo, *permite* emplear *obreros sin fuerza muscular*" (323), lo que se va produciendo es una depreciación progresiva de la fuerza de trabajo humana (324); se alteran consecuentemente las relaciones del mercado, por cuanto, si "[s]obre el plano del cambio de mercancías *era* condición primordial que el capitalista y el obrero se enfrentasen *como personas libres*, como poseedores independientes de mercancías: el uno como poseedor del dinero y de medios de producción, el otro como poseedor de fuerza de trabajo" (325), ahora, dice Marx, en el período de la gran industria, "el capital compra seres carentes en todo o en parte de personalidad" (325). Lo que el capitalista necesita son máquinas (sustituibles, movibles, descartables [348]) capaces de realizar algún tipo de control específico sobre el funcionamiento de alguna porción del cuerpo total de la gran maquinaria y que no atenten contra la continuidad del proceso de trabajo (348), para lo cual, no solo ya puede prescindir de una cierta determinación sexualizada de la fuerza de trabajo ("la maquinaria -escribe Marx (331)- rompe por fin la resistencia que el obrero varón oponía aún, dentro de la manufactura, al despotismo del capital"), sino que tiene que procurar los medios para la elaboración de esas máquinas vivientes específicas (326): entonces aparece el laboratorio.

Teatralidad y experiencia política en América Latina

Este laboratorio experimenta con aquellas dimensiones de la corporalidad todavía no explotadas por el capital, y procede generalmente a un desarme de ciertos hábitos sensoriales, musculares o psicológicos, para desautomatizar su funcionamiento, y luego a su reemplazo por aquellas habilidades exigidas por el proceso de producción, colocado ya definitivamente en el lugar del sujeto (347): "Todo trabajo mecánico requiere un aprendizaje temprano del obrero, que le enseñe a adaptar sus movimientos propios a los movimientos uniformemente continuos de un autómata" (348). La división del trabajo ya no responde, como puede verse, a factores subjetivos; en el período del gran autómata, "la división del trabajo es *puramente técnica*" (348). Y hasta puede llegar a formas "repelentes" (es adjetivo de Marx [349]), como la de colocar al obrero en una "supeditación impotente" frente al capital y frente a la maquinaria, al convertir su especialidad en una habilidad "vitalicia de servir una máquina parcial" (349).

Así, muchas de las *experimentaciones* y de los logros imputados a cierto poder de la imaginación de los *sesentas*, no son más que efectos de lo que estaba ocurriendo en el proceso de maquinización de la teatralidad del teatro, aunque, lógicamente, en el caso de las minorías y de las áreas subalternizadas, hayan respondido a situaciones pragmáticas de escasez de recursos (actores que podían cubrir más de un personaje o personajes de sexo opuesto, máscaras y estereotipos sociales, lugares intercambiables para la representación, esquematismo escenográfico). Pero también se puede apreciar cómo había una demanda de integración grupal a *engranajes* psicodramáticos, a laboratorios actorales, grupos de estudio, sectas, tendencias, que eran las que otorgaban la identidad. Muchos de estos grupos funcionaban como verdaderos autómatas, en la medida que contaban con un laboratorio para la práctica e investigación de técnicas específicas, capaces de modelar "actores" sustituibles bajo alguna específica nivelación de rendimientos. Cada grupo se caracterizaba por alentar algún tipo de máquina que lo caracterizaba. Por eso, los individuos se entrenaban en técnicas que, en muchos casos, "como una tradición heredada de la manufactura" (349), adoptaban nombres propios -Strasberg, Buenaventura, Boal, García-.

Estos laboratorios brindaban (y continúan brindando) asistencia técnica, con mayor o menor carga doctrinal de alguna ideología del momento. Esa asistencia técnica tenía que ver con la desautomatización de los hábitos cotidianos (producidos por la máquina capitalista), y la programación de una nueva corporalidad (promovida por la máquina capitalista -lo que se tiraba por la ventana, entraba por la puerta-), según exigencias de la línea de trabajo del grupo. Por ello se explica que los "actores" formados en estos laboratorios o estudios, concebidos en el horizonte de la maquinaria, se rehusaran y se rehúsan a emprender cualquier tipo de abordaje teórico, siempre descalificado a sus ojos y por motivos diversos. Es que el sistema de producción requiere técnicos y ese adiestramiento especializado es, finalmente, lo que les permite competir en un mercado atravesado por la división técnica del trabajo. El rechazo de todo tipo de saber que atienda a la fundamentación técnica, incluso de algunos postulados científicos, sumerge a los "actores," cuando se trata de afrontar la creatividad estética, en un círculo vicioso: formados en una técnica que alienta el proceso de maquinización de la teatralidad del teatro, y no contando sino con el adiestramiento técnico parcial que los une precariamente a la gran maquinaria, ellos dependen ahora de ella y no pueden modificarla.

Por tal motivo, vemos otra vez que la salida de este atrapamiento se piensa como el reciclado de los mitos del artesanado: el maestro como dueño de un saber que se trasmite mediante ejercicios; luego, estos ejercicios abren a una experiencia inefable, que toda formulación sistemática y científica no haría otra cosa que suprimir; finalmente, este saber tiene sus rendimientos en la medida en que uno acepte la palabra del maestro mediante una disciplina voluntaria y "libremente" impuesta. "[L]a disciplina -nos recuerda Marx- [era] necesaria para hacer que los obreros renunciaran a sus hábitos irregulares dentro del trabajo, *identificándolos con la regularidad invariable del gran autómata*" (Marx, 351). Este encuadre, transportado a la serie teatral, irá tomando rasgos religiosos y servirá, como puede verse, para instalar en las futuras máquinas-actores el programa disciplinario necesario capaz de sujetar al individuo a una práctica militante y sectaria (especializada), que puede llegar inclusive a adoptar las formas martirizantes de la santidad.

El laboratorio deviene como la fábrica, un "presidio atenuado" (expresión de Fourier que cita Marx [353]). Y como tal, se lo podría pensar desde algunas consideraciones foucaultianas, especialmente con la característica que asumieron durante el período. Fuera de estas agrupaciones, como el obrero fuera de toda posibilidad de adiestramiento calificado, el individuo con pretensiones de "actor" queda fuera de toda competencia.

CAPITULO III
LA TEATRALIDAD DE LA GUERRILLA: SUJETO, MIRADA, CUERPO

La teatralidad del teatro se establece como una pregunta ineludible: ¿cómo alcanzar al otro? Como hemos visto, la teatralidad del teatro supone la constitución de un espacio de reserva a partir del cual se asegura la dominación del otro. La teatralidad de la guerrilla va a suponer, también, una respuesta a esta pregunta; pero esa respuesta implicará, además, una serie de postulados derivados que fundan su estrategia y sus tácticas. Así, un primer paso de nuestra especulación consistirá en ver cómo aparece teorizado el problema del prójimo; en segundo lugar, cómo se sitúa esta problemática en términos de lucha política y finalmente qué tipo de transformaciones deberá atender cuando se coloca la misma en contacto directo con la serie teatral, es decir, con las nociones previamente existentes sobre la práctica teatral en la sociedad burguesa. Podemos así esbozar paralelamente un sondeo de textos: desde la conceptualización europea de Sartre, pasando por el paradigma latinoamericano (o tercermundista) del Che Guevara, hasta la experimentación del Di Tella, los textos de Davis/Valdez, las propuestas de Freire/Boal y las consideraciones sobre la creación colectiva, tal como fueron explicitadas fundamentalmente por Buenaventura y el Grupo Escambray.

1. La consideración sartreana del prójimo

Aceptamos desde el comienzo nuestras limitaciones: corremos el riesgo de hacer recortes bruscos y analogías brutales, de pasar por encima de una voluminosa bibliografía filosófica y política. Sin embargo, queremos abrir el juego a ciertas cuestiones que, indudablemente, requerirían un espacio especulativo más amplio.

Sartre intenta una discusión sobre el tema del prójimo enfrentándose necesariamente a toda la masa textual europea derivada de los ejercicios raciona-listas del cartesianismo: más allá de *mi* conciencia está el prójimo. Sin embargo, tenemos conciencia prerreflexiva de la existencia del otro; no sabemos muy bien si ese otro es imaginado, si es como nosotros o si, por alguna razón, más que fundado por nosotros se trata de que somos fundados por él. En todo caso, hay que dar razón de ese prójimo y Sartre quiere que esa razón sea concreta, es decir, que no vaya tan allá como en el caso del idealismo, con sus conceptos generales, abstractos o universales, ni tampoco se quiera quedar en el más acá de una mera aprehensión realista o empírica. La cuestión se complica necesariamente porque Sartre no sólo debe admitir el peso de la tradición filosófica, sino que además debe hacerse cargo de unas cuantas certezas ya ineludibles, tales como algunas postulaciones del marxismo y, fundamentalmente, el descubrimiento freudiano del inconsciente. En todo caso, su pregunta no está aislada; no es un tipo de pregunta que haya que entender solamente por un movimiento específico del discurso de la filosofía: Levi-Strauss está planteándose casi las mismas preguntas en la antropología, y Lacan se hace cargo de su "estadio del espejo" y la fundamentación de los llamados "tres registros": lo real, lo imaginario y lo simbólico en un psicoanálisis llevado al extremo de una epistemología. En todos estos casos, la *intelligentsia* francesa está dando cuenta del impacto que la lectura de Hegel hecha por Alexandre Kojève ha producido (de 1933 a 1939) y el espacio que ha abierto preferentemente para la re-lectura de Marx y de Freud (Miller, 5-23).

La impugnación sartreana inicial a la tradición idealista y realista se puede esquematizar de modo general, en vistas a una puesta en cuestión del panoptismo: la imposibilidad de ir más allá de la conciencia propia, la aprehensión alucinada del otro en una objetividad que no tiene más certidumbre que la imagen. El otro es una postulación, en última instancia no más que un objeto cualquiera. Es imposible, dice Sartre, decidir, dentro del idealismo y del realismo, la consistencia del otro como otro, como otra conciencia. En términos más rotundos todavía, podríamos decir que Sartre está tratando de ir más allá de esa sofocante modernidad que se reconoce en la certeza de la dicotomía sujeto/objeto, para abrir la pregunta por el otro en tanto sujeto. Sartre quiere saber (en medio de una Francia ocupada, en medio de la guerra, del holocausto, del nazismo) cómo se instaura la relación con el otro como relación sujeto a sujeto: este es el cambio de paradigma que, si no logra una solución satisfactoria en la especulación sartreana, al menos esboza una vía para la superación del centralismo cartesiano, del imperialismo del yo (o del objeto, como cientificismo), es decir, como superación de la modernidad.

"Es curioso -escribe Sartre- que el problema de los Otros no haya inquietado nunca de veras a los realistas" (293).[6] Para ellos, dice Sartre, la cuestión termina quedándose en los límites del (otro) cuerpo: "Lo que está presente a la intuición realista no es *el cuerpo del prójimo*, sino *un* cuerpo" (294). Lo que los realistas nos ofrecen como prójimo es un otro que no se diferencia fundamentalmente de "una piedra, un árbol o un trozo de cera" (294), pero que además tampoco nos da certeza de la existencia de ese cuerpo como otra conciencia, ni siquiera de ese otro como existente en tanto tal, salvo el recurso a convertirlo en un objeto sobre el cual podríamos tener alguna experiencia de conocimiento.

Insistimos: la pregunta entonces no es sobre el otro como objeto sino sobre el otro como otra conciencia, el otro como prójimo y mi relación con él. Refutando a Kant, Sartre afirma: "siendo la relación de las conciencias impensable por naturaleza, el concepto de *prójimo* no podría constituir nuestra experiencia: será preciso acomodarlo, junto con los conceptos teleológicos, entre los conceptos *reguladores*. El prójimo pertenece, pues, a la categoría del 'como si'; es una

---

[6] Salvo indicación en contrario, todas las citas sartreanas pertenecen a *El ser y la nada* y el subrayado es de Sartre. Reconocida es la marca estilística sartreana del uso de la primera persona singular; por tal motivo, en nuestras citas, hemos realizado modificaciones mínimas, jugando con el efecto de nuestra propia voz narrativa.

hipótesis *a priori* que no tiene otra justificación sino la unidad que ella permite operar en nuestra experiencia, y no podría ser pensada sin contradicción" (298).

2. Primera impugnación "sartreana" al método de Stanislavski

Aun cuando demos cuenta de la "certeza" de nuestra percepción, "la percepción del objeto-prójimo remite a un sistema radicalmente coherente de representaciones, y este sistema -dice Sartre- *no es el mío*" (298-99). Esta aseveración, que podría dar pie a una refutación casi global del Sistema o Método de Stanislavski, lleva a la necesidad de reconocer que, en los términos del realismo y del idealismo, "el prójimo no es, en mi experiencia, un fenómeno que remite a mi experiencia, sino que se refiere por principio a fenómenos situados fuera de toda experiencia posible de mí" (299); en efecto, el otro aparece como imposible de abordar en tanto no se pueda superar el solipsismo filosófico y, fundamentalmente, mientras que no se admita el hecho evidente -al menos para Sartre- de que "el prójimo no es solamente aquel que veo, sino aquel *que me ve*" (299).

La contradicción es -e importa subrayarlo para limitar desde el principio las "convicciones" stanislavskianas y su progenie- que el otro está ahí en el Mundo pero no puede ser, en los términos del realismo y del idealismo, objeto de nuestra experiencia; es más, el otro que en cierto modo forma parte del Mundo o de la idea de Mundo, se hurta a nuestra experiencia aunque, necesariamente, ese otro y ese Mundo dan sentido a nuestra experiencia como tal. "El prójimo -insiste Sartre- al contrario, se presenta en cierto sentido, como la negación radical de mi experiencia, ya que es aquel para quien soy no sujeto sino objeto" (300). Transcribamos desde ahora un párrafo cuya utilidad nos será fundamental cuando hagamos la crítica a la adopción acrítica y hasta contradictoria del Método por parte de aquellos grupos que querían adoptar el marxismo o bien los postulados guevaristas para permitir el acceso al poder de los sectores oprimidos. Dice Sartre:

> Así, el *otro* no puede ser, en la perspectiva idealista, considerado ni como concepto constitutivo ni como concepto regulador de mi conocimiento. Es concebido como real, y sin embargo no pued[o][7] concebir su relación real conmigo; lo construyo como objeto, y sin embargo no me es entregado por intuición; lo pongo como *sujeto*, y sin embargo lo considero a título de objeto de mis pensamientos. No quedan, pues, sino dos soluciones para el idealista: o bien desembarazarse enteramente del concepto del otro y probar que es inútil para la constitución de mi experiencia; o bien afirmar la existencia real del prójimo, es decir, poner una comunicación real y extraempírica entre conciencias. (300)

---

[7] En la versión francesa de *L'Etre et le néant*, se lee "je ne puis concevoir" (283); de modo que el "no puede concebir" de la edición castellana es una errata.

Podemos situarnos de plano en el marco a partir del cual es necesario replantearse la problemática del prójimo. En efecto, de la revisión de Hegel, Husserl y Heidegger, Sartre enumera una serie de parámetros a tener en cuenta: en primer lugar, que toda nueva teoría de la existencia del prójimo no debe quedar atrapada en dar "una *nueva* prueba de la existencia del prójimo" (325), ya que "la existencia ajena no debe ser una *probabilidad*" (325) y, habiendo sólo probabilidad de aquello que puede ser convalidado por la experiencia, resulta que si el prójimo, como se ha visto, está fuera de mi experiencia, se concluye que no puede haber convalidación, ni forma de medir la existencia del prójimo. En segundo lugar, Sartre asume la necesidad de sostener que "el único punto de partida [es] el Cogito cartesiano" (326) a partir del cual postula ahora "el Cogito de la existencia ajena," ese otro al que tenemos que lanzarnos, superando el *espacio* de la nada, para producir un *encuentro*. En tercer lugar, Sartre insiste en la necesidad de ir más allá de la consideración del prójimo como objeto (un objeto que podría ser mensurable, probable, como el de la psicología), y del cual no puede haber un conocimiento universal: "Ningún conocimiento universal puede extraerse de la relación entre las conciencias" (317). Finalmente, Sartre plantea qué pueda significar esa presuposición fundamental del idealismo y del realismo que afirma que "el prójimo, en efecto, es *el otro*, es decir, el yo que *no soy yo*" (302). Este prójimo constituido como exterioridad negada (*no soy yo*) supone un espacio que o nos excluye o nos incluye, pero en todo caso, si la multiplicidad de las conciencias no es una colección sino una totalidad, nuestra relación con esa totalidad difícilmente pueda ser de exterioridad. Dice Sartre:

> El prójimo debe aparecer al Cogito como *no siendo yo*. Esta negación puede concebirse de dos maneras: o bien es pura negación externa, y separará al prójimo de mí como una sustancia de otra sustancia-en este caso, por definición, toda captación del prójimo es imposible-; o bien será negación interna, lo que significa conexión sintética y activa de dos términos cada uno de los cuales se constituye negándose del otro. Esta relación negativa será, pues, recíproca y de doble interioridad. Ello significa, en primer lugar, que la multiplicidad de "prójimos" no puede ser una *colección* sino una *totalidad* -en este sentido damos la razón a Hegel-, ya que cada prójimo encuentra su ser en el otro; pero también que esa totalidad es tal que es por principio imposible situarse "desde el punto de vista del todo" [ya que...] no es posible ninguna síntesis totalitaria [*totalitaire*] y unificadora de los "prójimos". (327-28)

Esta última frase no sólo permitiría una relectura de *Los prójimos* (1966) de Carlos Gorostiza, o de *Los desarraigados* (1962) de Humberto Robles, sino que a su vez va a poner en crisis uno de los postulados de la militancia marxista: la perspectiva del pueblo, del proletariado unificado. Sartre utiliza en su texto (aunque probablemente luego lo olvidara) el término "totalitaria" y no "totalizadora" -o "totalizante"- para adjetivar a la síntesis imposible, lo cual remitiría al cuestionamiento del proletariado (o el pueblo) como otro, ya no totalitariamente unificado, sino aceptado en su multiplicidad (racial, sexual, deseante), cosa que admitimos sólo desde la década de los 80.

A su vez, esta síntesis imposible no deja de constituirse en la utopía para el ejercicio del poder, más aún cuando abordamos la cuestión en el espacio de lo que se ha denominado *la situación colonial* (Fanon, Balandier, Memmi). La imposición colonialista en América Latina, la situación del exilio o el colonialismo interno de las minorías en los países dominantes (especialmente en Estados Unidos [Hernández-Gutiérrez]), van a conformar un encuadre en el que el otro (colonizado, exiliado, inmigrante), negándose a seguir siendo percibido o percibirse como la cuestión del objeto, deviene la cuestión del sujeto. Las proposiciones teóricas basadas en un esencialismo para el cual hay una identidad perdida o recuperable, pero siempre definida, sufrirán necesariamente un colapso en la medida en que articulen un discurso de la nostalgia para el cual la falta es coyuntural y no estructural; la colmación de esa falta, en cuanto al ser o a la libertad que le es inherente, dependerá en gran parte de una gesta que no ahorre instancias de martirización. Es que el colonizado, el exiliado o el inmigrante prolongan en el orden simbólico dominante el orden simbólico dominado del cual provienen, y la relación con el Otro -como Uno de la ley- se hace totalmente fluctuante y angustiosa, en la medida en que, asimilado o resistente, su subjetividad se constituye en un limbo legal al que sólo pueden pacificar los gruesos rasgos de los estereotipos culturales. Si el psicoanálisis, en su revisión lacaniana, viene a dar aquí su respuesta, lo hace justamente subvirtiendo el paradigma esencialista y convirtiendo al sujeto no en una falta a colmar sino en un efecto de estructura, en un efecto de discurso.

No es, por lo tanto, arbitrario que *Los desarraigados* convoque los protocolos del grotesco o que el teatro chicano se inaugure en Delano por apelación a los estereotipos; tampoco es arbitrario que el Teatro Escambray, como otros tantos grupos teatrales de América Latina, tuviera que hacerse cargo del choque que resulta de "la interacción de dos sistemas teatrales: el 'aristotélico' y el 'brechtiano' estableciéndose un rico entrelazamiento de las categorías de la 'identificación' y la 'distanciación'" (Valiño Cedré, 38): dos formas políticamente extremas que intentan sintetizar el realismo psicológico y la propaganda ideológica, la identificación empática y el distanciamiento crítico.

La encrucijada de la formación del actor se convierte entonces en un espacio de operación estético-política de profundas tensiones, tanto para América Latina como para las minorías hispánicas en Estados Unidos: la consideración de la falsa continuidad de la historia oficial y las rupturas discursivas impuestas por la dominación cultural, se centralizan en la figura del actor como actuante, puesto que ni su cuerpo ni el espacio en el que éste se mueve y significa se definen por el confortable representar de una identidad (refleja o proyectada), sino que se debaten como efectos de un *proceso previo de producción* en el que se opera la práctica teórico-política del prójimo como tal, de la imposición del Otro monológico e inapelable y de los otros multideterminados en sus demandas. La *creación colectiva* no es ni fue un proceso de trabajo que pueda entenderse en exclusiva relación con el proceso teatral, sino una forma de responder a esta encrucijada cultural promovida a partir de los procesos socioeconómicos y culturales de un capitalismo expansivo.

Vale la pena ahora que nos remontemos hasta la elaboración stanilavskiana, especialmente relacionada con el famoso "si mágico," para medir hasta qué punto la enseñanza del maestro ruso está atravesada por una serie de nociones cuya presencia y transformación a lo largo del siglo llega hasta los *sesentas* y contrapuntea con la elaboración sartreana. Conviene retranscribir un fragmento del trabajo de Stanislavski sobre *Woe from Wit*, de Griboyedov, en la medida en que este párrafo de *Creating a role* permitirá exponer, más tarde, otras conclusiones:

> Now, while I am sitting in my cab, I want to begin to transform myself physically into Chatski, while still being first and foremost myself. I shall not even attempt to get away from reality; it is much more to the purpose to use reality for my creative ends. For if you take an imaginary but lifelike circumstance and inject it into actual life it acquires a kind of vitality, often more attractive and artistic than reality.
>
> How can I find a bond between the imaginary circumstances of my role and my present surroundings, sitting in a cab? (86)

Inmediatamente, el actor debe "to try to convince that [he has], only today, returned from abroad after a long absence" (86) y, a partir de allí, comienza un ir y venir entre la supuesta experiencia del personaje y la experiencia del actor, puesto en esa misma circunstancia: "I must -dice Stanislavski- compare it to analogous facts in my own life, familiar to me through my own experience" (86). Será necesario volver sobre la validez de esta analogía, sobre el soporte común que sostiene y autoriza estas "experiencias," porque en ellas reside, junto con los innumerables *obstáculos epistemológicos* -por lo menos los estudiados por Gastón Bachelard en *La formación del espíritu científico*- que Stanislavski manipula, lo que podríamos denominar el "fraude" stanislavskiano.

El actor [Stanislavski] siente que, al momento de tomar un taxi para ir al teatro, "involuntarily Chatski's own lines come to [his] mind" (87). El texto procede de inmediato a una conclusión cuyo carácter, de tener que calificarlo de alguna manera, no puede ser más que *delirante*: "I realize now -dice Stanislavski- the emotional impact of these words. I understand, I feel, what Griboyedov must have felt when he wrote them" (87). Sintiéndose autorizado por esta conclusión, Stanislavski pasa ahora a enfrentar su personaje, y a enfrentar lo que hemos caracterizado como la interrogación sartreana sobre el prójimo.

Conviene en este momento observar cuál es la solución del maestro ruso y cómo da su respuesta a la cuestión sobre el otro:

> Warmed by the ardent feelings of the patriot, I try to put to myself another question, namely: What would Alexander Chatski feel if he were driving to see Famusov and Sophia? Putting myself in his stead, I already feel a certain awkwardness, a sense of somewhat losing my balance. *How can one guess the feelings of another? How can one get inside his skin, put oneself in his place?* I hastily withdraw the proposed question and replace it with another, namely: What do men in love do when, after an absence of years, they are driving to see the lady of their dreams? (87-88, el subrayado es nuestro).

El pase mágico del maestro será posible gracias a la manipulación que le permite su esencialismo y su total cancelación de la importancia política de la diferencia histórica. Así, al evitar la cuestión fundamental sobre el otro, Stanislavski propone una respuesta "metodológica" general (que retomará luego en la conclusión) y un momento "técnico" particular:

> Put in that form the question does not alarm me; yet it seems a bit dry, vague, generalized, and therefore I hasten to give it a more concrete formulation: What would I do *if* I, as now, were riding in a cab, but not going to the theatre, going to see *her*, and never mind whether she is called Sophia or something else?
>
> I want to underscore the difference between these two versions of the question. In the first version I ask what the *other man* would do, whereas in the second *my own feelings* are involved. Such a question strikes closer to home; therefore it has more vitality, is warmer in feeling. In order now to decide what I would be doing if I were on my way to her, I must put my-self in the state of feeling the magnetism of her charms. (88, el subrayado es del autor)

Llegado a este punto, y para sostener el vitalismo, no hay otra salida que el esencialismo ahistoricista:

> For every man a *she* exists, sometimes a blonde, sometimes a brunette; sometimes she is kind, sometimes fierce, but always wonderful, fascinating, the kind of a she with whom one could at any moment fall in love again. I, like anyone else, think of my ideal she and rather easily find in myself the familiarly aroused emotions and inner impulses. (88, el subrayado es del autor)

La historicidad se inyecta en el Sistema por medio de una sofocación de la diferencia histórica que podría separarnos del texto. La "naturalidad" que deviene de esa técnica es el producto de reproducir en escena las propias mitologías y estereotipos culturales que son del dominio (del) público y no necesariamente las que podrían corresponder a la experiencia social de un actor "outsider." La identificación (actor-personaje, actor-público) es posible porque lo histórico se ha hecho como un puente invisible que sofoca toda posibilidad de cuestionamiento crítico sobre el arte y sobre la sociedad en la que él se practica. Dejando sin considerar qué podría hacer un actor homosexual -o un actor al que decididamente no le gustaran ni las rubias ni las morenas- frente al personaje de Chatski (a no ser que el Sistema los discrimine porque se trata de hombres para los cuales no hay una "ella" de quien enamorarse), el maestro ruso juega su carta definitiva: "Yet is the life of the times and the epoch so important in the eyes of the *eternal* emotion of love? (...) As for the feelings of a man in love, it has in all centuries been composed of the same elements without regard for streets or the clothing of the passersby" (89, el subrayado es nuestro).

3. La invisibilidad del Otro

En Sartre, la relación sujeto a sujeto viene mediada por la mirada, la cual no corresponde al ver (utilizamos aquí la oposición ver/mirada para facilitar la exposición y no confundir los planos de la percepción empírica con el topológico de la relación entre sujetos). El ver está de algún modo ligado a la presencia de los ojos ("Our eyes -escribe Stanislavski- are the most responsive organ of our body" [*Creating a role*, 99]) pero ellos son una mediación; la mirada es algo que, según Sartre, podemos incluso suponer como desligada en principio de la presencia del cuerpo. Igualmente Stanislavski, rearticulando de algún modo lo que luego, al referirnos a Loyola, definiremos como el paradigma ignaciano, favorecerá "[his] inner eye" (*Creating a role*, 22). Pero la mirada sartreana y el ojo interior stanislavskiano no tienen el mismo estatus teórico. En efecto, se puede alucinar la escena (como propondrán los *Ejercicios* ignacianos), pero es diferente a aprehender la mirada del otro, como ocurre cuando uno se avergüenza de sí mismo.

Conviene ver cómo Sartre dramatizaría la escena de la mirada. Sartre abre la escena: un hombre sentado en un banco de una plaza. Lo que se ofrece a su percepción es un objeto que es, o parece ser, un hombre. Esta vacilación entre ser un objeto u otro sujeto es fundante. Puede ser un robot, un muñeco, especula Sartre. El espectador está de lleno en el campo de una óptica, de una teatralidad: la teatralidad del panoptismo, frente a la cual el prisionero, el educando o el enfermo se preguntaría: "¿quién vigila?"

Ese mismo juego es el que podemos encontrar frente a una representación teatral: sabemos que allí hay actores, que son sujetos, pero a la vez, que hay máscara, esto es, que hay un *programa escénico* cuya imposición requiere ineludiblemente un cierto grado de automatización. Es cierto que cada representación es diferente de la anterior y la posterior, pero de todos modos hay un grado de automatización: un actor que asume su máscara como un programa de cumplimiento necesario para que la representación pueda llevarse a cabo, incluso asumiendo la presencia del prójimo y de las otras máscaras. Desde el punto de vista del público la vacilación es constitutiva de la teatralidad del teatro, e incluso, como hará la *commedia dell'arte* o bien T. Kantor posteriormente, la confusión puede ser deliberada y hasta traer para el espectador bastantes inconvenientes. El espectador puede retomar a su manera la especulación sartreana: ¿se trata de sujetos, o de muñecos que parecen serlo? ¿O se trata de individuos que "están" sujetos a un programa construido por Otro? Para la audiencia, lo que ocurre en el escenario está en una dimensión difícil de definir: entre el objeto y el sujeto, y su identificación y hasta su catarsis dependen de esa vacilación; es más, probablemente toda cuota de placer planteada desde la teatralidad del teatro dependa de esta vacilación.

Pero subrayemos ahora lo fundamental: sólo desde un punto de vista groseramente empírico podemos tildar de teatralidad a la escena sartreana; podemos admitir que hay teatralidad únicamente si asumimos la presencia implícita del Otro, que todavía no ha aparecido en ella. En efecto, aunque el actor de la teatralidad del teatro no nos mire (como hace empíricamente el actor brechtiano, por ejemplo), eso no significa que no haya teatralidad. La vacilación objeto/sujeto es constitutiva de la presencia del Otro como tal, es decir, de la presuposición de que podría mirarnos. El hombre de la plaza puede ser un robot, incluso una estatua hiperrealista, pero cuando pensamos que podría ser una conciencia, entonces esa presuposición ya marca la presencia del Otro. Pero Sartre no la señala. La invisibilidad del Otro, sin embargo, no escapará a Lacan (*Seminario XI*, 80); y será justamente esa invisibilidad la que funcionará como obsesión del teatro de izquierda, desde Brecht en adelante. Sea en los contenidos, sea en la forma, el teatro de izquierda, con creación colectiva o sin ella, intentará por todos los medios hacer visible al Otro, no sólo bajo la figura del represor y explotador, sino incluso confundiéndolo totalmente con el superyó, tal como veremos más adelante cuando abordemos algunas de las obras del período que estudiamos.

4. La mala fe y la renegación: hombre, muñeco, robot

La vacilación entre hombre/muñeco -es decir, de algo que pueda ser una conciencia- es algo que Sartre registra como desintegración del universo (330-31). Esta postulación, que el teatro del absurdo ejercerá hasta el cansancio, es vivida por Sartre como una fuga, como un robo del mundo, en tanto ahora, frente a una/otra conciencia, hace que las cosas se vuelvan inestables y se reagrupen de modo tal que ya no correspondan a la percepción del espectador, a su mundo. Las cosas se agrupan alrededor de ese otro y toman a partir de él "sus propias distancias" (331). El espacio del otro, sin embargo, está hecho *con nuestro espacio*, y si, por un lado, como dice Sartre, parece robarnos el mundo, por el otro nos compensa imaginariamente con esta posibilidad de ser todavía objeto para nosotros. Ni el otro ni las cosas se alejan hacia la nada, sino que permanecen en un espacio de alguna manera compartido, que es de alguna forma común. Sartre no ha salido, sin embargo, del ver, en tanto la mirada aquí, no siendo del otro, es la del Otro: es importante marcar que, aunque el otro no nos vea, siempre hay un Otro que nos mira, que mantiene a nuestra conciencia en la dimensión del prójimo: ese Otro "introyectado," funcionando desde adentro, a veces como un superyó, constituye lo que Stanislavski esencialistamente llama el ojo interior, pero al que le niega su historicidad. Lo mismo ocurre en el teatro: aunque los actores finjan la cuarta pared, aunque el público se resguarde en la oscuridad y aunque uno imponga diversos obstáculos al ver, siempre estará allí la mirada del Otro fundando la posibilidad social de la teatralidad del teatro como tal.

    No hay mirada hasta que el Otro no nos mire. Por eso, sea en el teatro de títeres, sea con actores, incluso bajo las máscaras menos estereotipadas, la vacilación objeto/sujeto instala la *Verleugnung* (*renegación o repudio*), como una tesis de realidad y verdad que no por resguardarse en la ficción deja de tener efectos ineludibles en la emotividad de los espectadores en la sala y de los actores en el escenario. No se trata de los efectos de la mentira, sino del juego de la mala fe que se instala a ambos lados del proscenio, que instala el Otro del capitalismo para garantizar el funcionamiento y el rendimiento de la teatralidad del teatro por medio del valor fetiche de la imagen. Y decimos del "Otro del capitalismo" porque nada puede asegurarnos que el espectador griego o medieval sostuvieran la representación con los códigos de la mala fe o de la renegación; mucho más factible resulta pensar que, como ocurre muchas veces en las manifestaciones populares, lo que actúa es la buena fe: lo que pasa en el escenario, lo que les pasa a esa gente que son los personajes, lo que le pasa al espectador, lo que nos pasa a nosotros en tanto espectadores es *lo que pasa*. Entonces el público espera al malo para lincharlo a la salida de la carpa.

    La mala fe -tal como Sartre la designa- o bien la renegación (desde Freud hasta Octave Mannoni) suponen un cierto mecanismo en el que se juega la consistencia de la *creencia* y que, constituyendo el soporte del fetichismo y "el modelo de todos los repudios de la realidad" (Mannoni, 11), se establecen como una negociación que pacifica los términos de la contradicción en vez de enfurecerlos.

5. La creencia y los "realismos"

La mala fe -escribe Sartre- "[e]s cierto arte de formar conceptos contradictorios, es decir, que unen en sí una idea y la negación de esta idea" (102), pero no es una síntesis, ya que "se trata de afirmar la identidad de ambos conservándoles sus diferencias" (102). Mannoni ha explorado la creencia como "una actitud dividida" (10) en la dimensión del fetichismo, tal como Freud lo planteó en

1927. "[N]o hay creencia inconsciente, la creencia supone el soporte del otro" (Mannoni, 26).

En la teatralidad del teatro la operatividad de la mala fe se da tanto en el fundamento de la creencia del actor cuando prepara y enfrenta su personaje (por ejemplo: en la técnica de Stanislavski y sus derivados) tanto como en el fundamento de la creencia del lado del espectador, para quien lo que pasa en el escenario puede referirse a la realidad, pero aun así es puro teatro.

Lo que hay que señalar aquí no es tanto la existencia de la creencia como tal, sino que se trata de una creencia que, paradojalmente, no instala de lleno un campo religioso. Es una creencia *profana* que responde a los intereses inmediatos si no de los contenidos de la ideología, al menos de la forma de la reproducción ideológica como tal. Esta creencia profana, atravesada -al menos en Sartre- por el prejuicio intelectualista ("[c]reer es saber que se cree y saber que se cree es no creer ya" [117]), abre el espacio de un limbo en donde la mala fe opera su corrosión, especialmente de la buena fe (sea la que pretende aportar la evidencia científica o bien la tranquilidad de la fe doctrinaria, ambas sostenidas en la borradura de ese saber invalidante de la creencia). Por eso el teatro marxista de los *sesentas* admitirá un "sistema Brecht" (de Toro), pero remitirá también a un paradigma religioso -incluso católico, medieval y barroco- donde la buena fe (sin conciencia de ser creencia) operaría eficazmente en la construcción del hombre nuevo.

La oposición entre el realismo reflexivo/absurdismo (Pelletieri, "El teatro argentino") y el realismo marxista derivado de las experiencias del teatro independiente -especialmente en Argentina con el Teatro Fray Mocho- tendrá como base ese doble juego entre creer y saber que se cree, entre mala y buena fe. Por eso, el realismo reflexivo y el absurdismo funcionan con el orden corrosivo de la mala fe tanto desde una crítica de lo negativo como desde una construcción crítica positiva: "[l]a mala fe -insiste Sartre- ha desarmado de antemano toda creencia: las que quisiera adquirir y, al mismo tiempo, las demás, las que quiere rehuir" (118). Esto permite ver bastante claramente cómo todo ese teatro de clase media, de mala fe -cualesquiera sean sus críticas al contexto sociopolítico- va a operar luego como un sustrato corrosivo de toda construcción de utopía y de toda eficacia fundamental de las propuestas de la izquierda política y de su propia propuesta como teatro: "Al querer esta autodestrucción de la creencia, destrucción de que la ciencia se evade hacia la evidencia, la mala fe arruina las creencias que se le oponen, que se revelan también como *no siendo sino* creencia" (Sartre, 118).

Se nos despeja ahora una línea de contorsiones por las cuales, salvando el momento de un realismo metafórico explicable por la censura explícita del Otro, el realismo reflexivo termina encerrado en la relectura paródica de los estereotipos de la etapa fundacional: el reciclado del grotesco o del sainete en la última producción de un Roberto Cossa, en *Los compadritos* (1985), por ejemplo. El absurdismo, en cambio, tomará un giro diferente pero no menos ineficaz: podríamos designarlo como "giro ilustrado," para designar aquella contorsión hacia la búsqueda de referentes históricos precisos que pretenderían anclarlo históricamente. Lo curioso, en fin, es que ambas propuestas, traicionadas por su misma teatralidad, terminan diciéndole al espectador no sólo lo que ya sabe, sino lo obvio.

6. La religiosidad de los "sesentas" y la mala fe

Es por esta razón, seguramente, que muchas de las impugnaciones a la teatralidad del teatro que descubrimos en la década del 60, desde el *happening* hasta el teatro de Jerzy Grotowski, terminan siendo no tanto una impugnación de la creencia sino de lo profano de la misma: ahora es posible comenzar a ver cómo muchas de las impugnaciones de la teatralidad del teatro devinieron hacia lo religioso como tal, con un actor santo y un espectador "hermano," miembro de una congregación, creyente o seguidor, cuando no directamente discípulo en sentido apostólico. Tendremos que estudiar cómo la izquierda latinoamericana, sea en las experiencias del Escambray o bien la religación chicana, converge hacia esta religiosidad que hoy parece tener -según podemos observar en algunas manifestaciones brasileñas o cubanas actuales- una importancia insoslayable.

Estas derivaciones hacia un teatro de comunión (doctrinaria o no) serán el resultado de la intervención de otro paradigma europeo, no necesariamente ligado a la serie teatral y tampoco contemporáneo de Sartre. Nuestra tesis es, como intentaremos ver más adelante, que los textos del Che Guevara no sólo fundaban una teatralidad de la guerrilla sino que incorporaban, por vía intertextual -no importa si consciente o inconscientemente- el paradigma jesuítico con base en los textos de Ignacio de Loyola. Esto abre el tema de la teatralidad latinoamericana y tercermundista a una problemática de mucha más larga duración y de complejas implicaciones, en la medida en que la postulación guevarista culmina un proceso de transformación de una narrativa maestra, cuya instancia precursora es el *Quijote* cervantino, obra en la que se constituyen las matrices del realismo y de la novela modernos. A partir de allí, el realismo se ve necesitado de instrumentar diversas estrategias narrativas en la medida en que se va confrontando -como los actores stanislavskianos- a los progresivos "effects of reification -the sealing off of the psyche, the division of labor of the mental faculties, the fragmentation of the bodily and perceptual sensorium"- impuestos por el capitalismo (Jameson, *Political Unconscious*, 160). No sería demasiado riesgoso pensar hasta qué punto el legado guevarista rearticula los ideologemas de ese proceso del realismo, desde "the primal nineteenth-century middle-class terror of the mob" (Jameson, *Political Unconscious*, 188), pasando por su opción por el campesinado como una reelaboración de la noción decimonónica del "pueblo," hasta la reactivación en un discurso marxista del "philanthropic project" en su articulación ética y política (Jameson, *Political Unconscious*, 194). Si este proceso "narrativo" remata -ideologema nietzscheano del *ressentiment* de por medio- en una concepción del intelectual alienado, también configura un espacio exasperado en el que vendrán a confrontarse las nuevas estrategias de elaboración (dominación) fantasmática, no muy alejadas en su intención de la cruzada religiosa de los siglos XV y XVI, con su cuidadosa elaboración de la imagen y su apelación al teatro (Gruzinski). Se impone entonces lo que Jameson designa como "a laboratory space" (*Political Unconscious*, 197) y que configurará la dimensión técnico-científica en la que el realismo -marxista o no- debatirá sus relaciones con el otro, con el público, con lo desconocido, para promover una teatralidad generalizada en la uniformidad de la sociedad como fábrica.

Parece curioso que en un período tan marcado por el pensamiento sartreano como fueron los *sesentas*, la incorporación, si se quiere tardía, del método de Stanislavski, via Seki Sano en México (Cucuel) y Colombia (Rizk, *El nuevo teatro*, 120), o vía Hedi Crilla-Strasberg en Argentina, no haya causado asombro o al menos cierto cortocircuito. En efecto, aun cuando las postulaciones lacanianas -e incluso a pesar de los escritos de Oscar Masotta- descubrirán al Otro como siempre-ya-ahí, lo sorprendente resulta que nadie haya planteado, ni siquiera desde la militancia de izquierda, el fraude stanislavskiano en relación a la historia y a la "realidad." Si bien no teóricamente (práctica en general rechazada por los teatristas), al menos se podría haber realizado una analogía simple entre los textos del maestro ruso y algunas páginas de *El ser y la nada* para desmontar la aparente antítesis entre realismo/absurdismo/ y la ruptura o experimentación vanguardista.

7. Segunda impugnación "sartreana" al método de Stanislavski

Mucha tinta, tal vez demasiada, ha corrido para defender o atacar a Stanislavski en sus propios términos; una cosa, sin embargo, parece clara: el Método o Sistema intenta orientarse en función de una síntesis de percepciones *de* la "realidad" o *en* la "realidad," síntesis con la cual se garantizaría la eficacia escénica del personaje. La mala fe está allí funcionando a pleno. Sartre va a sostener que "a cada tipo de realidad corresponde una nueva estructura de percepción" (437). Sin perjuicio de volver sobre la construcción del personaje en el Método, nos urge ahora mostrar cómo esta formación del actor y esta construcción del personaje formaban sistema con la teatralidad del teatro, con la teatralidad del capitalismo que, paradojalmente, los grupos de izquierda intentaban liquidar, sean los adheridos a cierto realismo, sean los que intentaban otras empresas aparentemente alejadas de él (ya vimos que la teatralidad del teatro supone como constitutiva de sí la tesis realista).

Cuando Sartre aborda el tema de la mala fe en el ejemplo del mozo (105-107), el paralelo con Stanislavski es casi directo, aunque el texto de Sartre hace ver inmediatamente lo que el maestro ruso oculta. Sartre -como si fuera un dilecto discípulo de Stanislavski que "se prepara"- observa el comportamiento de un mozo de café:

Tiene el gesto vivo y marcado, algo demasiado exacto, algo demasiado rígido; acude hacia los parroquianos con paso un poco demasiado vivo, se inclina con presteza algo excesiva; su voz, sus ojos expresan un interés quizá excesivamente lleno de solicitud por el encargo del cliente; en fin, he aquí que vuelve, queriendo imitar en su actitud el rigor inflexible de quién sabe qué autómata, no sin sostener su bandeja con una suerte de temeridad de funámbulo, poniéndola en un equilibrio perpetuamente inestable, perpetuamente roto y perpetuamente restablecido con un leve movimiento del brazo y de la mano. Toda su conducta nos parece un juego. Se aplica a engranar sus movimientos como si fuesen mecanismos regidos los unos por los otros, su mímica y su voz mismas parecen mecanismos; se imparte la presteza y la rapidez inexorable de las cosas. Juega, se divierte. Pero, ¿a qué juega? No hay que observarlo mucho para darse cuenta: juega[8] a ser mozo de café. (105)

Entre el observador y lo observado, sin embargo, se ha filtrado invisiblemente el mundo capitalista, con su división del trabajo, su alienación de la conciencia y su explotación de la mano de obra. Este mozo, este ser humano convertido en un autómata lleno de movimientos mecánicos, difícilmente juega.

En tal caso, el actor stanislavskiano que va a ver un mozo a la calle (o que imagina ser un mozo) a fin de prepararse para un personaje de mozo, podría incluso hacerse la ilusión de que juega. Pero el mozo y el actor, sometidos a la misma alienación laboral del sistema, no "juegan." Sus cuerpos, constantemente amenazados por la automatización, se pliegan lentamente a ser lo que dicho mozo o dicho actor creen ser, en el mundo del trabajo en el capitalismo. Sartre y Stanislavski obvian estos puntos fundamentales, pero Sartre al menos reconoce que uno es aquello que se supone que es. Cuando el actor se prepara, necesariamente acude a la mesa del café o bien recurre a su imaginación, pero con o sin memoria emotiva, el repertorio que se le ofrece no es la "realidad" sino *una determinada construcción histórica* de la realidad; es decir, entre su percepción y lo percibido, entre su imaginación y lo imaginado siempre media invisiblemente el espesor del mundo histórico. El actor que prepara su máscara de mozo para ofrecer desde el escenario, con todas las síntesis, originalidades y mediaciones que se quieran, observa un mozo como máscara, es decir, a un ser enmascarado, mecanizado, por la otra escena, la escena social. En este pasaje mágico de la técnica, lo que se ha hecho desaparecer es justamente lo real: las condiciones históricas de producción; y se lo ha hecho en la ilusión de que daba lugar en el escenario a la "naturaleza" o a la "realidad," como si éstas fueran universales, abstractas y hasta deshistorizadas. Por esta razón Lacan se verá necesitado de subrayar la

---

[8] El verbo *jouer* tiene en francés, como se sabe, el sentido de actuar, de representar o poner en escena. En la versión francesa, Sartre escribe "il jue à étre" (99).

inercia del fantasma fundamental en la dinámica de la percepción y en la dialéctica del deseo.

Sartre continúa invocando, en términos puramente teatrales, la danza macabra del capitalismo:

> [E]l mozo de café juega con su condición para *realizarla*. Esta obligación no difiere de la que se impone a todos los comerciantes: su condición está hecha de pura ceremonia, el público reclama de ellos que la realicen como ceremonia: existe la danza del almacenero, del sastre, del tasador, por la cual se esfuerzan por persuadir a sus clientelas de que no son nada más que un almacenero, un tasador, un sastre. (...) ¡Cuántas precauciones para aprisionar al hombre en lo que es! Como si viviéramos con el perpetuo temor de que se escape, de que desborde y eluda de repente su condición. (106)

Anticipando a su modo las investigaciones de Michel Foucault respecto de lo que éste llama, en *Surveiller et punir*, "une pouvoir de normalisation" (314) o bien "la sanction normalisatrice" (180), Sartre supone que el mozo sabe qué es ser un mozo, qué obligaciones se le imponen a nivel laboral, qué derechos sindicales lo asisten, pero de todos modos, el hecho de que "[é]l es una "representación" para los otros y -dice- para mí mismo" (106) obliga a pensar que tanto el mozo como quien lo observa *son* algo más que esa representación. El doble juego de la apariencia y la esencia pareciera esbozarse aquí, con toda su progenie idealista de consecuencias, si antes no nos hubiera alertado sobre la trampa misma de este razonamiento: "Poner como ideal el ser de las cosas, ¿no es confesar a la vez que ese ser no pertenece a la realidad humana y que el principio de identidad, lejos de ser un axioma universalmente universal, no es sino un principio sintético que goza de una universalidad simplemente regional?" (104). No se trata de que uno sea lo que no es, sino que -parafraseando en términos psicoanalíticos- se sea donde "eso" era, o más puntualmente el sujeto advenga donde "eso" estaba (traducción lacaniana del freudiano *Wo es war, soll Ich werden*). "[P]erpetuamente ausente de mi cuerpo, de mis actos -dice Sartre-, soy, a despecho de mí mismo, esa 'divina ausencia' de que habla Valery" (107). Este *ser en el modo de ser lo que no se es* (que Hegel ya señalaba y que Kojève subrayaba en su famoso seminario) constituye la base de todo el realismo reflexivo que se inicia a fines de la década del 50 y que también configurará la base de la dramaturgia absurdista y hasta del frenesí artaudiano de la crueldad. Lo que apareció, al menos en Buenos Aires, como sistemas dramáticos contrapuestos (ambos eran sistemas basados en la figura de autor), respondía indudablemente a las mismas búsquedas de desenmascaramiento (Pellettieri, "El teatro argentino," "El modelo"). Años después, la creación colectiva, aunque inspirada en otros textos, asumirá ser sistema de las propuestas sartreanas cuando admite desautorizar la figura del autor como si bajo ella se enmascarara la problemática de la verdad; en efecto, enfrentar por medio de la improvisación y el trabajo de equipo daba la posibilidad -o al menos la *ilusión* de la posibilidad- de ir más allá de una máscara impuesta autoritaria y absolutamente, de hacer parcial a la verdad, y de ofrecer las versiones de la verdad a un juego de conmutaciones con la esperanza de develar el ser del otro. El fraude resulta evidente: donde se quería relativizar la percepción por apelación a lo democrático, no se conmovía para nada lo simbólico como tal.

La reconsideración del cuerpo -la fe en las acciones físicas- también vendrá como un derivado de las proposiciones antes señaladas, en la medida en que el ser se descubre en el hacer ("[m]i conciencia -dice Sartre- es porque se hace" y "el hacer sostiene al ser" [109]), aunque en el caso del actor sólo se logre acceder a un ser *imaginario*. Agrega Sartre: "Por mucho que cumpla mis funciones de mozo de café, no puedo serlo sino en el modo neutralizado, como el actor es Hamlet, haciendo mecánicamente los *gestos típicos* de mi estado y encarándome como mozo de café imaginario a través de gestos tomados como 'analogon'" (106). El análisis sartreano de la sinceridad termina admitiéndola como imposible en la medida en que no puede ser sino mala fe. Y es de mala fe porque a la conciencia no le escapa esta imposibilidad aun cuando quiere proponerse la sinceridad como un deber ser. Esta búsqueda de ser lo que se es, exigida en cierto modo desde el prójimo, supone que uno llegue al límite de ser exactamente aquello mismo que lo enmascara, como si se tratara así de una cosa cuya esencia generara luego conductas inteligibles que terminarían por pacificar al Otro. El Otro "[l]e exige, pues -dice Sartre a propósito del homosexual- ser lo que es para no ser más lo que es" (111).

Esta clausura del otro como cosa, esta cancelación de esa "inquietante libertad," forma parte de un mecanismo por el cual se ejercita la represión sociocultural. La exigencia de hacer al otro ser en la unilateral dimensión de su máscara, clausurando su libertad, es "lo que el censor exige de su víctima: que se constituya a sí misma como cosa, que le entregue en feudo su libertad, para que él se la devuelva en seguida como un soberano a su vasallo" (112). Tal dinámica podemos cotejarla en todo el teatro de los 60-70, tanto en el realismo reflexivo como en el absurdo, y paralelamente podemos verla en el horizonte de sustentación que tendrá la conciencia artístico-actoral, por cuanto a través de una técnica determinada se logra poner al actor en posición de soberanía e iluminación respecto de la opacidad del otro, previamente cosificada. Bastaría poner en este plano las investigaciones que los actores de los grupos de creación colectiva realizaban a nivel de campo (barrial o proletario) para iluminarse e iluminar al público posteriormente con los resultados de su experiencia.

8. Hablar o ser hablado

Lo que parece comenzar a esbozarse aquí, en términos filosóficos, es una interacción entre el yo y el prójimo que se establece como enmascaramientos mutuos: una teatralidad social que cubre a sus protagonistas y que, hasta en el mejor de los casos, invierte el sentido de sus intenciones. Esa teatralidad netamente social aparece como un mecanismo que está allí y del que Sartre quiere tener una certeza, no en cuanto a que el otro se diseñe como un objeto más entre otros objetos, y que puede ser conocido, sino en cuanto a que el otro se presenta como un sujeto del que -instalando sus propias distancias, y más allá del conocimiento- uno pudiera tener una *experiencia* que orientara directamente al misterio de su subjetividad.

Para el obrero, el otro -que llega a la comunidad o a la fábrica para "representar"- porta la máscara del actor o del dirigente "revolucionario"; inversamente, para el dirigente, para el actor o para el militante revolucionario, el otro aparece como proletariado, con una máscara específica que cubre el misterio (el deseo) fundamental de una clase (Sartre, *Ser y nada*, 521). En ambos casos, las máscaras encubren esa "inquietante libertad," y también en ambos casos, cada cual se ve en cierto modo obligado por ello a ser cosa, es decir, "ser lo que es para no ser más lo que es." Se diseña así un camino sin retorno, un proceso de progresiva cosificación que obliga a cada cual a funcionar en tanto "ser lo que es," en tanto máscara, y toda la sanción o el éxito social se medirán en relación a una eficacia, a un rendimiento, por cuanto -anulada su diferencia- no puede más que devenir engranaje de una máquina social cuya representación es el resultado de la automaticidad de las máscaras. Si un "dramaturgical approach to the study of politics and culture can be applicable to western culture" (Chaffee, 114), será en tanto se parta de una política de la mirada con la cual se logre superar el mero informe descriptivo de los acontecimientos que se quiere abordar. Por la máscara se vive, por la máscara también se muere. La máscara ya no encubre una identidad, sino que la postula. El mundo se ha cosificado.

Por eso Sartre quiere encontrar "una relación primera -dice- de mi conciencia con la del prójimo, en la cual éste debe serme dado directamente como sujeto, aunque en conexión conmigo, que es la relación fundamental, el tipo mismo de mi ser-para-otro" (329). El gran autómata de la producción burguesa industrial del que habla Marx se ha convertido en una máquina teatral, donde cada uno es protagonista de un drama o una épica que, en el fondo, ya no puede controlar. Así, cada personaje de esta "comedia humana" capitalista diría: "ya no *hablo* mi tragedia en contra del prójimo, sino que *soy hablado* por un relato que me ofrece la libertad sólo en la forma de un manojo de posibles narrativos entre los que debo precaria y necesariamente 'funcionar,' pero siempre para ser reincorporado como instrumento y no como autor." También el perverso será, desde la perspectiva lacaniana, un *instrumento* del Otro (*Ecrits*, 773), con un programa de rituales prefijados. No es necesario insistir en que estas problemáticas adquirirán, en los *sesentas*, expresión formalizada desde la lingüística hasta el resto de las ciencias "sociales."

9. La "máquina sartreana

El "teatro" de los *sesentas* asume la doble encrucijada de su "teatralidad": por una parte, era el laboratorio en el cual podían exponerse y leerse los conflictos sociales, pero el hecho de que ese "reflejo" no era más que reflejo de reflejos, máscaras de otras máscaras, se convertía en un círculo vicioso cuya salida se esbozaba por el pesimismo del drama realista y del teatro del absurdo, o por la euforia de la postulación brechtiana que quería hacer aparecer la máscara como tal, y finalmente por el exceso artaudiano abierto a cualquier tipo de más allá maldito, místico, dionisíaco.

Si pensamos que Sartre está escribiendo *El ser y la nada* en el entorno de una Francia ocupada por el nazismo, las cuestiones antes tratadas toman una dimensión "dramática" y, de algún modo, la incluyen entre las cuestiones políticas de suma prioridad: el otro en tanto sujeto (el nazi alemán, el colonizado de Argelia) abre una dimensión que, incluso en su más evidente inmediatez, descentraliza, relativiza el mundo, lo atraviesa de diferencias. Estamos ahora frente a lo que tendríamos que denominar "la máquina sartreana," cuyos efectos constituirán el frenesí de los *sesentas*, no sólo en relación a la espectacularidad social que adquieren, sino a su proyección en la agenda intelectual, por lo menos hasta el deconstructivismo.

Como toda máquina, no podrá eludir sus efectos eufóricos y sus ineludibles efectos letales: el famoso *compromiso* puede verse como un primer instante de ejercicio de nuestra libertad, pero luego lenta e irreversiblemente somos llevados -militancia mediante- otra vez a funcionar como la marioneta de una retórica, de un discurso, *hasta la muerte*.

"El problema, pues -dice Sartre desde su racionalismo- se precisa: ¿hay en la realidad cotidiana una relación originaria con el prójimo que pueda ser constantemente encarada y, por consiguiente, pueda descubrírseme fuera de toda referencia a un incognoscible religioso o místico?" (329). Ya vimos la vacilación frente a un hombre, que podría ser un robot, y vimos cómo esa vacilación era también constitutiva de la teatralidad del teatro: nunca sabremos hasta qué punto se es o no se es el personaje. Sartre nos dice que no tenemos posibilidad de meternos en la conciencia del otro y, por lo tanto, nunca podremos saber cómo el otro despliega su espacialidad, es decir, su propia relación con los objetos del mundo. Esa "espacialidad que no es -dice Sartre- *mi* espacialidad" (330), y que dispone los objetos del mundo (incluyéndolo a él) de una manera que no es la suya, desautoriza la absolutez de su conciencia, lo saca del centro del mundo, lo coloca en medio de otras espacialidades, de otras gramáticas objetales; esa "subjetividad" -agrega Sartre- ("[l]lamaré subjetividad a la objetividad que no he elegido" [397]) del otro "me escapa y no puedo colocarme ya en el centro" (330). La subjetividad del otro es lo que *desintegra* su universo: "es lo que llamo -escribe

Sartre- la aparición de *un* hombre en mi universo" (331). Con lo cual, "[e]l prójimo es, ante todo, la fuga permanente de las cosas hacia un término que capto a la vez como objeto a cierta distancia de mí y que me escapa en tanto que despliega en torno suyo sus propias distancias" (331).

Sartre interpreta esa subjetividad del otro como robo: hay un césped verde que existe para el otro, y Sartre puede captar "la *relación* entre el verde y el prójimo como una relación objetiva, pero no puedo -dice- captar el verde como le aparece al otro. Así, de pronto, ha aparecido un objeto que me ha robado el mundo" (331). El prójimo es lo que atenta contra nuestro mundo, contra la *propiedad* que tenemos de un mundo que creíamos que era como a nosotros se nos representaba. Si Stanislavski promueve este robo hasta el extremo de la alucinación, la creación colectiva y el teatro de los *sesentas* -como veremos más adelante- serán el resultado de una estrategia tendiente a la desalienación de la conciencia mediante la extensión de esta afirmación para desmontar lo hegemónico en sus variables sexuales, clasistas y raciales.

Estamos, pues, en la puerta de una teoría de la ideología. Sartre especifica: "[l]a aparición del prójimo en el mundo corresponde, pues, a un deslizamiento fijo de todo el universo, a una descentración del mundo, que socava por debajo la centralización operada por mí al mismo tiempo" (331). El otro resulta así enemigo de uno, y en tanto nuestro ser se funda por su presencia, también somos el otro. Tendremos que esperar la relectura lacaniana de Freud, para volver a pensar con el concepto de superyó esa instancia por la cual al menos una parte de nosotros es *nuestro* enemigo, ese algo en nosotros que trabaja contra nosotros.

Será necesario aquí que descubramos la forma en que, en este mundo de todos contra todos, en esta dimensión agonal, uno pueda constituir su propia defensa y, en lo posible, definir la estrategia del propio ataque.

Sartre rechaza, en principio, la explicación que el término husserliano *ausencia* parecería indicar: no se trata de que la subjetividad del otro sea una conciencia que se ausenta en relación con el cuerpo que se ofrece a nuestra percepción, sino de "la ausencia del mundo -dice Sartre- que percibo en el seno mismo de mi percepción de ese mundo" (332). Tratando de responder a la pregunta por la relación sujeto-sujeto, e intentando ir más allá de la objetividad del otro que se brinda a nuestro conocimiento, Sartre responde: "si el prójimo-objeto se define en conexión con el mundo como el objeto que *ve* lo que yo veo, mi conexión fundamental con el prójimo-sujeto ha de poder reducirse a mi posibilidad permanente de *ser visto* por el prójimo" (332).

Así como la subjetividad del otro puede devenir en nuestra subjetividad un objeto probable, nuestra subjetividad puede devenir en la suya otro objeto probable. De modo que: a) como se es un sujeto; b) como no se podría ser objeto de un otro objeto, sino únicamente para otro sujeto; c) como el otro, el prójimo, tampoco "puede mirar*me* como mira al césped" (333) y d) como "mi objetividad no puede resultar *para mí* de la objetividad del mundo, ya que, precisamente, yo soy aquel por quien *hay* un mundo" (333), entonces resulta que la relación originaria con el prójimo es la *mirada*: el otro no es un objeto sino un hombre, otro sujeto, en la medida de "[nuestra] posibilidad permanente de *ser-visto por-él*" (333). Así, entonces, "[e]l 'ser-visto-por-otro' es *la verdad* del 'ver-al-otro'" (333).

10. La lucha óptica: cuerpo propio vs. cuerpo ajeno

Llegamos, pues, al nudo de nuestra cuestión. Se trata de una formulación que hace más sutil la famosa dialéctica hegeliana entre las figuras del Amo y del Esclavo. En cierto sentido, la propuesta sartreana es una formulación discursiva de mayor abstracción, si pensamos que una lucha óptica se establece sobre la puesta a un lado o sobre la instrumentalización del cuerpo y de su materialidad.

Sartre redefinirá al cuerpo, negándose a verlo como soporte de la conciencia; no se trata de una conciencia *unida* a un cuerpo, ni tampoco de algo que está *detrás* del cuerpo: "el cuerpo es íntegramente 'psíquico'" (389) o bien lo que "determina un espacio psíquico" (426). Y a partir de ese cuerpo se generan las distancias y un "orden" de los objetos. El cuerpo es un punto de vista que no sólo hace imposible la objetividad absoluta del conocimiento sino que además determina una posición que "se *es*" (392). Y "ese centro, como estructura del campo perceptivo considerado, nosotros no lo vemos: *lo somos*" (403). Ese "punto de vista" que funda un mundo, se hace indicar por ese mundo: "decir -acota Sartre- que he entrado en el mundo, que he 'venido al mundo' o que hay un mundo o que tengo un cuerpo es una sola y misma cosa" (403). Sin embargo, ese "centro" (necesariamente descentrado por la existencia de otros) es lo que no podemos conocer: "[e]l cuerpo es, en efecto, el punto de vista sobre el cual no [se puede] adoptar ningún punto de vista" (429). El cuerpo no es sólo "la sede de los cinco sentidos," "es también el instrumento y la meta de nuestras acciones" (406), es la parte invisible de la acción manifestada por el utensilio (411): "el instrumento -dice- que no puedo utilizar por medio de ningún instrumento" (429). Ya hemos esbozado esto cuando pensamos el problema del actor, la corporalidad y la máquina en relación con el método stanislavskiano de las acciones físicas. Lo que ahora le interesa a Sartre no es lo que el cuerpo sea *para-él* sino lo que el cuerpo es *para el prójimo*: "Tanto da estudiar la manera en que mi cuerpo aparece al prójimo como la manera en que el cuerpo ajeno se me aparece [porque] [h]emos establecido, en efecto, que las estructuras de mi ser-para-otro son idénticas a las del ser del otro para mí" (428).

Sartre descalifica inmediatamente la relación cuerpo a cuerpo como relación fundamental con el prójimo, como una mera relación de exterioridad; lo que postula es que "el prójimo existe -dice Sartre- para mí primeramente y lo capto en su cuerpo *después*; el cuerpo ajeno es para mí una estructura secundaria" (428). El cuerpo ajeno -agrega- "se me aparece originariamente como un punto de vista sobre el cual puedo adoptar un punto de vista, como un instrumento que puedo utilizar con otros instrumentos" (429); el cuerpo ajeno "es radicalmente diferente de mi cuerpo-para-mí: es el utensilio que yo no soy y que utilizo (o que me resiste, lo que viene a ser lo mismo)" (429). Podemos alcanzarnos en el conocer que el prójimo tiene de nosotros como objeto. Así como nuestro cuerpo era también nuestra casa, era algo coextensivo al mundo, expandido íntegramente entre las cosas, algo indicado por las cosas, algo que éramos sin poder conocerlo (404), el cuerpo ajeno es algo que se ofrece a nuestro conocimiento como objeto de un otro expandido (incluso como una escenografía); es su cuerpo el que está ahí, en una presencia que nada pierde incluso con su misma ausencia.

La aparición sorpresiva del otro convierte a su casa en un "fondo de mundo" (432) y a su presencia explícita en una facticidad de la contingencia de su ser (que puede estar o faltar), y que él vive como su propia náusea. Al captar su contingencia, la fijo -dice Sartre- "en la forma de una configuración objetiva y contingente" (432). Su presencia es "la presencia del otro -agrega- en *mi* mundo como un ser-ahí que se traduce por un ser-como-esto" (433). En ese mundo de utensilios, el otro se nos da como algo fijado; estamos otra vez, frente a esa ineludible fatalidad de la máscara. Si hay algo que lo separa del mundo de las cosas, es esa capacidad que el otro, el prójimo, a su vez tiene de conocer y, al menos como objeto, conocer*nos*. El prójimo *se existe contingentemente* "como perteneciente a una raza, una clase, un medio" (433), y puede proyectar esto sobre su "fondo de mundo"; queda ese resto de su pura presencia que uno quiere descubrir más allá de estos emblemas que encubren su carne: "[l]a carne es contingencia pura de la presencia" (433).

La carne "[e]stá de ordinario enmascarada por la ropa, los afeites, el corte de cabello o de la barba, la expresión, etc. Pero, en el curso de un largo comercio con una persona, llega siempre un instante en que todas esas máscaras se deshacen y en que [nos encontramos] en presencia de la *contingencia pura de su presencia*" (433). A pesar de que, según Sartre, la posibilidad de una reducción fenomenológica "está por demostrarse" (400), la carne es alcanzada después de esta *epogé* y por una *intuición* que no es sólo conocimiento, sino "aprehensión afectiva de una contingencia absoluta" (433). Estamos, como puede verse, en los límites de un pensamiento que quiere alcanzar la carne del otro, esa carne que, tanto en América Latina como en cualquier otro espacio colonial, ese pensamiento no ha cesado de buscar. Es en el orden de esta reflexión y de su determinación histórica que podemos entender la emergencia de la desnudez en el teatro de los *sesentas*: ese afán por la carne, que lleva a la experimentación grotowskiana y que, en la literatura, tal vez tenga su culminación en *La condesa sangrienta* (1971) de Alejandra Pizarnik, o *Farabeuf* (1965), de Salvador Elizondo.

Esa *epogé* y esa reducción del cuerpo hasta su carne constituirán, sin duda, la obsesión del victimario, cuyos procedimientos de tortura, como de hecho se dieron en las dictaduras de los *sesentas*, estaban dirigidos directamente al develamiento de la "carne marxista," de la "carne subversiva." Sartre va a exponer, en otros capítulos, las coordenadas corporales del masoquismo y del sadismo, y sus correspondientes fracasos como estrategias frente al otro en procura de su carnalidad. Sin perjuicio de volver después sobre ello, conviene señalar aquí que gran parte del teatro de los *sesentas*, no sólo expone la relación victimario-víctima de acuerdo a estas matrices sartreanas del sado-masoquismo, sino que la reproduce en la teatralidad del teatro que pone en juego la relación escena-público. Estudiar lo que Sartre indica como fracaso de estrategia, implica también asumir el fracaso (teatral y político) de las estrategias de esa dramática y de la teatralidad que la soporta.

La carne del otro no está aislada (y no es tampoco aislable) de sus máscaras, porque "el prójimo me es -insiste Sartre- originariamente dado como *cuerpo en situación*" (434), lo cual vuelve a reunir cuerpo y acción: no se trata de que hay un cuerpo y luego una acción que éste hace posible, sino un cuerpo *que es inmediatamente* su acción. Por ello Sartre agrega: "Así, el cuerpo de Pedro no es primero una mano que pudiera coger luego este vaso: semejante concepción tendería a poner el cadáver en el origen del cuerpo vivo; sino que es el complejo mano-vaso en tanto que la *carne* de la mano señala la contingencia original de ese complejo" (434). El cuerpo siempre es captado en relación con los objetos, es decir, con las máscaras: de modo que, pareciera indicarnos Sartre, matar la máscara implica matar el cuerpo; la carne no parece, en este planteo, poder salvarse de las determinaciones que los aparatos sociales, jurídicos, militares, reservan para la consideración de su máscara. La teatralidad aquí ha tomado un carácter absolutamente letal: es una danza macabra, una danza de la muerte, un juego social sin resquicios para preservar al menos la carne. Cuerpo y acción definen el compromiso y la situación. El cuerpo está comprometido en una situación que lo hace significante, y solamente se lo puede captar "a partir de una situación total que lo indique" (435). Esto impide la parcelación del cuerpo y asegura una totalidad sobre la cual, en todo caso, pueden admitirse metonimizaciones variadas, en la medida en que -dice Sartre- "no podré percibir aisladamente un órgano cualquiera del cuerpo ajeno y que me hago siempre indicar cada órgano singular a partir de la totalidad de la *carne* o de la *vida*" (435). Lo importante es que -señala- "mi percepción del cuerpo ajeno es radicalmente diversa de mi percepción de las cosas" (435). Así, cuerpo (yo y prójimo) y mundo (los objetos que no son "hombres") definen una oposición de algún modo precaria o inestable si, como veremos, la tendencia fundamental del sistema de producción capitalista tiende a la cosificación (maquinización) del cuerpo del obrero y a su subalternización como mero apéndice de la máquina.

Ninguna de estas cuestiones será ajena a ese "malestar" que probablemente está ya operando desde principios del siglo XX y que, en el caso particular del teatro y de la formación de actores, expone el Sistema de Stanislavski y sus pretendidas dos etapas: memoria emotiva vs. acciones físicas. De alguna manera, como veremos, esa carne sartreana será justamente el límite de la nueva "corporalidad" insinuada en Stanislavski, Meyerhold y Gordon Craig, pero también el espacio de la resistencia cultural que, a partir de los *sesentas*, basará su espectacularidad en el reciclado, sea o no vía Artaud, de tradiciones antiquísimas por las cuales las diversas comunidades, a través de sus rituales, se encontraban a sí mismas en una exposición magistral de su carnalidad, como un más allá inapropiable por el invasor colonialista.

Y Sartre anotará esto más tarde, en su "Prefacio" al libro de Fanon: "los colonizados se defienden de la enajenación colonial acrecentando la enajenación religiosa" (18). Es en ese texto, tan leído, en donde la relación entre cuerpo y acción, y la relación del yo y el prójimo, va a asumir una terminología política. Es que Sartre invita a los europeos a "afrontar un espectáculo inesperado: el *striptease* de nuestro humanismo" (Prefacio, 23) -de alguna manera ya tan contemplado por Carlos Mariátegui y César Vallejo- a considerar la teatralidad manifiesta en que ha devenido el colonialismo y que, poniendo a los cuerpos como enemigos ("O se sigue aterrorizado o se vuelve uno terrible" [Prefacio, 20]), también devela la consistencia misma de la acción; Sartre intenta leer en Fanon una "lógica" de la violencia como una lógica dialéctica y es entonces cuando la situación se designa como guerra (Prefacio, 21), lo que nos lleva, en un repliegue intertextual, a releer sus términos de *El ser y la nada* también en una dimensión política.

11. La teatralidad de la guerrilla

Será necesario retomar ahora la cuestión de la teatralidad que hemos teorizado en nuestro capítulo I y, en la perspectiva de la elaboración marxista realizada en el capítulo II, abordar -desde lo que permite la "máquina sartreana," aquello que quisiéramos designar como "teatralidad de la guerrilla." Por tal, vamos a entender todo un complejo de operaciones que comprometen la acción en función de una óptica política entre contrincantes de muy diferente consistencia tecnológica. Trataremos, a partir de ella, de entender no tanto los acontecimientos propiamente militares que inspiró y llevó a cabo, sino la específica relación de subjetividades que, de un modo global, inspiró otras series culturales, especialmente "teatrales," en la lucha política anticolonialista y antiimperialista. Tendremos que volver sobre esto en nuestro último capítulo.

Por lo pronto, lo que ahora importa subrayar es que algunas de sus bases se pueden rastrear desde mucho antes del período que estamos estudiando (Gay, 24), o incluso, que muchas de sus afirmaciones parecen alcanzar una expresión bastante formalizada en los textos de Clausewiks. Por ejemplo, es en el modelo de la guerra donde se pueden encontrar muchas bases para resignificar la "vanguardia" histórica de los años 20 (Geirola, "Convergencias"), en la medida en que ésta estructura una específica teatralidad, y que desde ese entonces parece involucrar la serie artística en cierta perspectiva "guerrillera" (pensemos en el dadaísmo). La "máquina sartreana," en todo caso, nos es útil para hacer el puente entre vanguardia y América Latina: es incluso Sartre, en su "Prefacio" al libro de

Fanon, quien usa la palabra "guerrilleros" en español (19). En efecto, si la guerra aparece en los *sesentas* como planteada entre potencias y bloques hegemónicos discursivos, la guerrilla designa en cambio una relación desnivelada de poderes y de medios.

Conviene que volvamos ahora a *El ser y la nada*. Escribe Sartre:

> No se podrá comprender nunca el problema psicológico de la percepción del cuerpo ajeno si no se capta ante todo esta verdad de esencia: el cuerpo ajeno es percibido de modo muy diverso que los demás cuerpos; pues, para percibirlo, se va siempre de lo que está fuera de él, en el espacio y el tiempo, a él mismo; se capta su gesto "a contrapelo," por una suerte de inversión del tiempo y del espacio. Percibir al prójimo es hacerse anunciar por el mundo lo que el prójimo es. (435-36)

De esta cita -escrita a partir de la contemplación de un espectáculo- podemos deducir varios elementos que se ponen en juego cuando abordamos la relación del yo (la conciencia) con el prójimo: en primer lugar, el hecho de que el prójimo está en un espacio y un tiempo, se mueve en él. Este movimiento no es algo que el prójimo pueda adoptar o no contingencialmente; es, por el contrario, algo consustancial al ser: "el movimiento es una enfermedad del ser" (438). Toda situación se desarrolla por medio de una acción y ella es fundamentalmente movimiento. En segundo lugar, para que exista ese movimiento, y con él la posibilidad de un gesto y una significación, la relación del prójimo con el objeto al cual se dirige tiene que suponer una distancia. Esta distancia es constitutiva y es espacial, en el sentido de que, no remitiendo a ningún lugar, ni confundiéndose con él, es una diferencia topológica fundante puesto que posiciona al sujeto y al objeto y los relaciona mediante la mirada (que no es el ver).

El ejemplo de Pedro nos permite pensar en un dispositivo en el que, si podemos conocer al prójimo por sus movimientos, y en base a esto fijar una significación, tanto el sujeto como el objeto pueden admitir alguna condición de ausencia. En efecto, si el vaso puede ocultarse total o parcialmente, el cuerpo del prójimo sólo puede hacerlo parcialmente; el cuerpo del prójimo está obligado por lo menos a metonimizarse, y es a partir de esa metonimia que podemos remitirnos a una totalidad: "no puedo -dice Sartre- captar el movimiento de la mano o del brazo sino como una estructura temporal del cuerpo íntegro. Aquí, el todo determina el orden y los movimientos de las partes" (436). A su vez, desde el punto de vista temporal, también el movimiento remite a un pasado y un futuro de la acción, que -según Sartre- también remiten a un cuerpo ajeno integrado.

Este gestaltismo, sin embargo, muestra que la significación otorgada a un gesto por captación de su movimiento, y por ende al cuerpo del prójimo, opera mediante una inferencia sobre lo oculto o sobre la parte que se ofrece a la percepción, y que solamente es admisible si se supone previamente la existencia del

Otro como tal. Si "el prójimo -escribe Sartre- existe para mí primeramente y lo capto en su cuerpo *después*" (428) y si, como en el estadio de espejo lacaniano, "la percepción de mi cuerpo se sitúa, cronológicamente, después de la percepción del cuerpo del prójimo" (450-51), entonces esa inferencia remite *siempre* a un Otro como "cuerpo íntegro" (436), en la medida en que, de lo contrario, todo este sistema se derrumba, o al menos invalida su "humanismo" inherente, al instalar la posibilidad de una percepción capaz de remitir o a un cuerpo (ajeno) fragmentado, a un cuerpo-máquina, o bien a una percepción fragmentada del cuerpo propio.

Además, Sartre quiere mantener esta relación entre sujeto y objeto por una mirada no facilitada por la tecnología: una fotografía, nos dice, podría engrosar las manos de Pedro, cuando éste las tiende hacia adelante, "porque son captadas por el aparato en sus dimensiones propias y sin conexión sintética con la totalidad corporal" (436); esto lógicamente no ocurre si las miramos con nuestros propios ojos. Lo que escapa aquí es una pregunta esencial: ¿qué tipo de cuerpo, qué cuerpo, es el que brinda la fotografía? ¿Qué pasa cuando miramos nuestro cuerpo en una fotografía? Sartre diría que, como en el caso en que podemos vernos las manos, estamos frente a "un tipo *aberrante* de aparición" (449). Y agrega: "Nada hay en este nuevo tipo de aparición que pueda inquietarnos o hacernos volver sobre las consideraciones precedentes" (449). Dentro de su sistema, no hay problemas en explicar que, en ese caso, estamos adoptando sobre nuestro cuerpo "el punto de vista del prójimo; o, si se quiere, que nuestro propio cuerpo puede aparecérsenos como el cuerpo ajeno" (449). Sin embargo, esto nos inquieta, justamente porque sabemos cómo la fotografía, en tanto reproducción mecánica, supone la existencia de un sujeto que ya no somos nosotros, un sujeto que puede crear un mundo (con las deformaciones o exactitudes que se quieran) y hasta un prójimo, ambos concebidos como "cuerpos que pudieran adoptar ningún punto de vista sobre sí mismos" (450). Y no estamos hablando del fotógrafo, estamos hablando de la cámara.

En la medida en que tanto un brazo cercenado como un brazo visto en una fotografía pueden referir a un cuerpo desintegrado, y en la medida en que el movimiento necesariamente se instala en un proceso temporal, la ausencia del otro sólo es captada (y de hecho se capta) sobre una totalidad, que funciona aquí como ideologema. La conciencia está integrada a un mundo y a un prójimo, fuera de los cuales no hay ningún espacio para tener una visión panorámica no comprometida. Por eso, en esa polémica de varones marxistas (pues no participa ninguna mujer), sostenida en La Habana el 19 de mayo de 1969, editada bajo el título de *El intelectual y la sociedad* y en la que se podría revisar el sustrato sartreano en tantas de sus afirmaciones, en la que se debate la situación del intelectual en las etapas iniciales de un proceso revolucionario, René Depestre afirma que: "La revolución es una totalidad en movimiento, pero cada cual no puede expresar más que una verdad parcial de la revolución" (73).

Si en esta polémica, a veces en tono épico, otras en tono culposo, este lugar se vive a la vez como eufóricamente privilegiado e históricamente desautorizado, es justamente porque la articulación entre el yo y el objeto, el intelectual o artista y la revolución, diseñan una pantalla inestable donde la percepción, atravesada por el supuesto saber del Otro, no atina a decidirse entre lo que se quiere o se debe ver y lo que se da a ver. La significación otorgada, fijada, sobre la percepción, es entonces una inferencia alienada, como lo será la designación de mi propio cuerpo por el prójimo, en tanto ambos reproducen "el punto de vista -dice Sartre- del prójimo"; y Lacan corrige: no, del Otro.

La totalidad como un Otro completo es lo que hace fracasar toda esta empresa, en la medida en que ese Otro quiere reproducirse, y en vez de producir una mirada, da lugar a la ceguera. Si no podemos tener del cuerpo ajeno sino una inferencia que, al fijarla, convertimos en significación y, por ende, en máscara del otro, en el otro como tal; y si nuestro cuerpo también "es designado como alienado" (444) en la medida en que -dice Sartre- "existo para mí como conocido por otro a título de cuerpo" (442), en que -agrega- "[c]onozco mi cuerpo por medio de los conceptos del Prójimo" (447), entonces resulta claro que no hay posibilidad de rescatar dentro de esta teatralidad la diferencia de mi subjetividad: o soy reducido a pura carne, o soy inmediatamente re-alienado en pura máquina, ambas alternativas, como se ve, letales.

Es en este sistema cerrado en el que va a aparecer la cultura de los *sesentas* como una teatralidad cuya estrategia estará basada en la teatralidad de la guerrilla.

La teatralidad de la guerrilla parte de aceptar que hay una totalidad; digamos, para ser más exactos, que la padece. No hay una exterioridad en la cual situarse para tener una visión panorámica desde donde "bombardear" al mundo y al prójimo. Hay que destruir desde adentro. La guerrilla tiene que inventarse un espacio de invisibilidad, pero no de ausencia: es la clandestinidad. Este espacio, como bien se ve, no es un lugar. El guerrillero se sitúa en medio de un prójimo y desde ese lugar ataca. Su aparición es sorpresiva. La guerrilla no es la guerra. La guerra es lo que amenaza, lo que viene, lo que se espera, lo que se anuncia, lo que se declara; la guerrilla, en cambio, es lo que sorprende, lo que irrumpe, lo inesperado, lo que no se anuncia ni se declara, es -para decirlo con palabras sartreanas- *lo preter-ido* (441), es decir, como un prójimo que "aparece como aquel que debe comprenderse a partir de una situación perpetuamente modificada" (441). La acción guerrillera es una pulsación, una aparición-desaparición, que modifica la situación anterior y cuya significación es algo que hay que inferir después, algo que hay que construir y fijar posteriormente; esto pareciera ligarla a una formación del inconsciente, en la medida en que, como dice Lacan, el inconsciente es pulsativo (*Seminario XI*, 51, 39); o bien, lo que Lacan no dijo, que el inconsciente, tal como él lo concebía, era guerrillero.

Para que el guerrillero pueda ver al prójimo sin dejarse ver, tiene que poner en juego la lógica del sistema mismo que quiere destruir pero, por esta misma razón, corre el riesgo de ser destruido, en la medida en que el sistema ya contempla las condiciones del fracaso de cualquier empresa que use sus mismos procedimientos. La empresa guerrillera corre el riesgo de convertirse en una máquina guerrillera y, en tanto tal, no tiene otro destino que su propia autoaniquilación: sea porque el sistema opere la eliminación de la célula, sea porque el sistema genere *mecanismos* de institucionalización progresiva, haciéndola progresivamente visible. El caso del Che Guevara resulta ejemplar, porque para frenar o impedir el efecto de su gesta, el sistema promovió la reproducción de su máscara: lo hizo *excesivamente* visible, lo hizo "fashionable" (término que, seguramente, será el ideologema del fin del siglo y del milenio). Como escribe Paul Theroux:

> Guevara's collapse was complete; his intentions were forgotten, but his style was taken up by boutique owners (one of the fanciest clothes stores in London is called Che Guevara). There is no faster way of destroying a man, or mocking his ideas, than making him fashionable. That Guevara succeded in influencing dress-designers was part of his tragedy. (352)

El sistema operó así en Estados Unidos, en el Tercer Mundo y también en Cuba. En otros casos -Colombia, El Salvador, Nicaragua- el sistema promovió la salida de la clandestinidad mediante la inserción constitucional en la vida política. Y esto ocurrió no sólo con el guerrillero, sino también con el negro, el gay y por supuesto con las mujeres.

Frente a la deliberada confusión que el sistema sostiene entre lugar y espacio para sus instituciones y a la globalidad de cada una de ellas, la guerrilla contrapone un proceso de metonimización: construye un espacio móvil, se sitúa simultáneamente en lugares dispersos, no deja nunca verse en su totalidad. Su espacio metonimizado es la clandestinidad. Gracias a ella, la guerrilla dispone de un espacio interior, replegado del sistema general, del prójimo, pero se sustrae a la presencia. Investigaremos en el capítulo V el ideologema del lugar/espacio en el discurso de los teatristas de los *sesentas*. Por ahora señalemos que si, en términos sartreanos, la relación subjetivizante originaria se basaba en la ecuación según la cual ver-al-otro-es-ser-visto-por-el-otro, el guerrillero quiere sacar de aquí su rédito: sorprenderá al prójimo en su "objetidad" y con su aparición-desaparición intentará dejarle, aunque perentoria, un atisbo de subjetividad.

Para producir su propia subjetividad, el guerrillero tiene que producir la clandestinidad. A la clandestinidad se llega por medio de una *epogé* y una reducción de la máscara, conservando la máscara. Se objetiva el hecho de proceder de una clase, de pertenecer a un mundo de protocolos indumentarios, alimenticios, gestuales, bien circunscripto; de pertenecer a un género sexual que responde a imágenes culturales específicas; incluso de formar parte de una estructura de parentescos bajo la designación de un nombre. El guerrillero pone todo eso en *epogé* y, admitiendo una designación cualquiera, no filiada, opera bajo una máscara que ya no es su cuerpo. Escamotea ahora su subjetividad al prójimo, pero su eficacia solamente es posible en la medida en que produzca otro prójimo en el que, otra vez, no existe ningún lugar para la diferencia: la clandestinidad es por esencia un lugar alienado que sólo puede producir otra alienación.

Sartre ya nos ha hablado de la génesis de la máscara cuando nos dio el ejemplo del homosexual: frente al prójimo se resguarda en el espacio de un *closet* desde el que otea al objeto de su deseo, hasta que el otro lo designa como tal, y entonces el homosexual termina admitiendo que él es "eso"; asume una máscara que no expresa puntualmente la particularidad de sus predilecciones sexuales; para ello, cede frente al otro su libertad, entregándole su diferencia a cambio de una máscara que pacifica la escena social y que viene del prójimo como algo otorgado, representa el poder del otro: la libertad y la tolerancia. Ser esa máscara es vivir alienado, subalternizarse incluso con ese poco de libertad que le pueda permitir la tolerancia. La máquina de esta teatralidad se forma con las cuotas de libertad, de diferencia, de cada uno de los sujetos, y el Otro las acumula en contra del prójimo; las máscaras tienden a conformar un repertorio limitado, conocido, objetivo, y de cada una de ellas se espera -como en la *commedia dell'arte*- una serie (programada) de conductas. Cada máscara es como la herramienta de un complejo mecanismo combinado que funciona en forma automática.

El guerrillero -como otrora el homosexual- quiere inscribir en este encuadre, en esta totalidad, dentro de este "capitalist world system without empty places" (Jameson, *Political Unconscious*, 219), un repliegue: quiere iniciar un proceso de desestabilización del Otro por medio de una apropiación clandestina de su diferencia, mientras juega (teatralmente) a sostener (aunque no pueda hacerlo por mucho tiempo) el acatamiento a una máscara que ahora, paradojalmente, lo invisibiliza. El guerrillero -esta vez como el travesti en tanto desestabiliza al Otro- pareciera ser el hombre que "sabe jugar con la máscara como siendo ese más allá del cual está la mirada" (Lacan, *Seminario XI*, 114).

Abrir una distancia entre la máscara y la conciencia, es abrir una profundidad en una superficie tendencialmente aplanada. Cierta "flatness" que caracteriza al post-modernismo (Jameson, *Postmodernism*). Se construye así una dimensión de profundidad, que de algún modo es un gesto anacrónico en tanto supone la reinscripción de la vieja posición romántica, para la cual la máscara era un encubrimiento, una imagen que definía una dialéctica del ocultamiento y del misterio.

Pero el guerrillero, para ocultarse del otro, tiene -como hemos visto- que ocultarse primero para sí, y esto, en términos sartreanos, sería convertirse primero en un objeto para sí mismo, una operación sólo explicable y posible por una violencia que tiene su escenario en su propio cuerpo pero que no viene de él: viene del Otro, de la demanda infinita del Otro, de la mirada y de la violencia del Otro, del exceso de las diferencias acumuladas. Se impone la necesidad de una objetivización de su cuerpo por el prójimo; pero esta objetivización no le devuelve una máscara homogénea, sino tan múltiple como el prójimo mismo. Como se ve, es necesario volver a postular al Otro como tal, para no perderse

Teatralidad y experiencia política en América Latina

en la "selva" -"la forêt du fantasme" para usar términos lacanianos (*Ecrits*, 775)- de las objetivaciones del prójimo. Si, como dice Sartre, "el cuerpo del prójimo no debe ser confundido con su objetividad" (442) y aunque "corporeidad y objetividad del prójimo son rigurosamente inseparables" (442), entonces lo que la guerrilla instaura es un cortocircuito entre el cuerpo y la objetividad, tornando la verdad de la máscara, y por ende del ser, en una probabilidad y haciendo un uso político del verosímil. Es lo que Sartre designa como la tercera dimensión ontológica del cuerpo: "Existo para mí como conocido por otro a título de cuerpo" (442); "[m]i cuerpo es ahí no sólo como el punto de vista que soy, sino también como un punto de vista sobre el cual se adoptan actualmente puntos de vista que yo no podré alcanzar jamás; me escapa por todas partes" (443).

Esa objetividad del cuerpo designada por el prójimo es algo que se nos escapa, que se coloca fuera de nuestra subjetividad; fracaso, entonces, para el guerrillero en cuanto pretende apropiarse de una diferencia que supone subjetiva y que está expropiada por el otro o por el Otro. Porque allí donde pretende asirla, se le vuelve a escapar en el orden del prójimo clandestino, de sus atribuciones, de sus jerarquías, sin el cual no tendría ni siquiera la posibilidad de ser objeto; se le vuelve a escapar en el orden de otro Otro, que le impone su acción misional. Sólo podemos vernos con los ojos ajenos, "nos resignamos a vernos por los ojos ajenos" (445), aunque, como el subcomandante Marcos de la guerrilla de Chiapas, se intente poner una veladura del rostro: mientras él hace visible su invisibilidad, el prójimo hace circular en el mercado muñequitos enmascarados que lo fetichizan y el partido gobernante "descubre" su identidad en los protocolos del estereotipo del guerrillero (intelectual de clase media educado por jesuitas, graduado en París).

Siendo el prójimo "*aquel que* [*nos*] *mira*, debemos poder explicitar el sentido de la mirada ajena" (333). Como vemos, el "modelo" sartreano de la mirada no es un modelo ahistórico; por el contrario, la aparición de la teatralidad guerrillera en el orden de la teatralidad burguesa constituye no una ruptura sino una continuidad y una culminación de un sistema social que -desde Bentham en adelante y como ha demostrado Foucault- necesariamente tiende a ser cada vez más policial. La especulación sartreana convierte al prójimo en un espacio inalcanzable de infinita y pura libertad, cuyo correlato es el hecho de hacernos a todos, si no enemigos de todos, al menos sospechosos o totalmente policías. Al colocar la máscara en el campo de la mala fe (que "es también una concesión [al otro], ya que es -dice Sartre- un esfuerzo por rehuir el ser que soy" [338]), y al hecho de no-poder-ser-sin-la-máscara, la teatralidad contestataria no tiene otra salida que hacer visibles las máscaras como tal. De todos modos, como veremos más adelante, si bien casi todos los grupos de los *sesentas* utilizaron las máscaras, los estereotipos, la *commedia dell'arte*, los títeres, no todos se vieron en la necesidad de utilizar la teatralidad guerrillera y menos aún llevar esta teatralidad al extremo casi puro del "teatro invisible" de Augusto Boal.

Podríamos decir que -en términos sartreanos- la utopía del guerrillero es la de ser mirada; el guerrillero quiere ser una mirada: esto es su imposible, su real. Cualquiera fuere su estrategia y el resultado de su estrategia, está de antemano condenado al fracaso: sea porque no lo logra, sea porque lo logra; si lo logra *reproduce* el sistema que quería invalidar, destruir. Es ahora comprensible que la guerrilla apareciera en un horizonte en el que se pensaba la revolución como una sustitución de sistema, cuya vía necesaria era el asalto armado. Se ve compulsado a "proyectar realizar un mundo en que el otro no exista" (Sartre, *Ser y nada*, 509)

La política de minorías, en cambio, diseñará otra estrategia, tendrá otra teatralidad, en la medida en que no se define por la clandestinidad sino por la infiltración (Huerta, "Introducción," 11); por eso Ron Davis, al frente de la San Francisco Mime Troupe, asume la paradoja de estar haciendo un teatro de guerrilla sin revolución, y se retira del hacer teatral.

Pero Luis Valdez, que había trabajado con Davis, prontamente diseñará una estrategia que, para facilitar nuestra exposición, designamos como "teatralidad de las minorías": se trata ahora de admitir al principio el sistema, llevarlo no al límite en que cabría reemplazarlo por un sistema idéntico, con las mismas reglas discriminatorias, sino llevarlo al extremo de hacerlo jugar -mediante un enmascaramiento asimilacionista- con sus propias reglas para *hacerle producir* otras nuevas que necesariamente lo vayan promoviendo en su propia contradicción. Se trata de hacerlo inestable por medio de una estrategia que tiende a hacer que el sistema mismo, por su propia dinámica, rompa su propia consistencia. Puede entenderse así que *Zoot Suit* (1978) se defina como "an American play." La institucionalización resulta, para este encuadre, absolutamente indispensable. El peligro de esta estrategia es, indudablemente -y como lo muestra el caso Valdez- el que resulta de una reproducción infinita de la mala fe.

Pero volvamos al guerrillero y a la mirada. La mirada no es el ver. Si se ve un objeto, se trata de una percepción, pero la mirada sartreana no es una percepción. La mirada es la presencia del prójimo en la consistencia de nuestro yo. Captar una mirada es postular la existencia de un ojo, que no necesariamente tiene que estar allí. Basta su probabilidad, para que se haga sentir su efecto como mirada, y no importa qué objeto del mundo asuma la representación de los ojos del prójimo. Querer aprehender la mirada supone necesariamente renunciar a la percepción de los ojos: "si aprehendo la mirada, dejo -dice Sartre- de percibir los ojos" (334). Por ello, "captar una mirada no es aprehender un objeto-mirada en el mundo (a menos que esa mirada no nos esté dirigida), sino tomar conciencia de *ser mirado*" (335). De modo que el escamotearse detrás de una máscara, sólo puede configurar para la teatralidad guerrillera un primer momento, porque una vez realizada sus primeras acciones en el campo del prójimo, lo provocan a mirar; así es cómo comienza su acceso a la mirada, su gesta hacia la utopía, atrayendo hacia sí la mirada del prójimo. Pero inmediatamente, se impone la otra determinación: captar una mirada es tomar conciencia de ser mirado, y por lo tanto, de ser visto. Ser visto es tomar conciencia no "de que hay alguien, sino -señala Sartre- que soy vulnerable, que tengo un cuerpo capaz de ser herido, que ocupo un lugar y que no puedo en ningún caso evadirme del espacio en que estoy sin defensa" (335). La entrada en la clandestinidad impone las responsabilidades de ella, y para ese ingreso no hay una salida. Y como la guerrilla no es la guerra, que es declarada y tiene una legislación, se somete entonces a las regulaciones del delincuente común.

El guerrillero vio la mirada del prójimo como objeto-mirada, y quiso provocar un trastorno absoluto en este sistema de teatralidad burguesa ritualizada, insensible, maquinizada, promocionadamente confortable; quiso hacer de este prójimo objetivado una subjetividad. Pero al lograrlo, al apropiarse de su mirada, se vio convertido él mismo en objeto-para otro, poniendo fuera de sí el fundamento de su ser y, consecuentemente, alienándose (337). Dice Sartre: "Así, sin cesar arrojados del ser-mirada al ser-mirado, cayendo de uno en otro por revoluciones alternas, estamos siempre, cualquiera que sea la actitud adoptada, en estado de inestabilidad con respecto al Prójimo" (*Ser y nada*, 224). En efecto, si en un primer momento el guerrillero puede eufóricamente creer que tiene a su alcance todas las potencialidades sobre el prójimo y el mundo -donde mundo y prójimo se presentan como un espectáculo dado a ver (Sartre denomina esta instancia como "yo irreflexivo" o "conciencia irreflexiva")- la intermediación de la mirada del otro, "despliega una distancia que [lo] aparta de ella" (334), lo alcanza sin distancia pero "[lo] tiene a distancia" (334). Lo que en un principio eran sus potencialidades, dadas como globales y absolutas, se transforman en posibilidades alienadas por el otro. Es ahora "un guerrillero," "un subversivo," "un delincuente," "un terrorista," pero eso que uno es, es lo que no es, es lo que el otro ahora otorga con una máscara con la que procura mi visibilidad para sancionarme; y esta máscara, que es ahora el ser para otro, se instala en él como la presencia del otro en él, del prójimo en él. El guerrillero ha perdido la primera batalla.

Toda la acción estará ahora dirigida por la mirada del otro que anida en la consistencia del ser-para-otro, desplegada en la distancia que el otro promueve, ritmada por los tiempos que el otro determina: la clandestinidad va promoviéndose como acorralamiento o como despliegue en el espacio institucional. Es que "esa alienación en mí que es el *ser-mirado* implica -dice Sartre- la alienación del mundo que yo organizo" (340), y "todo acto hecho contra el prójimo puede, por principio, ser para él -prosigue Sartre- un instrumento que le servirá contra mí" (341).

"El prójimo -escribe Sartre- es la muerte oculta de mis posibilidades en tanto que vivo esa muerte como oculta en medio del mundo" (341), y eso aplica lógicamente al guerrillero. Sin embargo, el otro, el enemigo, también se sabe mirado por el guerrillero. El guerrillero también promueve distancias, articula ritmos (de ataque, de situaciones vulnerables) en la medida en que el otro puede ser herido. El guerrillero es también el prójimo letal para su enemigo. Si las posibilidades del guerrillero son, en virtud de su alienación, probabilidades, también lo son para él las posibilidades de su enemigo. Para cada bando, la situación asume un grado de "indeterminación" (342) y, por lo tanto, ninguno es dueño de la situación. La acción guerrillera se ha transformado ahora en "guerra de guerrillas" y, como tal, responderá a las tácticas y estrategias de la teoría de la guerra. Se necesitarán instrumentales bélicos, sistemas de comunicación, milicias adiestradas. Así, lo que en un principio apareció como "simultaneidad" de existentes, aparece ahora como "copresencia"; en efecto, si "la simultaneidad... supone la conexión temporal de dos existentes que no están vinculados por ninguna otra relación" (344), entonces la conversión de guerrilla en guerra pone a ambos bandos en posición de copresencia: "Dos existentes que ejercen uno sobre otro una acción recíproca no son simultáneos, precisamente *porque pertenecen al mismo sistema*" (344, el subrayado es nuestro).

Y es por este pertenecer al mismo sistema, que unos y otros se definen por lo que Sartre llama, seguramente en su hegelianismo mediado por Kojève, la "esclavitud" (345).

El triunfo del bando guerrillero en esta lucha deviene necesariamente un fracaso, en la medida en que, puesto el encuadre de la guerra en una perspectiva dialéctica, el inicial proyecto liberador queda subsumido, si triunfa, a vivirse con los emblemas del Amo, a re-iniciar, bajo los protocolos que se quieran, la implacable implantación de la copresencia, la sistemática negación de la diferencia.

Esta implacable máquina del poder que la especulación sartreana deja inferir, sostiene su formulación, claro está, en la medida en que se insista en pensar a partir de la totalidad y de la noción de sistema como sistema cerrado, y amén de no permitir sino un funcionamiento "cuantitativo" de la diferencia como tal. Constituye, pues, una entre otras maneras de imaginar el funcionamiento de la cultura. De todos modos, nos ha permitido pensar las articulaciones de un encuadre que hemos denominado la teatralidad de la guerrilla, y su opuesta estrategia: la teatralidad de las minorías, como parte de un momento de la cultura del capitalismo de nuestro siglo y ahora, lógicamente, espera que lo veamos funcionar en relación al campo específico de su operatividad, de su prójimo: la teatralidad del teatro.

CAPITULO IV
LA TEATRALIDAD DE LA GUERRILLA: DE LOYOLA AL CHE GUEVARA

> El elemento expresionista de las máscaras, el escenario doble que al principio y al fin de la obra muestra dos acciones simultáneas se relaciona con las moralidades medievales y presenta al reino de este mundo que, gobernado por el Diablo, pugna sin embargo por encontrar a Dios. Que, después de todo, es un modo para mí absolutamente válido de hacer la revolución, dentro del espíritu profético judeocristiano.
> (Germán Rozenmacher, *El Lazarillo de Tormes*, 5)

1. Cristóbal Colón, Don Quijote, Che Guevara

El dramatismo del *Diario* (1966-67) escrito por el Che Guevara en Bolivia, amén de llevar su escritura hasta unos días antes de su muerte y de cubrir -como veremos- las etapas que supone el proceso de teatralidad de la guerrilla, recupera una serie de procedimientos literarios dignos de ser atendidos y que detallaremos a continuación.

La primera lectura nos impone la idea de un grupo de valientes que, con escasas provisiones y posibilidades bélicas, enfrenta a un ejército adiestrado y, fundamentalmente, apoyado por fuertes soportes extranjeros hegemónicos.[9] Como el *Diario* no despliega la retórica revolucionaria y el lector puede asumir o no ciertos conocimientos de ella, la escritura del Che parece ir contabilizando una gesta posible cuyo mayor rédito, si no el poder, se diseña como el "ejemplo." Diario de viajes, gesta militar y libro de ejemplos confluyen para construir una escritura cuyo "asmático caminar" -para calificar su ritmo con las palabras que el Che utiliza en sus *Pasajes de la guerra revolucionaria* (195)- remite también a una memoria de textos medievales y renacentistas -por no llegarnos hasta la misma *Guerra de las Galias*, mucho más cercana de los *Pasajes*- inspirados en las cruzadas, en la conquista de América y en la educación del príncipe y del pueblo. La relación intertextual con Colón es ineludible: la escritura está motivada por la fuerza de la fe que, si en principio deriva imantada por el afán de poder y de victoria, lentamente va admitiendo -como correlato del deterioro de una empresa que no se quiere admitir- la dimensión delirante que compensa literariamente del horror que se vive. Porque si el poder está en la mira, en el *Diario* es indudablemente instrumental, no un fin en sí: "Un diario de Budapest -escribe el propio Che-

---

[9] El canto y contracanto de los acontecimientos y de la intervención de la CIA se pueden leer en la documentación de "El proceso de Camiri" de Régis Debray (*Ensayos sobre América Latina*, 261-311).

crítica al Che Guevara, figura patética y, al parecer irresponsable y saluda la actitud marxista del Partido Chileno que toma actitudes prácticas frente a la práctica. Cómo me gustaría llegar al poder, nada más que para *desenmascarar* cobardes y lacayos de toda ralea y refregarles en el hocico sus cochinadas" (*I Obras*, 610).

El Che está, no obstante, movido por otros fines: la leyenda, su leyenda. Como en la última etapa de Eva Perón, el Che elabora su propia imagen, su propia espectralización. Los momentos de euforia de su escritura se producen cuando siente que "[l]a leyenda de la guerrilla crece como espuma; ya somos los superhombres invencibles" (572); "[l]a leyenda de las guerrillas adquiere dimensiones continentales; Onganía cierra fronteras y el Perú toma precauciones" (588).

Se podría incluso ir un poco más allá del *Diario*, para asumir con su autor - "este pequeño condotieri [sic] del siglo XX," según su autocalificación (2: 693)- la otra dimensión de la empresa: su quijotismo. En efecto, el Che se identifica, en la última carta que escribe a sus padres, con el personaje de Cervantes ("Otra vez siento bajo mis talones el costillar de Rocinante, vuelvo al camino con mi adarga al brazo" [2: 693]), lo cual revierte en un juego de textos y de visiones que conceptualizan a su manera la "historia" y que resultan, en muchos casos, en una red intertextual de la mayor productividad: en las primeras páginas de los *Pasajes de la guerra revolucionaria*, el Che parece escribir lo que no puede escribir en su *Diario*: ese "aspecto ridículamente trágico" (194) de un "ejército de sombras, de fantasmas, que caminaban como siguiendo el impulso de algún oscuro mecanismo psíquico" (195). Pero si aquella empresa de liberación comandada por Fidel Castro había tenido éxito, esta otra se diseñaba sobre un fondo que la hacía incomparable a la primera: la dimensión "humana" de la reconquista de un espacio nacional ("Patria o muerte" [613]), frente a la dimensión "legendaria" de un horizonte internacional y hasta intercontinental; el Che se queja de las declaraciones de Debray y el Pelado sobre el "propósito intercontinental de la guerrilla, cosa [confesión] que no tenían que hacer" (577). Es que si los *Pasajes* son el resultado de una experiencia determinada por circunstancias históricas precisas de Cuba y si *La guerra de guerrillas* (1960) constituye la elaboración teórico-técnica de aquella experiencia, el *Diario* pareciera querer aplicar sin ajustes dialécticos aquel "modelo" a una realidad histórica y geopolítica totalmente diferente a la de aquellos tiempos. Vemos así cómo estos "guerrilleros" carecen de mapas precisos, de conexiones con el Partido, sin bases campesinas ("el total aislamiento en que estamos" [550]; "[l]a tranquilidad fue absoluta, como si estuviéramos en un mundo aparte" [555]) y hasta sin el conocimiento de la lengua. "Comenzamos el estudio de Kechua, dirigidos por Aniceto y Pedro" (482), escribe el Che el 11 de enero, en medio de su marcha, lo cual no parece ser el marco ideal para el aprendizaje de ese instrumento tan fundamental. Y, según el *Diario* -pues no estudiamos aquí sino la historicidad que se desprende del imaginario de esta escritura- esta empresa se inicia sin apoyos financieros planificados con la debida anterioridad: "Yo debo escribir -anota el Che- cartas a Sartre y B. Russell para que organicen una colecta internacional de ayuda al movimiento de liberación boliviano" (514).

El *Diario* es "real" porque enfrenta la grandeza de lo imposible. Es también por ello trágico, en cuanto *repite* una estrategia en vez de *producirla*, en cuanto esta fatalidad instaurada por la lógica del "modelo" conduce necesariamente al fracaso de toda la empresa y la puesta en emergencia (aprovechada e incentivada por el enemigo) de lo más valioso de su ideal. El ideal -como anotará Fidel en el prólogo al *Diario*- es tan "noble" como el de Don Quijote: enfrentar a los poderosos, defender a los pobres "que tienen derecho a la vida material, a la cultura y a la civilización" (451): si el Che se quijotiza, don Quijote se hace revolucionario. Hay una dimensión secular de los ideales de la revolución que se conjugan con las diversas etapas del desarrollo capitalista. Por eso para Fidel, como para cualquier otro, "la hazaña que este puñado de hombres realizó, guiados por el noble ideal de redimir un continente, quedará como la prueba más alta de lo que pueden la voluntad, el heroísmo y la grandeza humanas" (451).

En esta cita de Fidel, la palabra clave es "redimir," pues remite a toda una conceptualización de la revolución en términos religiosos: la revolución queda entonces posicionada en una metafórica del Bien contra el Mal, en una vía sacrificial y martirológica que libera de los pecados del capitalismo. De ahí la ausencia de una estética desligada de los encuadres religiosos de la revolución, en la medida en que el cuerpo se vive en su proyección meramente instrumental. Así la sexualidad y el sexo, cuya referencia es casi nula en los textos del Che y de la militancia comunista en general, aparecerán reciclados en el plano religioso y, de modo "estructural," ligados a una determinada conceptualización de la acción revolucionaria basada en la flagelación del cuerpo, el renunciamiento y la postergación de la bienaventuranza para un tiempo posterior, un más allá del triunfo contra el pecado y hasta de la vida misma, para abrir el espacio de la Muerte como una recompensa de heroísmo, de fama y de gloria. Por eso dirá Fidel Castro:

> Se podría decir que el Che era un sacerdote en su actitud, en su conducta. (No quisiera que publicaran eso. Se lo digo entre Uds.). Pero quiero decir que él tenía la conducta del sacerdote porque daba el ejemplo, se privaba de cualquier cosa -muy estoico, muy desprendido, muy desinteresado. Lo mismo estaba dispuesto a morir el primer día de la guerra que el último porque tal era su desprendimiento que hasta en la última hora estaba dispuesto a morir. (Cardenal y Castro, 84-85)

Puede medirse el destino de esta empresa guevarista, si se piensa en que el enemigo es una fábrica de placeres, aunque estos no estén sino alienados en una "confortabilidad" que no pasa de ser un halago sensorial de dimensiones relativas a la accesibilidad económica del sujeto.

Parte de la falta del apoyo campesino no proviene solamente de la propaganda enemiga o del miedo a las acciones armadas de ambos bandos; pro-viene de la similitud estructural entre la dimensión divina de la empresa cristiana y la acción humana y "jesuítica" de los grupos guerrilleros, lo cual genera un desajuste "institucional" que, enfrentándolos como homológicos, los separa y los opone en el campo del imaginario. "Por lo pronto -anota el Che el 19 de junio- los sindicatos agrícolas de Cochabamba han formado un partido político 'de inspiración cristiana' que apoya a Barrientos" (580).

La función de los campesinos en el *Diario* puede ser casi equivalente a la que tienen en la novela de Cervantes: no apoyan al protagonista; sufren un miedo que se irá lentamente convirtiendo en terror y en silencio, aunque a veces tienen una mentirosa colaboración (621) y hasta tratan de lograr alguna ganancia, en la medida en que -como Don Quijote y cuando puede- el Che paga lo que destruye o consume. El Che sabe que muchos de estos campesinos, como el del día 16 de febrero, "tiene[n] ambiciones capitalistas" (498). En cada "Análisis del mes," el Che insiste en que "la base campesina sigue sin desarrollarse; aunque parece que mediante el terror planificado, lograremos la neutralidad de los más, el apoyo vendrá después" (541). El 3 de julio escribe: "Las compras se están haciendo a precios altos, y esto hace que los campesinos mezclen el miedo con el interés y nos consigan las cosas" (574). Finalmente, para septiembre 21, "[l]a gente tiene mucho miedo y trata de desaparecer de nuestra presencia" (618).

El terror sobre los campesinos es una etapa que "se ejercerá desde ambas partes, aunque con calidades diferentes; nuestro triunfo -preanuncia el Che- significará el cambio cualitativo necesario para su salto en el desarrollo" (557); se trata de un elemento instrumental, incluido en esa semántica sacrificial, que se verá coronado luego con el triunfo revolucionario, el cual pagará sus deudas. La dimensión de la culpa en la consideración del prójimo también puede leérsela en Sartre (*Ser y nada*, 471-72) y, como sabemos desde el Nietszche de *The Genealogy of Morals*, configura la base indispensable para entender todo el sistema de categorización y relación con el *otro*. De todos modos, en un sentido más pragmático, la culpa del "revolucionario" se liga a su procedencia de clase: la acción revolucionaria es también parte de esa purificación necesaria que proviene de su acceso involuntario a ciertos bienes de la cultura capitalista. Por ello, si bien es cierto -como afirma Walter Laqueur- que "[t]he bourgeois background of most, if not all Latin American guerrilla leaders is not in doubt, but this does not mean, as their orthodox-Communist rivals sometimes argued, that their mentality was "petty bourgeois," or that the revolution they aimed at was bourgeois in character" (329), también es cierto que su terminología religiosa los afilia a un romanticismo revolucionario más "reminiscent of D'Annunzio or Codreanu rather than Lenin or Trotsky" (Laqueur, 335).

Estas coordenadas discursivas (procedencia de clase, terminología religiosa, romanticismo revolucionario) son las que, más allá de las intenciones personales, procesan y suturan la fisura entre la distancia de clase y la tradición evangélica latinoamericana. De ahí que el machismo, el paternalismo y el caudillismo sean las formas ineludibles en las que se quiere superar la contradicción entre "clandestine existence and mass support" (Laqueur, 345), rematando en la persistente repetición de los componentes nacionalistas, populistas y elitistas de los encuadres burgueses del pasado político de América Latina. Son, pues, estas coordenadas las que -como percibe Laqueur y como desarrollaremos nosotros más adelante- "would [make] appear that many, perhaps most, of the apostles of Communism, Latin American style, in the late 1950s and 1960s could with equal ease have become fighters for Fascism, Latin American style, twenty years earlier" (Laqueur, 336).

Resulta, por lo tanto, indispensable, al abordar el imaginario revolucionario del período, insistir en esos núcleos fascistas que, si relacionados con las *male fantasies* que Klus Theweleit contabiliza para los años 20, no dejan de aparecer aun en aquellos discursos cuyo contexto de producción era paradojalmente "[t]he explotion of antifascist sentiment after 1960" (Benjamin y Rabinbach, x). La articulación de los textos del Che con los de Colón, Loyola y Cervantes nos abre a esas recurrencias discursivas del fascismo como una experiencia interna al proceso capitalista como tal. La fabulación de la naturaleza, la consideración del otro como enemigo e instancia amenazante, la exigencia de una comunidad varonil, la maquinización o la estatuaria del cuerpo, las relaciones aniquilantes con el placer, el deseo y la realidad, son algunos de esos núcleos que atraviesan la historia del capitalismo y que reaparecen en sus momentos de crisis y reacomodación estructural. No se trata, como escribe Theweleit, de insistir en el fascismo "as a form of seduction o misrecognition" sino como una "specific form of production of reality" (2: 349), o -para ponerlo en nuestros términos- como una máquina de teatralidad específica de promoción de efectos políticos.

Así, como en los textos de Colón y como en la novela de Cervantes, la consideración del prójimo reviste siempre en los textos de la izquierda y en éstos del Che que estamos considerando, característica peyorativa de ignorancia o bestialidad. En efecto, refiriéndose a los campesinos con los que tiene que tratar en Bolivia, se nos dice que "a los habitantes hay que cazarlos para poder hablar con ellos pues son como animalitos" (564). Es la idea cristiana del otro como rebaño o como zorro (619), cuya pureza, pero también su crueldad, se disculpan en este orden de la animalidad no mediada por la palabra del Maestro. El mayor aporte que esos campesinos brindan en esta etapa de lucha es meramente instrumental: proveen de información, alojamiento y alimentos. No hay ninguna referencia a los servicios sexuales de las campesinas, siempre anotadas como telón de fondo, incluso las guerrilleras Tania y la Loyola, siempre moviéndose para el narrador en un marco de incertidumbre; las mujeres que desfilan por el *Diario* son a veces enanas, viejas, cotudas, comerciantas o madres feroces, y hasta delatoras (570, 574, 575, 578, 619, 629); sabemos, en cambio, que toda aparición de un varón es resaltada por la escritura en la medida de la juventud (y soltería) de éste: "Son hombres de monte, jóvenes y solteros; ideales para ser reclutados y que le tienen un odio concentrado a su patrón" (459); "[d]e los 3 nuevos, 2 parecen firmes y conscientes, el más joven es un campesino aymará que luce muy sano" (487); siempre se da de los varones alguna indicación aunque mínima: "el rehén, un muchachón de 17 años" (552), "un jovencito venía con una escopeta" (555).

Sin perjuicio de volver sobre el tema del homoerotismo, del cuerpo y de las relaciones entre masculinidad y revolución en la escritura del *Diario* y en la consistencia misma de la teatralidad de la guerrilla, digamos por ahora que este valor de la juventud remite directamente al hecho de que el castigo del varón se mide en el mismo orden de visualidad (y de sexualidad) que en Colón, aunque en este último la situación sea inversa y no estrictamente homoerótica (Jitrik, *Los dos ejes*, 103-11), como en el Che: "dejándolos desnudos" (575), sea a campesinos o soldados. El Che los encuentra vestidos y procura dejarlos absolutamente desnudos (516), ya que "nuestra técnica" consiste en "despojo y libertad" (583).[10]

La construcción de la máscara del enemigo militar o político procede a subrayar su falta de inteligencia, su brutalidad, su estupidez ("Barrientos -escribe el Che- anunció el ocaso de los guerrilleros y volvió a amenazar con una intervención en Cuba; fue tan estúpido como siempre" [594]), hasta el punto de alucinar con quijotesca inocencia de que el enemigo pudiera *repetir* errores: "Los norteamericanos anuncian que el envío de asesores a Bolivia responde a un viejo plan y no tiene nada que ver con las guerrillas. Quizás estamos asistiendo al primer episodio de un nuevo Vietnam" (530). Sin embargo, la consideración del otro como "cosa" se extiende a veces hasta la de sus propios compañeros: son la "resaca" que acompaña a los más valientes (537, 607) sin perjuicio de que los días de los cumpleaños o aniversarios de muerte de algunos de ellos o de algunos de sus familiares y amigos, sean anotados cuidadosamente y hasta festejados ("En honor de Pablito se hizo, para éste, un poco de arroz, cumple 22 años y es el menor de la guerrilla" [616]).

Pero podemos señalar algunas otras conexiones entre el *Quijote* y el *Diario*: por ejemplo, el hecho de que muchos personajes aparezcan varias veces bajo distintos nombres (y que la edición de las *Obras* señala en notas a pie de página); otro momento verdaderamente quijotesco lo constituye la escena de la lectura de las condiciones de guerra a los prisioneros liberados: "Se pensó en matarlos pero luego decidí devolverlos con una severa advertencia sobre las normas de la guerra" (565); o bien los discursos del Che frente a lo que, en principio, se designa como "tropa" ("Hablé a la tropa" [491]) y que luego se tranforma en una "tropita" ("concentrar toda nuestra tropita" [539]): son indudablemente discursos sobre la vulgata marxista y los principios heroicos de la revolución ("lancé

---

[10] Debray, en su magnífica "Exposición ante el consejo de guerra [Noviembre de 1967]," en su construcción de la figura del Che, insiste en el hecho de que, si se despojaba a los soldados de sus botas y uniforme (tan necesarios para la guerrilla, en la medida en que ésta no podía fabricarlos), se los dejaba vestidos en ropa de civil, se les daba ayuda médica y cualquier otro trato humanitario. "Ningún muerto fue -agrega- según me contaron los guerrilleros, desnudado" (293).

una descarguita sobre las cualidades de la guerrilla" [480]) que, dichos ante un ejército de 47 individuos al principio y luego no superior a 20, recuerdan aquellos otros del caballero andante sobre la Edad de Oro o las Armas y las Letras. Se trata de levantar el ánimo de la tropa, cada día más hambrienta, enferma y desmoralizada, como Don Quijote trataba de hacer renacer los principios éticos y heroicos de la caballería; y como seguramente Colón hacía también con sus tripulantes augurándoles un final de viaje victorioso. Es que tanto el Che como Colón y el personaje de Cervantes son seres de acción, que necesitan enfrentar en todo momento grandes causas movidas por descomunales ideales de transformación histórica, pero todos ellos también atrapados por textualidades medievales caducas, que operan en su contra y los llevan a la alucinación. Por esto se entiende que tanto Don Quijote como el Che se quejen del bucolismo en el que se encuentran (como Colón se asombra del bucolismo del nuevo paisaje que descubre). El Che anota en el último día de su diario (7 de octubre) que "[s]e cumplieron los 11 meses de nuestra inauguración guerrillera sin complicaciones, bucólicamente" (629).

2. Cimarrones y gauchos malos

Una de las características que hacen al Che extraordinario para su época, es que jamás quedó atrapado por el fanatismo nacionalista. Salvo su designación como "Che," la argentinidad no juega nunca un papel determinante. El Che se asume internacional e internacionalista. Adopta la nacionalidad cubana con todas sus consecuencias. También hace de la renuncia a esa nacionalidad un momento dramático y culminante de su epopeya. Sin embargo, a nivel de la producción textual es posible rastrear la impronta de dos paradigmas nacionales: la experiencia cimarrona, especialmente cubana, y la literatura gauchesca argentina. No podemos detenernos aquí en puntuales cotejos entre los textos del Che y estas dos series textuales. Baste sugerir, partiendo de lo que Josefina Ludmer ha descripto como "corpus del delito," esta dimensión dolorosa que supone, desde la perspectiva actual, atravesar estos fantasmas textuales en el corpus guevarista.

Ludmer piensa el "corpus del delito" en sus propios términos como una teatralidad, es decir, en términos de ver, ser visto y no ser visto. Sin embargo, lo que es novedoso en su abordaje es la relación del sujeto (el futuro delincuente) con el Estado, la Verdad y la Justicia. El corpus, dice Ludmer, permite una lectura doble. Por un lado, aparece como "ficciones de exclusión." Por el otro, simultáneamente, emerge también como un sueño de justicia. Mientras el personaje criminal resulta activado por su impulso de promover "la razón igualitaria," tiene que soportar, desde el principio, la máscara que lo identifica como delincuente y como subversivo, impuesta por el Estado. Aunque no es éste el lugar para teorizar sobre las consecuencias de las proposiciones de Ludmer, se puede, al menos, señalar un aspecto fundamental. El crimen, tan ambivalente como lo quiere la investigadora argentina, muestra hasta qué punto el Otro (el Estado, el sistema socio-económico) debe también ser percibido como delincuente. Ludmer explora su corpus literario en la literatura argentina del siglo XX, aun cuando incluye textos de Roa Bastos y García Márquez. Me gustaría sugerir que los textos del Che Guevara deberían formar parte de ese corpus sobre las ficciones de identidades culturales en la literatura gauchesca del siglo XIX. Me refiero al sistema de justicia (la justicia del Estado, la justicia popular) que deja entrever la figura del "gaucho malo," sea el Martín Fierro de la Primera Parte del poema, o más precisamente el Juan Moreira.

Los textos del Che deberían ser leídos también como parte de un proceso escriturario que comienza con la experiencia cimarrona en América Latina. De acuerdo a lo estudiado por Richard Price en *Maroon Societies: Rebel Slave Communities in the Americas*, la experiencia de los cimarrones (como la de los gauchos y más tarde la del Che en *Guerra de guerrillas* y en el *Diario en Bolivia*) comienza con la evaluación geográfica del área, las posibles salidas para la fuga, las tácticas para la provisión de alimento y ayuda, etc. Esta primera fase, como ya hemos visto, corresponde a la instancia de ver en la teatralidad de la guerrilla. Más tarde, cuando la organización cimarrona llega a ser poderosa contra las imposiciones de la colonización (instancias de ser visto y no ser visto), es forzada a establecerse como una "máquina cimarrona," es decir, tiene que conformar un frente armado disciplinado y una comunidad muy bien organizada socio-económicamente. Lo que nos importa subrayar aquí es aquello que da consistencia y fuerza a estas comunidades. Si por un lado Price nos hace ver cómo la sobrevivencia de estas comunidades se debió a su férreo sistema de creencias y prácticas religiosas que favorecían su asimilación ecológica, Ludmer, por su parte, nos confronta con la existencia de dos sistemas legales en la validación del crimen: uno, impuesto por la ley del Estado, el otro, en cambio, impuesto por las creencias y tradiciones culturales respecto a la clase social y a las difusas diferencias sexuales y raciales.

Josefina Ludmer, además, subraya tanto la importancia de la versión freudiana del asesinato del padre por sus hijos varones, como la del crimen femenino en el Génesis, ambas ficciones sumamente útiles para entender el estatus del crimen en la fundación de una cultura. La subjetividad culpable del delincuente nos permite entender hasta qué punto es a la vez un "representante" del Estado y un delegado del pueblo, esto es, crítico del Estado y suplemento de éste.

3. Teatralidad, lucha armada y religión

Sin embargo, en lo que debemos insistir aquí, no es ni en la evaluación personal del Che ni en la serie de conexiones literarias que se desprenden de sus textos, como si se tratara de una mera curiosidad crítica. Nos importa, por el contrario, leer la constitución de una cierta "máscara" para una identidad cultural posible y un cierto "modelo" de conductas probables, diseñados ambos sobre la articulación que esta escritura del Che Guevara realiza -y por ende, sobre su enorme influencia cultural en la segunda mitad del siglo XX- de los paradigmas ideológicos medievales de la empresa cristiana. Es un lugar común el hecho de afirmar que "[l]a ideología burguesa es secularizante, puesto que pone al hombre y a la razón como centro de su empresa y relega a Dios y a la religión a un plano totalmente secundario" (Parker, 98), aunque no parece ser tan contundente la cuestión para el bando contrario. En efecto, si "[l]a ideología del proletariado, el socialismo, tampoco recurre a legitimaciones religiosas, [existen] en sus manifestaciones históricas rasgos funcionales asimilables al comportamiento religioso" (Parker, 98). Dejando de lado las razones tácticas que pudieran sospecharse en la postura de Fidel Castro en su visita a Chile en 1971, e incluso dejando sin cuestionar hasta qué punto, como afirma Laqueur (326-81), las proposiciones guevaristas y la misma Revolución Cubana se mostraban, en el comienzo, muy alejadas de las posiciones del marxismo-leninismo, del trotskismo y aun del maoísmo, el hecho es que la articulación entre revolución y cristianismo se presenta como homologable: "Les digo sin vacilación. Nosotros -dice Fidel Castro a los universitarios de Concepción el 18 de noviembre de 1971- vemos a los cristianos de izquierda, a los cristianos revolucionarios, como aliados estratégicos de la revolución" (Cardenal y Castro, 42). Y en otro lugar agrega:

> Cuando se busquen las similitudes entre los objetivos del marxismo y los preceptos más bellos del cristianismo, se verá cuántos puntos de coincidencia y se verá por qué un párroco humilde que conoce el hambre -porque la ve de cerca, la enfermedad y la muerte, que conoce el dolor humano; o como algunos de esos sacerdotes que trabajan en minas o trabajan entre humildes familias campesinas y se identifican con ellos y luchan junto a ellos; o personas abnegadas que consagran su vida a atender enfermos que padecen de las peores dolencias... Cuando se busque todas las similitudes, se verá cómo es realmente posible la *alianza estratégica* entre marxistas revolucionarios y cristianos revolucionarios. (Cardenal y Castro, 46, el subrayado es del autor)

El cristianismo aparece como una superestructura compensatoria de cierta lectura del marxismo que intenta mediante ello suturar su incapacidad de conformar una utopía acorde a los resultados de su crítica negativa y una estética convocante, ambas desprovistas de los núcleos paternalistas y de los encuadres sacrificiales de la doctrina cristina y la infraestructura capitalista. La cuestión religiosa conforma un núcleo problemático de suma importancia, aun cuando Fidel Castro afirme que "nosotros nos hemos cuidado mucho siempre de evitar en nuestro país cualquier forma de persecución y de lucha antirreligiosa" (Cardenal y Castro, 40). Parece, pues, como si toda incentivación de una utopía anacrónica (Colón, Quijote, Che) no condujera más que al fracaso y a la instauración de cauces reformistas, aun cuando éstos se encubran bajo la palabra "revolución."

Por eso este ensayo no pretende mayor originalidad en cuanto a señalar el fenómeno, sino que se orienta a despejar algunos aspectos a fin de permitir observar cómo algunas conceptualidades básicas van operando como una red y construyen un campo imaginario del que se van a desprender múltiples prácticas culturales del período que estudiamos.

Dos aspectos nos aparecen inicialmente como basales: la óptica política de la teatralidad de la guerrilla y las posibilidades o límites de la corporalidad por ella implicada. Resulta necesario insistir en estos aspectos, para romper con la consistencia de ciertos discursos fanatizados (aunque cada vez menos eufóricos) que pretenden fetichizar la figura del Che y sostenerla ritual, religiosamente, como un objeto de veneración y de imitación (Castro, Debray, Aricó). La tarea que enfrentamos es dolorosa en la medida en que la destitución de su efecto modelizante supone, recursivamente, la invalidación de muchos ideologemas que fueron (y hasta hoy son) moneda corriente de nuestras prácticas críticas de un pasado reciente; sin embargo, no pretenderíamos de ninguna manera invalidar la tarea histórica y política del Che Guevara, ni tampoco generar un paradigma que pretendiera sustituir al anterior para abrir otro modelo de efectos culturales "corregidos."

Nos interesa fundamentalmente observar cómo las estrategias de pretendida ruptura a nivel del imaginario (indicadas por términos como "revolucionario" o "vanguardia" [Geirola, "Convergencias"]) pueden estar atrapadas en la reproducción escrituraria (*écriture*) de anacrónicos paradigmas éticos y morales, muchas veces desentendidos de efectivas "novedades" promovidas por las transformaciones en la infraestructura económica, generando de esa forma un desajuste entre la producción económica, la movilidad social y la producción de tendencias y objetos culturales. Esta reproducción de textualidades pasadas, no sólo genera un anacronismo evidente, y de peligrosidad cultural diversa, sino que obstaculiza -tarea de los intelectuales mediante- el proceso de aceleración de las contradicciones del sistema y, de rebote, colabora -como dice Marx para el capital, "sin que él mismo lo sepa" (1: 335)- con las fuerzas reaccionarias de la sociedad.

En el *Diario* se pueden seguir las etapas que hemos descrito para la teatralidad de la guerrilla en el capítulo anterior. En efecto, el día 7 de noviembre de 1966, cuando comienzan las anotaciones, en el párrafo se nos dan al menos tres elementos fundamentales: "Hoy comienza una nueva etapa. Por la noche llegamos a la finca. El viaje fue bastante bueno. Luego de entrar, convenientemente disfrazados, por Cochabamba, Pachungo y yo hicimos los contactos y viajamos en jeep, en dos días y dos vehículos" (457). El adjetivo "nueva" establece una doble significación: en primer lugar, afirma que hay una etapa "vieja," y podemos pensar que se refiere a la gesta *nacional* de la revolución triunfante en Cuba, *comandada* por Fidel Castro; esta "nueva" etapa está, como hemos visto, signada por una motivación *internacional* e *intercontinental* de la revolución y aspira a estar comandada por el Che: "El jefe militar sería yo y no aceptaba ambigüedades en esto" (478). Tampoco acepta ya, como antes, el doble papel de médico y combatiente. Ahora, en esta nueva etapa, lleva su médico y se reserva la jefatura militar.

Hay una cierta dramaticidad en la medida en que se establece un doble repliegue dentro de un espacio doblemente hegemónico: dentro del capitalismo y dentro de la revolución. El Che se halla aquí ante dos Otros establecidos y frente a ellos debe ahora definir la *paternidad* de un nuevo proceso. Si la facticidad de la guerrilla no asegura el triunfo, la especificidad del ideal y la ejemplaridad de su figura como modelo se lo garantizan. El hecho mismo de la escritura, sin destinatario explícito, ingresa en esta doble eventualidad: si la revolución triunfa, se escribirá la historia, y el diario -como ocurrió con sus notas durante la "vieja" etapa- fungirá como documento meramente instrumental; si la guerrilla fracasa, el diario asumirá el carácter de testimonio. Lo importante es la leyenda: el narrador siempre tiene una relación directa con la literatura y los efectos de la literatura: si en *Pasajes*, en el momento en que es herido, él piensa en su muerte inminente, la imagen que viene a llenar su conciencia es la de un personaje de un cuento de Jack London (199); luego calificará varias escenas de lucha como "a veces dantescas y a veces grotescas" (200) y muchas hazañas de "nuestra odisea" (204, también *Diario*, 527). Sea como fuere, él confía en que "este tipo de lucha -dice- nos da [a los guerrilleros] la oportunidad de convertirnos en revolucionarios, el escalón más alto de la especie humana, pero también nos permite graduarnos de hombres" (592) y que "nuestra misión, por sobre todas las cosas, era formar el núcleo ejemplo, que sea de acero" (480-1) ya que "tenemos que ser más revolucionarios y ser ejemplo" (592). Es más, el internacionalismo de la revolución depende del buen ejemplo:

> [A]cordarse siempre de que somos una antorcha encendida, de que nosotros todos somos el mismo espejo que cada uno de nosotros individualmente es para el pueblo de Cuba, y somos ese espejo para que se miren en él los pueblos de América, los pueblos del mundo oprimido que luchan por su libertad. (*Obras*, 2: 173)

El segundo elemento importante de ese párrafo del 7 de noviembre, lo constituye el enmascaramiento: se opera de noche y se trabaja disfrazado. Si el adjetivo "nueva" permitía establecer una distancia simbólica con la "paternidad" de los procesos históricos, el disfraz intenta una distancia con su máscara para poder camuflarse en medio del prójimo y del mundo vistos como totalidad. Como Don Quijote en la Segunda Parte de la novela (1615), la figura del Che, que llega a Bolivia totalmente camuflado, ya se había congelado para él en una serie de características que son, justamente, las que hoy configuran su iconografía: "Mi pelo está creciendo, aunque muy ralo y las canas se vuelven rubias y comienzan a desaparecer; me nace la barba. Dentro de un par de meses volveré a ser yo" (459). Ese "yo" es justamente la máscara dada por el otro y con la cual el prójimo conoce -dice el Che- "mi identidad" (457).

El tercer enmascaramiento está dado por los nombres de sus discípulos; en este primer párrafo, Pachungo, quien -como lo indica la nota al pie- "[a]parecerá indistintamente con los sobrenombres de Pachungo o Pacho" (457). Frente a esta llegada sospechosa, el prójimo reacciona y vuelve a producir la identidad por medio de la objetivación: "Al llegar cerca de la finca detuvimos las máquinas y una sola llegó para no atraer las sospechas de un propietario cercano, que murmura sobre la posibilidad de que nuestra empresa esté dedicada a la fabricación de cocaína" (457).

Como en las múltiples ocasiones "teatrales" en que Fidel se hace pasar por soldado de Batista, también aquí el éxito de la gesta depende de *no dejarse ver*, lo cual supone disfrazarse para camuflar la máscara original y *ser vistos* en lo que no son. Fosas, túneles, campamentos, que aseguren las armas y la comida, tendrán que participar de este vértigo de la disimulación: "El túnel quedó terminado y camuflado" (460); "El túnel está ocupado con los artículos que pudieran ser comprometedores para los de la casa y algo de comida en lata y ha quedado bastante disimulado" (460).

La segunda operación la constituye la elección del mejor "ojo" que asegure el "poder" de la mirada: "Inauguramos un observatorio que domina la casita de la finca para estar prevenidos en caso de alguna inspección o visita molesta" (462). Esta "distancia" es crucial porque permite objetivar al otro sin que lo sepa y brindar el tiempo suficiente para iniciar el ataque o bien evaluar las probabilidades de identificación del otro: "Desde el observatorio informaron que había venido un jeep con 2 o tres tripulantes. Resultaron ser de un servicio de lucha contra el paludismo; se fueron inmediatamente que sacaron muestras de sangre" (463).

Estas dos operaciones (enmascaramiento y constitución de un ojo) son de índole material, pero permiten construir el *espacio* fundamental de la teatralidad de la guerrilla: la clandestinidad, sin la cual la táctica de la emboscada quedaría invalidada. Se ha ganado, pues, el acceso a la mirada; ahora tendremos que asistir al proceso contrario: *hacerse ver*, esto es, ganar la mirada del otro, que no tarda en hacerse presente: "Coco se despidió al anochecer, pero a las 3 horas se dio la alarma porque se escucharon silbidos y ruidos y la perra ladró; resultó él mismo, perdido en el monte" (470). Como Sartre decía, no importa de quién se trate, ni siquiera si hay efectivamente alguien; importa que la "alarma" es aquí lo que habla de la presencia del otro como tal, lo que me objetiviza y pone peligrosamente en juego todas las posibilidades de mi vulnerabilidad y de mi defensa.

La eficacia de la guerrilla depende de una situación paradojal: en primer lugar, depende del grado de posibilidades que existan de conservar la clandestinidad, porque ésta asegura el éxito de la sorpresa. Para ello, es necesario estar constantemente construyendo ojos y túneles, camuflándo/se y disimulándo/se. Por el contrario, el éxito de la guerrilla también depende del ser vista, porque ella asegura el grado de desestabilización del Otro como tal, y de desmoralización del otro en el campo de batalla. Así, si la primera instancia es absolutamente necesaria para asegurar el conocimiento del terreno, el escondite de las armas, las provisiones y los medicamentos (acumulación de saberes y mercancías), la segunda ya no remite a *lugares* sino a *espacios* imaginarios y simbólicos que van permitiendo el acceso a la mirada del otro y del Otro. Si el Che insiste en "la intención de despistar a todo el mundo sobre la realidad de nuestra presencia" (582), sabe también que "[l]o interesante es la convulsión política del país, la fabulosa cantidad de pactos y contrapactos que hay en el ambiente. Pocas veces se ha visto tan claramente la posibilidad de catalización de la guerrilla" (562). La acción guerrillera exige el conocimiento de las formas y los tiempos en que hay que producir la *espectacularidad*: "[l]a acción se realizó ante todo el pueblo y la multitud de viajeros, de manera que se regará como pólvora" (575). El Che conoce, de algún modo, cómo funciona lo que Guy Debord llamará *La société du spectacle*.

En la medida en que el enemigo vaya realizando descuentos en la clandestinidad de los guerrilleros, y en la medida en que se incremente el número de éstos últimos y de su armamento, se procede a obligar al otro a una declaración de guerra, lo cual los pone en igualdad de condiciones: "Siles Salinas amenaza a la oposición con que la subida nuestra al poder le costará la cabeza a todos y llama a la unidad nacional, declarando al país en pie de guerra" (580).

Estamos ahora ante una guerra cuyo resultado será la sustitución del sistema o bien, en caso de que los guerrilleros resulten aniquilados, el reforzamiento (represivo) de la fuerza del enemigo. Sea como fuere, si los guerrilleros triunfan están condenados al fracaso que significa ocupar la posición del Otro y moverse con toda la fuerza expansiva, homogeneizante y represiva que dicha posición supone.

En tanto se desarrolla la acción armada, las posibilidades se van convirtiendo en probabilidades. En efecto, la aparición del cuerpo del prójimo, especialmente del sector militar, va a limitar las posibilidades de acción de la guerrilla. Si la "emboscada" es, en principio, un atentado de exclusivo uso de ella, lentamente su visibilidad va permitiendo al otro utilizar la misma estrategia. El Che entonces recomienda a su tropa "ir con mucho cuidado para evitar emboscadas" (591).

Gran parte del éxito guerrillero está determinado por un factor cuantitativo y varios factores cualitativos, sin los cuales se corre el riesgo de la "descomposición general de la guerrilla" (522). La fuerza guerrillera es ahora un cuerpo cuyo movimiento estará sometido a los movimientos del otro; este cuerpo, que puede "descomponerse" en cualquier momento, irá convirtiéndose lentamente en una máquina cuya fuerza motriz será el constante ingreso de individuos a la lucha armada y el incremento progresivo de apéndices o herramientas de comunicación en el campo social (factor cuantitativo); pero a su vez, requerirá de varios factores cualitativos cuyo programa debe asegurar el rendimiento y la eficacia de esa lucha, mediante adiestramientos progresivos (militares e ideológicos) que se ejecuten en el marco de un sistema estrictamente controlable por medio de una disciplina no meramente exterior, sino incorporada al individuo como su propio enemigo. Como veremos, el incumplimiento de este aparato obsceno introyectado en el individuo tiene que operar como cualquier otro aparato religioso, determinando las formas en las cuales su incumplimiento o falta de acatamiento -cuyo verdadero fin es evitar la deserción y la delación que podrían amenazar la clandestinidad- se le presentan al sujeto como lo que le acarrea la pérdida de humanidad, de la fama y, en términos prácticos, de la vida.

4. Del cuerpo sacrificial al cuerpo obediente

> Nuestro sacrificio es consciente; cuota para pagar la libertad que construimos. (*Diario*, 2: 384)

La escritura del *Diario*, toda ella escandida por los días y por su asma, por avances y detenciones. Éstas últimas debidas a varios factores naturales como el clima, la hostilidad del monte o de los ríos, las enfermedades, el hambre, pero también al acatamiento simbólico de los feriados como los domingos, Nochebuena o el día de San Juan, que el Che respeta "cristianamente"- por lo menos hasta que la situación se hace ya desesperada-. La escritura va haciendo de la corporalidad el elemento base de toda la construcción estratégica; sin embargo, nada hay más sacrificado que la corporalidad. De ella, cuantitativa y cualitativamente, depende el éxito de la empresa: la corporalidad sostiene la posibilidad de enmascararse, de camuflarse, de ver y de atacar. Como el grupo guerrillero va convirtiéndose en un aparato, cualquier tipo de disfuncionalidad en una de sus secciones, trae aparejado el disfuncionamiento de la totalidad. El factor cuantitativo -tal como lo hemos definido antes- debe asegurar el incremento de la fuerza motriz, sea por el número creciente de incorporados al grupo, sea por el sostenimiento de esa fuerza mediante condiciones de alimentación, salubridad, higiene y recreación.

Como veremos, el *Diario* devela el constante descuido programático y estratégico de este factor, y su creciente deterioro amenazará todos los valores sostenidos por el factor cualitativo y su existencia y operatividad mismas. En primer lugar y según se desprende del texto, parece haberse iniciado la "nueva etapa" sin un estudio previo de la topografía de la zona, de su clima y de sus posibilidades de generar alimentos y amparo; tampoco se infiere un estudio previo de las posibilidades de comunicación que permitieran ampliar las conexiones, al menos para la provisión de medicamentos para los heridos, o eventualmente de escape; ni siquiera parece haberse realizado un trabajo de campo que dejara ver el estado de desarrollo de la conciencia revolucionaria y de las alianzas posibles (las relaciones del Che con el Partido Comunista Boliviano, con otros grupos guerrilleros operando en la zona, con las masas obreras y con los campesinos tal como se describen en el *Diario* son realmente deplorables).[11] En segundo lugar, el número de integrantes va disminuyendo en vez de ampliarse (sin que eso le lleve a modificar su estrategia) y las relaciones con el entorno social, como hemos visto, van haciéndose cada vez más escasas, hasta el aislamiento total. La inclemencia del clima, la falta de alimentos, las enfermedades y las heridas de guerra se hacen cada vez más intensas y crueles. Este descuido, que quiere compensarse con retórica de vulgata revolucionaria, lleva progresivamente a la pérdida de armas y de instrumental técnico-militar. Puestos contra el fondo de sus aspiraciones ("internacionalizaremos la lucha" -pregona el Che- [464]), estos guerrilleros muestran, como hemos visto, el drama quijotesco en toda su dimensión, pero también construyen la metáfora más *ciega* de los *sesentas*: la definición de la revolución como una gesta estrictamente circunscrita a una empresa religioso-militar.

Todo el *Diario* destila, más allá de la grandeza de su figura y de su inteligencia en la Revolución Cubana, un sentido lúdico y una confianza y resistencia que bordean la dimensión de la santidad. A pesar de su lucidez respecto a que "la guerra se ganaba con tiros" (513) y del hecho de sostener que "las palabras que no concuerden con los hechos no tienen importancia" (517), la cuestión es que el narrador confía todo el tiempo en la adhesión espontánea de sus soldados a los discursos promotores de una fe paradojalmente carente, en esta "nueva etapa," de referentes externos concretos en los cuales sostenerse. Escribe el Che: "Le hablé a todo el grupo, 'leyéndole la cartilla' sobre la realidad de la guerra. Hice hincapié en la unicidad del mando y en la disciplina y advertí a los bolivianos sobre la responsabilidad que tenían al violar la disciplina de su partido para adoptar otra línea" (469). La realidad de la guerra no estaba en las cartillas; no estaba tampoco en un adiestramiento especial del enemigo, ni siquiera en su misma presencia. Estaba en el sufrimiento registrado progresivamente por los cuerpos, incluido el del Che. Estos sufrimientos, en la medida en que afectan la materialidad del cuerpo, comienzan a fisurar el sistema religioso-militar de regulación interna. Los "pequeños problemitas" (478) comienzan por definirse como disputas de poder, pero inmediatamente comienzan a plantearse con el saqueo de comestibles y por desigualdades en la distribución de los mismos: "Los incidentes desagradables entre compañeros están estropeando el trabajo" (481), escribe el Che para referirse a un conflicto de poderes entre dos integrantes del grupo que "se carajearon mutuamente" (481). El creciente malestar afecta, como vemos, también la "decencia" lingüística del Che: si en *Pasajes* reemplaza las "malas palabras" por puntos suspensivos, en el *Diario* las escribirá con todas sus letras. Prontamente aparece el "mal síntoma": "Joaquín quedó en su mismo lugar. Por la noche me informó que Polo se había tomado su lata de leche y Eusebio la de leche y sardinas, por ahora, como sanción, no comerán cuando toquen esas cosas. Mal

---

[11] Según su discurso del 18 de mayo de 1962, sobre "La influencia de la Revolución Cubana en la América Latina," Paraguay parecía presentar condiciones más óptimas que Bolivia (*Obras*, 2, 475).

síntoma" (505). Tendremos que volver sobre la consistencia "estructural" de la leche en la arquitectura discursiva de este texto, en la medida en que "[l]a leche - escribe el Che- es uno de nuestros factores de perversión" (530); por ahora interesa señalar cómo lentamente va comprobando que "[e]l ánimo de la gente está bajo y el físico se deteriora día a día; yo tengo -dice- comienzo de edemas en las piernas" (506). Se insiste en la necesidad de conservar la "seriedad, disciplina y entusiasmo" (511), pero los enfrentamientos siguen (512) y el Che recurre a sanciones consistentes en destitución de cargo, realización de tareas "femeninas" como cocinar, o bien prohibición de fumar o comer. De vez en cuando, ve la urgente necesidad de "un ataquecito de distracción" (519) que permita levantar la autoestima de la tropa. Sin embargo, estos emparchados no detienen el proceso de desintegración corporal: "en los últimos días -anota el Che- se ha incumplido reiteradamente las órdenes que doy" (520); "la indisciplina y la irresponsabilidad dirigiendo todo" (533). No parece ser muy valedero su balance del mes de marzo pues, aunque acepta que es "negativo," insiste en que "[f]alta mucho para hacer de esto una fuerza combatiente aunque la moral es bastante alta" (536), especialmente si se piensa que durante ese mes, lo que el Che ahora nomina ya no más como tropa ni como tropita sino como "esto," había planteado el cuestionamiento de la empresa como tal (522) y a la progresiva pérdida del autocontrol del jefe. Se producen situaciones en las que, radio mediante, el enemigo informa saber puntos claves de la organización guerrillera. Alguien traiciona. Siguen los saqueos a los pocos alimentos que llevan (547); la hambruna crece y toma dimensiones sólo comparables a las que se pueden leer en las crónicas de indias. Escribe Ernesto Guevara:

> Mayo 13. Día de eruptos, pedos y vómitos y diarreas; un verdadero concierto de órgano. Permanecimos en una inmovilidad absoluta tratando de asimilar el puerco. Tenemos dos latas de agua. Yo estuve muy mal hasta que vomité y me compuse. Por la noche comimos frituras de maíz y zapallo asado, más los restos del festín anterior, los que estaban en condiciones de ello. (548)

La máquina corporal comienza a funcionar mal: se enferma el jefe y promueve una escena cuyo dramatismo hay que inferir por comparación con los valores y organización puestos en juego en el grupo. Anota el Che:

> Mayo 16. Al comenzar la caminata, se me inició un cólico fortísimo, con vómitos y diarrea. Me lo cortaron con demerol y perdí la noción de todo mientras me llevaban en hamaca; cuando desperté estaba muy aliviado pero cagado como *un niño de pecho*. Me prestaron un pantalón, pero sin agua, hiedo a mierda a una legua. Pasamos todo el día allí, yo adormilado. (549)

La experiencia de estas situaciones va llevando a una cuestión central: la importancia de la juventud para la acción guerrillera, sin tener en cuenta que, como expresa Blas Matamoro haciendo un balance sobre la década, "militarizar la política ha sido siempre un objetivo fascista" (37). Este articulador, que tendrá un valor fundamental dentro del encuadre típico de la estética y en la organización homoerótica de las milicias armadas de procedencia nazifascistas (Mosse), se registra también aquí sobre el narrador: "He llegado a los 39 y se acerca inexorablemente una edad que da que pensar sobre mi futuro guerrillero; por ahora estoy 'entero'" (562). Sin embargo, la presencia de la Muerte como algo inminente también repercutirá en la percepción erótica: "[e]l asma me está amenazando seriamente y hay muy poca reserva de medicamentos" (567). Por eso estos determinantes, junto a la conciencia de ser jefe de esta "nueva etapa," permiten entender que, a diferencia de la reacción descripta en *Pasajes* al momento de la muerte de Cilleros en que "estuve -dice- tentado en aquel momento de depositar en su frente un beso de despedida" (271), y a diferencia de la primera muerte que registra el grupo en su gesta boliviana ("Era un muchacho débil y absolutamente inhábil" [503]), la muerte de Tuma se escriba como la de un "compañero inseparable de todos los últimos años, de una fidelidad a toda prueba y cuya ausencia siento desde ahora casi como la de *un hijo*" (568).

La crítica de la indisciplina continúa en esta marcha que se esboza como la de un Aguirre cada vez más cerca del delirio:

> Caminamos algo así como una hora efectiva, que para mí fueron dos por el cansancio de la yegüita; en una de ésas, le metí un cuchillazo en el cuello abriéndole una buena herida. [...] Estamos en una situación difícil; el Pacho se recupera pero yo soy una piltrafa humana y el episodio de la yegüita prueba que en algunos momentos he llegado a perder el control. (591-92)

Algunos quieren abandonar la empresa: "Camba -anota el Che- quiere irse; según él, sus condiciones físicas no le permiten seguir, además no le ve perspectivas a la lucha. *Naturalmente*, es un caso típico de cobardía" (596). Los errores y la indisciplina se generalizan: "Tenía una furia tan grande que perdí el control y maltraté a Antonio" (600). Mientras algunos "se tomaban los orines" (602), el narrador enuncia: "[e]stamos en un momento de baja de nuestra moral y de nuestra leyenda revolucionaria" (603).

5. Imperativo jesuítico y organización guerrillera: el ideal de la masculinidad y la mujerización del prójimo

Este recurrente descuido "estético" de la corporalidad, quiere, sin embargo, cubrirse y saturarse con el imperativo que, a los efectos de nuestro trabajo, convendremos en llamar "jesuítico," el cual supone el establecimiento de un ideal de masculinidad y un aparato de normas disciplinarias que aseguren externa y sobre todo internamente la eficacia del encuadre homosocial, orientándola hacia la figura del santo.

Si la guerrilla tiene una estética, ella será -como veremos- la que provee un encuadre homosocial a toda la organización militar. Esto tiene una historia que se remonta no sólo a la formación de milicias armadas durante la Alemania de Hitler o la Italia de Mussolini, con su promoción de una masculinidad ejemplar basada en el cuerpo estatuario y una moral machista, sino que se extiende a los comienzos mismos del capitalismo europeo. Lo que diferencia a este proceso iniciado en el siglo XV -y reproducido cada vez que la reacomodación del sistema de producción exige un incremento de los protocolos policiales- de aquellas otras organizaciones militares masculinas de la antigüedad, será la forma en que, por el peso secular del cristianismo, se ve obligado a construir algún tipo de "aparato de sublimación" que impida -en los momentos de peligro- orientar el homosocialismo fuera de toda culminación homoerótica u homosexual. Este punto de fuga es el otro como prójimo, como enemigo -como mujer, como judío, como negro o como cuerpo homosexual; sobre ese otro cuerpo se realiza la fiesta del monstruo para asegurar la pureza varonil de los lazos que unen al grupo.

En efecto, mística y santidad son las salidas posibles elaboradas por una programada orientación de la represión cultural, cuya importancia en España no necesita ser subrayada. Ambas suponen un reposicionamiento de la subjetividad y, por ende, de una controlada acción sobre la corporalidad, para impedir la emergencia de individuos, conductas y situaciones que excedan los marcos de una racionalidad históricamente determinada como "normal," "decente" o "natural." La mística y la santidad son encuadres imaginarios para contener aquello que se ha orientado en cierta manera y que no debe promover la explosión de la locura, la liquidación de los bordes; son aparatos deliberadamente construidos para absorber en la totalidad el trabajo de la diferencia y sofocar su explosión en una cultura que está enfrentando una conmoción global de sus cimientos económicos, sociales y políticos (incluida la religión) y a la vez sentando las bases de una nueva era. (Geirola, "Esbozo").

La intención de este capítulo es realizar un diálogo entre el paradigma jesuítico ignaciano y el guevarista porque, si bien pudiéramos remitirnos a otros procesos similares sin salir del siglo XX, aquéllos tienen la ventaja de marcar muy profundamente la cultura hispánica y latinoamericana en particular y específicamente en el período que estamos intentando comprender.

"Hay una definición antipática -escribe el Che- que expresa: 'el guerrillero es el jesuita de la guerra'" (35), y pasa a indicar los rasgos jesuíticos del guerrillero: "Indica esto una cualidad de alevosía, de sorpresa, de nocturnidad, que son evidentemente elementos esenciales de la lucha guerrillera" (35-36). Este "jesuitismo" surge "impulsado por las circunstancias" y se opone, según él, a "las concepciones románticas y deportivas con que se nos pretende hacer creer que se hace la guerra" (36).

El término "alevosía" parece ser aquí fundante, en tanto remite a un campo semántico específico, que nos explica lo que hemos llamado antes como "repliegue" interno: en efecto, la organización debe surgir necesariamente del prójimo hegemónico; se trata de iniciar una captación del otro mediante un acto deliberado que promueva una traición al Otro como tal. Sin esta primera articulación resulta imposible iniciar una nueva orden o un grupo guerrillero. Para promover esta impugnación del Otro se debe proceder a categorizarlo como enemigo, lo que trae aparejada una doble necesidad: primero, la de formular nuevos parámetros para definir la consistencia del "prójimo" nocturno; segundo, la de jerarquizar la consistencia del enemigo en función de su grado de participación en el Mal.

Para el Ignacio de los *Ejercicios espirituales* (1548), "el enemigo se hace como muger en ser flaco por fuerza y fuerte de grado" (*Obras*, 281), que en una riña se envalentona frente a la debilidad de su oponente, o bien huye si el otro le opone la debida resistencia a sus tentaciones:

> [P]orque así como es propio de la muger, quando riñe con algún varón, perder ánimo, dando huida cuando el hombre le muestra mucho rostro, y, por el contrario, si el varón comienza a huir perdiendo ánimo, la ira, venganza y ferocidad de la muger es muy crescida y tan sin mesura, de la misma manera es proprio del enemigo enflaquecerse y perder ánimo, dando huida sus tentaciones, quando la persona que se exercita en las cosas spirituales pone mucho rostro contra las tentaciones del enemigo haciendo oppósito per diámetrum; y por el contrario, si la persona que se exercita comienza a tener temor y perder ánimo en sufrir las tentaciones, no hay bestia tan fiera sobre la haz de la tierra como el enemigo de natura humana, en prosecución de su dañada intención con tan crecida malicia. (281)

Sin embargo, nada hay en los *Ejercicios* que se refiera a la mujer como tal; como vemos, se trata de una "mujerización" del enemigo, al que se perfila como oportunista, aprovechado, lleno de malicia y fundamentalmente como fiera incontrolable, cambiante y elástica, incapaz de sostener una lucha a muerte. Será recién en las *Constituciones* (1552), y por motivos que ya no remiten al prójimo en general, sino al enemigo como tal dentro del prójimo "nocturno," donde expresamente se legisla en contra de la participación de las mujeres en la Compañía: "por la honestidad y decencia, es bien que mugeres no entren en las Casas ni Colegios" (502). Esto es lo que debe observarse comúnmente, aunque es privilegio del Superior, admitir alguna de "mucha caridad" (502).

El prójimo, pues, se define como bestia feroz y, amén de diabolizarlo, se lo mujeriza. De modo que ya tenemos las bases justificatorias del repliegue nocturnal: se tratará de captar al prójimo para proceder a su "masculinización" mediante un entrenamiento especial, que proveen los *Ejercicios*, y mediante una estricta legislación disciplinaria y jerárquica, provista por las *Constituciones*, que asegure el funcionamiento interno de la nueva institución.

Esta es una cruzada que requiere de una nueva metafórica guerrera: la necesidad de establecer por un lado cuadros de proyección ejemplar, sobre los cuales definir el modelo del guerrero y, por ende, el grupo de aliados, y por el otro, redefinir al enemigo como "varón," para hacer absolutamente digna la lucha. Así, "el exemplo de Christo nuestro Señor -escribe Ignacio- nos ha dado para el primer estado" (238); él es quien porta una de las "dos banderas" como "summo capitán y señor nuestro; la otra [es la] de Lucifer, mortal enemigo de nuestra humana natura" (238). Lucifer es el "mal caudillo" (239) cuya tarea expansionista se realiza mediante "innumerables demonios" a quienes "esparce a los unos en tal ciudad y a los otros en otra, y así por todo el mundo, no dexando provincias, lugares, estados ni personas algunas en particular" (239). Cristo, "summo y verdadero capitán, y gracia para le imitar" (239), requiere de un ejército que le permita combatir al caudillo de las mesnadas diabólicas. Como se ve, la inteligente oposición capitán-caudillo, revierte la situación y coloca al otro como un prójimo clandestino. Se invierte así esta dialéctica de la luz, cuya proyección tendremos que ver no sólo en los textos del Che sino también en los textos de los teatristas del período los *sesentas*. Escribe el Che: "Lo mismo que hacen los jesuitas, se ponen una sotana larga y entonces los deseos quedan todos escondidos debajo de la sotana, eso mismo pretenden hacer con nosotros, ponernos un capuchón para que nadie nos vea y nuestra maléfica influencia no se ejerza" (2: 484). La superación del caudillismo será también exigida por el Che y delimitada como una "vieja constitución de la guerrilla"; en la medida en que el aumento cuantitativo de las fuerzas guerrilleras lo exige (y cuyo ideal es la uniformización total del pueblo), se deberá proveer de una organización militar orgánica que no pretenda "meter en los viejos ropajes de la disciplina militar y de la organización antigua al nuevo ejército popular" (134). La "llama de amor viva" de la revolución irá, sin embargo, requiriendo una disciplina y un orden jerárquico sólo diferenciado del anterior en meros rituales; el mismo Che no parece poder especificar la diferencia, y cuando se refiere al "antiguo ejército" apenas logra enumerar generalidades: "El militarismo, la obediencia mecánica, los conceptos del deber militar a la antigua, de la disciplina y de la moral a la antigua" (133).

Para el Che, la tarea guerrillera parte de una serie de definiciones dadas previamente y asumidas como tales. De todos modos, su definición del prójimo, como ya hemos visto, supone también su categorización como enemigo y como bestia, entre las cuales pueden establecerse los primeros aliados. Sin embargo, su concepción de la lucha es desde el comienzo decididamente evangélica, mucho más de lo que podría pensarse en comparación con Ignacio. Escribe el Che:

> Aunque la guerra de guerrillas cumple una serie de leyes derivadas de las generales de la guerra y, además, las propias de su tipo, es obvio que

> debe iniciarse con una tarea conspirativa alejada de la acción del pueblo y reducida a un pequeño núcleo de iniciados, si realmente se pretende empezar esta guerra desde algún otro país o desde regiones distintas y lejanas dentro del mismo país. Si el movimiento guerrillero nace por la acción espontánea de un grupo de individuos que reaccionan contra un método de coerción cualquiera, es posible que no se necesite otra condición que la organización posterior de ese núcleo guerrillero para impedir su aniquilamiento, pero en general, una lucha de guerrilla se inicia por una voluntad ya elaborada; algún jefe de prestigio la levanta para la salvación de su pueblo, y este hombre debe trabajar en condiciones difíciles en algún otro país extranjero. (129)

Como puede verse, ya no se trata en sí de una imitación de Cristo, sino de una verdadera re-encarnación, una reproducción vívida de la empresa evangélica. Si, a nivel de la producción textual, Ignacio se define por la *imitatio*, la intertextualidad guevarista, como ya hemos visto, asume la reinscripción del otro texto en el suyo como una *parodia denegada*. Esto lleva, mecánicamente, a varias "consecuencias": en primer lugar, la visión religiosa de Fidel, como Cristo con sus apóstoles, y su inmediata promoción a la figura del Padre; en segundo lugar, la opción del Che por los campesinos.

"El día 24 de marzo [de 1957], por la noche -escribe el Che en *Pasajes*- llegó Fidel; fue impresionante su arribo con los doce compañeros que en ese momento se mantenían firmes a su lado" (242); y en *La guerra de guerrillas* insiste: el triunfo guerrero depende de la capacidad de selección, preparación de las fuerzas mediante "una disciplina estricta, una alta moral, y una cabal comprensión de la tarea a realizar" (132); por eso, sólo la "fe final en el triunfo y las condiciones excepcionales de un líder, podrán salvarlo. Esa es nuestra experiencia cubana donde, una vez, doce hombres pudieron crear el núcleo del ejército que se formó, porque se cumplían todas estas condiciones y porque quien los dirigía se llamaba Fidel Castro" (132).

Ignacio, menos alucinado y más precavido, prefiere diferenciar, en la jerarquía militar, a Cristo de su representante en la tierra. Así, en los *Ejercicios*, impone una específica contemplación por la vista imaginativa de "un rey humano, elegido de mano de Dios nuestro Señor, a quien hacen reverencia y obedescen todos los príncipes y todos los hombres christianos" (231). El ejercicio, que luego exige "aplicar el sobredicho exemplo del rey temporal a Christo nuestro señor" (231), se basa en la necesidad de una corporalización de la divinidad en la imagen (Gruzinski), pero al mismo tiempo deja siempre abierta la posibilidad de una falencia humana reservando la figura divina de cualquier tipo de cuestionamiento.

Ambos reyes ignacianos, no obstante, portarán un ideal inter y supranacionalista, lo cual abre el proceso de identificación de los textos guevaristas a la parábola de Cristo y retrotrae la figura de Fidel a la posición del Padre. Si el rey humano -escribe Ignacio- "habla a todos los suyos diciendo: 'Mi voluntad es de conquistar toda la tierra de infieles; por tanto, quien quisiere venir conmigo ha de ser contento de comer como yo, y así de beber y vestir, etcétera; asimismo ha de trabajar conmigo en el día y vigilar en la noche, etc.; porque así después tenga parte conmigo en la victoria como la ha tenido en los trabajos'" (231), Cristo se dirige al "universo mundo, al qual y cada uno en particular llama y dice: 'Mi voluntad es de conquistar todo el mundo y todos los enemigos, y así entrar en la gloria de mi Padre; por tanto, quien quisiere venir conmigo ha de trabajar conmigo, porque, siguiéndome en la pena, también me siga en la gloria'" (232).

Como el padre celestial, Fidel -"símbolo de la liberación" (Guevara, 139)- es el que tiene actitudes personales con la gente, las cuales "son la clave del fanatismo que crea a su alrededor" (194); Fidel es el que, frente a una propuesta del Che de quedarse en la cárcel mexicana, recibe una respuesta contundente, cuya intertextualidad con la Pasión de Cristo es innegable: "También recuerdo la respuesta tajante de Fidel: 'Yo no te abandono'" (193). En Bolivia el Che asume poner su cuerpo al espacio vacío dejado por Fidel: "Ahora somos 12 alzados" (464).

La estrategia ignaciana de fundamentar políticamente las monarquías en la acción cristiana, no es menos inteligente que la de proceder a una división del prójimo entre fieles e infieles, con lo cual se justifica políticamente la existencia de su Compañía y sus milicias, sino que se avala de plano toda la tarea imperialista, en tanto y en cuanto se atengan a las directivas del Papado, cuya cabeza es el Vicario de Cristo: "The idea... that the crusader fought, suffered, and died vicariously, became a significant element of crusade spirituality" (Wolter, 114).

De manera similar, la articulación guevarista opera por generalizar la experiencia cubana convirtiéndola en una acción reproducible y, paradójicamente, en inimitable, en la medida en que su posibilidad supone la existencia de un líder providencial como Fidel Castro.

Ahora bien, si la perspectiva ignaciana parece al principio tener predilección por el ambiente urbano para la captación de cuadros, la perspectiva guevarista remite directamente al campo. A excepción del grupo originario, de extracción muy diversa y de selección muy condicionada, su estrategia se basa en definir al guerrillero como un "revolucionario agrario"; por eso pondrá todo su esfuerzo en ganar la confianza del campesino y en promover la Reforma Agraria, cuya culminación será el INRA (no el INRI), es decir, el Instituto Nacional para la Reforma Agraria (137). Si el enemigo diabólico es el ejército de la burguesía, cuya función positiva es la de abastecer de armamento a la guerrilla, el resto del prójimo asume una división paralela a la ignaciana de fieles/infieles: para el Che -como para la contemplación jesuítica- lo primero es el conocimiento del lugar, y es éste el que diseña el proceso estratégico para la toma del poder: la guerrilla debe iniciarse en las zonas favorables (es decir, el campo) y lentamente ir promoviendo la guerrilla urbana (zona desfavorable), y nunca a la inversa. Esta estrategia obedece a varias razones, pero fundamentalmente tiene como postulado una visión de la revolución latinoamericana como superadora del feudalismo y, por ende, busca su inmediata alianza con el campesinado, proveedor de comestibles, vestimenta, medicinas, al cual pregona "el cambio de la estructura de la propiedad agraria" (61), en el supuesto de que hay que "destruir un orden injusto" y "colocar algo nuevo en lugar de lo viejo" (61), en esa perspectiva que ya hemos mencionado de ruptura y sustitución. Pero la idea de la revolución latinoamericana tiene, además, el presupuesto de que, "cualesquiera que sea la estructura ideológica que anime la lucha, la base económica está dada por la aspiración a la tenencia de la tierra" (34). Por lo tanto, el guerrillero es aquel que "[i]nterpreta los deseos de la gran masa campesina de ser dueña de la tierra, dueña de sus medios de producción, de sus animales, de todo aquello que ha anhelado durante años, de lo que constituye su vida y constituirá también su cementerio" (34). Como puede verse, no se trata, en principio, de revolucionar la mentalidad popular en relación al imperativo de la tierra y de la idea de propiedad, de ir más allá del "afán secular del hombre por ser dueño de un pedazo de tierra" (157), sino de conducirlo a una lucha por lograr antiguas aspiraciones.

La imagen agraria del guerrillero también se liga a cierta iconografía: si aquellos doce compañeros de Fidel Castro se diferenciaban del ejército enemigo, lo hacían justamente por ser "gente barbuda, con sus mochilas hechas de cualquier cosa y atadas como pudieran [mientras] los nuevos soldados [contaban] con sus uniformes todavía limpios, mochilas iguales y pulcras y las caras rasuradas" (242). Como en la gesta del Cid, el campesinado se reconoce en esa "barba, ahora legendaria," y comienza a brindar su apoyo en tanto ve en esos "hombres macilentos... un compañero de infortunio, un nuevo golpeado por las fuerzas represivas, y [que] nos dio -dice el Che- su ayuda espontánea y desinteresada, sin esperar nada de los vencidos" (158). Es a partir de este encuentro, que comenzará a vislumbrarse el triunfo de los guerrilleros y empezarán a producirse las transformaciones subjetivas frente a los milagros de la Revolución (159).

Se establece ahora una diagramación bipolar del prójimo aliado cuando la dictadura decide reconcentrar las familias guajiras de la Sierra Maestra en las ciudades: "Los hombres más fuertes y decididos, casi todos los jóvenes, prefirieron la libertad y la guerra a la esclavitud y la ciudad. Largas caravanas de mujeres, niños y ancianos peregrinaron por los caminos serpenteantes donde habían nacido, bajaron al llano y fueron arrinconados en las afueras de las ciudades" (158). La ecuación hombres jóvenes-fuertes-decididos-libertad-campo-guerra se opone a mujeres-niños-ancianos-débiles-cobardes-ciudad-esclavitud. Esta diagramación bipolar y en cierta forma discriminatoria, producida por la dictadura, se mantendrá al definirse al guerrillero como un combatiente sometido a todo tipo de eventualidades peligrosas y a sacrificios. Sin embargo, el Che dedica un apartado de *La guerra de guerrillas* al rol de la mujer porque, "en todos nuestros países, de mentalidad colonial, hay cierta subestimación hacia ella" (107).

A pesar de reconocer que la mujer "es capaz de realizar los trabajos más difíciles, de combatir al lado de los hombres y no crea, como se pretende, conflictos de tipo sexual en la tropa" (107), la enumeración de estos trabajos no van más allá de los acostumbrados y requeridos por el sistema que se quiere revolucionar: "En la rígida vida combatiente, la mujer es una compañera que aporta las cualidades propias de su sexo, pero puede trabajar lo mismo que el hombre" (107). A su probable rol de combatiente, se le suma aquí algo esencial de su sexo que, como veremos inmediatamente, consiste en los roles que la tradición occidental y cristiana reservan para la mujer; de modo que se la consagra en la Revolución, sugiriendo para ella una doble explotación de su fuerza de trabajo. Así, aunque siendo más débil que el hombre, puede pelear con igual resistencia; sin embargo, este rol -que definirá al guerrillero como tal- no está muy favorecido; sí, en cambio, se resalta su destreza en "la comunicación entre diversas fuerzas combatientes" o "[e]l acarreo de objetos, mensajes o dinero (¿habrá leído el Che aquellas descripciones estructuralistas de Levi-Strauss sobre la circulación de mujeres, bienes y mensajes?); si bien, como ya hemos visto, no se le puede tener una confianza absoluta, la mujer tiene la ventaja de que puede ser un objeto fundamental dentro de la teatralidad de la guerrilla: al ser vista, la mujer llama "menos la atención e inspira, al mismo tiempo, menos sentimiento de peligro en el soldado enemigo" (108). Pueden también transportar (como las mulas) objetos "de algún tamaño, como balas" utilizando "fajas especiales que llevan debajo de las faldas" (108). También son como la extensión de los ojos del jefe: ellas pueden ver al enemigo en sus operaciones, deben infiltrarse para "estar en contacto permanente con los soldados y paulatinamente ir averiguando lo averiguable" (120), lo cual deja suponer que se les solicita ofrendar sus servicios más íntimos en pos de la información. En el fondo, es la misma función que les otorga el enemigo como espías:

> Un factor sobre el que hay poner énfasis, que suele ser aquí tan negativo, como positivo su papel en la lucha, es la mujer; se conoce la debilidad que tienen los hombres jóvenes, alejados de sus medios habituales de vida, en situaciones incluso síquicas especiales, por la mujer, y como los dictadores conocen bien esta debilidad, a ese nivel tratan de infiltrar sus espías. A veces son claros y casi descarados los nexos de estas mujeres con sus superiores, otros es sumamente difícil descubrir siquiera el más mínimo contacto, por ello también es necesario impedir las relaciones con las mujeres. (130)

Esta intervención de la mujer en el núcleo de la teatralidad de la guerrilla (ser visto/ver), determina una decisión que favorece la organización homosocial guerrillera. Nótese, además, cómo el sexo, tan ausente en los comentarios del Che, es, además, algo exclusivo de los varones jóvenes.

Si la mujer va a tener un rol en la Revolución, éste no va a ser justamente el de amazona. La mujer puede desempeñar tareas de cocinera, que permite "contar con una comida sazonada, con gusto a algo" (108) y que hace la delicia de los soldados varones, por cuanto "uno de los grandes suplicios de la guerra era comer un mazacote pegajoso y frío, totalmente soso" (108). Estas tareas domésticas, femeninas, sirven también para tabular los castigos de los hombres, en la medida en que "todos los trabajos de índole civil son despreciados por los mismos que los hacen, y tratan siempre de abandonar esas tareas e ingresar en las fuerzas activamente combatientes" (108).

La mujer puede también desarrollar las tareas de maestra enseñando "las primeras letras e incluso la teoría revolucionaria, a los campesinos de la zona, esencialmente, pero también a los soldados revolucionarios" (108). También son ideales para ella las funciones de trabajadora social, y por su "ternura infinitamente superior a la del rudo compañero de armas," ella ejerce a maravillas el rol de enfermera. Ya en momentos de extendido sedentarismo, cuando se puede pensar en pequeñas industrias, la mujer puede ser una excelente costurera, prestando su concurso en la confección de uniformes, ya que "[c]on una simple máquina de coser y algunos moldes pueden hacerse maravillas" (109).

La mujer puede en ciertos casos ser un verdadero sustituto del hombre, ya que logra "reemplazar perfectamente al hombre y lo debe hacer *hasta en el caso de que falten brazos para portar armas*, aunque esto es un accidente rarísimo en la vida guerrillera" (109).

Siendo que las milicias guerrilleras están formadas por hombres y, como a veces éstos puedan requerir, en muy contadas ocasiones, algún desahogo sexual, las mujeres deben, por último, cumplir también un rol -que el Che enumera al final del apartado- de esposas:

> Hay que dar siempre un adecuado adoctrinamiento a las mujeres y los hombres para evitar toda clase de desmanes que puedan ir minando la moral de la tropa, pero debe permitirse, con el simple requisito de la ley de la guerrilla, que las personas sin compromisos, que se quieran mutuamente, contraigan nupcias en la sierra y hagan vida marital. (109)

La escueta referencia a las relaciones sexuales en los textos del Che guardan estricta proporción con su respeto de las instituciones, y fundamentalmente la del matrimonio. No nos parece necesario mayores comentarios sobre este apartado del "papel que puede desempeñar la mujer en todo el desarrollo de un proceso revolucionario" (107), porque en parte ya ha sido muy analizado; nos interesa, en cambio, mostrar cómo este apartado que quiere incluirla, lo hace justamente para diferenciarla del hombre a fin de marginarla:[12] en efecto, su diferencia se mide en todo momento frente a un ideal masculino, del que también se excluyen a niños y ancianos, sean estos varones o mujeres. Aunque no nos in-

---

[12] Lo mismo se puede leer en el "Discurso de clausura ante el congreso de mujeres de toda América," pronunciado por Fidel Castro en 1963.

teresa aquí lo específicamente relacionado con la mujer cubana, sí queremos señalar las limitaciones del concepto de revolución que estos textos permiten inferir, e insistir en el peso del paradigma cristiano al momento de querer dar cuenta de una experiencia alegada como históricamente inédita: la experiencia, podemos verlo, no sólo se niega a sí misma, sino que está totalmente alienada en un Otro, al que sólo se puede cambiar el uniforme.

Pero existe un señalamiento más que hay hacer: el Che Guevara no hace, en su lista de las funciones de la mujer, ninguna mención al rol de madre. ¿A qué se debe esta ausencia? ¿Dónde se ha registrado la experiencia de lo materno? La palabra "madre" está usada en *La guerra de guerrillas* fundamentalmente para señalar lo central: así es como se habla de la unidad militar central, más o menos bien asentada, de la cual se desprenden nuevos núcleos guerrilleros que atacan otros frentes y expanden el terreno conquistado, designándosela -mito animal de por medio- como una "colmena madre" (40); luego se habla de "hospitales madres" (105), para indicar la unidad sanitaria de mayor sofisticación a la cual son derivados los enfermos o heridos de mayor gravedad. Lo materno es lo central, y lo central es lo resguardado y resguardante, lo reproductor no reproducido, lo acogedor no acogido. Pero luego, en el artículo del Che titulado "Guerra de guerrillas: un método" (1963), que es como una síntesis de *La guerra*, leemos: "[N]o debemos temer a la violencia, la partera de las sociedades nuevas; sólo que esa violencia debe desatarse exactamente en el momento preciso en que los conductores del pueblo hayan encontrado las circunstancias más favorables" (167). Desandemos la comparación, cuyo trasfondo -haciendo sistema con la noción de milicia, pobreza, misión y apostolado- remite al campo semántico del hospital, con lo cual tenemos otra convergencia entre el Che e Ignacio de Loyola. Hans Wolter escribe: "Here there comes one more into our field of view the service in the hospitals as a service of the knight of the Cross" (115). Y más adelante agrega: "Hospital and crusade belong together" (130).

Las metáforas guevaristas no sólo están articulando una relación con su biografía, sino también conectando textualidades homólogas de circunstancias históricas alejadas.

Si la partera es la que hace nacer al hijo del cuerpo de su madre en el momento que ésta lo requiere, entonces aquí la incógnita toma dimensiones paradojales, en la medida en que, siendo partera la violencia, y siendo el hijo las sociedades nuevas, queda en posición de cuerpo de la madre el conductor, quien decide el momento oportuno. Este conductor, que había sido en principio asimilado a la figura del hijo del pueblo, a imitación de Cristo como hijo de Dios, y luego promocionado a la figura del Padre, deviene ahora madre; con lo cual venimos a dar con una "sagrada familia" en un solo cuerpo que ocupa, como hemos visto, el lugar privilegiado, central, del cual emana la lucha y el triunfo revolucionarios. Esta triple figura también aparece constantemente en los *Ejercicios* ignacianos (Dios padre, Cristo hijo, Virgen madre), cuya historia y pasión recomienda el santo visualizar mediante la contemplación.

Teatralidad y experiencia política en América Latina

Si ahora agregamos al corpus que "[l]a revolución es en la historia como el médico que asiste al nacimiento de una nueva vida" (164), la cual deberá ser encausada como cualquier "niño de pecho" hasta su adultez; resulta claramente que el desplazamiento hacia el propio Che en esta asistencia histórica es contundente, en su rol histórico y en su masculinización y jerarquización del rol (partera-médico).

Esta figura de la violencia va a permitir determinar un lugar de operaciones bien explícito, requerido de una asistencia especial: la violencia interior del cuerpo, aquello que trabaja en función de la destrucción, esa temporalidad encarnada que lleva el cuerpo -como hemos visto- a la vejez (562), que lo atraviesa excediéndolo con el desborde de sus humores y transformándolo en un niño de pecho (549), que conduce a riñas por el alimento, y especialmente por la leche (530), o que produce una furia descontrolada contra animales o compañeros (591, 600). Es la violencia que, para Ignacio, resulta en "lo desordenado," ámbito de los vicios y de los pecados. Esta violencia tiene la función de ayudar a parir lo irreparable: si la violencia positiva construye la Patria, esta violencia negativa conduce a la Muerte. Pero, como en el famoso apólogo de "la bolsa o la vida" o "la libertad o la vida," que tan bien estudia Lacan (*Seminario XI*, 220-1), esta disyuntiva no indica una alternativa de posibilidades, sino que ambas suponen para el sujeto un "factor letal."

Realizadas las distinciones necesarias sobre el prójimo, y establecido el ideal de masculinidad, surge inmediatamente la pregunta: ¿a quién captar? Tanto en las *Constituciones* como en *La guerra de guerrillas* se dan instrucciones muy precisas tanto para seleccionar a los integrantes de la Compañía de Jesús o de las milicias guerrilleras, respectivamente, como para controlar esa violencia interna que atraviesa los cuerpos, programándola positivamente en relación al Otro. Sólo en función de esa disciplina interior será garantizable el autodominio del militante y el dominio del enemigo en el campo de la acción.

6. La máquina jesuítica: delicia homoerótica y disciplina homosocial

Ignacio de Loyola y el Che Guevara definen lo que podríamos denominar "el drama del hijo" ("ambassador of the Father" [Stierli 140]). Ambos se definen frente a un padre potente (Dios, Fidel), reproduciendo asimismo por identificación la gesta martirológica y redentora de Cristo ("*Cristo duce*" -escribe Wolter- para indicar la figura que hay que imitar "to be homeless with his homeless Lord" [110]). Ambos escriben sus respectivos diarios, en los que dan cuenta de su sacrificio por una causa y de las etapas e inconvenientes derivados de la empresa que se imponen llevar a cabo. Ambos pondrán en juego los diseños específicos de lo que modeliza el ideal del intelectual de occidente: un diagrama de la corporalidad ("[l]e deíctisme du corps" [Barthes, *Sade*, 67]), un proyecto de acción y fundamentalmente, una forma de afrontar las transformaciones sociopolíticas. Es más, ambos, frente a la muerte, se referirán a los libros de caballerías: Ignacio pide en 1521, cuando está postrado por una enfermedad y cree en su muerte inmediata, que se le den libros de caballería ("Amadis de Gaula, Ignatius' favorite reading material" [Wolter, 101]); el Che, como hemos visto, se identifica con don Quijote en la última carta a su padre. Pareciera como si en una perspectiva de larga duración este "ser hijo" frente a un "prójimo-padre" hubiera puesto entre uno y otro la distancia cultural -y sin duda trágica- que media entre la novela de caballería y su posterior parodia.

Ambas propuestas efectúan operaciones de exclusión (de niños, ancianos y especialmente mujeres) y ambas están orientadas a la creación de milicias (*militia Christi*), es decir, de grupos de varones debidamente adiestrados y organizados bajo un esquema de jerarquías que derivan de un jefe supremo al que deben absoluta obediencia. Ignacio de Loyola inicia la reforma jesuítica frente a la corrupción del clero vigente y el Che define a su guerrillero como un "reformador social" (34); ambos asumen la necesidad histórica de crear nuevos aparatos orgánicos exigidos por las reacomodaciones de los sistemas económico, social y político en los que se desenvuelven. Tanto Ignacio como el Che enfrentan rígidas instituciones a las que intentan modificar: este reformador social "[s]e lanza -escribe el Che- contra las condiciones especiales de la institucionalidad de un momento dado y se dedica a romper, con todo el vigor que las circunstancias permitan, los moldes de esa institucionalidad" (34). Por su parte, Ignacio modifica las órdenes monásticas: "The founding of the Society of Jesus appeared to the sixteenth century as a revolutionary break with the one-thousand-year tradition of Western monasticism" (Stierli, 135).

Los *Ejercicios espirituales* y las *Constituciones* parecen reescribirse en *La guerra de guerrillas*, todos ellos movidos por un afán de modelización de la acción y de la constitución de *institucionalidades* nuevas y revolucionarias. Ambas textualidades, la ignaciana y la guevarista, convergen en la necesidad de diseñar un cuerpo más obediente que sacrificial ("c'est son corps -escribe Barthes en su *Loyola*- qui va l'occuper" [68]), capacitado para afrontar empresas de un humanismo exacerbado: "When the crusade -escribe Wolter- has an offensive character, a militant spirituality is its ready companion; when the crusade shifts to the defensive, the spirituality is compelled to become more interior" (103).

Ambas admiten en su base una economía escandalosa basada en el atentado y robo de la propiedad (de la fuerza de trabajo al menos, entre otras cosas) y encubierta desde lo simbólico por la figura de la santidad, especialmente adecuada a estas circunstancias. La economía ignaciana se establece fundamentalmente por un sistema de trabajo que amalgama dos niveles: el humano y el divino; y además esta fuerza de trabajo expropiada se capitaliza en bienes y servicios, pero se paga con un cheque ultramundano: la gracia de Dios. El axioma ignaciano de "encontrar a Dios en todas las cosas" permite disminuir el tiempo de oración, contemplación y meditación, y alienta una mayor dedicación a la jornada de trabajo.

En la guerrilla ocurre algo parecido: la fuerza de trabajo se capitaliza en el triunfo material (y eventual) de la revolución, y se paga en valores de reconocimiento simbólico ("bonos de esperanza," puestos jerárquicos, fama, leyenda). Escribe el Che: "Y ahí hay que trabajar, para ir formando nuevas generaciones que tengan el interés máximo en trabajar y sepan encontrar en el trabajo una fuente permanente y constantemente cambiante de nuevas emociones. Hacer del trabajo algo creador, algo nuevo" (2: 170). En un caso como en el otro, el sujeto debe iniciarse con un desgajamiento del sistema social vigente, para entrar en "otro" orden, regido por 'otro' Otro.

Conviene primero avanzar sobre los escritos ignacianos y luego ver su réplica formal en los guevaristas.

La máquina jesuítica tiene una doble operatividad: a) procesar el deseo y configurar una corporalidad, para lograr que cada individuo alcance una disciplina interna; y b) diseñar un aparato normativo de conductas colectivas que asegure el funcionamiento político y social de toda la institución: "Les *Exercises* - dice Barthes (63)- sont un peu une machine au sens cybernétique du terme." Para la primera tarea se ofrecen los *Ejercicios espirituales*, cuya teatralidad supone un montaje imaginario de la vida de Cristo, fundamentalmente, por medio de contemplación, concentración y meditación regulada y dirigida; las *Constituciones* abordan la legalidad de la institución en su globalidad, estableciendo jerarquías y dependencias, un sistema de división del trabajo y estrategias de expansión "imperialista" muy precisas.

Los *Ejercicios* parten de la relación, en principio disimétrica, entre cuerpo y alma; es necesario pasar del desorden al orden, mediante un sometimiento absoluto de la subjetividad a un Otro inapelable, es decir, mediante una doble armonía: entre cuerpo y alma, entre siervo y Dios. "[P]or este nombre exercicios espirituales -escribe Ignacio- se entiende todo modo de examinar la consciencia, de meditar, de contemplar, de orar vocal y mental, y de otras spirituales operaciones" (207). Sin embargo, esta dimensión de la conciencia aparece inmediatamente dirigida a esa otra fuente del mal que, viniendo de afuera, se instala en lo más profundo del sujeto, para ganar su alma. De modo que la interioridad del sujeto, que hoy llamaríamos inconsciente, se establece como un campo de batalla de dos proyectos opuestos (el bien y el mal), con dos fuerzas antagónicas bien precisas (Dios Padre/Cristo, Lucifer), cuya finalidad es ganar un alma para la salvación o la condena eterna.

Los "ejercicios" se realizan bajo el control de un director y su finalidad es - según Ignacio- "quitar de sí todas las affecciones desordenadas, y después de quitadas para buscar y hallar la voluntad divina en la disposición de su vida para la salud del ánima" (207). El encuadre es un diálogo entre el director y el ejercitante, que se establece por un pacto mediante el cual el ejercitante debe realizar la meditación o la contemplación de acuerdo a un cierto programa dado por el director, durante un período de "quatro semanas" (208) -con alguna elasticidad que depende de las *resistencias* del sujeto- comprometiéndose a "narrar fielmente la historia de la contemplación o meditación" (207), sin mayor intervención raciocinante del director, para que sea de "más gusto y fructo spiritual que si el que da los exercicios hubiese mucho declarado y ampliado el sentido de la historia" (207). No se trata, como se ve, de ninguna instrucción o acumulación de informaciones; se trata de que la interpretación ancle en el mismo sujeto "porque no el mucho saber basta y satisface el ánima, mas el sentir y gustar de las cosas internamente" (208). Este encuadre psicodramático -contrariamente a lo que piensa Barthes (47)- sólo ortodoxamente puede ser psicoanalítico: en principio, porque la contemplación o meditación es provocada por el director, quien posee un programa específico que debe cumplirse en un orden irreversible; segundo, porque se establece en un lapso fijado de antemano por dicho programa; y tercero, porque se establece en una dimensión perversa, en la medida en que el "entendimiento discurriendo" y la "voluntad affectando" son dos instancias que se realizan bajo la admonición de un sometimiento inicial a una doctrina o teoría, a Dios nuestro Señor, a un Otro, al que se le debe desde el comienzo reverencia.

Las semanas distribuyen la vida de Cristo (nacimiento, pasión, muerte, resurrección), y deben ser la base de la contemplación y meditación; por esa intermediación narrativa, el ejercitante, poniendo en funcionamiento todos sus rasgos masoquistas, accede a modelizar su conciencia mediante un ofrecimiento de "todo su querer y libertad, para que su divina majestad, así de su persona como de todo lo que tiene, se sirva conforme a su sanctíssima voluntad" (208). Tal imitación de Cristo y tal proceso de contemplación-meditación, va a llevar a los ejecutantes a "hallar lo que buscan, es a saber, contrición, dolor, lágrimas por sus pecados" (208). Por eso se aconseja que el director opere la necesaria seducción y paciencia para que este teatro cristiano tome todo su efecto, no sólo con Dios en el cielo, sino también con las autoridades vicarias en la tierra: "el que da los exercicios, si vee al que los rescibe, que está desolado y tentado, no se haya con él -escribe Ignacio- duro ni desabrido, mas blando y suave, dándole ánimo y fuerzas para adelante; y descubriéndole las astucias del enemigo de natura humana, y haciéndole preparar y disponer para la consolación ventura" (209).

Esta escena digna de Sade debe realizarse "cada día, [en que] ha de estar por una hora" (210), teniendo el director siempre en cuenta que "el enemigo no poco suele procurar de hacer acortar la hora," de que "en el tiempo de la dessolación es muy difícil complirla" y de que la finalidad no es sólo "resistir al adversario, mas aun a derrocalle" (210).

Cuando pasadas las semanas el ejercitante ha logrado esta armonía entre su cuerpo y alma, entre él y la voluntad divina, alcanza la "perfección evangélica" (entre lo que se incluye "continencia, virginidad, religión" [210]); y una vez pasado al menos un año, puede entonces ser -si lo desea- admitido en la Compañía, también llamada Casa, realizando entonces los votos de obediencia, pobreza y castidad.

Como los *Ejercicios* no están dirigidos a personas determinadas, sino que pueden ser realizados por todo aquél que aspire a la perfección evangélica, no

Teatralidad y experiencia política en América Latina

necesariamente implican, para el caso de que el ejercitante lo solicite, su automática admisión en la Institución. Para ello habrá otros requisitos, como veremos inmediatamente; lo esencial aquí es que sin los ejercicios, la admisión es imposible, porque éstos suponen la instalación de una máquina muy precisa que asegura, en todo momento, el funcionamiento de la Institución mediante la obediencia, la separación social del individuo de la sociedad civil mediante el voto de pobreza, y el aislamiento del sujeto como unidad móvil y desarraigada (legal y afectivamente) por medio de la castidad.

La contemplación y/o la meditación, como hemos visto, suponen un montaje imaginario de episodios de la vida de Cristo, lo cual requiere de la operatividad de una "vista imaginativa" (230); pero la visualidad no se conforma con ello: impone reglas precisas de dramatización. En primer lugar, la repetición del ejercicio en varios momentos del día; esos momentos son en su mayor parte ligados a la oscuridad (media noche, amanecer, anochecer). La realización requiere, además, lugares precisos y apartados, ya que "tanto más se aprovechará quanto más se apartare de todos amigos y conoscidos y de toda solicitud terrena... quanto más secretamente pudiere" (212). En tercer lugar, todas estas actividades deben estar debidamente vigiladas por el director, quien "debe ser informado fielmente de las varias agitaciones y pensamientos que los varios spíritus le traen [al ejercitante]" (211). Recordemos que el mal suele también él utilizar la vía clandestina, en tanto aparece en secreto, como "vano enamorado" (281) y su conducta es como la de la mujer (281). La vigilancia es fundamental porque exige un relato minucioso sobre lo que ocurre en ese escenario invisible que es la interioridad del sujeto, donde se desarrolla la batalla entre el "buen ángel" y el "mal ángel" (282), de la que depende la persistencia del individuo en su empresa o su deserción. Lo interesante aquí es que el "mal ángel" opera también él enmascaradamente, presentándose como "angelo lucis" (282), que entra en el ánima devota y se la lleva consigo. Este sabotaje juega con el sistema de teatralidad de la guerrilla y promueve el aumento cuantitativo de las mesnadas diabólicas. Pero frente al aparente triunfo mundano de Lucifer, Ignacio, insistiendo en su perspectiva sádica de la divinidad, pone a Dios de su parte, y justifica su aparente inoperancia frente al mal, en la medida en que manda "considerar cómo la Divinidad se esconde, es a saber, cómo podría destruir a sus enemigos, y no lo hace, y cómo dexa padescer la sacratíssima humanidad tan crudelíssimamente" (250).

Apartamiento, nocturnidad y repetición son factores que definen una estrategia de visualidad social e individual determinada, en una sociedad que irá haciendo su lento camino hacia lo que hoy, con Foucault, podemos pensar como "panoptismo" (*La verdad y las formas jurídicas*, 117-40). En el siglo XVI, no obstante, la persona que comenzaba los ejercicios, cubría riesgos ineludibles, si ubicamos el aire de misterio y de secreto que esta práctica propiciaba, en un mundo en el que florecían los movimientos heréticos y semiheréticos. Sea como fuere, si bien los *Ejercicios* están orientados al ordenamiento del alma y del cuerpo, al vencimiento de sí mismo, también suponen una consideración del prójimo, no sólo al momento de promover un apartamiento nocturnal, sino al momento de conectar al soldado de Dios con la empresa expansiva e internacional divina contra los infieles. Ignacio diseñará una teoría del amor que conectará al sujeto, ya programado y sometido, al prójimo, puesto que el hombre "es criado para alabar, hacer reverencia y servir a Dios" (214). Por eso "todo buen christiano ha de ser más prompto a salvar la proposición del prójimo que a condenarla; y si no la puede salvar, inquirirá cómo la entiende, y si mal la entiende, corríjale con amor, y si no basta, busque todos los medios convenientes para que, bien entendiéndola, se salve" (214).

La concepción ignaciana del amor es justamente el antípoda de la concepción lacaniana del amor ("dar lo que no se tiene"). Para Ignacio, "el amor consiste en comunicación de las dos partes, es a saber, en dar y comunicar el amante al amado lo que tiene o de lo que tiene o puede, por el contrario, el amado al amante; de manera que si el uno tiene sciencia dar al que no la tiene, si honores, si riquezas, y así el otro al otro" (257). Amar es dar lo que se tiene, o lo que se puede, al que no tiene o no puede. Esta promoción de un amor compensatorio, que llena la falta del otro y lo colma, sea en bienes, en honores o en conocimiento, articula la dependencia del amado al amante, del siervo a Dios, del dirigido al director, y no parece tener raigambre platónica, ni influencia del neoplatonismo tan extendido en su época (Stierli, 152), en el que la reminiscencia siempre presupone una "falta" provisoria en el otro, colmada no desde el amante (mero disparador) sino por el recuerdo. Este amor se define por la oposición tener/no tener, y a partir de ella se derivará una perspectiva económica en donde los ricos, los sabios, los honrados, son siempre ricos, sabios, honrados; mientras los pobres, los ignorantes, los deshonrados, se quedan también como están; de modo que lo "cristiano" sólo puede ahora plantearse como ese puente entre unos y otros, poseedores y carecidos, que se denomina como limosna y que se debe ejercitar con caridad.

Para ello, la máquina jesuítica tiene previamente que autocaracterizarse como promotora de la libertad, en cuanto corta inicialmente todos los lazos terrenales de sus ejercitantes con el prójimo, los conduce a un perfeccionamiento interior y los hace "indiferentes a todas las cosas criadas" (215). Esta indiferencia asegura la "buena" orientación y el control de la demanda, en tanto "no queramos de nuestra parte más salud que enfermedad, riqueza que pobreza, honor que deshonor, vida larga que corta" (215). Hay, pues, que acatar la voluntad divina, hasta el colmo de "ser estimado por vano y loco por Christo, que primero fue tenido por tal, que por sabio y prudente en este mundo" (244). Tenemos diseñado aquí claramente los dos prójimos y su fundamento.

De ahí que los *Ejercicios* dediquen un apartado especial para programar, en la interioridad del sujeto y como forma alienada de su libertad, la distribución de limosnas y la relación con los bienes y la propiedad en general. Las *Constituciones*, que suponen ya la posible entrada del ejercitante en la Compañía, darán reglas específicas; pero los *Ejercicios*, en principio abiertos a cualquier persona, son mucho más generales. Lo importante es la coherencia interna y por ello lo primero, en este caso, es distribuir la limosna atendiendo a un amor que viene de Dios y que orienta la acción; la segunda, que se realice sobre alguien desconocido del que se desea y aspira que, alcanzando la perfección, operará de la misma manera que el donante; la tercera y la cuarta, mucho más teatrales, enfrentan al donante a su propia muerte y le obligan a actuar en el presente como lo haría en aquella situación límite, y lo ponen en situación del juicio final, respectivamente. Todas estas reglas aseguran que, en el fondo, no es el donante el que decide, sino que "es decidido" por el Otro.

La eficacia en la realización de los ejercicios estará lógicamente ligada a las capacidades del ejercitante y a la seducción y astucia del director; pero a su vez, esta estrategia general admite una serie de tácticas específicas: no jurar "ni por Criador ni por criatura, si no fuere con verdad, necessidad y reverencia" (218); "[n]o decir palabra ociosa" (219); "[n]o decir cosa de infamar o murmurar" (219); no poner en tela de juicio los diez mandamientos ni los preceptos de la Iglesia o de los superiores (220); "no querer pensar en cosas de placer ni alegría, como de gloria, resurreción, etc." (228) cuando se está procurando, en las primeras semanas, "sentir pena, dolor y lágrimas por nuestros pecados" (228); considerar "cómo Dios nuestro Señor me mira, etc., y hacer una reverencia o humiliación" (228); no reír ni decir cosa motiva a risa" (228); se dan preceptos para dormir, para comer, para beber, para vestirse, para obedecer a la Iglesia y para reverenciar reliquias de santos (287); pero sobre todo, para "castigar la carne," para producir "dolor sensible, el qual se da trayendo cilicios o sogas o barras de hierro sobre las carnes, flagelándose o llagándose, y otras maneras de asperezas" (229).

Lo importante, en principio, es que "la sensualidad obedezca a la razón" (229), y la razón es la del Otro, que hay que imitar. Como ya hemos visto, en muchos casos se promueve utilizar imágenes que brinden algún tipo de materialidad para lo desconocido o espiritual: por ejemplo, imaginar a Cristo en la forma de un rey humano, temporal. Pero Ignacio, coherente con su programa, no sólo somete el cuerpo a su disolución en el fantasma del Otro ("mientras la persona come, considere como que vee a Christo nuestro Señor comer con sus apóstoles, y cómo bebe, y cómo mira, y cómo habla, y procure de imitarle" [254]), sino que también pone a prueba todo lo logrado por el ejercitante, para que compruebe hasta qué punto es "señor de sí" (254), mediante una verdadera incentivación del deseo, de cuya dialéctica no se le escapa al santo casi nada. Así, la abstinencia no sólo se define como una suspensión del comer manjares, sino de habituarse a comer "manjares gruesos" o bien, "si delicados, en poca cantidad" (254); la otra táctica consiste en determinar comer una debida cantidad en momentos en que se carece de apetito y si, llegado el momento de la cena o almuerzo, se es tentado de comer más, se coma menos (254).

A medida que avanza el proceso se autoriza alguna lectura, que estará -como veremos en las *Constituciones*- debidamente controlada; también hay ejercicios para desarrollar imaginativamente los sentidos corporales (vista, oído, olfato, gusto y tacto) (236) y para ejercitar el uso de la memoria (237) y hasta de la paciencia (280). Se deben promover los ayunos y abstinencias, pero el director deberá siempre estar alerta de que una excesiva práctica, como la de la flagelación incluso, no indispongan al cuerpo a continuar en la empresa. Lo interesante aquí resulta que, en cuanto "el ojo de nuestra intención debe ser simple" (244), se requiere que esta vista imaginativa vea, pero no por sí, sino que "[d]ebemos siempre tener, para en todo acertar, que lo blanco que yo veo, creer que es negro, si la Iglesia hierárchica assí lo determina" (289). Esta "ceguera" programada desde y por el Otro, tendrá dimensiones extraordinarias en la famosa carta de Ignacio dirigida a los "Padres y Hermanos de Portugal" y fechada en Roma el 26 de marzo de 1553. Este documento, sobre el que tendremos que volver por su enorme proyección en Occidente, aclarará hasta qué punto la conceptualidad de la disciplina -y por ende de toda organización militar- tal como es analizada por Ignacio en sus más sutiles articulaciones, no sólo constituye el núcleo de la máquina jesuítica, sino que además permite sancionar como inocentes a verdaderos criminales alegando "obediencia debida."

La función principal de los *Ejercicios* es atravesar la "selva de fantasmas" -para usar una terminología de raigambre lacaniana- en las que se extravía el deseo del sujeto; tarea, sin duda, fundamental, por cuanto, sea o no aspirante a la Compañía, el ejercitante formará parte de una empresa ecuménica en la que "el Señor de todo el mundo escoge tantas personas, apóstoles, discípulos, etc., y los envía por todo el mundo, esparciendo su sagrada doctrina por todos estados y condiciones de personas" (240). Esta empresa, que avanza por sobre diferencias de edad, sexo, clase, raza y lenguaje, definirá un tipo de sujeto lo suficientemente desarraigado de familia, de bienes, de aspiraciones, pero también concretará las bases muy específicas de admisión para la formación de milicias.

Las *Constituciones*, como ya hemos indicado y como su nombre lo indica, son un documento que supone, en primer lugar, que el grupo -al principio disidente o sospechoso- ha alcanzado un nivel de desarrollo tal que, necesitando legislar su propio funcionamiento, se declara a sí mismo y se posiciona como institución. Nos interesa en este caso extraer, en forma muy resumida, una serie de prescripciones que, ya muy pragmáticamente, contesten nuestra pregunta inicial: ¿a quién captar?

Independientemente de algunas diferencias que se establecen para los "[c]oadjutores spirituales y temporales" (los primeros pueden ser sacerdotes; los segundos no son sacerdotes, pero pueden asumir diversas tareas exteriores como cocinero, despensero, postero, enfermero, etc., a fin de aliviar a los otros en el servicio divino [478]), y de que ingresen o no a la Compañía después de pasar por la etapa de entrenamiento y de pruebas, se requiere que, a los efectos de ser recibidos, tengan dones "naturales y infusos para ayudar en lo que la Compañía pretiende de su divino servicio, y quanto más experiencia dellos hubiese, tanto sería más idóneo para ser rescibido en ella" (478). Las *Constituciones* son tan estrictas en los protocolos de admisión como de expulsión, estos últimos también muy reglamentados y cuidadosos. No hay que olvidar que la Compañía "se pretiende del servicio de Dios nuestro Señor en ayuda de sus ánimas" (488), y esta empresa exige "que se conserven y aumenten los *operarios* que se hallaren idóneos y útiles para llevar adelante esta obra" (488). De modo que el despido se realizará atendiendo a las características del candidato, pero también a la regulación de la fuerza de trabajo que la Compañía requiere para su funcionamiento.

En cuanto a "lo exterior," se pide que tengan "honesta apparencia, salud, edad y fuerzas para los trabajos corporales" (478). Si bien, como ya hemos visto, "es bien que mugeres no entren en las Casas ni Colegios" (502), tampoco conviene "admitir personas muy difficiles o inútiles a la Congregación" (479). Es bueno que, en "[q]uanto al entendimiento, [tengan] doctrina sana, o habilidad para aprenderla, y en las cosas agibles discreción o muestra de buen juicio para aquistarla" (479). También en "[q]uanto a la memoria, [deben tener] aptitud para aprender y fidelidad para retener lo aprendido" (479). Deben tener buena voluntad y estar "deseosos de toda virtud y perfección spiritual; quietos, constantes y strenuos en lo que comienzan del divino servicio, y celosos de la salud de las ánimas" (479). Se desea que tengan "la gracia de hablar, tan necessaria para la comunicación con los próximos" (479). La edad de estos varones para la probación "debe passar de 14 años, y para admittir a profesión, de 25" (479). En cuanto a dones como nobleza, riqueza o fama, "no bastan si los demás faltasen, así quando lo demás hubiere, no son necesarios" (479), aunque si acompañan a los otros no son de despreciar. A estos efectos, el candidato tendrá que responder a un exhaustivo interrogatorio de admisión, que será refrendado por averiguaciones particulares de la Compañía.

Estos candidatos deberán realizar los ejercicios espirituales, porque constituyen su verdadera "arma" (532), llevándose de cada uno de los candidatos un estricto expediente en el que figuren sus progresos y méritos. El período de probación dura aproximadamente dos años (para los Scolares uno más), luego del cual, si lo desean, podrán realizar los votos de obediencia, pobreza y castidad.

En cuanto a su estadía y formación, el candidato se pondrá inmediatamente en contacto con un director asignado por el Superior; además, se le asignará al candidato un lugar y no podrá conversar "de palabra ni en escrito, [salvo] si otro superior no ordenase, por causas urgentes, con otros de fuera ni dentro de la casa" (485). En caso de escribir, deberá mostrarlo a su superior (498). No deberán salir sin permiso de la Casa; y en general deberán guardar silencio, no debiendo los novicios conversar entre ellos, salvo "con personas maduras y discretas, que serán por el Superior señaladas a cada uno" (498). En cuanto a los dormitorios, como es de imaginarse, las reglas no se hacen esperar: "si dos tienen sus lechos en una mesma cámara, sea el uno dellos tal con quien no se dude que haya el otro de mejorarse; y por la mesma causa entre las cámaras de los más mancebos que están solos, es bien que estén algunos de los más antiguos" (498).

Como se ve, aunque los fines sean la vigilancia, la reglamentación favorece el encuentro y no el aislamiento. Si bien se insiste en que "sin licencia del Superior no entre uno en la cámara de otro," lo cual podría de algún modo interrumpir esta privacidad homosocial entre director y dirigido, también se aconseja que "si la tiene [la licencia] para entrar, esté la puerta siempre abierta, entretanto que con el otro en ella estuviere" (498) y para que pueda entrar el Superior cuando lo crea conveniente.

Las puertas de las cámaras pasan inmediatamente a ser las puertas corporales: "Todos tengan especial cuidado de guardar con mucha diligencia las puertas de sus sentidos" para evitar y protegerse "de todo desorden" (498). Por eso se insiste en que en "la refección corporal se tenga cuidado que la temperancia y honestidad y decencia interior y exterior se observen en todo" (499).

La vigilancia sobre lo escrito, se extenderá también a lo leído: se promoverá la lectura de "letras de edificación" (499); se permitirán también algunos oficios, porque "*el ocio, que es el origen de todos males, no tenga en la Casa lugar ninguno, en cuanto fuera posible*" (499).

En cuanto a la propiedad, "no deben tener el uso de cosa propria, como propria" (499), quedando "a la devoción de cada uno el emplear su hacienda o parte della, más en una obra pía que en otra" (499), y en esto conviene que atienda el criterio del Superior.

Se aconseja que el Superior instruya y enseñe "cómo se han de haber en lo interior y exterior, y mueva a ello, y lo acuerde, y amorosamente amoneste" (501). Los novicios no deberán guardar ningún secreto, y prevenir las tentaciones, razón por la cual "es bien que las mugeres no entren" (502) y que "no se tengan en Casa armas ni instrumentos de cosas vanas" (502) como son juegos, música o libros profanos.

La institución proveerá de un síndico "cuyo officio sea mirar por todos los particulares en lo que toca a la honestidad y decencia exterior, andando por la Iglesia y Casa; notando en lo que conviene y avisando al Superior, o al mesmo que falta, si tal autoridad se le da" (502). Serán también controlados todos los discursos que circulen a través de sermones, libros (523), lecciones públicas, temas de estudio (522), atendiendo a una distribución de disciplinas según las aptitudes del estudiante y según las necesidades de la Compañía, pero siempre considerando que "la diversidad, quanto es posible, se evite" (503). El síndico tendrá también que propender a evitar "pasión o enojo alguno de unos con otros" (503), utilizando "el buen exemplo de los más antiguos" (503).

El novicio deberá aprovechar de la salud tanto como de la enfermedad: "En las enfermedades todos procuren sacar fruto dellas, no solamente para sí, pero para la edificación de los otros; no siendo impacientes, ni difíciles de contentar, antes teniendo y mostrando mucha paciencia y obediencia al Médico y Enfermero" (502-3), puesto que la enfermedad es una gracia de Dios, "no menos que la santidad" (503). De todos modos, es importante que toda persona mire "cómo se conserve para el divino servicio la salud y fuerzas corporales" (507, también ver 569).

Se tratará que los novicios se ejerciten en lo aprendido para que no lo olviden (504), especialmente todo lo relativo a la doctrina cristiana, para favorecer la enseñanza de ella acomodada en especial "a la capacidad de los niños o personas simples" (532), en su dirección de la vida y también de su muerte (532); también podrán ejercitarse en predicar aunque sólo dentro de la Casa (504), de modo que "a las armas spirituales" (530) convengan las corporales ("voz, tonos, gestos, meneos" [531]) bien adiestradas. Es importante que "[h]aya concierto, quanto se podrá, en el tiempo de comer, dormir y levantarse, el qual comúnmente todos observen" (508), sin perjuicio de algunas excepciones que quedan a criterio del Superior. En cuanto al dormir, parece conveniente "ser entre seis y siete horas, no dormiendo sin camisa" (509); la vestimenta se acordará a su fin: "defenderse del frío y de la indecencia" (508) y, fundamentalmente, acomodarse a la profesión de pobreza y sobre todo, para promover cierta invisibilidad, "al uso de la tierra donde se vive" (568). También se procurará la realización de ejercicios corporales y el castigo del cuerpo, en procura de armonía y con moderación, y sin dejar de insistir en los mentales (509).

Deberá tenerse, en este orden de cosas, "mucho cuidado de los enfermos" (509). Todos estos recaudos son necesarios puesto que la "vocación es para discurrir y hacer vida en qualquiera parte del mundo donde se spera más servicio de Dios y ayuda de las ánimas" (509).

Las *Constituciones*, atendiendo a la necesidad de comunicación, organizan la Compañía como un cuerpo cuya cabeza, Parte principal o general, reside en Roma, y sus extremidades o miembros, sean Provinciales o locales, se extienden a lo largo del mundo, de acuerdo a lo que emane del comando Superior o Papal (574), cuya directivas atienden, en esta lucha contra los infieles -como en la doctrina de la seguridad nacional- aquellas zonas de mayor necesidad, o donde "se viese la puerta más abierta" (578), es decir, donde "es verisímil que más se fructificará con los medios que usa la Compañía" (578) y donde "el enemigo de Cristo nuestro Señor ha sembrado cizaña" (579), en cuyo caso "se debría cargar más la mano" (579). La relación entre la cabeza, convertida en el lugar central, y los miembros estará dada por la obediencia y fundamentalmente por la unión en el amor de Dios (591).

Para cumplir esta *misión*, se necesita disponer de una comunidad de hombres jóvenes, fuertes y sanos, reclutados por su buena apariencia, disposición e ingenio, que en todo momento respeten las ordenes disciplinarias, acaten las disposiciones centrales sin cuestionamiento alguno y, como accesorios indispensables de un mecanismo perfecto, sepan ganar la mayor cantidad de almas. Para ello se requiere contar con individuos verdaderamente exilados de la totalidad de lo social civil y convenientemente *uniformados* en lo interior y en lo exterior (592).

7. Disciplina y obediencia debida

Esta "uniformidad" es el producto de la máquina jesuítica, en cuya estructura se hallan los tres votos fundamentales (obediencia, pobreza, castidad), capaces de proveer verdaderos soldados/robots y una casta militar cohesionada por una disciplina inflexible.

El voto de obediencia es el encargado de asegurar la cohesión interna del grupo, permitiendo una vertical y bien lubricada circulación del poder, desde el Superior a sus más remotos súbditos, desde el centro hacia la periferia. Por eso, a quienes lograron pasar las probaciones y ser aceptados en la Institución, hay que promocionarlos mediante una diferencia esencial con el "pueblo menudo" (289): ellos son los "escogidos" (851) de Cristo. Obedecer es, en principio, una forma de sostener la diferencia; obedecer es a la vez un privilegio que se deriva del ser visto por el Padre, de estar en el seno del Padre.

La "Carta" de 1553, retomando a San Gregorio, propone con atrocidad disimulada que "la obediencia es una virtud, que sola ella ingiere en el ánima las otras virtudes, e impresas las conserva" (851), de modo que la obediencia opera de basamento, factor adhesivo y a la vez de almacenamiento. Es la memoria de la máquina. Su modelo es, lógicamente, Cristo, que obedientemente, como buen hijo, "redimió por obediencia el mundo, perdido por falta de ella" (852). Cristo lleva la obediencia hasta la aceptación gozosa de su propia muerte.

Cristo oficiará de modelo (terrenal-celestial) y a la vez de espacio cuya vacancia ocupa su Vicario, el Sumo Pontífice, y, por emanación de él y participación devota, cualquier otro superior en la escala jerárquica de la Compañía. De modo que no se obedece al Superior por ser superior, ni por bueno, ni por prudente, "sino porque tiene sus veces y autoridad [es que] debe ser obedecido" (852), porque *representa* a Cristo, "representa la persona del que es infalible sapiencia" (852). Hay que ejercitarse, escribe Ignacio, "en reconocer en cualquiera Superior a Cristo" (852).

Desobedecer se convierte entonces no sólo en un acto de incumplimiento o de rebeldía, sino fundamentalmente en una herejía. Desobedecer al Superior es desobedecer a Cristo. Establecida esta correlación, la máquina jesuítica (cuya importante proyección en Occidente se verá inmediatamente) distinguirá con una lógica implacable e impecable tres grados de obediencia:

a) el primer grado es totalmente mostrenco y no alcanza a la obediencia como virtud: "consiste en la ejecución de lo mandado" (853). Es un mero acatamiento que no promueve ni demuestra el funcionamiento de la máquina en el interior del sujeto como si se estuviera desprendiendo y emanando de su "propia" voluntad y entendimiento.

b) el segundo grado consiste en "hacer suya [el súbdito] la voluntad del Superior" (853); esta "conformidad" permite distinguir, citando a las Sagradas Escrituras como autoridad, la obediencia del sacrificio y así proceder a valorarla mucho más, por cuanto, volviendo a San Gregorio, Ignacio afirma que "[p]or otros sacrificios mátase carne ajena; mas por la obediencia sacrificase la voluntad propia" (853). Aquí el santo hace las aclaraciones debidas: este grado de obediencia supone "hacer entera la resignación de vuestras voluntades; [ofreciendo] liberalmente la liberad" (854), porque si el súbdito procurara "de atraer la voluntad del Superior a la [suya]" (854), no sólo procedería a un engaño por su amor propio, sino que a su vez estaría invalidando el axioma inicial, en la medida en que pondría en tela de juicio la sapiencia del superior y, por esa vía, la de Cristo mismo.

c) Por eso el tercer grado de obediencia, denominado "supremo" (854), involucra tanto la voluntad como el entendimiento: no se trata ahora única-mente de querer lo que quiere el Superior sino de "un sentir mismo con su Superior" (854). Hay que someter el juicio propio al juicio de ese otro que es el Otro, y hacerlo "con amor y alegría" (856), porque si se obedece sólo con la voluntad pero contra el propio juicio, el resultado será la violencia de una máscara que opera como "velo de malicia" (856). Para lograr el absoluto sometimiento del juicio propio, su enajenación total, es necesario reafirmar el axioma inicial: "no consideréis la persona del Superior como hombre sujeto a errores y miserias" (857), y "no toméis la voz del Superior, en cuanto os manda, sino como la de Cristo" (857). El juicio propio tiene como función ahora la de estar pronto "a buscar siempre razones para defender lo que el Superior ordena" (858), y "no para improbarlo" (858); se trata de creer "a ciegas, sin inquisición ninguna [para] proceder, con el ímpetu y prontitud de la voluntad deseosa de obedecer, a la ejecución de lo que es mandado" (858). Otra vez vemos el proceso de la promoción de la vista imaginaria a la producción de la ceguera, cuyo estadio intermedio será la indiferencia, sostenida en parte por el voto de la pobreza.

Toda esta elaboración tiene como convicción interior la idea de que "la obediencia es un holocausto" (854), por medio de la cual se promueve una "resignación entera de sí mismo [y] por la cual se desposee de sí todo, por ser poseído y gobernado" (855). Esta consagración del masoquismo, esta sujetación de absoluta pasividad del súbdito al Superior, lo deja como Inferior pero *lo releva de culpa*, en la medida en que no sólo el Superior no puede equivocarse sino que, de hacerlo, invalidaría el axioma inicial que lo une a la divinidad, a la cual inapelablemente representa. De ahí que la obediencia opere "en la tierra en todas las policías seglares, bien ordenadas, y en la jerarquía eclesiástica, que se reduce a un universal Vicario de Cristo nuestro Señor. Y cuanto esta subordinación mejor es guardada, el gobierno es mejor" (859).

Entendemos así cómo este aparato jesuítico, asumido por toda forma disciplinaria (militar, educativa, partidaria, religiosa), en tanto centralista y jerárquica, permite realizar crímenes de toda índole relevando de toda culpabilidad por *obediencia debida* (sabemos el peso de esta máquina en los protocolos jurídicos de Occidente y su constante operatividad en nuestros países latinoamericanos);

pero se puede comprender a la vez otra cosa: que esta máquina no puede funcionar sino por la *sacralización de la figura del Superior*, sutileza sin la cual toda obediencia sería de primer grado, y totalmente punible en términos del humanismo más elemental. Lógicamente, esto adquiere mayores proyecciones si, como es el caso de este tipo de agrupaciones, se conviene en la uniformidad homosocial de su consistencia: del Superior al súbdito, de Hombre a hombre, la obediencia admite inmediatamente un carácter de fidelidad masculina (independientemente de que la observen las mujeres, sometidas necesariamente a una doble enajenación), sin límites, hasta la muerte, sin fisuras para ninguna otra racionalidad. *Fanatismo y caudillismo son formas populistas de esta obediencia jesuítica*, consagradas por la captura del deseo en la escena sadomasoquista. El amor al prójimo es un imposible que sólo se realiza en tanto evangélico, es decir, en tanto siempre desciende del Otro, sumo amor, por intermedio de un otro inapelable, representativo y fundamentalmente obediente, perverso, que trabaja para el goce de Aquél, y que desde su posición *superior* (afectiva, económica, intelectual, moral) siempre viene a llenar una falta incolmable *por otros medios*.

Comentemos ahora los otros dos pilares de la máquina: la pobreza y la castidad. Si la pobreza asegura la independencia del súbdito con respecto al mundo exterior, este exilio, este destierro (221) también permite, al menos teóricamente, que toda jerarquía se realice únicamente dentro de los mecanismos provistos por la obediencia y no por los parámetros mundanos de clase, raza, fama, riqueza, etc., que conducen a la codicia, el vano honor y la soberbia (239). La pobreza es un voto que asegura, interior y exteriormente, la autonomía de la Compañía y su diferencia en la totalidad. Pero también soporta su economía.

El axioma económico fundamental es coherente con la idea imperialista: "no hay culpa en tomar los bienes de Dios nuestro Señor para distribuirlos, quando la persona es llamada de nuestro Dios y Señor para el tal ministerio" (284); de modo que la operación inicial que aseguraba ser "escogido," autoriza ahora a disponer del mundo como una propiedad que no reconoce ningún límite mundano (clase, nación, raza, etc.). La articulación interna de este axioma que regula la Institución indica que se debe, en cambio, tomar precauciones "en el quánto y cantidad de lo que ha de tomar y aplicar para sí mismo de lo que tiene para dar a otros [porque allí es donde] hay duda de culpa y exceso" (284).

La posibilidad de la limosna del ejercitante (no únicamente del novicio o del sacerdote) está necesariamente condicionada a la capacidad de aprovisionamiento, que legaliza todo robo o apropiación forzada mediante la apelación a un presupuesto divino y a la bondad de su causa. Si la Institución tendrá de algún modo un capital, también tendrá los beneficios que se derivan de la apropiación gratuita de la mano de obra de sus "operarios," jóvenes y fuertes, que solo pueden tomar para sí lo requerido para su manutención y servicio. Es que estos servicios son amortizaciones de una deuda nunca colmable (función de la culpa y origen de la santidad), con los que se intenta pagar "todos los bienes y dones

[que] descienden de arriba" (258), porque "Dios trabaja y labora" por el ejercitante (258). A lo más que se puede aspirar, y por intermedio de la voluntad de Dios, es a un jornal dado en "amor y gracia" (258), pero al que enteramente no se merece, aun cuando se debe "dar [a su divina majestad] todas mis cosas -dice Ignacio- y a mí mismo con ellas" (258), insistiéndole para que "reciba toda mi libertad" (258).

Una parte de los bienes de la Institución proviene de los cedidos por "[q]uien al entrar, o después de entrado en obediencia, tuviese devoción de disponer de sus bienes temporales o parte de ellos en beneficio de la Compañía" (500), que ordenada al bien común y escogida para el servicio divino, los distribuirá según su juicio, "teniendo miramiento a los Reyes, Príncipes y Señoríos, cómo no se les dé causa alguna de offensión" (500). Como la facultad de ceder o no ceder bienes se enajena a "que el Superior lo ordenase" (506), toda opción (con o sin devoción) queda inmediatamente supeditada a los criterios de la Compañía. Como ya habíamos visto, a los efectos de "probar la virtud de la sancta pobreza" (499), hay que ejercitar a los candidatos en que "no deben tener el uso de cosa propia, como propria" (499). De modo que el "comunismo" y "estatismo" de la economía interior, requiere de la expansión imperialista exterior. Esta apropiación de los bienes del otro (candidato o soldado) supone una prueba del funcionamiento de la máquina y a la vez se consagra como virtud en la medida en que la libertad de su disposición se enajena en el Otro. Así, "aunque no sea necesario desposeerse de la hacienda durante la probación, si no lo ordenase el Superior, pasado el primer año, por juzgar que en ella tiene occasión de tentaciones y menos se aprovechar en spíritu, desordenándose en algún amor y confianza de ella" (499), conviene que se disponga, tanto de su hacienda actual o futura garantizada por herencia legal, "conforme a los consejos de Cristo nuestro Señor" (499). Para que esto quede absolutamente claro, las *Constituciones* establecen:

> Antes de entrar cada uno puede hacer de su hacienda lo que quisiere. Pero después de entrado así de la ecclesiástica, como de la seglar, debe disponer como a hombre que sigue vida spiritual conviene. Y así quando sintiese que debría disponer della dándola a parientes, debe remitirse y estar al juicio de una, o dos o tres personas de letras y bondad para hacer lo que ellos sintieren ser más perfecto y agradable a Dios nuestro Señor. (500)

Y así como "no se puede tener cosa propria en casa, así tampoco [se puede tener algo] fuera della en manos de otros, contentándose cada uno de los que le fuere dado del común para su uso necessario o conveniente sin superfluidad alguna" (567). Para resguardar aún más la propiedad así obtenida, se legisla que "no se deberá entrar en obligaciones o partidos" (530), para no poner en peligro lo que constituye el segundo axioma económico de la Institución: la sinceridad del proceder, no negociada con ninguna fuerza mundana, garantiza el "dar gratis lo que gratis hemos recibido" (530).

Aunque se puedan aceptar a veces algunas "caridades" de particulares, realizadas en la gracia de Dios, "para la sustentación de los que sirven al bien común," el axioma de la gratuidad también remite al control de los "gastos" internos, asegurando que no se produzcan demandas por lo que se considera superfluo o por lo que no se paga. La ideología de la pobreza limita los gastos de manutención a alimentos frugales y a la vestimenta indispensable. Asimismo, tampoco se podrá recibir estipendio por los servicios espirituales (566), ni viáticos cuando sean enviados a otras regiones (567), ni tampoco solicitar favores de "personas grandes" (567), siendo la contrapartida de esto, la posibilidad de medicar "quando la obediencia o la necesidad lo pidiese" (567).

La castidad, por su parte, asegura la independencia del individuo respecto del otro, sea éste del mundo o de la Compañía, precaviendo toda amenaza al sistema interior desde el cuerpo y la sensualidad propia y ajena. Esta independencia es esencial para cumplir los fines imperialistas de la Institución y asegurar que la obediencia no se vea obstaculizada desde redes poco controlables, como son las que se derivan de los lazos afectivos y sexuales. Toda la sexualidad debe quedar atrapada en los marcos de la escena de la obediencia, escena como vimos perversa, no orientada hacia el sexo. La castidad es el dispositivo exigido para asegurar la cohesión homosocial, propiciar un homoerotismo angelical capaz de fortificar las redes institucionales orientándolas hacia su reproducción como milicia y, finalmente, impedir toda culminación en la visualidad que supondría la práctica efectiva de la homosexualidad.

8. La reinscripción de Ignacio de Loyola en los textos del Che Guevara

> Si imaginamos una mano que escribe sobre la superficie del block maravilloso mientras otra periódicamente levanta la cobertura de papel despegándola de la tabla encerada, tendremos una representación concreta de la forma en la cual yo traté de figurar el funcionamiento del aparato perceptivo de nuestra mente. (Freud, *Standard Edition*, XIX, 232)

Como escribe el Morelli en la *Rayuela* cortazariana, "[h]ay tiempos diferentes *aunque* paralelos. En ese sentido, uno de los tiempos de la llamada Edad Media puede coincidir con uno de los tiempos de la llamada Edad Moderna" (Cortázar, 545), y así como, según él, algunos parecen desgarrados de su circunstancia histórica y no deben ser pensados como anacrónicos, otros viven su circunstancia repitiendo textos que los hacen hablar desde un más allá de la historia, de esa historia cuyas estructuras e instituciones quisieran justamente destruir y reemplazar. Morelli -en esta novela de tanta intertextualidad con el sartrismo- según parece, estaba convencido de que "si el escritor sigue sometido al lenguaje que le han vendido junto con la ropa que lleva puesta y el nombre y el bautismo y la nacionalidad, su obra no tendrá otro valor que el estético," valor que Morelli rechaza, aunque sin dejar de subrayar el hecho de que "no se puede denunciar nada si se lo hace dentro del sistema al que pertenece lo denunciado" y que "[e]scribir en contra del capitalismo con el bagaje mental y el vocabulario que se derivan del capitalismo, es perder el tiempo" (509).

Ernesto Che Guevara partirá de sostener que el guerrillero es un "asceta" (61), un "sacerdote" (61), un "ángel tutelar" (62), un "ejemplo en cuanto a su vida" (62), un exilado (132), que toma el camino de la liberación del prójimo, "el camino de su redención" (159), por medio de su ingreso en una milicia capaz de sostener una lucha desigual con un enemigo mejor equipado. Para emprender esta tarea deberá también cortar los lazos que lo unen a las instituciones vigentes (familia, propiedad) y, por medio de una disciplina rigurosa, establecer una economía basada en la apropiación de lo ajeno y justificada en la bienaventuranza de la Revolución. El hombre nuevo (como veremos nada nuevo) es el que está "poseído por una causa, con fe en la misma" (231), por lo cual se convierte inmediatamente en un ser diferente, "un ser superior" (231).

La guerrilla y su teatralidad son una forma de intervenir en la consistencia de la totalidad a partir de un "pegar y huir" (116) o bien de un "muerde y huye" (36). Y si bien el Che designa a este procedimiento como una primera etapa de la guerrilla, llamada de "defensiva estratégica," que cuenta con dos momentos posteriores: "un punto de equilibrio en que se estabilizan las posibilidades de acción del enemigo y de la guerrilla" y finalmente "el momento final del desbordamiento del ejército represivo" (176), la acción guerrillera se define fundamentalmente por el primer procedimiento, ya que los dos momentos posteriores suponen una igualdad de condiciones que permiten una guerra de posiciones. En todo esto, el Che no es ningún innovador. Desde las quejas del rey hitita Mursilis, los episodios bíblicos, las importantes acciones bélicas de los celtíberos y lusitanos, hasta Mao en China, pasando por los levantamientos campesinos durante la Edad Media, los caballeros y *condottieri*, Clausewitz, la guerra de independencia en Estados Unidos y América Latina, muchos aspectos de la guerra de guerrilla han sido catalogados (Laqueur repasa algunas observaciones de Grandmaison, Count de Saxe, Emmerich, Ewald, von Valentini, Bianco, Blanqui, entre otros muchos). Sin embargo, a pesar de que Mao establece un cierto marco teórico, "neither he [Castro] nor Guevara had read Mao at the time" (Laqueur, 302), siendo en cambio inspirados por la experiencia de Antonio Maceo y Máximo Gómez, ya fabulada en la memoria popular, y por la instrucción que diera en México Alberto Bayo, quien había escrito un manual de instrucción guerrillera. Debray agrega que Fidel se inspiró políticamente en Martí, y luego en Marx y Lenin, pero militarmente en *Realengo 18* de Pablo de la Torriente Brau, algunos textos de Máximo Gómez y Engels, *Por quién doblan las campanas* (1940) de Ernest Hemingway; según Debray, los *Problemas estratégicos de la guerrilla antijaponesa* (1938) de Mao Tse-tung fueron leídos por Fidel Castro y el Che después de la ofensiva de 1958, y "con mucha sorpresa, leyeron en este libro lo que habían practicado apremiados por la necesidad" (*Ensayos*, 166n).

Lo que importa no es la comprobación positiva del repertorio de lecturas de los protagonistas, sino el proceso de una memoria textual que funciona convocando (ineludible y hasta casi maquinalmente) una serie de insistencias discursivas y específicos ideologemas que operan en el nivel de la producción. Por eso, queremos contrapuntear esa etapa inicial de la guerrilla guevarista con su equivalente en la probación ignaciana: "los que quedaran y resistieran las primeras pruebas -escribe el Che- se acostumbrarían a la suciedad, a la falta de agua, de comida, de techo, de seguridad y a vivir continuamente confiando sólo en el fusil y amparados en la cohesión y resistencia del pequeño núcleo guerrillero" (Guevara, 224). Es que la misión cubana sirvió para formular una experiencia cuyo futuro se definía como "seremos libres o seremos mártires" (194), en una alternativa entre "la muerte o la victoria, en momentos en que la muerte es un concepto mil veces presente y la victoria *el mito que sólo un revolucionario puede soñar*" (174, el subrayado es nuestro).

Aquella misión cubana, base de su manual *La guerra de guerrillas*, había logrado el éxito en la medida en que "el ejército de liberación fue un ejército puro donde ni las más comunes tentaciones del hombre tuvieron cabida; y no había aparato represivo, no había servicio de inteligencia que controlara al individuo frente a la tentación. Era su autocontrol el que actuaba. Era su rígida conciencia del deber y de la disciplina" (154). Esta disciplina es invisible para la gente ("disciplina informal, muchas veces no se ve" [154]), porque se sitúa en hombres no uniformados, barbudos, que parecieran no responder a ninguna jefatura y jerarquías. "Para la gente poco informada -escribe el Che- parece mucho más disciplinado el soldado regular con todo su andamiaje de reconocimientos de las jerarquías que el respeto simple y emocionado con que cualquier guerrillero sigue las instrucciones de su jefe" (154). Disciplina y adhesión afectiva a un jefe son los articuladores que se tendrán en cuenta cuando, una vez producido el triunfo de la Revolución, se haga necesario comenzar una (re)formación programática de milicias.

Ya vimos cómo el jefe emanaba del pueblo y era su vicario absoluto. Este axioma es imprescindible en un discurso que tiene que hacer del guerrillero la vanguardia de las masas oprimidas. El guerrillero enfrenta una sociedad injusta, desordenada, y por eso "empuña las armas como protesta airada del pueblo contra sus opresores, y lucha por cambiar el régimen social que mantiene a todos sus hermanos desarmados en el oprobio y la miseria" (155). Por eso, el guerrillero es "un soldado disciplinado, un soldado muy ágil, física y mentalmente" (154), que "[s]e *ejercita contra* las condiciones especiales de la institucionalidad de un momento dado y se dedica a romper con todo el vigor que las circunstancias le permitan, los moldes de esa institucionalidad" (155). Escribe el Che: "Porque la guerra de guerrillas no es como se piensa, una guerra minúscula, una guerra de un grupo minoritario contra un ejército poderoso, no; la guerra de guerrillas es la guerra del pueblo entero contra la opresión dominante" (153). Contra lo que puedan las apariencias externas, "[e]l ejército guerrillero, ejército popular por excelencia, debe tener en cuanto a su composición individual las mejores virtudes del mejor soldado del mundo" (154) para lo cual "[d]ebe basarse en una disciplina estricta" (154). Esta "disciplina guerrillera es interior, nace del convencimiento profundo del individuo, de esa necesidad de obedecer al superior, no solamente para mantener la efectividad del organismo armado [al] que está integrado, sino también para defender la propia vida" (154). Y cualquier pequeño descuido, pone en peligro la empresa en su totalidad; de modo que como "[n]adie puede descuidarse" (154), la vigilancia será el repliegue interno de la capacidad de ver que funda la teatralidad de la guerrilla.

La guerra de guerrillas "necesita sólo presentar un frente al enemigo [c]on retirarse algo, esperarlo, dar un nuevo combate, volver a retirarse" (155) define su acción. Esta operación pulsativa, como hemos visto, sumada al hecho de la invisibilidad del guerrillero, desalienta al enemigo progresivamente. Sin embargo, "esta modalidad de lucha es un método; un método para lograr un fin. Ese fin, indispensable, ineludible para todo revolucionario, es la conquista del poder político" (161). Así, como "[n]adie puede solicitar el cargo de partido de vanguardia como un diploma oficial dado por la universidad" (165), y como "[s]er partido de vanguardia es estar al frente de la clase obrera en la lucha por el poder, saber guiarla a su captura, conducirla por los atajos" (165), todo partido de vanguardia es un ejército de soldados revolucionarios. Militancia guerrillera y militancia partidista concurren a medirse por las mismas disposiciones disciplinarias y jerárquicas.

Así como el soldado ignaciano tenía que partir de una consideración exhaustiva planteada en los términos de "a dónde voy y a qué" (259), el guerrillero tiene que partir de un conocimiento absoluto del terreno en el que va a actuar: saber dónde conviene atacar, cuáles son las salidas de fuga posibles, los caminos de acceso o los lugares más protegidos, para recibir comunicaciones, refuerzos, o bien evacuar a los heridos ("[u]n herido debe ser sagrado" [64]). Se trata de tener un conocimiento minucioso del "teatro de operaciones" (155). El otro requisito indispensable será conocer las posibilidades de apoyo de la población, "fuerza revolucionaria potencial" (163), puesto que "[p]retender realizar este tipo de guerra sin el apoyo de la población, es el preludio de un desastre inevitable" (162). La verdad de esta afirmación quedará demostrada más tarde durante la experiencia boliviana.

El apoyo del pueblo es el que permite diferenciar al bandolerismo de la guerrilla. Porque si las "gavillas de bandoleros que operan en una región tienen todas las características del ejército guerrillero: homogeneidad, respeto al jefe, valentía, conocimiento del terreno, y, muchas veces, hasta cabal apreciación de la táctica a emplear" (33), les falta el apoyo del pueblo, y su fin no es otro que el de ser "exterminadas por la fuerza pública" (34).

Como el mal ignaciano, los primeros núcleos guerrilleros funcionan bajo el mando de un caudillo (134) y operan aprovechándose de todos los puntos débiles del enemigo" (36), para "tomar[los] desprevenidos" (36) y "asegurar la sorpresa" (36); sólo en la medida en que la lucha progresa, se irá conformando el ejército revolucionario y se irán estableciendo jerarquías más elaboradas ("La organización de una guerrilla," [74 y ss.]). Como "la guerra de guerrillas es una fase de la guerra que no tiene de por sí oportunidades de lograr el triunfo" (36), será necesario que el guerrillero no arriesgue su vida, aunque esté dispuesto a morir, no por un ideal, sino "por convertirlo en realidad" (37).

Para darse alguna seguridad, el guerrillero deberá tomar algunas precauciones: ejercitar la discreción, propia y ajena, tratando de que los campesinos "no comenten lo que vean u oigan" (39); deberá "adaptarse a todas las circunstancias y convertir en favorables todos los accidentes de la acción" (42); deberá ejercer un buen trato "a todos los seres humanos de la zona" (46), e incluso a los enemigos, porque de esa forma se aumentará el número de los guerrilleros o bien se ganará sus favores y servicios para las comunicaciones y abastecimientos. Lo importante es *hacer ver* "la superioridad moral del soldado guerrillero sobre el soldado opresor" (46). Para el Che, es axioma "la vigilancia de los posibles lugares de acceso" (47) y si bien la nocturnidad es la norma, al igual que los ejercicios ignacianos, "hay que variar constantemente los lugares y las horas de operación y las formas de hacerlo también" (51) para no "habituar al enemigo a una forma determinada de guerra" (51). El guerrillero "debe ser audaz" (65), "será callado" (65), no permitirse nunca una sola palabra de más, "aun con los propios camaradas de lucha" (65); "será infatigable" (65). En cuanto a la edad, no conviene aceptar "a menores de dieciséis años" (67) que muchas veces no logran soportar los sufrimientos; "la mejor edad del guerrillero fluctúa entre los veinticinco y los treinta y cinco años" (67) porque es la "etapa en que la vida ha tomado cauces definitivos para todos y quien se va, abandonando su hogar, sus hijos y *su mundo entero*, ya ha meditado bien su responsabilidad y lo hace con la decisión firme de no retroceder un paso" (67). En cuanto a su extracción social, depende de la zona, aunque el campesino "es, evidentemente, el mejor soldado" (66), ya que está acostumbrado, a diferencia del de procedencia urbana, a los rigores del monte.

El guerrillero es "como el caracol" (67), que lleva lo indispensable en su mochila, y un ideal en su corazón, lo cual explica su "devoción y firmeza" (67). Esto es indispensable si se piensa que su alimentación será arrítmica: "El guerrillero come cuando puede y todo lo que puede. A veces fabulosas raciones desaparecen en las fauces del combatiente, y otras pasa dos y tres días de ayuno, sin menguar su capacidad de trabajo" (68). Su vivienda "será el cielo abierto" (68), y convendrá que duerma sin quitarse los zapatos, por si lo sorprendiese un ataque enemigo. El Che resume así la experiencia del guerrillero:

Así irá transcurriendo día tras día, sin acercarse a ningún lugar; escapando a todo contacto que no haya ya previamente establecido, viviendo en las zonas más agrestes y pasando hambre, sed a veces, frío, calor; sudando en las continuas marchas, secando su sudor sobre él y agregando nuevos sudores, sin que haya la posibilidad de un aseo continuo. (68)

En los campamentos, fácilmente levantables, "la vigilancia tiene que ser extrema" (69), teniendo siempre por cada diez que duermen, "uno o dos en vela" (69), renovándose centinelas constantemente. Se aprenderán todos los trucos posibles para hacer la comida, y, como el combate -al igual que en la caballería andante- es "el clímax de la vida guerrillera" (69), se darán los castigos correspondientes a cada infracción mediante el obligado trabajo en tareas no combatientes, o los premios merecidos, generalmente en comida, cigarrillos y trabajos menos forzosos, porque "el humo que puede echar en momentos de descanso es un gran compañero del soldado solitario" (72). La alimentación conforma el sistema de la justicia guerrillera: "La tropa, muy sensible a la justicia, mide con espíritu crítico las raciones; nunca debe permitirse el menor favoritismo con nadie" (75). Los premios pueden ser en la obtención de armas más sofisticadas o bien en la posibilidad de formar parte del 'heroico' "pelotón suicida," siempre presente en los lugares de mayor peligro (91).

El Che hace una descripción minuciosa de lo que el guerrillero debe llevar en su mochila y de las situaciones en las que puede necesitar de ciertos elementos (medicinas, algún libro con "biografías de héroes del pasado, historias o geografías económicas" que "tiendan a elevar el nivel cultural de los soldados y disminuyan la tendencia al juego u *otra forma de distraer el tiempo*" [73]), pero en ningún momento hace mención de ninguna práctica ligada al sexo.

La disciplina guerrillera, que supone sistemas bien delimitados de vigilancia (77), "debe tener características educativas, haciendo que los guerrilleros se acuesten a determinada hora, se levantaren también a hora fija, impidiendo que se dediquen a juegos que no tengan una función social y que tiendan a disolver la moral de la tropa, prohibiendo la ingestión de bebidas alcohólicas, etc." (77-78). Las marchas se harán en el más estricto silencio de las columnas (78), y habrá comisiones interiores encargadas de limpiar el campamento abandonado para no dejar huellas (78).

En la medida en que el proceso guerrillero avance, se irán perfeccionando los sistemas de sanidad, mediante la creación de hospitales que hagan más efectiva la tarea del médico, ese "verdadero sacerdote que parece llevar para los hombres, en su mochila desprovista, el consuelo necesario" (110). Asimismo, se irá implementando la asistencia de la ciencia, la función de los higienistas y de la vigilancia médica (112).

Estas características educativas de la disciplina, desprendidas lógicamente de la obediencia a un superior, son las que regulan la vida de estos grupos homosociales, porque así como "[l]a vida nómada del guerrillero, en esta etapa, lleva a un gran sentido de cofraternidad con los compañeros," conduce también "a veces a peligrosas rivalidades entre grupos o pelotones" (80). Aquí se debe dar a conocer la astucia de la jefatura mediante "la educación de los guerrilleros desde la más temprana iniciación de la lucha" (80). El jefe tendrá que clarificarles la mente y darles lecciones de moral "que les vayan forjando el carácter y hagan que cada experiencia adquirida se convierta en una nueva arma de superación y no en un simple adminículo más para luchar por la sobrevivencia" (80). Como puede apreciarse, se descuenta, en estos casos, que el jefe es *exemplo* de moral y que su moral es la única valedera.

Lo fundamental en la enseñanza es el ejemplo dado por los jefes: "Por ello los jefes deben constantemente ofrecer el ejemplo de una vida *cristalina* y sacrificada" (80). Una guerrilla "unida ideológica y emocionalmente con el jefe" (81), evitará problemas y cumplirá las estrictas órdenes de decencia impuestas por el jefe al momento en que el grupo hace contacto con una población.

Tanto el aprendizaje como la Revolución misma serán concebidos con el tradicional esquema del "mito vegetal" de la educación: se trata de sembrar "la semilla de la Revolución" (107), o de la disciplina, que, siguiendo el proceso de crecimiento de la guerrilla, permitirá obtener "haciéndola madurar" los frutos esperados.

El guerrillero es, como hemos visto, "un verdadero elegido [que], después de haber pasado por pruebas dificilísimas para llegar a incorporarse al *reino de un ejército mendigo*" (122), ha logrado una experiencia y una disciplina interior, "no mecánica" (124), que lo hace superior.

Este aprendizaje deberá contemplar tanto lo físico como lo mental. "Deben hacerse ejercicios físicos -escribe el Che- fundamentalmente de dos tipos: una gimnasia ágil con enseñanzas para la guerra de tipo comando, agilidad en el ataque y en la retirada, y marchas violentas, extenuantes, que vayan endureciendo al recluta para esta existencia" (122). El aspecto mental, cuya base es la autodisciplina, pone el acento fundamentalmente en la necesidad de un adoctrinamiento constante "porque los hombres llegan a ingresar sin una concepción clara de por qué vienen, solamente con conceptos totalmente difusos sobre la libertad, la libertad de prensa, etc., sin fundamento lógico alguno" (123). Para esto hay que "elegir los libros para que no se pierda el tiempo en cosas que no dejen absolutamente ningún sedimento" (123), y así se procederá a favorecer la enseñanza de la historia nacional, con su desarrollo económico y la figura de sus héroes. Se insistirá naturalmente en "las nuevas verdades de la revolución" (134). "El adoctrinamiento revolucionario que dé la necesaria unidad ideológica al ejército del pueblo, es la base -afirma el Che- de la seguridad nacional a largo, y aun a corto plazo" (134).

De modo que la atención de lo corporal y lo mental está siempre teniendo como horizonte el hecho de que los "sacrificios no serán [sólo] el combate diario, la lucha cara a cara con el enemigo; los guerrilleros adquirirán formas más sutiles y más difíciles de resistir para el cuerpo y la mente del individuo que está en la guerrilla" (174).

Demás está decir que "es necesario impedir las relaciones con mujeres" (130), "controlar hasta las cartas que salen y llegan" (130), "no se debe permitir que nadie viva solo, ni siquiera que salga solo" (130), y evitar "por todos los medios los contactos personales, de cualquier índole (130), porque el guerrillero es un verdadero asceta que debe en todo momento estar muy atento a sostener la "moral revolucionaria" (126), que naturalmente "[n]o puede lograrse en los primeros días, cuando todavía hay muchos miedos, *muchas corrientes subjetivas* que van frenando la influencia de la revolución, pero [que] se logra al final con el trabajo, el ejemplo continuo" (126). De ahí que cualquier violación de la disciplina revolucionaria debe ser castigada. El castigo debe ser puntual y dirigirse directamente a lo que es el bien para el sujeto (si comer, suspenderle el plato diario; si combatir, negarle portar armas). Por eso el Che afirma:

> De todas las medidas de organización militar, una de las más importantes es la corrección disciplinaria. La disciplina debe ser (esto hay que recalcarlo una y otra vez) una de las bases de acción de la fuerza guerrillera, debe ser, también lo hemos dicho anteriormente, una fuerza que nazca de una convicción interna y esté perfectamente razonada; de allí surge un individuo con disciplina interior. Cuando esta disciplina se rompe hay que castigar siempre al que lo hizo, cualquiera que sea su jerarquía, castigarlo drásticamente y aplicar el castigo donde duela. (125)

Lógicamente, toda disciplina remite a una obediencia establecida por línea vertical de superior a súbdito, la que a su vez implica un orden centralizado: de comandante en Jefe a comandantes de regiones o de zonas, de comandantes de zona a comandantes de columnas, y así sucesivamente (124). Lo mismo ocurre, señala el Che, cuando se piensa en la organización del partido:

> A esta altura podemos preguntarnos: ¿qué es un cuadro? Debemos decir que un cuadro es un individuo que ha alcanzado el suficiente desarrollo político como para poder interpretar las grandes directivas emanadas del poder central, hacerlas suyas y transmitirlas como orientación a la masa, percibiendo además las manifestaciones que ésta haga de sus deseos y sus motivaciones más íntimas. (2: 156)

Pensados en términos de máquina, tanto el guerrillero como el cuadro se convierten en "la pieza maestra del motor ideológico que es el Partido Unido de la Revolución. Es lo que pudiéramos llamar un tornillo dinámico de este motor" (2: 158).

Finalmente, como el guerrillero abandona su mundo social y personal, como es un "mendigo," como asume la clandestinidad, como vive de un lado para otro, como no puede desarrollar tareas sedentarias, se ve obligado a desarrollar una economía basada en la colaboración del pueblo, en el saqueo del enemigo y en su propio sacrificio. El abastecimiento del material bélico es un punto táctico fundamental para continuar la lucha.

En cuanto a los abastecimientos de víveres, medicinas o vestimenta, todo ello depende de las relaciones con el campesino, en el que no se puede confiar por su tendencia a la delación y a la exageración mítica de los hechos que hacen peligrosa su información (85, 121); no obstante, "siempre hay que ayudarlo técnica, económica, moral y culturalmente" (62), cosa que puede hacer el guerrillero en virtud de su superioridad física e intelectual.

En la primera etapa de la lucha, las mercancías pueden ser donadas o pagarse con dinero circulante, si lo hubiere, dinero invisible, sea "un bono, pagaré, algo que certifique la deuda" (98). En la medida de lo posible, se tratará de amortizar la deuda cuanto antes. Si se ha logrado ya conquistar alguna parte del territorio y es posible desarrollar actividades sedentarias, "se puede llegar a las siembras colectivas, donde los campesinos trabajen las tierras a beneficio del ejército guerrillero" (98) y hasta "se pueden establecer impuestos que deben ser lo menos lesivos posible, sobre todo para el pequeño productor. Hay que atender por sobre todas las cosas las relaciones de la clase de los campesinos con el ejército guerrillero, que es una emanación de esta clase" (99). Si las condiciones no fueran benéficas, "[e]n estos casos no hay más remedio que tomar la mercancía de cualquier comerciante y que éste dependa de la buena fe, o de las posibilidades o no de hacer efectiva esta cuenta por parte de los ejércitos guerrilleros" (101).

La guerrilla también hará uso de la fuerza de trabajo de los reclutas, sea con los sacrificios y trabajos bélicos que supone la primera etapa, pero especialmente una vez que se haya logrado cierto asentamiento: "La escuela de reclutas tiene que tener trabajadores que atiendan su autoabastecimiento; para ello debe haber establos, granjas, huertos, vaquería, todo lo necesario para que no pese sobre el presupuesto general del ejército guerrillero. Los alumnos podrán ser rotativos en el trabajo de abastecimiento, mandarse castigados los más malos o, simplemente de voluntarios" (122). Todo esto debe sumarse a la explotación de la fuerza de trabajo femenina que ya hemos mencionado.

Como hemos visto para la perspectiva ignaciana, también aquí el amor al prójimo se define por una disimetría básica, que impone un intercambio compensatorio entre tener y no tener. En principio, el elemento explotable económicamente es la amistad, en la medida en que la ayuda se facilita porque "el soldado guerrillero debe ser preferentemente habitante de la zona" (63).

Sin embargo, la relación campesino-guerrillero adolece de algunas contradicciones difíciles de salvar por cuanto se diseña una superioridad "ficticia," ya que se detecta una falta constitutiva en ambos polos de la relación: mientras el guerrillero es un elegido que constituye la vanguardia del pueblo, resulta que carece de todo saber sobre los sufrimientos del campesinado; los guerrilleros "saben" de la necesidad de un cambio y aportan su conocimiento de armas, que por otra parte sólo logran una vez que se han hecho guerrilleros. El pueblo aporta bienes, servicios y también un saber no formulado, según parece, para adquirir la iluminación guerrillera que los conducirá a la propiedad de la tierra. Los poderes de palabra y seducción serán también armas del guerrillero, por cuanto sus "sermones" y su alta moral permitirán captar la colaboración campesina. Sin embargo, su tarea en el campo de lucha tendrá como finalidad hacer "que la situación de los habitantes del lugar se [haga] carne en su espíritu" (63), comprendiendo de ese modo la necesidad imperiosa de la justicia y de la realización de cambios, de los que sólo tenía conciencia teórica "pero cuya urgencia práctica estaba escondida la mayor parte de las veces" (63). Esto hace que el guerrillero se desprenda del todo social y actúe por una motivación idealista (son "jóvenes idealistas" [92]), por una adhesión a una causa cuya base no es ningún materialismo (dialéctico o no) sino un presupuesto religioso, una fe, una creencia. El Che Guevara sintetiza la relación campesino-guerrillero de la siguiente manera:

> Y esto sucede muy a menudo porque los iniciadores de la guerra de guerrillas o, por mejor decir, los directores de la guerra de guerrillas, no son hombres que tengan la espalda curvada día a día sobre el surco; son hombres que comprenden la necesidad de los cambios en cuanto al trato social de los campesinos pero no han sufrido, en su mayoría, las amarguras de este trato. Y sucede entonces -y aquí estoy ampliando la experiencia cubana y partiendo de ella- que se produce una verdadera interacción entre estos directores que enseñan al pueblo con los hechos la importancia fundamental de la lucha armada y el pueblo mismo que se alza en lucha y enseña a los dirigentes esas necesidades prácticas de que hablamos. Así, del producto de esta interacción del guerrillero con su pueblo, surge la radicalización progresiva que va acentuando las características revolucionarias del movimiento y le van dando una amplitud nacional. (63)

No se trata, como quiere James Petras (164), de asignar a los directores de la guerra de guerrillas, como el Che o Fidel, o a los intelectuales de la izquierda latinoamericana el concepto gramsciano de "intelectuales orgánicos"; por el contrario, no sólo no provinieron de las clases que querían representar y conducir, sino que aspiraban, en los mejores casos, a definir al campesinado -no sin mitologías- como su horizonte de organicidad. Por otra parte, al menos como la historia latinoamericana reciente lo muestra y demuestra, y como lo saben muy bien los populismos, el afán campesino no va más allá de la posesión de la tierra y muy precariamente avala los más caros postulados revolucionarios que sostienen los dirigentes.

Como vemos, el sacrificio del guerrillero tiene base en una falta esencial: el íntimo secreto de aquello que quiere representar. Se hunde en el monte, en la clandestinidad, como quien se hunde en las profundidades del mar en busca de un tesoro probable. Estamos en el núcleo de la motivación religiosa del guerrillero, y fundamentalmente de los dirigentes guerrilleros: no un afán mesiánico, que podrá en tal caso desarrollar después, sino una deuda, una culpabilidad esencial que le viene del Otro como un saldo cuya amortización se hará con flagelación, martirio, sacrificio, exilio. Esta deuda esencial se colma y se encubre con la soberbia intelectual, que como una gracia desciende al pueblo para iluminarlo en ese alegado deseo de liberación que no atina a dar con su palabra. Es probable que esa "aspiración libertaria" (153) del guerrillero venga de su propia insatisfacción con el sistema y la proyecte sobre el prójimo como forma de abrir el espacio de una gesta que lo redima a él mismo frente a la potencia de ese Padre que lo obliga al sometimiento o al exilio.

Así, frente a la invisibilidad de la deuda propia, el guerrillero impone la visibilidad de su economía para con el prójimo, exigiendo que "[d]ebe siempre respetarse el derecho del poseedor a recibir un pago por las pertenencias utilizadas para el bien social, pero ese pago se hará en bonos ("bonos de esperanza," les llamaba nuestro maestro el general Bayo, refiriéndose al vínculo que queda establecido entre deudor y acreedor)" (62). De ahí que las "mercancías que no pueden comprarse serán pagadas con bonos y rescatados los mismos en la primera oportunidad" (62) y que "[l]a propiedad privada deberá adquirir en las zonas de guerra su función social. Vale decir, la tierra sobrante, el ganado no necesario para la manutención de una familia adinerada, deberá pasar a manos del pueblo y ser distribuido equitativa y justicieramente" (62).

El jesuitismo aquí es rampante: el guerrillero se otorga a sí mismo el privilegio de establecer los protocolos de distribución por medio de una justicia que él mismo define, quedándose con lo necesario y dando "gratuitamente" lo que no le pertenece, salvo por apelación a una propiedad común que se ubicaría religiosamente en el principio de los tiempos. Sus servicios armados se cobran por medio del saqueo de las armas y por medio de la cesión gratuita de "mano de obra" militar que el campesino aporta al ingresar a la guerrilla; sus servicios sociales se brindan por medio de una distribución que no pone en juego el sistema de propiedad en sí, sino que se conforma con una equitativa distribución realizada desde sus propias convicciones. El pueblo, en todo esto, aporta soldados, mercaderías y servicios, recibiendo en pago "bonos de esperanza" que, como las gracias divinas, vienen de arriba y se le imponen, con todo el aparato teológico revolucionario, sin que pueda mayormente expresar sus propios criterios.

La palabra del campesino está nuevamente enajenada en la soberbia intelectual del revolucionario. Por eso esta "concepción bancaria" (Freire, *Pedagogy*, 57-74) en la que se sitúa la palabra, impone que se le dé al campesino, en pago por su trabajo, una doctrina que, en sí misma, le tendría de antemano todo resuelto. Sólo se le pide adhesión, como quien pide veneración: para eso se le muestran las llagas del sufrimiento y del martirologio guerrillero, de una manera facilitada. El Che resume así:

> Gentes con características tan notables de devoción y firmeza que les permitan actuar en las condiciones adversas ya descritas, tiene que tener un ideal. Este ideal es simple, sencillo, sin mayores pretensiones, y, en general, no va muy lejos, pero es tan firme, tan claro, que por él se da la vida sin la menor vacilación. Es, en casi todos los campesinos el derecho a tener un pedazo de tierra propia para trabajarla y a disfrutar de un trato social justo. Entre los obreros, tener trabajo, recibir un salario adecuado y también un trato social justo. Entre los estudiantes y profesionales se encuentran ideas más abstractas como es el sentido de la libertad por la que se lucha. (67-8)

El soldado recibe en pago de sus servicios y sacrificio el intangible dinero del honor: honor de pertenecer a esa "niña mimada" de la columna guerrillera que es el "pelotón suicida" (91), honor de incorporar una disciplina interna que lo protege de todas las tentaciones del diablo capitalista y del sexo luciferino, honor de formar parte de una leyenda, y fundamentalmente el honor de inmolarse, en el momento preciso, para poder calzar en la horma del ideal del héroe, cuya consistencia es justamente la santidad.

9. Reformismo y revolución: la promoción del modelo inimitable

Un primer balance de estas dos empresas (la ignaciana y la guevarista), nos permite aseverar su carácter fundamentalmente reformista, y no revolucionario, en la medida en que los sistemas propuestos no modifican y se atienen a reproducir, en lo económico y en lo ideológico, la estructura de un poder centralista, jerárquico y paternal; son reformas (y no revoluciones) que permiten definir la subjetividad requerida para afrontar empresas expansionistas de gran alcance, inter y transnacionales. Ambas se ligan a un ideal secular que está por encima de las posibilidades humanas y sirven de apéndices a instituciones ya definidas (Papado, Partido-Revolución). Ambas cubren las dos etapas de desestabilización del Otro vigente y promoción del Otro reformado. Ruptura y sustitución de sistema son las operaciones básicas que se afrontan mediante estrategias y tácticas militares: armado de un ejército que destruya al vigente y lo sustituya para emprender, mediante la reforma, una construcción de instituciones más acordes con el ideal sostenido.

A pesar de que tanto Ignacio como el Che insisten en el carácter provisorio y en la elasticidad de sus esquemas de trabajo, ambos proponen la generalización de una experiencia mediante textos que, necesariamente, tienden a rigidizarse e imponerse como modelos. Lo que está además en la base de todas estas escrituras suspendidas en su propio limbo, es la validez misma de la experiencia y su afán de generalización. En primer lugar, se parte de una experiencia a la que se le adjudican caracteres de originalidad, pureza y, por ende, no contaminación con residuos textuales anteriores; la experiencia, en segundo lugar, tiene un valor ejemplar, absoluto: quien no haya pasado por ella, carece de toda posibilidad no sólo de referirla sino de autorizarse en su consideración crítica: "Es evidente que la Unión de Jóvenes Comunistas, como organismo menor, como hermano menor de las Organizaciones Revolucionarias Integradas, tiene que beber allí de las experiencias de los compañeros que han trabajado más en todas las tareas revolucionarias, y debe escuchar siempre -con respeto- la voz de esa experiencia" (2: 166). Sin embargo, vamos a encontrarnos con una paradoja: la experiencia se generaliza para que sirva de ejemplo, pero a la vez para que no se la pueda cumplir. En efecto, no siendo un "modelo," sino apenas un esquema o manual, la experiencia trabaja -como ocurrirá con Camilo Cienfuegos- para promover lo imposible: la colectivización de la santidad. En el caso del teatro, esto tomará perfiles místicos, cuando Grotowski (185-99) admite la imposibilidad de generalización de la experiencia, asimilándola a su inefabilidad. La experiencia es siempre un contacto no verbalizable con la verdad, que se produce en ese lugar incierto de la subjetividad y que, reservada y secreta, sólo puede apenas aspirar a ser "signo."

Así, la escritura se impone para subrayar el carácter excepcional del santo, lo cual la reposiciona como una máquina discursiva que tiene como función la promoción de un ideal a seguir por todos, pero estableciendo "camufladamente" la base del incumplimiento generalizado. El ideal se coloca superyoicamente como mandato a seguir y a la vez imposible de alcanzar, salvo por individuos excepcionales, es decir, autoinmolados. La verdadera eficacia y su efectivo rendimiento en el campo sociopolítico no están en medir el fracaso, sino en instalarse en el interior del sujeto operando allí sin pausa hasta los límites del martirio, la autoflagelación, la culpabilidad, que se convierten en las fuerzas motrices del proceso.

Por eso Ignacio se ocupa de establecer cuidadosas anotaciones para asegurar que los "ejercicios" instalen a cada momento la autoconciencia de lo inalcanzado (e inalcanzable) y que las "constituciones" admitan el pragmatismo necesario para lograr una jerarquía en la Compañía establecida sobre méritos sacrificiales efectivamente probados y posibles.

En el Che, contra lo que pudiera pensarse, la excepcionalidad no está ejemplarizada por Fidel Castro sino, como bien lo explicita la dedicatoria "A Camilo" (27-28) que oficia a manera de prólogo a *La guerra de guerrillas*, la máquina de la santidad se manifiesta perfectamente instalada en la figura de Camilo Cienfuegos.

Esta "dedicatoria" da el tono y la clave para la lectura del resto del texto; se fijan en ella los parámetros culturales en los que el manual debe considerarse, porque ese manual procede justamente de una experiencia guerrillera cuyo resultado es la figura de Camilo.

En efecto, Cienfuegos es el "más grande jefe de guerrillas que dio esta revolución [cubana]," "revolucionario sin tacha" y "amigo fraterno" (27); todo el manual se autoriza en él, quien seguramente "hubiera aprobado -dice el Che- este manual donde se sintetizan nuestras experiencias guerrilleras, porque son el producto de la vida misma" (27); el manual quisiera producir otros "Camilos," pero inmediatamente se señala el carácter de excepcionalidad del personaje: "él le dio a la armazón de letras aquí [*Guerra de guerrillas*] expuesta la vitalidad esencial de su temperamento, de su inteligencia y de su audacia, que sólo se logran en tan exacta medida en ciertos personajes de la Historia" (27). La escritura entonces queda "suspendida" en la medida en que quiere generalizar una experiencia que produce exactamente aquello que no puede reproducir.

La contradicción se salva por un malabarismo discursivo cuya garantía final está en la figura "evangélica" de Fidel Castro: según éste, Camilo "no tenía la cultura de los libros, tenía la inteligencia natural del pueblo, que lo había elegido entre miles para ponerlo en el lugar privilegiado a donde llegó, con golpes de audacia, con tesón, con inteligencia y devoción sin pares"; es que "Camilo practicaba la lealtad como una religión; era devoto de ella" (Guevara, 27). El pueblo opera aquí como una garantía indiscutible en el propio seno de la "certeza" marxista del pueblo como hacedor de la historia. La inteligencia del pueblo es "natural" y desde allí puede, en el fondo y a la larga, no equivocarse nunca históricamente; se opone indudablemente a otra inteligencia "no natural," en la medida en que -como puede verse a lo largo de los textos de la izquierda, sean del Che o de los múltiples grupos de la época, incluyendo a los grupos teatrales- requiere de un largo aprendizaje que los prepare para trabajar en la cultura (ya hemos visto los adjetivos que caracterizan esta inteligencia "natural" como animal). La mediación entre la inteligencia natural y la no natural está dada por un hecho milagroso: la figura del conductor. Fidel -escribe el Che- "encarna como nadie la voluntad del pueblo," puesto que "pueblo y Fidel marchan unidos" (27). Por lo tanto, "nuestro héroe" es tal en la medida en que procede del pueblo, tiene su inteligencia natural y, por lealtad a Fidel, que es el pueblo, logra superar su animalidad y encausar "revolucionariamente" su audacia.

Estamos, como se ve, en el meollo de una cuestión que, para no exagerar los términos, podríamos denominar "textual." En los textos del Che, Fidel surge del pueblo (afirmación, por otra parte, históricamente falsa), es el pueblo; tiene como tal la capacidad de autorizar y garantizar a los héroes. Además, Fidel surge siempre en los términos de una figuración apostólica: Fidel y sus doce soldados, imagen rotunda que se repite en varios momentos de su obra, incluso para cuando el Che mismo, en Bolivia, recupera parte de una euforia ya minada por el fracaso, al sentirse rodeado de los restantes doce combatientes. La relación

Fidel-Che, en la dimensión de los textos, aparece como una disputa por el lugar de la conducción, un drama entre padre e hijo, paternidad y filiación, que es indudablemente un ideologema del período. Lo que ahora nos interesa es subrayar esta dimensión cultural que los textos tratan de verbalizar: lo increado de Fidel, la obediencia que supone convertirse en un apóstol suyo y el carácter heroico que finalmente Fidel sólo puede autorizar, en la medida en que es el articulador entre el mundo natural y el mundo no natural. ¿Es este mundo no natural un mundo histórico? Como ya hemos visto, la pregunta se contesta rápidamente: no, el mundo no natural es mundo mítico, un mundo ritualizado, de leyendas, un mundo ejemplar. Fidel y sus héroes carecen de biografía; ellos se definen por las anécdotas que promueven, cuyo carácter ejemplar configurará un texto hagiográfico de consulta imprescindible para entender qué es un revolucionario, qué es un guerrillero. La anécdota es "el distintivo precioso que tan pocos hombres alcanzan de dejar marcado lo suyo en cada acción" (Guevara, 27). Lo que define pues al conductor o al héroe no es la acción, sino su carácter de individualidad ejemplar "sin pares." El "genio" de Camilo, no obstante, no es el de Fidel: Camilo era hombre de "mil anécdotas, las creaba a su paso con naturalidad" (27); su figura hay que dejarla en "líneas generales, sin ponerle ribetes precisos a su ideología socioeconómica que no estaba perfectamente definida" (28); en cambio Fidel se mueve en otro nivel: conoce siempre el más allá de la acción, el objetivo que permanece oculto para el resto de su compañía; no se define por una inteligencia natural y por lo tanto no necesita cumplir la parábola del héroe.

Pero volvamos al funcionamiento de la máquina de santidad, ya que el texto no deja de referirnos a lo religioso, a la devoción, al sacrificio y a los mártires. El Che, frente a Camilo, hace la pregunta esencial: "¿Quién lo mató?" (27). La pregunta se contesta deconstruyéndose a sí misma para dejarnos ver la apertura cristiana de la división cuerpo/alma: "Podríamos mejor preguntarnos: ¿quién liquidó su ser físico? porque la vida de los hombres como él tiene su más allá en el pueblo; no acaba mientras éste no lo ordene" (28). El pueblo es el más allá de la muerte y se conecta en relación de sustitución simple con la isotopía cristiana: el pueblo es la bienaventuranza, es lo divino, es entonces lo que está fuera de la historia. Pero el pueblo es el prójimo y es la muerte. Nos topamos aquí con una resemantización que, en cierto modo, Sartre ya nos había previsto: el otro es la muerte, el prójimo se define, sea enemigo o no, sea ejército capitalista o pueblo revolucionario, por su carácter letal. Pero también consagra. El Che agrega, como si ya hubiera intuido la elaboración lacaniana del superyó: "Lo mató el enemigo... y lo mató su carácter. Camilo no medía el peligro, lo utilizaba como una diversión, jugaba con él, lo toreaba, lo atraía y lo manejaba" (28). Lo mató el enemigo por ser guerrillero de un ejército rebelde, lo mató el enemigo porque Camilo ofrendaba su audacia a la causa del pueblo, porque seguía los mandatos de la revolución; pero también lo mató -si queremos usar términos psicoanalíticos- un superyó aliado del Ello, un goce ligado a una pulsión mortífera. Es el resultado de la máquina de santidad instalada a la perfección en el lugar de un sujeto: esto tiene una tradición cristiana ineludible y por eso insistimos en negar el carácter revolucionario, marxista, de toda esta discursividad.

Esta remisión a la muerte es lo que permite "entrar en la Historia" (28). Se entra en la historia al procesar la subjetividad dentro de un relato maestro en el que se pasa de lo natural a lo sobrenatural, por medio de la devoción y la obediencia, por medio de la fe y de la pureza, todas ellas con el fondo de un pueblo concebido en términos letales y un conductor que lo emblematiza. Pero la máquina no siempre produce "Camilos" como productos terminados; su función es justamente promover una distancia inalcanzable que asegure la perennidad de la obediencia, la eficacia de la militancia y, sobre todo, cancele todo acceso generalizado a la historia y al "lugar" del jefe, a la conducción misma. Escribe el Che:

> Habrá muchos Camilos, dijo Fidel; y hubo Camilos, puedo agregar. Camilos que acabaron su vida antes de completar el ciclo magnífico que él ha cerrado para entrar en la Historia. Camilo y los otros Camilos (los que no llegaron y los que vendrán), son el índice de las fuerzas del pueblo, son la expresión más alta de lo que puede llegar a dar una nación, en pie de guerra para la defensa de sus ideales más puros y con la fe puesta en la consecución de sus metas más nobles. (28)

Y hay que recalcar: "no ha habido en esta guerra de liberación un soldado comparable a Camilo" y por ello es objeto de "permanente evocación cotidiana" (28). La palabra "liberación" tiene aquí toda la tragicidad del Edipo: uno puede liberarse del padre, pero no del Padre; confundir los términos *otro y Otro* define la diferencia entre reforma y revolución, pero además conlleva los riesgos de una eterna ceremonia en donde, como en la perversión, uno trabaja siempre para el Otro a expensas del otro. El perverso es el gran obediente.

CAPITULO V
PRÁCTICAS TEATRALES DE LA UTOPÍA

> La totalidad es falsa.
> (Oscar Villegas, *La paz de la buena gente*, 43)
>
> Los Teatros Independientes prácticamente han desaparecido. Los grupos que quedan... como son grupos que no tienen dinero, se ven obligados a producir espectáculos que les aseguren un cierto éxito, una cierta acogida del público para estar en condiciones de seguir produciendo espectáculos. Pero el problema que tienen para mí estos grupos, es que se han convertido -cosa que es nueva en el Teatro Independiente- en fábrica de espectáculos. Convertirse en fábrica de espectáculos significa que tenés que fabricar un espectáculo que la gente va a comprar. Estás obligado a que la gente lo compre porque si no, no podés seguir fabricando. (Osvaldo Dragún, "Entrevista," 7)

En los capítulos anteriores hemos realizado un recorrido a fin de sentar las bases para abordar el imaginario de la revolución durante los *sesentas* tanto en América Latina como -con sus diferencias- la práctica contestataria de la minoría chicana en Estados Unidos). Con ese trabajo sobre las textualidades fundantes y emblemáticas de Sartre y Che Guevara, sus prolongaciones y recontextualizaciones, podremos ahora atender los discursos que los teatristas promovieron durante este período. No vamos a detenernos en contabilizar sus aciertos y sus errores, ni tampoco en detallar -salvo en aquellos casos que así lo requieran- lo que haya quedado de sus descubrimientos en los textos dramáticos que disponemos; a su vez, como ya es recurrente, poco será lo que digamos de los espectáculos en sí, de los cuales sólo contamos con algunas fotografías publicadas en revistas especializadas para sostener -la intención que anima este ensayo no es "demostrar"- algunas de nuestras hipótesis. De modo que el *corpus* sobre el que vamos a trabajar es una extensa documentación, formada por ensayos, entrevistas, discusiones en foros, realizadas por autores, directores o grupos, en los que detallan el proyecto que los anima, el programa con el que trabajan y, si no el teatro que hacían, al menos el teatro que creían hacer y las postulaciones que creían estaban en la base de sus mejores intenciones.

Ya hemos visto cómo en el proceso del capitalismo en tanto tal, el progreso del panoptismo se suma a la instalación del sistema disciplinario de la obediencia (jesuítica), para conformar ese superyó sin el cual parece no poder funcionar ninguna organización contestataria. En América Latina, el proceso revolucionario, amén de configurar sus estrategias sobre la base del atentado al sistema vigente, destrucción del mismo y reemplazo por otro basado en la justicia social, hay que sumar la reproducción de los esquemas homosociales (pero nunca homoeróticos) de toda institución que alega ampararse y, por ende, garantizar el "carácter viril" (Martí, 459) de su empresa orientada hacia los destinos de la nación. Esta configuración religiosa y masculina con las que se imagina la revolución y las huestes revolucionarias, ligadas al proceso del cristianismo en su versión latinoamericana, diseña posiciones que reproducen, como una matriz simbólica, los postulados del enemigo, cualquiera sea la virulencia de sus proyectos imaginarios de subversión. "La teinture religieuse -qu'elle soit nature ou coloration- des luttes de libération nationale et sociale est -medita Régis Debray (15)- un fait incontesté qui appartient à l'histoire d'hier et d'aujourd'hui. Y agrega:

> En Amérique latine particulièrement, la culture chrétienne déborde le christianisme et lui survit dans le "socialisme scientifique." Pardelà le messianisme traditionnel et ostensible -soif de justice et espérance du Royaume-, c'est la morale sacrificielle du devoir qui anime des militants immédiatement confrontés au martyre: les thèmes du rachat par la souffrance, du salut dans la mort, de l'expiation du passé s'habillent dans le vocabulaire marxiste-léniniste, en des termes qui laisseraient Marx et Léni-ne perplexes, dérivés qu'ils sont des mystiques castillanes, et de Marti l'"Apôtre," sinon de Sénèque l'Ibère. (16)

El recurrente lenguaje religioso cristiano, todo él trasladado al discurso revolucionario, siempre organizado alrededor del pecado, de la redención, del sacrificio y la autoinmolación; nos permite comprender cómo, incluso en Cuba, y según lo muestra la *Declaración del Primer Congreso Nacional de Educación y Cultura* (realizado en abril de 1971), se concilió con el catolicismo, aunque no se favorecieron las religiones africanas, y se las tildó de "sectas," junto con los Testigos de Jehová, el Bando Evangélico Gedeón, siempre sospechosas de trabajar contrarrevolucionariamente.

De ahí hemos derivado el carácter perverso de este imaginario de la revolución en el cual parece promoverse la total transgresión a la vez que, dentro de las fórmulas rituales de la obediencia al Otro, el sujeto apenas logra una economía libidinal en la autoinmolación, siendo del Otro la satisfacción conseguida. Como lo señalara José Ángel Valente, ("Cuba: dogma y ritual") el problema de la organicidad del intelectual se convirtió en el punto central de discusiones entre los desarrollos de la base económica y las supervivencias o memoria cultural de la superestructura. Valente señala el creciente despliegue represivo sobre la cuestión racial, sexual y religiosa en la ya citada *Declaración del Primer Congreso*:

Teatralidad y experiencia política en América Latina

Lo que los educadores cubanos sitúan en el centro del proceso educativo y cultural es lo que ellos mismos llaman el "monolito ideológico." Alrededor de este símbolo venerable desencadenan los educadores una agitada zarabanda. El ritual es manifiestamente de exorcismo. Se trata, a todas luces, de visibilizar las entidades diabólicas que han de ser sometidas o eliminadas. Lugar preferente de la serie diabólica es el otorgado a los intelectuales, que pueden atentar contra la intangibilidad del "monolito." (*Caso Padilla*, 130)

No debe asombrar que lo más diabólico sea el intelectual homosexual, porque él reúne en sí dos "peligros" (por homosexual y por intelectual) para la estructura homosocial y obediente con que se imagina al hombre nuevo y a la nueva sociedad. Es la práctica artística de los intelectuales homosexuales la que preferentemente hay que controlar, impidiéndoles ganar influencia sobre la juventud y representar a la revolución en el extranjero. Valente no parece, en esto, dar una debida mirada histórica, cuando se pregunta hasta qué punto el porvenir cubano (o el de la utopía revolucionaria en general) corresponderá al sueño de Martí, del Che Guevara e incluso del mismo Fidel "en su día" (131). Pues bien sabemos que el "carácter viril" de la revolución y la moral cristiana son componentes permanentes de la concepción revolucionaria en América Latina.

Se entiende que, para asegurar la moral y pureza de la revolución, el encuadre panóptico suponga un esquema carcelario (por ende policial) cuya ratio se define por ser una totalidad sin fisuras, donde todo es dado a ver. Si es, además, como dice Michel Foucault, "un lieu privilegié pour rendre possible l'expérimentation sur les hommes" (*Surveiller*, 206), y si "fonctionne comme une sorte de laboratoire de pouvoir" (206), el modelo de la obediencia lo interioriza amalgamando las rebeldías y diferencias a un orden jerárquico de sometimientos escalonados en la certeza de un saber del Otro inapelable. Panóptico y obediencia, o su correlato en la vergüenza sartreana o en el régimen paranoico de las militancias clandestinas, van a configurar un "modèle généralisable de fonctionnement; une manière de définir les rapports du pouvoir avec la vie quotidienne" (Foucault, *Surveiller*, 206-207) que, amparadas en el juego con las máscaras sociales y la instalación de un "secreto" compartido, se proyectan en otros procesos de producción sociocultural reproduciendo su "système architectural et optique" (Foucault, *Surveiller*, 207). El teatro no ha escapado, como hemos visto, a estas modelizaciones, y por ello son parte de sus preocupaciones, especialmente en el caso de la creación colectiva -aunque no exclusivamente- las cuestiones del autoritarismo del autor, del texto o del director, la redefinición de códigos teatrales, muchos de ellos, como veremos, orientados hacia la puesta en visibilidad de la dramaturgia burguesa y, especialmente, hacia la puesta en visibilidad del secreto del pueblo, para liberarlo de la contrarrevolución y amarrarlo a la vez a un orden represivo que le sería moralmente más conveniente y del que sería un soldado más, un cómplice más, un instrumento de la gran maquinaria.

Entendemos así que la instalación, arquitectural y dramatúrgica, de la "cuarta pared" devenga un refinamiento invertido del panóptico por el cual se crean efectos imaginarios (como los que produciría hoy el control remoto frente al televisor), mediante el posicionamiento del espectador como ocupando el rol de ver y el de los actores -como los individuos en la vida social generalizada- fingiendo no ser mirados; esta ilusión entretiene imaginariamente de lo que, en lo simbólico y en lo real, constantemente se impone como "le risque d'être surpris et la conscience inquiète d'être observé" (Foucault, *Surveiller*, 204).

El teatro de los *sesentas* se obsesionó en su afán de hacer visible la escena que la representación (capitalista) ocultaba, y si Bertolt Brecht jugó aquí un papel importante, no lo fue tanto como para llevar la crítica hasta sus últimas consecuencias y favorecer el desmontaje de las condiciones materiales de la estructura de teatralidad que hemos denominado *teatro* en nuestro capítulo primero. Más que una propuesta de teatro socialista, la postulación brechtiana se presenta -en su encuadre simbólico- como un teatro científico correspondiente a la etapa industrial del capitalismo. De ahí las diversas polémicas que suscitará en América Latina, por parte de los dramaturgos o los grupos de teatristas, la relación con Brecht, siempre problemática. Por una parte, porque -como sucede siempre en la situación colonial- es necesario avalar ciertas prácticas con discursos ya consagrados en los espacios hegemónicos (incluso de la hegemonía socialista); pero a su vez, también es necesario reciclar lo ajeno dentro de los protocolos correspondientes a la propia tradición histórico-cultural que adopta la que viene de afuera. Como sucedió con otras estéticas de origen europeo -el naturalismo o el absurdo- se insertaron o se recepcionaron en la periferia dependiente como *técnicas* al servicio de la empresa contestataria o liberacionista.

Este pasaje de lo hegemónico a lo periférico como transformación de una estética en una técnica se corresponde con un complejo proceso socio-económico ligado a la elaboración de la falta (de poder, de tecnología, de armas) en la construcción de la historia dentro del espacio colonial. Por eso Osvaldo Dragún va a limitar la influencia de Brecht en su teatro, para adherirlo a la tradición del circo, del sainete y del grotesco ("Entrevista," 12-14); Griselda Gambaro va a cuestionar la filiación que los críticos hacen de su teatro a los postulados del absurdo o de la crueldad artaudiana, para convocar su teatro en las tramas del sainete y del grotesco (Gambaro, 13); finalmente, Luis Valdez va a situar su teatro, especialmente sus *Actos*, en un enclave problemático: "El Teatro Campesino is somewhere between Brecht and Cantinflas" ("El Teatro Campesino," 55). De modo que si hay un "modelo Brecht" (de Toro) operando en las prácticas teatrales (dramatúrgicas o espectaculares), no pasa de ser una incorporación técnica destinada a cuestionar las condiciones de visualidad y visibilidad del teatro como tal. Como veremos más adelante, en ningún caso era posible, por las condiciones materiales de América Latina y especialmente de los grupos contestatarios de la izquierda -con el TEC de Enrique Buenaventura como única excepción- llevar a cabo un programa estético como el que supone la estética brechtiana.

Teatralidad y experiencia política en América Latina

Para hacer visibles las condiciones de opresión, tanto valía recurrir al realismo, al absurdo o al distanciamiento brechtiano. Y así como en el trabajo del grupo teatral, según lo expresa Carlos José Reyes, "[e]l objetivo más profundo de la improvisación [era] 'asaltar' la obra, como si fuera una fortaleza, atacándola por distintos ángulos y niveles, a fin de no matar su pluralidad de significados inherentes a toda verdadera obra de arte" (*El teatro latinoamericano de creación colectiva* [en adelante *TLCC*], 107); también en la base de todas las estrategias espectaculares, como veremos, estaba funcionando *la teatralidad de la guerrilla*, cuyo postulado mismo suponía un asalto a la "cotidianidad" o "acostumbramiento" en la protocolización de la verosimilitud del espectador.

De lo expuesto se deduce que, sobre el horizonte y con el imperativo de hacer orgánico al intelectual, siempre híbrido en su posicionamiento social, el panoptismo y el aparato disciplinario tomaron tres lineamientos preferenciales:

a) *parámetro padre-hijo*: establece un vector vertical de dependencias y acatamientos, que se representa en el orden *familiar* de la sociedad (sexual, racial, clasista); supone un total sometimiento del hijo que, en la imposibilidad de satisfacer el mandato paterno, se inmola para exorcizar la culpabilidad que surge de su incumplimiento. Es un encuadre modelizante y uniformizante, pero también transgresivo en tanto genera un deseo de *querer ser* el padre.

b) *parámetro de la obediencia*: estrechamente ligado al anterior, establece también un vector vertical, pero su eficacia se mide por la adecuada instalación en el sujeto del aparato de control de su propia conducta: no se rige por la presencia del padre sino por la resonancia de su voz. Supone un total aniquilamiento de la voluntad y tiende a cancelar toda emergencia del deseo de *querer ser el padre*, mientras que a su vez, tranquiliza, en cuanto releva de los cargos criminales por obediencia debida.

c) *parámetro de la perversión*: admite y sintetiza los dos anteriores, por cuanto establece un ritual en el que la aparente transgresión se cancela dentro de una economía que, en su estructura, muestra al perverso formando parte de un contrato en el que, fuera de ocupar el lugar de sujeto, se instala como un obediente, es decir, ocupa la posición de objeto del deseo del Otro en la fórmula lacaniana del fantasma.

Cada uno de estos parámetros, que se conectan y reenvían unos a otros, puede ser leído en la abundante bibliografía sobre la creación colectiva, en los manifiestos de los grupos, en sus concepciones teatrales, en sus experimentaciones y utopías. Estos parámetros determinan una serie de imágenes teatrales que María Bonilla y Stoyan Vladich ya han contabilizado para el teatro latinoamericano, aislando una serie de núcleos tales como Dios-Familia-Patria, miedo-represión, migración y otros que se derivan de ellos, y revisando una gran cantidad de textos editados e inéditos. Si bien no va a ser objeto de este ensayo revisar la extensa producción dramática del período, conviene dar algunos ejemplos paradigmáticos de la forma en que nuestros parámetros se instalan a nivel de las temáticas y de la concepción escénica que surge de las didascalias.

1. Los autores: formas y temas

1.1 *Rozenmacher y la paternidad*

En capítulos anteriores aludimos a la escenificación de *El Lazarillo de Tormes* realizada por Germán Rozenmacher. No es necesario subrayar aquí cómo el parámetro padre-hijo cruza *Réquiem para un viernes a la noche* (1964), y cómo el de obediencia define el conflicto de *Simón Brumelstein, el caballero de Indias* (estrenada en 1982). Sin embargo, desde el comienzo de *El Lazarillo* la acción se sitúa como dada a ver y escamoteada a la mirada. Los actores aparecen en escena, "esta vez a este teatro, para esta noche, para este país" (8), para instalar -fingiendo que lo hacen habitualmente- sus trastos; acumulando signos -"memorias"- de muchas edades, lugares y actuaciones, como atrapados por esa "vieja rutina" (8), los actores hacen gran reverencia al público y de pronto entra el inquisidor; entonces, los actores que están montando los elementos del espectáculo *se sienten mirados*, el ritmo decrece, la expectativa se centra en el inquisidor a quien todos sienten ahí aunque *nadie lo mire ni aparente verlo* (8, el subrayado es nuestro).

El inquisidor mira a los actores y mira al público; luego, los actores esconden tras un biombo instrumentos de tortura. El Lazarillo "mira a[l] inquisidor y a [los] actores, [el] inquisidor ahora mira al público" (8), se dirige al biombo y "como un siniestro bufón, con la mano invita a actores y también a público a subir para probar los instrumentos de tortura" (8). En estos juegos ópticos, *sólo las convenciones del teatro, que se mantienen* (el Otro como tal), a diferencia -como veremos- del teatro invisible en Boal, pueden hacer freno a la extraña dialéctica de enmascaramientos entre el público, los actores y el inquisidor. Si la escena inicial intenta hacer visibles las condiciones de producción teatral y si la alegoría quiere conectar sociedad y teatro homologando los sistemas de represión en una y otro, haciendo visible la tortura de una a través de la *representación* en el otro (Foster, "Germán Rozenmacher," 131-133), la transgresión se cancela cuando el espectador asiste a otra representación teatral, cuando los actores cumplen un guion que los sitúa a la vez como actores y como personajes, y cuando el público y actores, finalmente, terminan dando culminación a los tres momentos de la gramática sado-masoquista: mirar, ser mirado, se mira.

Si el final de la pieza puede parangonarse al "caso Padilla," esto no hace más que presentarse aquí como una especie de desdoblamiento de la perversión, una metaperversión, en la medida en que, como se trata de un espectáculo, lo único que queda es hacer un guiño a los otros; el Lazarillo, ahora, se ha apropiado de la representación, convirtiéndose en el representante y en resonador mecánico de la voz del Otro: "Vamos mis actores, vamos a otra parte" (Rozenmacher, *Lazarillo*, 41).

Si el encuadre colonial lo autoriza a servirse de cualquier propuesta que esté a la mano -para lograr "ese teatro total que nos pueda expresar" (Rozenmacher,

4), haciendo nuevamente el pasaje de estética a técnica- "más allá de dogmatismos, [de] escuelas o tendencias que, como el naturalismo, el absurdo, la crueldad o el *show* a lo Brecht, por ejemplo, [que] en sí mismas pueden no significar nada," esta libertad expresiva es un ritual "barroco" al cual se le impone, por otro lado, un respeto por el texto de la novela: "Hay muchas maneras de acercarse a un clásico genial sin desvirtuarlo: en mi caso -dice Rozenmacher- yo trataré de hacerlo -respetuosamente- al sentirme profundamente cerca del espíritu desgarrado que trasunta la novela" (5). Las "libertades" que se toma luego, incluyendo personajes, episodios o canciones, sólo son innovadoras en lo imaginario: porque si el autor asume que la España del Lazarillo y la época actual "revelan similitud" (5) y si el personaje del inquisidor que él diseña es "la contracara del Lazarillo y está dentro suyo," a pesar de analogar a su presente histórico las moralidades medievales, de plantearse la dialéctica entre Dios y el Diablo, entre el Bien y el Mal, no puede ir más allá de sostener la revolución dentro de un discurso religioso: "es un modo para mí -dice Rozenmacher- absolutamente válido de hacer la revolución, dentro del espíritu profético judeocristiano" (5).

Pero Rozenmacher, además, se encarga de parangonar el espectáculo con la revolución y su preocupación por volver orgánica la disidencia:

[El *Lazarillo* y *El Caballero de Indias* permitieron] mostrar las contradicciones desgarradoras de un hombre que lucha contra el peso que las generaciones pasadas, que la historia ancestral, desploman sobre nuestra conciencia, impidiéndole así su modificación, su liberación plena como ser humano. En alguna medida este tema es el de la revolución y reaparece en mi manera de sentir el *Lazarillo*, por dos razones: la primera resulta de la claridad con que la novela del siglo XVI, muestra de qué modo un sistema logra devorar al individuo; la segunda tiene que ver con mi idiosincracia: ese individuo marginal del 1500, ese *outsider*, era un hombre de origen judío, *como lo sugieren insistentemente todos los especialistas en literatura española*, desde Bataillon hasta Lázaro Carreter. (5, el subrayado es nuestro)

Adaptación del texto de otro, homologación del siglo XVI al presente y acatamiento de la opinión de los especialistas, son los operadores que definen la visión de la revolución y promueven la palabra propia, el teatro propio.

1.2 *Dragún y la soledad del rebelde*

Osvaldo Dragún o Eduardo Pavlovsky harán funcionar estos parámetros de diverso modo. El parámetro padre-hijo es casi una constante en la obra de Dragún como también en la de Ricardo Halac y en la de Griselda Gambaro, para Argentina, o de Willebaldo López, autor mexicano que reescribe en *Los arrieros con sus burros por la hermosa capital* (1967) la pieza de Florencio Sánchez *Barranca abajo* (1905). Estos autores investigan la relación en todos sus matices y desgarramientos. Dos obras iniciales de Dragún profundizan las relaciones de poder entre el imperialismo y la liberación, sin ahorrar la visión mediadora del héroe con su inmolación y su sacrificio. La primera, *La peste viene de Melos* (1956), pretendiendo referirse a las actuales condiciones en Guatemala invadida por Estados Unidos, utiliza un episodio de la historia de Grecia. En el epígrafe a la edición de la obra, podemos leer:

> La historia de esta obra sucedió en Grecia.
> Como pudo suceder en cualquier otra parte.
> Como sigue sucediendo.
> Pero está en la Historia.
> Y la Historia nos enseña que la lucha del hombre por su libertad, nació con el hombre. (13)

La universalización del tema -reproducida, según las fotos de la edición, por el geometrismo limpio del escenario, a pesar de las didascalias- limita la alegoría en su búsqueda de hacer visible la realidad particular del proceso imperialista contemporáneo. En la pieza, Pitias, como el Che Guevara, apuesta a la eficacia histórica de la leyenda que la muerte autoriza: "¡Pero Melos vivirá, León! La muerte no existe para nosotros. ¡Morir será como sentarse, y esperar que la semilla fructifique!" (77).

Sin mayores innovaciones formales, como lo hará el teatro posterior del autor, Dragún escribe *Tupac Amarú* (1957). También basada sobre un acontecimiento histórico, esta vez latinoamericano, la obra profundiza la parábola del rebelde, del que conoce, asume y representa el sentimiento del pueblo. Tupac Amarú, proveniente de una familia acomodada, inspirado en los ideólogos de la Revolución Francesa, confiando un ala de su ejército a su mujer, Micaela Bastidas, medita, abandonado de su pueblo, mientras el poder procura en la cárcel obtener con torturas su arrepentimiento. Ya ha sido estudiada la influencia jesuítica en la formación del nacionalismo latinoamericano y, fundamentalmente, en su rol de base para la promoción de las sublevaciones que, desde la venezolana de 1749, va a llegar a la de Tupac Amarú y va a dar la base de las independencias políticas de los países latinoamericanos (Versényi, 43-45).

La obra de Dragún, preocupada por "la traición de la burguesía latinoamericana a los movimientos de independencia populares" ("La honesta desnudez," 45-46), muestra hasta qué punto las oposiciones políticas (españoles, criollos, indios) se resuelven en el nivel superior de la religión, que los unifica frente a Dios. Micaela, por ejemplo, apela al Obispo para saber la verdad sobre la muerte de su esposo (*Tupac Amarú*, 46), e inmediatamente asume un acatamiento más radical: el de la esposa. Dice: "Desde hace tres días, sé que mi única culpa es haber sido compañera de mi marido," y agrega: "¿Es culpable la sombra por seguir a su amo? Yo fui su sombra" (47). Su posicionamiento como sombra, inmediatamente lleva a pensar todas las subalternidades al líder dentro de la ecuación sadomasoquista: "Nadie obliga -dice Micaela- a los ojos a mirar donde su dueño quiere. Él me dijo: mira allí, y miré. Me dijo: comprende esto, y comprendí" (47). El Obispo inmediatamente repone el orden jerárquico absoluto de sometimiento: le reprocha a Micaela haber equivocado los ojos; para el Obispo, ella debía ser sombra y ojos de Dios. Luego la discusión deriva hacia la cuestión de mayor heterodoxia: Micaela y Tupac, habiendo sido excomulgados, deciden nombrar Obispo a un indio. Sin embargo, el pecado de Micaela fue mayor: ella creyó sentirse Dios, y por ello, abandonada del pueblo -"La gente no nos ha tratado bien. Nos tiraron piedras, nos pisotearon" (50)- no puede esperar la clemencia que admitiría haberse reconocido en la esclavitud de su raza y de su sexo.

Tupac, por su parte, reconoce en el Tribunal haber reemplazado "la religión del cielo por la religión de la tierra" (53). Retomando el epígrafe apócrifo del *Facundo*, el tribunal sabe que matando a Tupac Amarú no se eliminan sus ideas, ni la posibilidad de que los indios piensen en su liberación. El Inca reconoce haber sido ambicioso por haber deseado que los indios creyeran en él. Como el poeta Heberto Padilla en la Cuba revolucionaria -o como las tretas del débil a las que Sor Juana apela en su momento- Tupac no duda en arrodillarse, si se lo "piden." Finalmente, antes de la ejecución, dice:

> TUPAC AMARÚ: ¡No, nada termina con la muerte! Ya supe desde el principio que iba a morir.
> FLORES (*se aproxima a él*): ¿Y por qué continuaste?
> TUPAC AMARÚ: Porque mis indios necesitaban que alguien muriese por ellos.
> FLORES: ¡Pero ahora te olvidan! ¡Aceptaron el perdón y te esperan en la Plaza para insultarte y arrojarte piedras!
> TUPAC AMARÚ: Son débiles y siempre fueron esclavos. Pero algún día recordarán que por un momento fueron libres... (69-70)

Los indios, que habían sido obligados a presenciar la ejecución, no asisten a la plaza. Mientras Tupac Amarú se confiesa con Micaela, quien lo certifica de la utilidad de su muerte en la leyenda, los indios se encierran en una iglesia y cantan. El Visitador General ordena quemar esas iglesias y, al hacerle recordar que Tupac Amarú había sido condenado por eso, dice: "ARECHE: No. ¡Lo hice matar porque se creyó Dios!" (78). Mientras la tormenta dispersa las cenizas del Inca, el Visitador General muere. Alienados a Dios, procesados por la misma máquina, ambos viven al servicio de una causa que los arroja a la muerte, ambos están comprometidos y pecan de omnipotencia (Leis, 67), ambos se sacrifican por sus pueblos.

Casi paralelamente a *Tupac Amarú*, Dragún escribe las *Historias para ser contadas* (1957), que de hecho se estrena antes. La imposición de la falta (de dinero, de público, de tiempo), apareció definiendo la estructura de "una obra argentina"

("La honesta desnudez," 46): como dice el propio autor, "la estructura, por supuesto la exigió la necesidad" (46), y ésta imponía pocos actores, escenografía y utilería mínimas, de ahí que las *Historias*, escritas para un festival, retomen no sólo la tradición circense limitada a actores en el espacio, sino que, sirviendo de base para la organización de giras, abren una gesta misional[13] de fundaciones de nuevos grupos en lugares distantes modelizados sobre esta experiencia:

> Nosotros [Teatro Fray Mocho] hicimos una gira de dos años. Se recorrió Argentina hasta el sur, entramos en Chile por el sur, seguimos por Chile hasta el norte, volvimos a Argentina y ya habían pasado dos años. Cuando volvimos, habíamos creado setenta Teatros Independientes en todo el país. Porque en cada lugar que íbamos, creábamos un teatro, nos quedábamos una semana, se daban las primeras clases, nos íbamos y esa gente quedaba contactada con nosotros. ("Entrevista," 25)

Las giras, los festivales, la estructura dramática "pobre" (pero no en el sentido ascético, premeditado, de Grotowski, sino en el inmediatamente económico impuesto por la situación de clase subalterna contestataria), van a configurar, como lo ha estudiado muy bien Marina Pianca, una red de encuentros, solidaridades y confrontaciones orientados hacia la definición de identidad y expresividad latinoamericanas; pero también, como lo señala el mismo Dragún, hacia la constitución de un espacio artístico en fábrica, cuya competencia en el mercado se mide por las leyes internacionales, cada vez más centralizadas y convocadas por una "latinoamericanidad" estereotipada, que satisface las demandas hegemónicas y orienta a los grupos teatrales a producir en orden a los protocolos de selección festivalera. Se vuelven a cumplir, otra vez y a su manera, las tres etapas del sado-masoquismo, a nivel del proceso teatral continental: la unión por medio de la solidaridad, se transforma en festivales y encuentros que definen un mercado alternativo para una "alternative culture" (Shank, 1-7), para luego ser recuperado en el juego del mercado internacional:

> El Festival de Manizales servía, en definitiva, tanto a los intereses de la derecha como a los de la izquierda. Para la derecha, este "territorio libre" de diez días por año le daba una imagen internacional liberal y democrática. Para la izquierda, era un lugar donde crear, en un clima de libertad, una estrategia teatral militante a nivel continental. (Pianca, 202)

---

[13] Lo mismo pasará con el Libre Teatro Libre de Córdoba (Argentina) (*TLCC*, 99-300), y Sergio Corrieri, del Teatro Escambray, en varias oportunidades insistirá en el asesoramiento dado a los grupos de la zona.

Teatralidad y experiencia política en América Latina

A pesar del experimentalismo impuesto, en el caso de Dragún, por las condiciones de producción, los parámetros padre-hijo y el del sujeto frente a la obediencia a la normas impuestas autoritaria o tradicionalmente, reaparecen, incluso con enorme violencia, en *Al perdedor* (1982), y en *¡Arriba, Corazón!* (1987), obra ésta que reúne y sintetiza muchas experiencias formales y temáticas del teatro de este autor. Pero sin irnos hasta momentos muy avanzados del proceso escriturario draguniano, conviene señalar dos obras que marcan nuevas investigaciones del autor en la dialéctica de la violencia económica y sociopolítica de Argentina en particular, y de América Latina en general. Si ya no en el eje vertical, nuestros dos primeros parámetros (padre-hijo, obediencia) toman en *Milagro en el mercado viejo* (1964) y en *Heroica de Buenos Aires* (1966) una orientación horizontal, tanto por operar en el campo de la marginación social (pordioseros en una, comerciantes ambulantes en la otra), como por dramatizar la caída de las ilusiones revolucionarias en el traspatio de una guerra perdida que, obligándolos a reproducir caudillismos perecederos a nivel local, los condena a no ser protagonistas sino víctimas y hasta cómplices de poderes que *ya no pueden visualizar*. "MARIA: ¡Vamos, Adolfo... vamos! ¡Esto... es cosa de ellos! ¡Nosotros no tenemos nada que hacer aquí! ¡Vamos pronto, por favor!" (*Heroica*, 185). El pueblo luchando, los soldados que ya no conocen los motivos de la lucha, la evasión de esta madre "sin coraje," son constataciones de un mundo desquiciado, que ya no entra en las expectativas de lo "profetizado" por la teoría marxista; sin embargo, este desajuste entre realidad y teoría permite conformar dos ideologemas típicos de la época: es un pueblo que requiere de la concientización, lo cual subraya la necesidad imperiosa del intelectual como vanguardia lúcida, o bien se trata de inocentes insalvables promovidos a instrumentos de los poderes diabólicos de un sistema que los procesa y los tritura como animales.

Lo mismo podríamos constatar en obras escritas en otras latitudes: mencionemos, como ejemplo, la sutileza de la violencia recíproca de los personajes de *La miseria* (1977), de Emilio Carballido, o la implacable tortura de *La orgía* (1968), de Enrique Buenaventura, que apela incluso a la violencia mediante la teatralización, e incluso *Revolución en América del Sur* (1973), de Augusto Boal, que recorre también, en sendos cuadros, todo el espectro y las jerarquías de la sociedad burguesa.

1.3 *Buenaventura y las trampas de la fe*

Enrique Buenaventura se interroga, en varias de sus obras, sobre las estructuras de la violencia, y aborda, a su vez, el misterio del poder según se concentra en la figura del dictador (*La tragedia del rey Christophe* [1961]) y en la figura del rebelde fracasado (*Un réquiem por el Padre Las Casas* [1963]), siempre en orden a subrayar lo que, para Beatriz Rizk, configura "el sello inconfundible de Buenaventura, definitivo para el aspecto visual de la obra: la intrusión de la simbología cristiana" (*Buenaventura*, 126). En *Un réquiem*, el Padre Las Casas alegoriza, de algún modo, al rebelde movido por la necesidad de transformar la situación de los oprimidos y concretar una utopía regida por la justicia y el pacifismo. Se trataría de evitar el genocidio de los indígenas, para aprovechar la fuerza del trabajo, como mejor servicio a los poderes monárquicos constituidos. Si bien contamos con la revisión de la obra que el autor hizo en 1988, para la cual -según Rizk- se tuvo en cuenta tanto el texto de "Gustavo Gutiérrez, *En busca de los pobres de Jesucristo*, en el que lo coloca como el antecedente más directo de la Teología de la Liberación" (265), y si Buenaventura trata, a la vez, de dar al personaje "un cariz definitivamente progresista y una fortaleza de carácter que antes no poseía" (Rizk, 265), el axioma básico de la pieza, no obstante, resultará ser el refrán popular, recitado -como veremos- por el personaje del ciego; se ve cómo "el tono derrotista" -a pesar de lo que piensa Rizk (265)- ya no está anclado en la figura de Las Casas sino en la relación del individuo frente a las instituciones. Es esta máquina de poderes la que, como la misma Rizk parangona con Monseñor Oscar Arnulfo Romero de El Salvador (266), termina, si no triunfando totalmente, sí inmolando la figura de aquéllos que se exponen a la visibilidad total. Dice el ciego en el Réquiem:

> Se metió a redentor y ya se sabe
> sin necesidad de ser letrado
> que quien se mete a redentor
> muere, como reo, crucificado. (*Los papeles*, 302)

Lo sorprendente en esta pieza -como en *Tupac Amarú* de Dragún- resulta ser la poca extensión que se le brinda a la voz del indio como síntoma de la imposibilidad de imaginar su propia perspectiva. Como veremos, uno de los ideologemas de los teatristas de los *sesentas* será justamente hacer un teatro desde la perspectiva del pueblo oprimido. Sin embargo, la meticulosidad en la elaboración del texto y de sus versiones, parece estar atrapada más en los acatamientos a las disquisiciones teológicas que en el desafío de imaginar la voz de aquéllos que estaban no sólo sometidos a una explotación económica, sino sufriendo una devastación de sus teologías por parte de la invasión evangélica. Toda la retórica de Gustavo Gutiérrez no alcanza para justificar esta implacable represión causada por la imposición de la teología cristiana, sea en términos de las justificaciones de la explotación de la mano de obra, sea en términos de una liberación pensada desde la homologación indios-pobres-cristos.

Habría que parangonar detalladamente la trayectoria de algunos teatristas e intelectuales latinoamericanos con la figura misma de Bartolomé de Las Casas, según la elabora Gutiérrez, en la perspectiva de la teología de la liberación. Adoptar el punto de vista del pueblo para elaborar las piezas y los espectáculos equivale, en la figura del dominico, a "adoptar el punto de vista del indio, del pobre y oprimido" (Gutiérrez, *Dios o el oro*, 17). Sin embargo, se descuida aquí hasta qué punto aquello, presentándose en el registro imaginario como una denuncia y hasta como una transgresión, puede resultar parte del proyecto dominante en lo simbólico. La lucha contra la esclavitud del indígena, desde un punto de vista estructural, está más ligado a la liberación de la mano de obra en el mercado de trabajo promovido por el capitalismo que a una verdadera reivindicación jurídica de su legítimo derecho a la propiedad de sus tierras y al ejercicio de una violencia legitimada en términos de la opresión colonial. Si el oro puede aparecer como idolatría, no se nos dice por qué el dios de los cristianos no podría admitir la misma designación, al menos desde el punto de vista del indígena americano. La "óptica" de Las Casas convierte al indio en representante visible del Cristo invisible (Gutiérrez, *Dios o el oro*, 45), articula su situación colonial a la presencia del "pobre" en términos evangélicos, con lo cual se vela su real situación de despojo, y se lo hace instrumento del discurso paternalista y salvacionista. La figura del dominico encarna los conflictos y contradicciones que ya hemos visto para el intelectual revolucionario del período, en la medida en que asume una representación del prójimo no solicitada, y avala su ilusión redentora y revolucionaria en una serie de etapas ya mencionadas para el guerrillero: "era necesario -escribe Gutiérrez- dejar toda la atadura con el sistema que explota y despoja al pobre" (134) ya que "[e]l compromiso con el pobre implica para él abandonar su posición de privilegio y romper el tejido de relaciones sociales que ella acarrea" (134-135); por eso "Las Casas trata de conformar su vida al ejemplo que Cristo nos dejó" (135) a fin de alcanzar la "coherencia [que] es en efecto un rasgo central del testimonio de Jesús" (135). Al renunciar a su propia encomienda, Las Casas se enfrenta a "una de las más difíciles decisiones" (136) de su vida, puesto que, estando unos indios protegidos bajo su mando, pasan ahora al general destino de explotación y muerte en manos de otro encomendero. "Las Casas -dice Gutiérrez- sigue adelante con su decisión, pese a lo dolorosa que ella le resulta. De otro modo sería presa fácil de calumnias de aquellos que se resisten a un cambio radical del sistema de la encomienda" (135). Esta actitud muestra cómo, a pesar de algunas impugnaciones directas, el dominico trata de salvar en lo posible -frente a los críticos- la figura del rey y el sistema imperialista, intentando una reforma y no una verdadera revolución del mismo y sus "causas estructurales" (Gutiérrez, 135).

Resulta, pues, importante señalar hasta qué punto el sistema perverso o, en términos lacanianos "Kant avec Sade," hace visible un pacto, pero deja en la oscuridad otro: si "[e]l codicioso no se detiene ante nada por satisfacer su ambición; ésta le ha quitado su libertad, haciendo del oro su señor" (Gutiérrez, 144), el creyente cristiano no se diferencia de aquél en nada. En términos estructurales, él también está alienado a un señor, que enajena su libertad, y en cuyo nombre no se detiene ante nada. La pasión del Bien y la del Mal no se diferencian, ni siquiera en la consistencia de su objeto: el imperialismo económico y político era imposible, en la dimensión histórica de la España del siglo XVI, sin el imperialismo evangélico. Por todo esto nos resulta hoy problemático el hecho de que muchas obras de autor o de la creación colectiva latinoamericana, obsesionadas por la verdad histórica, terminaran sometidas a la letra de los documentos, de la observación empírica o de la ortodoxia marxista, sin lograr finalmente un espacio, aunque delirante, capaz de permitir la emergencia de una voz probable del oprimido.

1.4 *Cristianismo en todas partes: Boal, Escambray, Carballido*

El catálogo de la temática cristiana en relación a la revolución no se agota en estas obras de Dragún o de Buenaventura a las que hicimos especial mención; se puede leer también en múltiples declaraciones de Luis Valdez (Orona-Cordova, Yarbro-Bejarano) y fundamentalmente en su *Pensamiento serpentino*, que inicia una etapa de conflictos entre el teatro chicano y el teatro latinoamericano, y que no vamos a estudiar en este ensayo.

La cosmovisión cristiana podemos encontrarla también en la escena primera del "Tercer episodio" de *Torquemada* (1972) de Augusto Boal. Allí un fraile dominico, en la prisión, narra lo que Jesucristo solía relatar al pueblo para evitar la delación de los cristianos, luego apresados, torturados y asesinados por las fuerzas del imperialismo romano. Se trata de la historia de los siete hermanos Macabeos y de su madre. Involucrados todos ellos en la liberación de su país, cada uno interrogará a su madre sobre sus dudas, para luego negarse a delatar y, por ende, a aceptar la muerte con dignidad. La madre prefiere a sus hijos muertos dignamente, sacrificados a la importancia de la causa, que verlos vivos como delatores y contribuyendo al fracaso del movimiento. Es la misma idea la que acatará la madre en *Y si fuera así...* (1970), versión de Sergio Corrieri para su Teatro Escambray de *Los fusiles de la madre Carrar* de Brecht.

Estas piezas, que conjugan el parámetro padre-hijo con el de obediencia, podrían relacionarse, a manera de ejemplo, con la pieza del mexicano Emilio Carballido *Yo también hablo de la rosa* (1966), no tanto por lo que ya señalara David William Foster en su trabajo *Estudios sobre teatro mexicano contemporáneo*, respecto al tratamiento burlesco o irónico sobre los abusos de las técnicas brechtianas (69-82), sino por la figura misma de la Intermediaria. Como representante de un orden tradicional y practicante de los ceremoniales populares, la Intermediaria abre y cierra la obra, enmarcando el acontecimiento de la pieza y todas sus versiones; finalmente sujeta -a la manera del significante unario en Lacan- tanto a los personajes al orden simbólico inapelable e insensato como a todos los "sin-sentidos" al sentido autoritario de su misterio esotérico, en última instancia, redentor de la transgresiones. La Intermediaria, en efecto, funciona reabsorbiendo el desvío o el descarrilamiento, en un sistema maquinal, un programa sospechosamente naturalista, esencialista y universalista, que victimiza -y hasta hace cómplice- a la sociedad toda desde cierta religiosidad capaz de anular la particularidad de la historia.

Es que si los oprimidos de la historia se resuelven en la figura del oprimido y del pobre de las Sagradas Escrituras, que ofic014n -como vemos- de intertexto a estas piezas, entonces se produce un efecto de sentido universalista y esencialista que impide toda investigación -marxista o no- de la particularidad histórica del sistema capitalista. Lo que se quería desenmascarar, termina enmascarándose, y las derivaciones imaginarias discursivas de estos postulados son contraproducentes a la intención revolucionaria. Habría, pues, que dedicar una detenida investigación para observar cómo los desenlaces de las piezas de los *sesentas*, a pesar de provenir de la izquierda política, resultan totalmente inasimilables por el marxismo, y cómo la ironía o el humor son las fronteras de la visión artística, más que el operador de la visión crítica. Esto podría llevar a ver hasta qué punto la relación con el brechtismo (apelada y denegada) aparece como la forma desesperada de una negociación entre el sistema perverso de la producción cultural y el imaginario subversivo o rebelde de la revolución, todo él atravesado de imágenes religiosas.

2. Perversión y metateatralidad: Villegas y Pavlovsky

Para concluir con este panorama sobre recurrencias formales y temáticas de la producción teatral del período conviene detenernos en dos dramaturgos ineludibles: el mexicano Oscar Villegas y el argentino Eduardo Pavlovsky.

Las consideraciones sobre el fracaso o el éxito revolucionario se tornan inestables cuando se mide hasta qué punto el carácter perverso de la política de la mirada en el capitalismo y su complicidad con el martirologio cristiano en su versión latinoamericana han atrapado, cuando no bloqueado, la conceptualización de la revolución como instancia radical.

En el marco del avance obediente del terrorismo de estado (represiones estudiantiles y obreras, como Tlatelolco [1968] y el Cordobazo [1969], el exterminio programático de la guerrilla urbana y rural, el incremento de la censura en todos los niveles de la cultura, etc.), Villegas y Pavlovsky metaforizan tanto el encierro del sistema social como la implacable cancelación y reapropiación de las voces disidentes recicladas luego en su propio beneficio. Así, si todo canon produce su disidencia, la producción de la transgresión no escapa a las fórmulas rituales de la obediencia al Otro, en la que el sujeto apenas logra una economía libidinal en su propia autoinmolación, siendo del Otro la satisfacción conseguida.

La dinámica perversa (Dollimore), que afecta necesariamente los discursos, refuerza siempre la norma mediante un proceso de exclusión, emblematización estereotipada de lo excluido y subsecuente punición, reciclaje o eliminación del otro-enemigo, sea en su dimensión racial, sexual o política. Esta dinámica perversa del capitalismo genera y promueve diferencias y exclusiones, justamente porque son éstas las que le dan a posteriori el justificativo necesario para la represión generalizada. Es de este modo que se garantiza la reproducción y permanencia del discurso hegemónico de la decencia y el ser nacional. Por eso, tanto los discursos revolucionarios como los contrarrevolucionarios necesitan promover un horizonte de pureza e higiene social (Jameson, 161), mediante la eliminación de lo diabólico que amenaza la reproducción y conservación de la sociedad que esos mismos discursos autorizan. Villegas y Pavlovsky, con las múltiples similaridades estilísticas que los acercan, convergen además, desde sus inicios con *La paz de la buena gente* (1967) y *La espera trágica* (1964), respectivamente, en un replanteo de las condiciones del teatro como espacio de ritualizaciones compulsivas que automatizan al sujeto y le cancelan la posibilidad de imaginar una liberación no letal.

No debe asombrar que lo más diabólico sea, en este marco, el "cuadro" homosexual, porque él reúne en sí dos "peligros": el hecho de estar incluido en el sistema (educativo, militar, partidista) y el de amenazar con su práctica sexual el "carácter viril" de la estructura homosocial y obediente con que se imagina al hombre y a la sociedad salvadas de su decadencia y autodestrucción. Son las instituciones escolares, militares y policiales las encargadas de sentar las bases y reglas para la creación del "hombre" *sano y nuevo* en el que se asientan las esperanzas y el futuro de la nación y de su "estilo de vida".

Pero Villegas y Pavlovsky en vez de detenerse en la denuncia de un sistema promotor de víctimas, subrayan el encuadre perverso en el que éstas actúan por complicidad. Para estos dramaturgos, el posicionamiento de la víctima como *causa* de su propio y merecido castigo es producto de la trampa enunciativa en la que se la ha hecho caer. En efecto, como en el circuito enunciativo de la palabra injuriante (incluido el piropo [Miller]), el poder tiránico (sea voz o mirada) promueve un entorno que obliga a su futura víctima a iniciar el circuito de la violencia, justificando así por anticipado su inmediata punición posterior. Pero no sólo entrampa a su víctima mediante este castigo anunciado, derivado de una agresión enunciativa previa, sino que le arrebata al otro desde el inicio la capacidad de discernir y ocupar una posición enunciativa capaz de promover otro discurso no necesariamente compelido a responder a la injuria.

Conviene ahora detenerse en dos textos teatrales que se hacen cargo de metaforizar la sociedad y de reflexionar metateatralmente sobre dos instituciones que, aunque *visualizables* en la familiaridad de la vida social, han dejado de ser visibles en cuanto máquina de promoción de efectos represivos. Tanto la escuela militar en *Santa Catarina* (1969) de Villegas, como la sala de tortura en *El señor Galíndez* (1973) de Pavlovsky, se presentan como espacios familiares (en el sentido doble que Freud contrastó para *das Unheimliche*, como lo familiar y a la vez lo siniestro), en donde las acciones de sus personajes parecen "naturalizar" el ejercicio del poder e invisibilizar la producción del horror y de los agentes del horror, mientras definen una teatralidad que deja ver las coordenadas de perversión del sistema que las autoriza. La teatralidad del teatro, como emanación y consagración escópica y arquitectural de la sociedad burguesa en la que surge, no ha escapado a las modelizaciones disciplinarias y panópticas, y por ello Villegas y Pavlovsky, en el virulento período en el que escriben estas piezas, en vez de sumarse al cuestionamiento formal que sufría esta teatralidad a través de la promoción de la creación colectiva, van a optar por replegar la teatralidad del teatro sobre sí misma, especialmente en cuanto al procesamiento de los protocolos de visibilidad y constitución subjetiva del espectador. Si, de acuerdo con la terminología foquista de Carlos José Reyes, "[e]l objetivo más profundo de la improvisación [era, en la creación colectiva,] 'asaltar' la obra, como si fuera una fortaleza, atacándola por distintos ángulos y niveles, a fin de no matar su pluralidad de significados inherentes a toda verdadera obra de arte" (107), Villegas y Pavlovsky, a fin de hacer visibles las condiciones de opresión capitalista, recurrirán más al realismo y al absurdo que al distanciamiento brechtiano. Sin embargo, podemos reconocer en ellos la misma teatralidad de la guerrilla que está en la base de todas las estrategias espectaculares de la época, no tanto por el cuestionamiento al autoritarismo del autor, del texto o del director, sino por su asalto a la "cotidianidad" o "acostumbramiento" en la protocolización de la verosimilitud del espectador dentro de la convención del realismo burgués.

Es el orden de las complicidades el que exploran Villegas y Pavlovsky. Para hacerlo, no pueden dejar de invocar las tres coordenadas preferenciales que toma todo aparato disciplinario y que ya hemos descripto: parámetro padre-hijo, parámetro de la obediencia y parámetro de la perversión.

2.1 *Transgresión sexual y delación en la dinámica perversa de* Santa Catarina

Santa Catarina trata el tema de la homosexualidad en un colegio militar; es decir, en un lugar cerrado y artificialmente separado del resto de la vida social. Con escasas indicaciones escénicas, a la manera draguniana, Villegas muestra la situación de los niños y jóvenes dentro del colegio como homologable a la que existe fuera del mismo. Si "[a]ccording to Villegas -dice Donald Burguess- one of society's primary functions is the creation of victims" (15), la obra deja ver que esta victimización se da a partir de ceremonias amatorias compulsadas por el encuadre homosocial y uniformizante de un colegio cuyo centro es la estricta obediencia canalizada por el sistema disciplinario.

Allí, pues, donde es de suponer un sistema orientado hacia la construcción del "carácter viril," la jerarquía directiva y su complicidad con el entorno familiar del cual proceden los internados, pactan en una invisibilidad sobre el ejercicio de la homosexualidad, como forma violenta de apropiación y extorsión del subalterno.

La homosexualidad admite aquí una lectura de doble movimiento: en primer lugar, de afuera hacia adentro de la escuela, en tanto el ámbito homosocial garantiza la invisibilidad del homoerotismo y la homosexualidad generados en las prácticas sociales que resultan de la represión cultural y económica. En segundo lugar, de adentro hacia afuera, en la medida en que la satisfacción de los deseos homosexuales, al enfrentar las limitaciones de la escuela y los órdenes jerárquicos y homofóbicos, promueven la expulsión y el castigo, asegurando y reafirmando la decencia como norma masculina y heterosexual. De hecho, la homosexualidad y sus prácticas derivadas (no escritas, con escrituras clandestinas o culturalmente degradadas, pero fuertemente ritualizadas y que llegan incluso hasta el incesto entre hermanos), funciona no como el contradiscurso de la decencia, sino como su suplemento.

En efecto, si en la calle el niño se compra historietas, en el colegio, los internos, como en *Juvenilia* de Miguel Cané, *Los ríos profundos* de Arguedas o en *La ciudad y los perros* de Vargas Llosa, leen y escriben novelas o folletines cuya dimensión melodramática dispara fantasías sexuales diversas a la vez que la alta cultura resulta degradada mediante la parodia de los tópicos clásicos de la dama esquiva, el despecho amoroso, la siniestra corneja, el *locus amoenus* (*Santa Catarina*, 62-63), con el que los internos modelizan sus prácticas amatorias homoeróticas y a veces efectivamente homosexuales. Pero también cultivan su fantasía -como en *El beso de la mujer araña*- mediante el cine (van a ver "Santa"[14] [64]), orientan su agresión hacia el *grafitti* y exploran o atentan contra el lenguaje llevándolo a su límite mediante trabalenguas (82), adivinanzas (82), juegos de palabras para convocar la obscenidad (86), inversiones genéricas, dichos o refranes, etc.

De modo que a la escena inicial del viejo con el niño en la calle corresponde el conflicto interno producido por el deseo y los avatares amorosos. En ambos casos, el sistema produce víctimas como práctica de la violencia de los más fuertes sobre los más débiles y como forma compulsiva de constitución de una otredad en la uniforme constitución de lo mismo. La escena del incesto entre hermanos varones es, en este sentido, una metáfora total de las formas compulsivas de dominación y de solidaridad que el sistema promueve (*Santa Catarina*, 102). En la "mujerización" generalizada que funda el sistema la dinámica activo-pasivo, junto a la de mayor/menor y superior/subalterno, abre a un imaginario en el que es posible definir compulsivamente la masculinidad como instancia legitimante del poder y de todos los poderes. Lo que no alcanza a penalizarse en el interior de la institución, se penaliza afuera tanto por la violencia homofóbica de la familia, la sociedad y su cultura, como por las determinaciones económicas implacables.

Al escapar uno de los internos, todo el sistema parece desestabilizarse, pero sólo momentáneamente. Como lo señalara tempranamente George Woodyard, "[e]l escape definitivo al final es, como se indica estructuralmente, el comienzo de otra vida igualmente abrumadora" (6). En efecto, la fuga deja a la luz el secreto de los poderes públicos y privados, denuncia los pactos institucionales y familiares, y abre la instancia de una delación posible e infinita que, bajo una sospecha generalizada, promueve la necesaria teoría de la conspiración y, conse-

---

[14] Seguramente se trata de la famosa película de Antonio Moreno, estrenada en 1931, donde se cuenta la historia, como en tantos tangos, de la campesina seducida que termina de prostituta en la capital.

cuentemente, (se) autoriza lo policial y obliga inmediatamente a la restructuración de los pactos marginales y subalternos. Pero las voces (no siempre hay personajes en las piezas de Villegas) del "afuera" y del "adentro" no difieren y el sujeto no hace más que deslizarse por esta banda de Moebius de lo victimizante.

Hay dos escenas que homologan la estructuración del adentro y del afuera: la primera es la ya mencionada de un niño solo y hambriento recogido en la calle por la caridad de un señor que, avanzada la obra, termina gritando:

> SEÑOR: Anda, sal, y ya sabes: aquí no vengas porque casi no estoy, cuando quieras verme vas al cine Victoria; lleva a tus amiguitos, más grandecitos que tú, nada más preguntan por el señor Cornejo y dicen que van de parte del señor de los programas, ¿eh? yo los meto. Toma, por si necesitas para tu camión o algo; tampoco vayas a decir que dormiste aquí, si me ves en la calle acompañado y no te hablo, tú también hazte el disimulado. (65)

La segunda, dentro de la institución, ocurre cuando la maestra, en una clase de biología, sorprende a Manzanita y a su amigo Pabilo tomados de la mano. Dejando sin sancionar lo que es promocionado por la institución, la maestra se atiene a su zona de incumbencia, no sin poner en palabras la lógica que garantiza la política de la mirada del sistema en su totalidad y la reproduce mediante los pactos sociales:

> MAESTRA: No me gusta que se distraigan, no, no digan nada, agarrarse la mano es distraerse; así no se dan cuenta si sus compañeros los ven, ellos van a creer que se dan la goma, entonces vienen las indirectas, los chismes, hasta la burla, y si todos forman un grupo hay que tenerlos en cuenta; para llevarse bien, para estar a gusto en el grupo, para ser amigos de todos, ya verán que siempre hay un momento oportuno, el que ustedes quieran; nunca seré una vieja entrometida con sus cosas, ¿no les parece mejor? ¿Qué dicen?
> MANZANITA: Sí, seño.
> MAESTRA: Sí seño quiere decir que me van a hacer caso.
> MANZANITA: Sí.
> MAESTRA: ¿Estás de acuerdo?
> PABILO: Sí.
> MAESTRA: Bueno, a mí no me dio pena decirles esto, no tienen por qué ponerse coloradotes sin querer verme, a ver: firmes como dice su teniente. (67-68)

Estas escenas, aparentemente desenganchadas del resto de la obra, son medulares; primero, porque demuestran que Manzanita, el interno que se escapa, no tendrá reales posibilidades de salida: la sociedad que rodea al colegio está estructurada con los mismos pactos de opresión que existen en la institución educativa; segundo, porque la caridad no es tanto una forma más de la hipocresía social generalizada, sino una forma de vehiculizar compulsivamente una sexualidad hacia los protocolos de victimización más que a la celebración democrática de prácticas disidentes. La dinámica perversa, como definimos más arriba, se muestra así en todo su esplendor: ella provoca o promueve disidencias para tener justificaciones de represión y, por ende, argumentos en favor de su cruzada moralizante y de su permanencia en la hegemonía.

A nivel del espectáculo, la obra no sólo se define por una perversión de la reglas del teatro aristotélico (Knowles), sino que además posiciona al espectador -gozne entre teatro y sociedad- como formando parte de un pacto doble en el que, por un lado, se le impone acatar silenciosamente la exposición de la pieza y, por otro, se lo coerciona al punto de delatar el "secreto" del espectáculo, convocando la represión de estado y/o reabriendo el circuito de producción de nuevas víctimas. La frase final de la obra identifica, de alguna manera, al personaje del delator con la función teatral del espectador, y es en sí misma reveladora de este circuito cerrado y a la vez reproductivo: "ROLANDO: Ay muchachos... espérense... ay... es que también dije..." (109). El espectador está, como los internos del colegio, puesto ante una disyuntiva letal: si asiste y guarda en silencio sobre su adhesión o rechazo a lo visto, se convierte en una víctima silenciosa y, por ende, ineludiblemente cómplice del poder hegemónico, aun cuando su acción rehúse promover una teoría conspiratoria que, como vimos, siempre contribuye a la continuidad hegemónica. Si habla, si comenta la obra, sea para promover el interés o desinterés sobre el espectáculo, favorece igualmente -como Rolando- a los sectores hegemónicos, en la medida en que al denunciar/delatar la eventual transgresión del tema de la pieza, convoca de inmediato la censura y la represión, abriendo a la vez la cadena de producción de nuevas víctimas-espectadores que son necesarios para que la hegemonía -y el espectáculo- subsista como tal.

En todo caso, si "la totalidad es falsa" (Villegas, 43), el sistema es coherente y cerrado, no habiendo salida por el lado de la salvación sino mediante la condenación o la sanción social. Por esto, el discurso de la maestra, en la escena 5, resulta paradigmático: la sociedad es una estructura que se reproduce, una organización que sólo se mantiene si hay "una disposición perfecta entre las diversas partes que constituyen el ser" (66); y como "esta ley establece sus relaciones y dependencias mutuas, es tan asombrosa que ninguna de las partes que integran el organismo puede funcionar sin la intervención de otras" (66). Con lo cual se concluye que si un organismo permanece es porque está sostenido por todas las partes mediante un contrato entre los *funcionalmente* poderosos y los funcionalmente subordinados, ya que "en la naturaleza no hay nada inferior ni superior ni inútil" (66). Por eso al final de esa escena, cuando ella ha descubierto a Pabilo y Manzanita, todos pactan el silencio para impedir que justamente la transgresión se haga norma. El silencio reinstaura la tranquilidad y la obediencia pacifica la escena social.

Al final de la obra, entonces, lo peor no resulta tanto del lado de la transgresión sexual, fácilmente reencausada mediante el castigo a los encuadres normativizantes del superyó como heredero del Edipo, sino del lado de la delación, que pone en palabra lo silenciado (soporte del poder, voz del padre muerto) y rompe las reglas no escritas del poder mismo. Es la ley escrita que se resiste a acercarse al silencio, ese otro cauce de la ley como superyó heredero del Ello, siempre dispuesto a promover la destrucción del sujeto por sí mismo.

2.2 *El silencio de la voz: Pavlovsky y la perversión metateatralizada*

Pavlovsky, como Villegas y muchos otros autores de los *sesentas*, está obsesionado con poner experimentalmente en escena aquello que el contrato social ha dejado en la sombra: "Había necesidad -dice el autor- de denunciar que en la Argentina existía la tortura; pero no había 'personajes' que descendiesen al escenario" (Pavlovsky, "El nacimiento," 71).

El señor Galíndez, como *Santa Catarina*, relaciona fluidamente lo que ocurre en el escenario con lo que está ocurriendo en la escena social, como si uno y otra fueran parte de ese movimiento continuo dado por el plegamiento de la banda de Moebius. El espectador se enfrenta ahora al decorado de un departamento de la ciudad, en el que la señora Sara hace la limpieza. Nada es aquí sorprendente, todo es cotidiano. Los personajes van entrando "naturalmente" y, a medida que los llamados telefónicos del Sr. Galíndez interrumpen y hacen a la vez avanzar la acción, el espectador va descubriendo progresivamente lo siniestro en esta familiaridad. En efecto, los personajes son torturadores a sueldo del Señor Galíndez (que nunca aparece en escena) y el departamento es el espacio siniestro y familiar en donde se extraen científicamente las delaciones de las víctimas.

Hacer visible lo invisible tiene, en esta obra argentina, varios registros de lectura: en primer lugar, la pieza asume situarse frente a la tortura y la represión política derivada de un sistema social que requiere de un control estricto de lo que amenaza subvertirlo; en segundo lugar, enfrenta la naturalización de la violencia vertical y horizontal que atraviesa la escena argentina, en el teatro y en lo social; en tercer lugar, juega con los protocolos de un canon teatral y con las variables del discurso psicoanalítico, inherentes a la formación de su autor y a la cultura de la clase media argentina en general y, finalmente, alegoriza la sociedad argentina y la sociedad capitalista mediante una puesta en escena de sus mecanismos de reproducción y rituales perversos.[15]

---

[15] Rosalina Perales escribe: "El teatro de Pavlovski, que según él le sirve para descargar sus traumas, sacude al público hasta llegar a maltratarlo" (I, 70).

La perversión aquí, más allá de ser "a structural principle" capaz de configurar una instancia dialógica con el sistema aristotélico y de cuestionar la consistencia de la modernidad (Knowles, 226), describe a su vez paso a paso la perversión tal como el lacanismo la deriva a partir del álgebra que le es propia.

Esta dinámica de la perversión se complica aún más si pensamos, desde la perspectiva lacaniana, en términos pulsionales: pulsión escópica/pulsión invocante. En efecto, si "la voz es el objeto del fantasma masoquista -y del sádico-" (Marchilli, 13), y si "la voz, como *a*, desplegaría un campo *esencialmente indeterminado* que la ubicaría lógicamente prematura en la constelación de objetos propuestos en el desarrollo del sujeto" (Mutchinick, 49-50), resulta que "[l]a voz es el objeto de la pulsión invocante cuyo 'recuerdo' -repetición- marca al sujeto por haber *oído* anticipadamente la voz del Padre antes de poder *escucharla*, oráculo cuya cifra habrá sido su destino -sin que él lo sepa- cuando hable, en su desconocimiento de que lo hace para hacerla oír" (Marchilli, 13-14). La voz resulta así ser "un resto inimaginarizable" (Mutchinick, 52), "un Real sonoro inimaginarizable" (Mutchinick, 53) que está detrás de la escena visual, conjuntamente con la cual se forma la fantasía.

Aunque no podemos sacar aquí todas las consecuencias implicadas en este marco teórico, baste al menos decir que *El señor Galíndez* sigue paso a paso la constitución del fantasma perverso, mediante una puesta en escena que deliberadamente se presenta como *lo familiar* para el espectador, especialmente para el acostumbrado a la escenografía del realismo reflexivo, y que lentamente se irá transformando, *sin dejar de ser lo que es*, en un ámbito de tortura. La violencia anida en lo naturalizado de la escena teatral y de la escena social. Bajo esta pantalla, Pepe y Beto, los torturadores profesionales del Estado, disciernen la consistencia de la voz del señor Galíndez, siempre ausente de la representación, tanto para ellos como para el espectador.

Eduardo, el tercero en discordia que viene a ser entrenado por Pepe y Beto, desestabiliza las relaciones entre éstos entre sí y entre éstos y el Sr. Galíndez. Habiendo sido seleccionado por medio de un test, Eduardo no parece al principio dar cuentas de ser quien está capacitado para sobrellevar el contrato con el Sr. Galíndez y, en su ambivalencia de tímido y capacitado para la tortura, incrementa las dudas de Pepe y Beto -que están siempre vacilando entre las posiciones del Sujeto y del *a* (objeto)- respecto a la voz de Galíndez, debatiéndose entre la posible existencia conjetural, conspiratoria, de dos patrones (¿habrá un Otro del Otro?), y entre su propia consistencia "profesional" para satisfacer al Otro. Hay que tener en cuenta aquí el espectro del desobediente, el flaco Ahumada, quien, incapaz de sostener el contrato con Galíndez y sin poder guardar el secreto que le daba la confianza, termina sumergido en una culpa letal que lo conduce al suicidio, como la única salida, la única puerta de la escena.

Eduardo, además, lentamente demuestra que no está ahí para ocupar el lugar de la víctima; si cede al comienzo a la estrategia histérica de doña Sara, lentamente certifica que no puede sostener el lugar del partenaire de Pepe y de Beto.

Serán Coca y La Negra -con sus respectivos tatuajes de San Martín de Tours y de Perón- quienes advengan a ese lugar, nunca consagrado por el amor o por el sexo. Pavlovsky, además, suspende la estridencia de los gritos y la reemplaza por "una música muy fuerte [que] tapa las voces de la escena. Sólo se ve la mímica" (194), para poner al espectador en posición de reponer la voz de Galíndez, para intentar abrir un espacio en donde *se evoque* ese Real no imaginarizable, siempre escamoteado por el aparato telefónico. Es que el poder de Galíndez reside justamente en su Nombre, en su ausencia y en su voz, no como *phoné* sino como silencio.

> PEPE: No te preocupes, pibe. Ahora vas a conocer con nosotros lo que es laburar. Vas a ver las caras que ponen en esta camilla. Nunca te las vas a olvidar.
> BETO: Afuera se hacen los machos, ¿sabés? Ponen bombas. Matan inocentes compañeros. Pero cuando los ponemos aquí en la camilla y los tocamos con los aparatos (*pausa*) ¡acá se cagan! ¡Se hacen pis encima! ¡Piden por la madre!
> BETO: Vos tenés que pensar que por cada trabajo bien hecho hay mil tipos paralizados de miedo. Nosotros *actuamos* por irradiación. Este es el gran mérito de la *técnica*... y de Galíndez.
> PEPE: Y además lo que tiene de bueno es que es un laburo seguro. Hay mucha gente *arriba* que nos cuida. Muchos intereses.
> BETO: (*A Eduardo.*) Con Pepe laburamos cuatro veces nada más. Pero la verdad es que nos llevamos a las mil maravillas.
> PEPE: (*Riéndose.*) Tocamos la misma melodía. (*Beto y Pepe se colocan unas capuchas.*) (196-197, el subrayado en el texto es nuestro)

Escamoteándose a la visualidad de la víctima, Pepe y Beto certifican la instancia sistemática, científica, de la tortura, que ejercen también entre ellos; tortura que, por otra parte, no oculta su dimensión sexual y homoerótica, en la medida en que tiene como fin "mujerizar" al enemigo político y certificar la masculinidad de los victimarios como derecho adquirido. Es que, como escribe Galíndez y lee Eduardo, "[*l*]*ey y técnica* son, pues, la clave para *un grupo de hombres privilegiados... con misión excepcional...*" (200, el subrayado es nuestro), lo que nos sitúa nuevamente, al final de este teorema perverso, en los tres núcleos (homosocialidad/ homoerotismo denegados, obediencia y gesta misional) que reconocemos en el fascismo (Laqueur, Payne). El terror de Estado y su instancia contestaria resultan *perversamente* equiparados en sus estrategias y organizados sobre "la misma melodía."

El encapuchamiento en esta ceremonia controlada remite a la estructuración de la clandestinidad de los grupos subversivos y a la oscuridad de la sala en la que yace el espectador; en esta ceremonia en la que no se escapa ningún detalle, se insiste en la dialéctica de la máscara que se expone desde el comienzo: tanto los torturadores como los espectadores, tienen los mismos hábitos y responsabilidades, tienen una familia, intentan triunfar, estudian, y tienen también sus propios secretos para conseguir el placer, la melodía callada. Como los espectadores, estos personajes están instalados en la espera de ese "cualquiera" -hombre o mujer al que hay que torturar:[16] pego, me pegan, soy pegado/me pego- que les permita satisfacer las demandas del Otro y/o las propias (Pavlovsky, *El señor Galíndez*, 182). Esta espera está frustrada: la víctima no aparece, no se visualiza, está diferida; sin embargo, esta espera es *trágica*, no sólo porque abre la espectativa de lo que el Otro pueda dar (el Otro lo tiene todo, es omnipotente, tiene infinitas víctimas), sino porque lleva inmediatamente a interrogar sobre *qué quiere el otro de mí* (qué me quiere el Otro).

De igual forma, el título de la pieza es un sintagma nominal que, funcionando como sujeto oracional, reclama al espectador y a los personajes su correlato de predicación. Se diseña así un espacio para la espera trágica, que es a la vez una disyuntiva sintáctica y letal, sea en la medida en que Galíndez ocupe la posición del Otro que todo lo tiene (¿qué puede desearse para un Otro que todo lo tiene?: si nada le falta, el amor que le tengo es más por mi bien que por el suyo), o bien que ocupe la de un otro perverso que me sitúa en algún lugar donde *soy esperado*.

Pavlovsky pone en un juego especular la dinámica perversa y la dinámica teatral: esta metateatralidad, que deja al menos abierta la puerta de la sala (¿o habría que hacer salir al espectador por la única puerta del escenario?), no se sabe si conduce a un afuera, o a un simulacro de afuera, aunque el acatamiento y la espera de los personajes y del espectador insisten en la única certeza: "que todos laburamos para Galíndez" (Pavlovsky, *El señor Galíndez*, 199).

Si ello es así, entonces todos "actuamos por irradiación," todos somos actores con una técnica, todos somos hablados por el Otro, todos cumplimos los contratos perversos, todos estamos esperando a nuestras próximas -prójimas- víctimas y todos tenemos el rumiado deseo, la fugaz rebeldía de hacernos oír en el Otro" ("¡Te juro Pepe que un día Galíndez me va a oír! [165]).

El señor Galíndez resulta ser el mejor exponente de una teatralidad de la guerrilla: reproductora de los protocolos del enemigo, instala, con las mismas estrategias, el mismo sistema perverso en la perversión ya generalizada. Como víctima o victimario, el espectador sólo queda con la alternativa de esperar/reproducir el ritual o bien advenir a un otro lugar desde donde liberarse del sistema social y del sistema teatral en conjunto, como quien se libera de una máquina cuya mayor ficción es el precario (aunque inamovible) binarismo burgués de un mundo humanizado y una tortura deshumanizada, como instancias opositivas y excluyentes.

---

[16] En *La condesa sangrienta* (1971), de Alejandra Pizarnik, puede verse la misma dinámica, aunque mucho más complicada.

Teatralidad y experiencia política en América Latina

Frente a estas falsas oposiciones, las piezas de Villegas y Pavlovsky insisten no sólo en el postulado de hacer visible lo invisible del entorno familiar institucional, sino también en recorrer a su manera la banda de Moebius de lo privado y lo público: a la práctica sexual privada en el seno de la institución escolar, corresponde la práctica pública de la tortura en el espacio privado. Toda subversión es, en esta dinámica perversa, nada más que el adentro silencioso y forcluido del sistema que retorna desde afuera a través del espectro de la víctima, ya atrapada y entrampada en el goce y predispuesta a satisfacer sacrificialmente el lado oscuro de la ley.

3. *El paraíso perdido del Escambray*

> [L]a mélancolie s'affirme, si l'on peut dire, dans le doute religieux. Rien de plus triste qu'un Dieu mort... en temps de crise, la mélancolie s'impose, se dit, fait son archéologie, produit ses représentations et son savoir. (Julia Kristeva, *Soleil Noir*, 18)

> Porque cuando dentro de veinte o veinticinco años esto aparezca por alguna parte, todo el mundo se va a reír, la nueva generación se va a reír de todo esto... (Fidel Castro, *Conversación con los actores y los campesinos* [Leal, 315])

Nos proponemos abordar aquí las tres versiones que el Grupo Teatro Escambray realizó de *El paraíso recobrao*; considerar también sus transformaciones y evaluar las diferencias. Asimismo, esto va a dar lugar a una revisión crítica de los modelos de teatralidad sostenidos por la práctica teatral del grupo en los marcos de un proceso de redefinición económica y cultural como la que afrontó la Revolución Cubana a fines de los años 60 y principios de los 70 (Vuskovic, Muguercia, Leal, Furtado). Esto podría significar, en los ya viejos términos althusserianos, una lectura marxista de los postulados y de las prácticas consideradas marxista-leninistas del grupo del Escambray y de su relación con el proceso revolucionario. Al menos, será posible esbozar, siquiera por un instante, las relaciones entre el Estado y las prácticas artísticas, entre la política y la poética (Campbell), con el peligro de que, convirtiéndose en meros aparatos ideológicos al servicio del Estado, resulten hoy, en palabras de Fidel, meramente risibles o, en palabras de Kristeva, una consolación melancólica.

El paraíso recobrao, de Albio Paz, según la compilación realizada por Rine Leal en 1978, cuenta con tres versiones; si 1974 y 1976 parecen ser las fechas respectivas de la segunda y tercera versión, es probable que 1972 sea la que corresponda a la primera (aunque el debate que cierra la segunda versión dice ser el de la noche del estreno, el 24 de julio de 1974). En todo caso, lo que aquí interesa, es que la obra tiene como contexto la reformulación cubana de la Reforma Agraria y del plan económico (o lo que Celso Furtado denominó "la fase de reconstrucción del sector externo" [286]) y como fondo la avanzada contrarrevolucionaria de la secta de Testigos de Jehová. La obra también se sitúa después de la muerte del Che Guevara y sin duda dentro de los replanteos realizados por el Grupo como consecuencia del proceso de consolidación de su base institucional en La Macagua (recuérdese que el campamento se inaugura el 30 de diciembre de 1972 y que el informe -al que puede en cierto modo considerarse como "manifiesto "- fue presentado al VIII Congreso del Instituto Internacional de Teatro, realizado en Moscú en junio de 1973). "

Resulta "paradojal," sin embargo, que aquellos valores que contribuyen a cierta vigencia de la obra, incluso desde cierta perspectiva estética, son los que se encuentran en la primera versión. Esto significa que las versiones posteriores pueden leerse como el resultado de un proceso de adaptación a factores externos y a la imposición de una poética teatral ligada ya no al foquismo guerrillero, sino a la amputación y reformulación formal y temática producida como consecuencia del ya mencionado proceso de institucionalización del Grupo, esto es, del pasaje desde una táctica de intervención y desestabilización de una situación crítico-cultural y de una producción de saber, a la subalternización estratégica del Grupo respecto de los intereses del partido y de los nuevos programas de desarrollo económico de la revolución. Este pasaje muestra al Grupo como vanguardia, en un primer momento, y como apéndice estatal, en un segundo momento.

Del contraste de la versión primera con las dos sucesivas, resulta una diferencia fundamental: la eliminación de la lucha de poder dentro de la secta de los Testigos y la imponente escena de la crucifixión de uno de ellos, lo que constituye indudablemente una emergencia de la potencia de la productividad misma del texto y una alegorización brutal de las incertidumbres correspondientes al rol del artista y del arte de una sociedad nueva. Esta "falta" en las versiones segunda y tercera deja a los textos como propuestas meramente instrumentales en la tarea de concientización del público, lo que revierte en una contradicción fundamental; en efecto, mientras la primera versión quiere hacerse cargo de una crítica a los valores contrarrevolucionarios de la secta religiosa en sí, la versiones restantes asumen una teatralidad análoga a aquélla que se quiere eliminar, con lo cual se convierten ya no en textos foquistas y provocativos, sino en teatro de *agit-prop*, esto es, en textos sectarios que buscan "domesticar" a la audiencia más que constituirla en una instancia crítica. Es por ello que se recurre, en estas versiones sucesivas, a procedimientos de la estética brechtiana y de la tradición popular, pero quitándoles justamente su efecto de provocación crítica y evacuación de un saber (Muguercia, 65 y ss.). Una estética de filiación marxista, como es la de Brecht, viene ahora a manifestarse justamente cuando los fines brechtianos faltan; la manifestación de los procedimientos brechtianos aparecen desprendidos de la perspectiva total de su estética marxista para devenir sólo como técnica y, en tanto tal, ponerse al servicio de la alienación cultural. Veremos luego cómo reaparece y se discierne esta problemática al momento de afrontar la propuesta de Luis Valdez. Aquí importa subrayar que este pasaje de una estética surgida de una Europa industrializada, sobre la que se articula el marxismo de Brecht, al de su subalternidad meramente técnica en los espacios culturalmente marginados, sigue entonces el camino de colonización habitual dentro de los parámetros de la dominación burguesa. En fin, los distintos procedimientos brechtianos que podrían señalarse en las versiones segunda y tercera (desdoblamiento de actor/personaje, incorporación de décimas cantadas, oposición prosa/verso, estructura episódica, etc.), están allí justamente para certificar que la estética brechtiana, en lo que tiene de crítica, se halla justamente ausente.

Paralelamente, se puede notar cómo, a medida que se incorporan efectos de distanciamiento a nivel de la "estructura" de la obra, se va disolviendo la figura del espectador como tal, que ahora no accede a su máscara para criticarla, sino que rompe la distancia que lo separa de ella y, paulatinamente, se confunde con ella: es un proceso de enmascaramiento que si, por un lado, quiere incorporar el debate como cierre de la obra para avalar la (ilusión de la) "participación" del público, por el otro, conduce -como en la versión tercera- a la instauración de una "fiesta," es decir, a la anulación (antibrechtiana) del teatro como teatro, del límite entre escenario y platea, para convertir el espacio social en una teatralidad absoluta. Como en la sociedad burguesa, la mascarada resulta finalmente en una alienación total de sujetaciones invisibles a un suprasujeto dominante.

No tenemos que engañarnos respecto a esta "fiesta": se trata de la fiesta oficial, es decir, de aquella que responde a un estímulo provocado desde una minoría interesada: del grupo de teatro, como representante del poder y del Estado en íntimo contacto con el Partido. Como toda fiesta oficial, se desarrolla en un espacio controlado, y su emergencia es generalmente efecto de los discursos que la preceden. Su característica principal, en términos de su teatralidad, es hacer invisible los resortes de alienación y sometimiento que la convierten decididamente en un espacio fascista. Leamos la didascalia que cierra la tercera versión:

Se canta el son Con la espuela. En la letra se hará alusión al descrédito de los Testigos. Todos cantarán y bailarán tratando de que la fiesta se generalice entre el público. Si el lugar de la representación lo permite, se tirarán algunos voladores. Si las organizaciones de la zona consiguieron cerveza, éste es el momento de repartirla. La fiesta "por la expulsión de los Testigos" se prolongará tanto como el público lo desee y los músicos lo resistan. (Leal, 240)

El carácter autoritario y programático del que surge la fiesta, no solamente cierra todo espacio de distancia para que tome lugar el debate, sino que a su vez hace invisibles las relaciones de poder: podemos casi figurarnos que ya no hay lugar para ilusionarse en asumir la palabra del pueblo como fuente de nuevas transformaciones textuales. Además, es evidente que el eje temático de la expulsión de la secta religiosa ha dado lugar ahora a una sustitución y generalización por medio de la implantación de una secta nueva, oficial, estatal, que intenta apoderarse de los valores constitutivos de la secta eliminada: la secta política revolucionaria quiere asumir, por medio de la comunión festiva y participatoria, los resortes religiosos por medio de los cuales los Testigos de Jehová desarrollaban su tarea de captación contrarrevolucionaria. En efecto, el proceso de transformaciones del que dan cuenta las tres versiones de *El paraíso recobrao* es justamente el que podría plantearse como la necesidad de constitución de la Revolución como un espacio religioso, único capaz de ejercer la eficacia política. Es, pues, la constitución de un espacio falocéntrico y ritual siempre sostenido por la palabra del Padre, único capaz de proveer la cerveza y repartirla.

Este proceso no escapa a la conciencia del Grupo: comentando una representación de *La vitrina* (1971), Albio Paz subraya el carácter de aquello que Brecht denominaba "fascismo"; es decir -como más tarde lo subrayará Barthes- hacerle creer al otro que es fuente de su propia palabra, que él es quien habla, a fin de impedirle apreciar que es realmente hablado por otro:

> CARLOS [PEREZ PEÑA]: En el debate tú te alejas después que la persona empieza hablar.
> ALBIO [PAZ]: Sí, para que no se establezca un diálogo... quiero dejarlos solos para que se establezca el debate... que no encuentren un apoyo... hacerles pensar que están haciendo lo que quieren, pero llevarlos a lo que necesitamos... (Séjourné, 305).

Tal proceso re-escriturario de la pieza, que en Latinoamérica va a dar lugar a ciertas modelizaciones "vanguardistas" ligadas a la concepción de la "obra abierta," a la desmitificación del autor, a posiciones contestatarias respecto del "teatro burgués" (sea comercial, sea elitista), y a la constitución de un "teatro popular," puede leerse hoy paralelamente al reposicionamiento de las élites intelectuales y artísticas en la construcción de estéticas ilusoriamente alternativas y en la construcción de "sujetos" potencialmente liberadores o capaces de autoliberación. Sin lugar a dudas, tanto las transformaciones textuales como las "estéticas" que vemos en *El paraíso recobrao* y en el Grupo Teatro Escambray suponen un momento deconstructivo que, paradojalmente, no resulta en alteración de los sistemas de producción vigentes del "residual" Estado burgués capitalista sino, como hemos dicho, de la posición de clase de sus agentes.

Conviene detenerse en las transformaciones textuales de la pieza de Albio Paz. Sin duda, esta obra es el resultado de múltiples investigaciones que datan de 1968, en las que ya se detecta la acción contrarrevolucionaria de los Testigos de Jehová, como agentes posibles de la CIA. Esto va a dar lugar a una adaptación de *Los fusiles de la madre Carrar* de Bertolt Brecht, realizada por Sergio Corrieri (fundador del Grupo Teatro Escambray) bajo el título de *Y si fuera así*... El informe que publica Rine Leal (35-38) deja bien en claro la necesidad de poner el teatro al servicio de la desmitificación de la secta religiosa, pero a su vez reconoce la eficacia del trabajo de los Testigos en su tarea de captación y en la conformación de "resistencias" culturales capaces de convertirse en un martirologio avalado por la escritura sagrada. No sólo se hace mención al grado de aprovechamiento de las condiciones de ignorancia, escasez, falta de recursos y la debilidad tanto de los campesinos como de las mismas organizaciones revolucionarias (Leal, 37), sino que a su vez el informe deja entrever aquello que "[a]tañe al sentimiento religioso en sí, a su origen en el hombre, sus causas y desarrollo" (38). Es evidente que si por un lado la revolución está logrando satisfacer ciertas necesidades (como se desprende del discurso de Fidel del que tomamos nuestro epígrafe, y como hoy se reconoce en cuanto a alfabetización, alimentación, salubridad, urbanismo), este trabajo no alcanza a la demanda como tal del campesinado. En términos del psicoanálisis lacaniano se podría estipular que la revolución satisface la demanda pero no el deseo, reproduciéndose en los informes del grupo la oposición binaria materia/espíritu. La convicción de los Testigos va *más allá* de toda colmación material, va "más allá del principio del placer," y esto es lo que, a los ojos del Grupo, aparece como "el malestar en la cultura."

No sorprende entonces que Revolución y Religión se conviertan, paulatinamente, en el foco de atención del Grupo y que *El paraíso recobrao* diseñe un aparato de doble operación evangélica: por un lado, desde el punto de vista temático, la obra muestra una sesión del culto en la que se exponen teatralmente las diversas situaciones de captación de adeptos para la secta, es decir, los diversos procedimientos por los cuales funciona una retórica de alto poder de persuasión, capaz de vencer las resistencias "racionales" más pragmáticas y cotidianas: la captación de Babilonia, la mujer que depone su asco por los Testigos una vez embargada por la maravilla poética del lenguaje de su vecino Moisés; la consolación de una madre, Noemí, a quien se le promete la resurrección "concreta" de su hijo y su regreso al mundo de los vivos; la compensación de las frustraciones campesinas de Edelmira, que quiere mudarse a un pueblo nuevo para progresar (se encarna aquí el viejo ideal progresista de *m'hijo, el dotor*), y a la que se le promete la entrega de nuevas "caballerías" en una Reforma Agraria Celestial que permitirá a los campesinos vivir "robinsonianamente," es decir, aislados unos de otros, sin someter la satisfacción de sus necesidades al trabajo comunitario de los otros.

Por otro lado, la obra se establece metateatralmente como la captación del público campesino para responder a los intereses de la revolución y para luchar contra los Testigos de Jehová y cualquier otra intervención de sospechosa acción contrarrevolucionaria.

No sorprende tampoco que la matriz narrativa de la obra se dispare hacia lo que podríamos designar como "espacio delirante" (sin duda el componente poético y político más subyugante de esta obra y que, como dijimos, sólo aparece en la primera versión) y culmine, siguiendo la lógica del delirio, en una reproducción paródica de la pasión cristiana (con la crucifixión del campesino Moisés) y un campo de violencia desatada por el fanatismo religioso. Metateatralmente, la obra recurre a la música y a la participación jubilatoria del público, mientras todavía se hace cargo de su "teatralidad," manteniendo a los actores en un *freezing* junto a los paneles que giran "para mostrar las imágenes del paraíso" (Leal, 137).

Y no sorprenden estas homologías isotópicas, si se tiene en cuenta que toda esta escena final se propone como una alegoría capaz de captar justamente el encuadre "familiar" (*Umheimlich* en términos de Freud) de la gesta revolucionaria cubana: por una parte, como lo reconoce el poema de Roque Dalton "Credo del Che," en el cual el héroe guerrillero es homologado a Cristo, y en tanto el montaje de la revolución guevarista -como hemos visto- sitúa la guerrilla en una estricta intertextualidad con el discurso de la cruzada cristiana y sus milicias eclesiásticas a la manera de Loyola, hay una recurrencia "anacrónica" a un texto sagrado por parte de la vanguardia revolucionaria en su tarea de transformación de la Historia; por otro lado, la alegoría religiosa -al parecer un tópico recurrente de estos textos que quieren escribir e inscribir las contradicciones revolucionarias- parece constituirse como el único operador que deja leer, a la vez que encubre, la lucha por el poder y la disparidad de criterios de sus líderes a casi diez años de gobierno (Gavi, 116 y ss). Porque si Roque Dalton puede poner al Che Guevara como Cristo, es porque entonces hay un Jehová/Fidel, y hay también un grupo de apóstoles/intelectuales capaces de llevar el mensaje evangélico/revolucionario y organizar las nuevas sectas y las nuevas milicias para resistir a la Roma/USA imperial.

No es de extrañar que esta dimensión delirante del texto de la primera versión (con la maravillosa disputa de los campesinos respecto a la organización de la "otra vida," de la distribución de tierras y de la tecnologización del paraíso -utopía que permite mantener los viejos valores del campo junto a los nuevos valores de la ciudad- con la transformación de Babilonia, el abandono de Sarah, la predicadora, y finalmente con la escena de la crucifixión de uno de los líderes), constituyera una serie de imágenes de impacto incontrolable para la "cientificidad" marxista del Grupo. Es justamente esta dimensión poética, lo que se cercenará desde una revisión de estricta pragmática política. Sin lugar a dudas, lo que asusta es la combinación poético-política admitida por la alegoría, como aquello que supera los intereses de propaganda y abre un espacio de "saber" para el cual no hay ningún "conocimiento" que permita el control. Así, en las "conclusiones del tercer seminario del Grupo Teatro Escambray" se puede leer:

> El Grupo considera que la primera parte de la obra, texto y puesta en escena, resultan brillantes y eficaces... una forma didáctica de gran expresividad... Considera, asimismo, que la segunda parte no alcanza el nivel de la primera y entorpece su eficacia pues no resulta clara a los

campesinos y utiliza reiteradamente elementos ya expuestos en la primera. Por otra parte, el aspecto de la lucha por el poder, dentro de la secta, resulta innecesario y no añade nada sobre los Testigos como mal social, circunscribiéndose a supuestas luchas intestinas y a características puramente sicológicas de los personajes. (Leal, 139)

Como vemos, si el Grupo se equivoca respecto al "entorpecimiento" que entrañaría la segunda parte, acierta en cambio al reconocer que ella nada tiene que ver con los Testigos. Estamos, pues, en el límite del marxismo y en el más allá abierto por la crítica freudiana: si no tiene que ver con los testigos ¿con quién tiene que ver? Pues con el sujeto mismo: espacio del trabajo intelectual y del trabajo artístico, espacio que resulta difícil admitir como formando parte de un servicio al Estado, tal como lo demuestra el debate "masculino" publicado bajo el título *El intelectual y la sociedad*.

Si entendemos ahora por qué la segunda versión no sólo elimina la alegoría sino también el personaje de Babilonia -en la medida en que, seducida por la belleza de las palabras, es capaz de leer luego la trama del engaño y articular en consecuencia un discurso político (se pide por ello su crucifixión)- entendemos a su vez por qué la segunda versión elimina al personaje de Sarah. Evidentemente, hace el camino casi inverso al de Babilonia: manejando políticamente el discurso religioso, termina en una actitud anarquista y parricida tan irresponsable (¿Pilatos? ¿Postmodernista?) como la de cualquier líder impotente o intelectual de la pequeña burguesía, desengañado:

> MOISÉS. ¡Hermana, usté no puede hacernos eso! ¡Cómo va a dejar este rebaño sin guía! Jehová dice que sus...
> SARAH. ¡Jehová podrá decir lo que le dé la gana, pero yo, Sarah Gutiérrez, digo que aquí no me van a ver el pelo más nunca!
> (*Continúa la salida*)
> MOISÉS. ¡Jehová nunca abandonó a sus discípulos, hermana!
> *Sarah duda un instante. Babilonia hipa fuertemente. La luz del farol se debilita y Juancho trata de remediarlo.*
> SARAH. ¡Ah, no! ¡Qué va! (*Sale.*)
> MOISÉS. ¡Hermana, la palabra divina!
> SARAH. (*Desde afuera y como continuando la frase de Moisés.*) ¡Al carajo!
> (Leal, 123)

La segunda versión, esquematizada a partir de la intervención de dos cantantes, uno de los cuales expone las "tres captaciones," representadas -como en todas las versiones- en forma sucesiva pero ahora enmarcadas por las décimas, "como estructura dramática resultó pobre" (Leal, 189). En cuanto al debate que ahora cierra la pieza (que, como dijimos, pareciera más remitirse al del estreno de la obra, tanto por su fecha como por la referencia que un campesino hace al

Armagedón, que no se menciona en esta versión), parece que éste asume lo censurado de la primera versión y se establece como una lucha desplazada ahora a la contienda discursiva entre los participantes y los actores, y de los campesinos entre sí (algunos probablemente "actores" solapados, clandestinos). Los intertextos no se hacen esperar: un trasfondo filosófico (maternal y presemiótico, en términos kristevianos) se deja oír cuando se reconoce a la palabra como el arma más eficaz (sea de los Testigos, pero también la palabra teatral) -"no hay cuchillo más fuerte que la lengua" (Leal, 178)- cuando se niega la existencia de Dios y se sostiene la creencia en la Naturaleza (178), cuando se instaura una violencia machista para hacer frente al poder de la mujer, ahora "convertida" y en consecuencia resistente (181 y 183) y finalmente cuando el diálogo va asumiendo la metodología socrática de los textos platónicos (183). En todo caso, resulta evidente que, a diferencia de la interpretación que el Grupo realiza -dentro y fuera del texto de la pieza- oponiendo su saber al no saber de los campesinos, el debate deja en claro que se trata de dos "saberes" en pugna, uno de ellos convertido en una otredad fundamental, a la que se quiere recurrir pero a la que también se deniega desde las posiciones de la vanguardia lúcida, atrincherada en aquella posición que Lacan describía como discurso del Amo y discurso de la Universidad (Lacan, *Aun*, 25-26).

La tercera versión trata de superar las deficiencias de la segunda, mediante un retorno a la primera. Se rescatan los personajes de Babilonia, Sarah y se reelaboran otros como Moisés y Timoteo. Se insiste en eliminar toda mención a "la lucha por el poder dentro de la secta" (189), pero se admite incorporar "como elemento distanciador y crítico a la 'bunga' campesina" (189). Ya no se trata de producir una distancia desde la cual el espectador pudiera operar críticamente, sino de asumir lo que Paulo Freire denominaba, por esos años, "la concepción bancaria de la educación" (*Pedagogy of the Oppressed*, 57-74): "[P]ensábamos lograr una obra eminentemente didáctica no sólo sobre los métodos empleados por la secta, sino también sobre sus contradicciones esenciales, culminando la obra en una fiesta popular" (Leal, 189). No se piense, sin embargo, que este didactismo es brechtiano. Si los "jehovases" se han desenmascarado y han devenido un grupo abiertamente contrarrevolucionario (lo que de alguna manera invalida la presentación de la obra), la función teatral se desplaza mediante la operación de enmascarar al espectador: se lo hace parte de una representación a la cual se incorpora "captado" por la fiesta pero en tanto "actor" de una secta. Tomar conciencia de la situación es tomar partido, y esto supone ahora practicar la violencia fratricida y/o hacerse cómplice de la violencia del Estado: "[D]e ahí que también sintiéramos la necesidad de que en la obra fueran la gente, el pueblo, los espectadores los que tomaran conciencia de esta nueva situación y, tomando partido, se incorporasen a la acción y cooperaran con la expulsión y aplastamiento de los "jehovases" (Leal, 189-90).

Teatralidad y experiencia política en América Latina

La ecuación transformativa gente-pueblo-espectadores-[actores] no constituye un resultado de operaciones estéticas ligadas a la reformulación de los sistemas comunicativos teatrales ni a la consideración democrática de la recepción, sino que está aquí dando cuenta de un espacio dictatorial y vertical de dominación cultural. Este espacio no se instaura transformando al campesino en un agente de participación jubilosa en el hecho estético (teatral en este caso), para sacarlo de la situación alienante y pasiva en que lo subalternizaba la estética burguesa; por el contrario, esta teatralidad de la fiesta oficial quiere disolver la última máscara -pero también la última defensa- que la tradición del liberalismo democrático diseña para el espectador: hacerle deponer de su mínimo espacio voyeurista (siempre, en el fondo, sospechoso y en tanto secreto, al menos resistente como todo poder), hacerle renunciar a ese precario estatus de sujeto perverso, para reificarlo en el campo de la maquinaria gubernamental y policial.

La tercera versión se presenta como el síntoma de situaciones culturales y socioeconómicas muy tensionadas: todo aquí se travestiza; todos los límites se hacen sospechosamente reversibles: "*Los actores* -dice la didascalia inicial- *están situados entre el público y por toda el área de representación*" (Leal, 191). E inmediatamente se agrega: "*Todos los actores, respondiendo al llamado de Moisés, contribuyen a la colocación del público, argumentando que ya el culto va a comenzar*" (Leal, 191). El fraude teatral continúa: "MOISÉS. Los que estén de acuerdo con atraer la bunga, que levanten la mano. (*Votación. Debe ser tanto de los actores como del público...*) (...) Vamos a pedirle a los muchachos que se estén tranquilos y al hermanito... (*Aquí el nombre de alguien del pueblo, que tenga muchos hijos y que esté presente*) (Leal, 193). Paralelamente a la rigidización de la estructura de la obra, el personaje de Sarah -en una excelente alegoría del neoliberalismo- se hace más "democrático": acepta la presencia de la bunga como algo no necesariamente contrario a los protocolos del culto, presenta a un Jehová menos furibundo y mucho más comprensivo, capaz de admitir nuevos himnos que expandan su gloria y su rebaño, hace oídos sordos a algunas afirmaciones que, en las décimas, parecen infiltrar reclamos contestatarios o subversivos y, finalmente, aprovecha la presencia de los músicos para aligerar el ambiente cuando éste comienza a ponerse decididamente tenso.

Por su parte, la construcción colectiva de la utopía a la que se entregan delirantemente los campesinos, al verse necesariamente interdicta por el lado de la lucha por el poder, comienza a desarrollar lo que podemos denominar un "proceso de sanchificación" del campesino. Como en el Sancho cervantino, los personajes se lanzan a engarzar refranes, dando cuenta de una máquina de producción discursiva que remite no solamente al estereotipo sino justamente a la dimensión desubjetivada y anonimizada del ejercicio de la palabra: "JUANCHO. Entonces, ¿me volaron el simbólico?" (Leal, 235). Si bien las palabras de Juancho se refieren a su imposibilidad de hacer la lectura simbólica de un texto bíblico, la frase adquiere otra resonancia cuando apunta a la emergencia desplazada de la verdad: es la percepción de un espacio psicótico que se va abriendo correlativamente con la pérdida de la subjetividad. Ya no hay, entonces, posibilidad de debate: el debate supone una estructura agonal entre dos sujetos que se disputan el acceso al poder mediante la exposición argumentativa basada en saberes diferenciales. *El paraíso recobrao*, en su tercera versión, resulta en la animalización del campesino; como lo dice la bunga al iniciarse la obra, pero imputándoselo a los Testigos: "pa'provecho y no pa'mal, / cambiá pal reino animal / y en ovejas transformá" (Leal, 198). La Revolución se ha institucionalizado: convertida en una secta, estructurada como una máquina de delaciones y persecuciones, sólo atiende a su reproducción y conservación; monolítica y monológica, se convierte en una fiesta del monstruo, como las promovidas por las represiones militares latinoamericanas inspiradas en la Seguridad Nacional.

4. *Luis Valdez y la negociación "espacial"*

> El Teatro Campesino is somewhere between Brecht and Cantinflas. (Luis Valdez, "El Teatro Campesino," 55)

Vamos a intentar un ejercicio hermenéutico de la frase valdeziana del epígrafe, que ha sido citada para confirmar o garantizar alguna interpretación de su obra[17] y, sin embargo, bastaría detenerse en ella por un momento, para que inmediatamente se vacíe de sentido. Si las opiniones de un autor pueden entrar en el juego mismo de una lectura de su obra, tendrán que hacerlo a costa de ser ellas mismas un texto, y como tal, no tanto una referencia inapelable para el sentido de su "obra" sino un nuevo espacio problemático que ambiguamente se yuxtaponga a su "obra" y la arroje a otro juego de vértigos culturales.

Lo sorprendente es que Brecht y Cantinflas son dos coordenadas que, si pueden aportar una serie de rasgos para reconocerlos luego en la obra de Valdez, no dejan de mostrar su particular contradicción.[18] La propuesta teatral de Brecht y su "tradición" posterior tienen una base en la teoría marxista, mientras que la trayectoria de Cantinflas se deja leer a partir de su procedencia y culminación en

---

[17] Jorge Huerta afirma, respecto de la frase, que "[t]he influences of both the great German playwright/theorist and the superlative Mexican comedian pervade any analysis of Valdez' work, but most especially his early *actos*" (18).

[18] Barclay Goldsmith señala las influencias de Cantinflas y Brecht pero no las lee como contradictorias. Respecto a Brecht, su posición es limitada: "Chicano theater is Brechtian, then, more in spirit than in specifics" (174). De todos modos, reconoce que señalar procedimientos superficiales no es garantía de un teatro afiliable a la estética marxista de Brecht; en este sentido Goldsmith subraya lo principal: "Chicano theater lacks the dialectical analysis found in Brechtian epic" (173). Huerta parece quedarse en la superficie del problema cuando señala para los orígenes del Teatro Campesino una no distinción entre actor y trabajador y la compara con el procedimiento brechtiano que pide para el *acting* una distancia entre actor y personaje (16).

Teatralidad y experiencia política en América Latina

el imaginario popular-masivo mexicano y responde a los protocolos de producción burguesa. Dejando de lado la oposición Europa/Latinoamérica, que está sin duda funcionando en la opción valdeciana y que lógicamente deja inferir algunas alternativas hermenéuticas, no se puede evitar extender la contradicción a la oposición ciencia / ideología, y finalmente distanciamiento / identificación como base conceptual de las respectivas estéticas puestas en juego en el discurso teatral de Brecht y de Cantinflas.

Tal vez sea el vacío teórico abierto por esta contradicción lo que vuelve a aparecer en la suscripción de Valdez, con motivo del encuentro en San Francisco (1968) en un festival junto a Peter Schumann y su The Bread and Puppet Theatre y la San Francisco Mime Troupe comandada por Ron Davis, de que el Radical Theatre se apoya en una guerrilla sin revolución (Davis, 101). Frase indudablemente paradojal que, como se ve luego en los manifiestos escritos por Davis (no debe olvidarse que Valdez estuvo un par de años ligado al grupo de Davis como actor), lentamente se va convirtiendo en una proposición insostenible e impracticable: la acción guerrillera, basada en los textos del Che Guevara y su teoría de la lucha focal, es una estrategia inicial que admite su justificación en la praxis (teoría y práctica) de la acción revolucionaria y, por ende, de la teoría marxista (Davis, 154-72).

¿Cómo textualizar una frase? Una forma posible es arqueologizar el saber que la sostiene, historizar su emergencia, determinar las condiciones que forman parte de su base de suposiciones.

4.1 *Cantinflas: del artesanado a la producción industrial*

> Por lo tanto, espero que así como yo estoy de acuerdo en algo que no me acuerdo, debemos estar todos unidos por la unificación de la ideología emancipada que lucha... ¿por qué lucha, camaradas?... pero hay que prepararse porque ya se acerca... y así es la vida y así soy yo... Y ¿cómo soy yo, compañeros? ¡Obrero! Proletario por la causa del trabajo que cuesta encauzar la misma causa... [...] Ahora que yo ahí no me meto porque de por sí ya estoy metido... (Cantinflas, citado por Morales, 164)

Cantinflas es -en palabras de Monsiváis- una institución cultural de México. Es la transfiguración y emblematización de Mario Moreno, actor que proviene del barrio y del circo, dos espacios llenos de heterodoxias y heteronomías, espacios híbridos y de mezcla, fundamentalmente de residuos culturales de las otras clases y estereotipos constantemente requeridos de repetición y adocenados de agotamiento: es la ironía socio-política como síntoma de la ausencia de unificación y nostalgia del centro que escamotea su mirada. Espacio arrabalero -"orbe melodramático equidistante de la realidad," dice Monsiváis (78)- donde la carnavalización es producto de una serie de transformaciones económicas que no llevan a la felicidad por la diferencia, sino a una experiencia del sufrimiento que no admite expresarse en canonizaciones sublimes. Espacio marginado, finalmente, donde la burguesía hace su ensayo de dominación y crueldad, y el discurso que elaboran los subalternos para compensar los desarraigos son siempre pactos espurios que no admiten imaginar lo popular como una voz original, de fuente pura o impulso legítimo:

> El Arrabal tiene un género: el melodrama; un sentido del humor: el de la carpa; y un sistema de compensaciones: el falto de dinero puede emborracharse y rodar por la pendiente, el jovenazo puede echar Relajo con la Palomilla, el sentimental adorará a la Jefecita y se postrará dos días al año en la Villa de Guadalupe. Lo que el cine industrializa es un modo de ser genuino (que se volverá teatral al verse repetido en la pantalla) donde lo autobiográfico es siempre lo comunal, y las experiencias sólo tienen sentido si se cuentan en detalle. (Monsiváis, 80)

Lo "genuino" que refiere Monsiváis es "la realidad" de un referente que nada tiene de tal: espacio de copias y de reflejos, hibridez de lo rural y de los emblemas citadinos y burgueses, lo suburbano va desarrollando una filosofía y una estética perversa para la cual "la certeza de que cualquier forma de fracaso es regocijante" (Monsiváis, 82), confluye en productos de amplia repercusión masiva cuando son comercializados por los sectores dominantes para incentivar los procesos de alienación a esos estereotipos que, sin duda, se diseñan como negociación de lo imposible, acceso ilusorio a lo otro negado por el poder, idealización del origen del barrio por no poder vivir en los lujosos sectores residenciales, la pobreza como virtud y así sucesivamente, en un todo compacto que ahora regresa al barrio como mercancía capaz de rendir a los poderosos una suculenta ganancia.[19] Los subalternos son los que se consumen a sí mismos; canibalización ésta mediada por el cine y su tecnología.

No es entonces arbitrario que Cantinflas sea quien, en la encrucijada dolorosa de las culturas suburbanas, admita la venganza clasista mediante un recurso al "mucho hablar sin nada decir" (Monsiváis, 94; también Reachi, 175): nuevo pacto del marginado que "nació para obtener la carcajada de sus iguales y la suave sonrisa del civilizado" (Monsiváis, 79). El lugar estructural que aquí se diseña no está lejos del que Valdez ocupa para muchos en la sospechosa trayectoria de los

---

[19] Resulta interesante leer las declaraciones de Santiago Reachi, socio de Cantinflas en la Posa Films S.A., para tener una idea del proceso de comercialización que lleva al personaje de la carpa y el teatro al cine. En un marco de reacomodaciones culturales postrevolucionarias y aceleradas contradicciones motivadas en la Segunda Guerra Mundial, Reachi cuenta (159 y ss.) cómo una exigencia de mercado de la General Motors lo hizo pensar en Cantinflas para unos cortos comerciales y, luego, en la posibilidad de explotarlo con amplios beneficios en una empresa cinematográfica.

piquetes de huelga hasta la consagración hollywoodense. Sea como fuere, el discurso que Cantinflas parece representar se puede pensar en varias dimensiones: por un lado, la estabilización de los estereotipos de una ideología pequeñoburguesa ("¡creaba un tipo!" -dice Miguel Ángel Morales [166]), que se consagra en su acceso a los medios masivos para su propio perjuicio, pero que elabora una visión triunfalista de sí misma; en segundo lugar, un acceso a los centros de producción y difusión que se encargan de incorporar lo suburbano marginado como un emblema de lo que "habla para nada decir," esto es, a costa de ser un gesto vaciado previamente de su denuncia; pero tal vez lo más importante, en tercer lugar, sea la *identificación* de los sectores marginados mediante una serie de productos que neutralizan su odio clasista en coordenadas ideológicas timoratas y humorísticas; identificación por medio de la cual renuncian a sus reclamos revolucionarios,[20] en un atrapamiento especular diseñado para ellos por los sectores dominantes. Un libro titulado *Quién es Cantinflas*, firmado por Dranoell, sin fecha ni lugar de edición, pero según parece realizado por algún periódico a fines de la década de los 40 -probablemente antes de que México apoyara el bloque aliado- constituye una especie de biografía del ídolo armada a partir de una reapropiación clasista de la figura del "peladito" célebre dentro de los marcos ideológicos y metanarrativos del fascismo. La nota inicial que abre el libro, y ocupa toda una página en letras enormes, dice: "Este libro es pequeño. Sin embargo, la juventud luchadora ansiosa de abrirse paso en medio de la desorientación ambiente, encontrará en él una útil enseñanza, viendo cómo el esfuerzo constante puesto al servicio de un ideal, lleva al triunfo." El libro va recorriendo las etapas de niñez, juventud y acceso al triunfo, señalando las virtudes de desprecio del lujo y del dinero, amor a los padres, respecto a los pobres, y la infaltable comparación con Charles Chaplin, que conduce indefectiblemente a institucionalizar a Cantinflas como genio: origen humilde, trabajador, poca formación intelectual, espontaneidad, improvisación asombrosa, intuición, "avalancha de palabras incoherentes acompañada de prodigiosa movilidad facial" (76).

El barroquismo es siempre un artificio verbal que hay que entender en el cruce de censura y desesperación; su explosión verbal no compromete lo referencial salvo para mostrar lo rotundo de su imposición como poder. En los espacios coloniales la apelación al barroco es doblemente significativa, porque la necesidad e imposibilidad de hablar de lo que duele, termina conformando una fiesta verbal cuyas mayores contorsiones sintácticas y desplazamientos semánticos convierten al horror en una mueca al borde del cataclismo de la lógica y en un coqueteo perverso con la psicosis.[21] Entre el decir nada "para comunicar *algo*"

---

[20] La palabra "revolución," en México, tiene avatares sorprendentes y hasta ha requerido de un minucioso análisis de Octavio Paz, quien trata en *Corriente alterna* de hacerse alguna luz en el entrevero nocional con "revuelta" y con "rebelión."

[21] En 1954 aparece un libro titulado *Cantinflas, genio del humor y del absurdo*, firmado por Ismael Diego Pérez, que se propone una "interpretación original [del genio] a la luz de la Psicología y del Arte." Totalmente misceláneo, desde Bergson y Freud hasta Don

(Monsiváis, 88) y la transformación del estereotipo -"domado" según la calificación del crítico mexicano- una vez que entra en la dimensión explotable y redituable de los sectores dominantes, o sea el decir *algo* para no comunicar *nada*, hay una hiancia cuyo nombre es "tecnología," "industrialización," al servicio de una razonada producción de ideología como control del mercado cultural. No debe dejar de notarse, sin embargo, cómo el "disparate" del cantinflismo hace un juego paródico de las jergas políticas de la elocuencia oficial,[22] que son su contrapartida de "hablar para nada decir," al tiempo que -como le ocurrió a los Podestá en Argentina- dibujan una trayectoria de cancelación de un período de dominación terrateniente ("Un momento, yo interrogo al occiso," dice Cantinflas en *El gendarme desconocido*) y su cesión de poder a los sectores aburguesados y libera-les con sus prerrogativas modernistas. El sin sentido es entonces la verdad que hace sus muecas por los retorcimientos corporales y verbales, para abrir la caja de Pandora de la pasada utopía revolucionaria.

Es que Cantinflas es un producto cultural institucionalizado cuyo *gestus* (para usar el famoso término brechtiano) consiste en mantener una precaria nube de humo sobre las relaciones estructurales entre producción artesanal y producción industrial mediada por la tecnología. Su trayectoria desde el circo (con su teatralidad diseminada por la presencia movediza de los cuerpos y el riesgo siempre peligroso entre improvisación e invención, repetición y agotamiento, participación efusiva o repudiante), hasta llegar al cine y su modificación del circuito comunicativo (la imagen cinematográfica es inapelable o, al menos, se resguarda del golpe corporal directo que, en el circo como en el teatro, provocan el éxito o el fracaso, aunque no del ineludible y frontal de la cuenta bancaria), su conversión en empresario de sus propias películas, la estrecha relación de Posa Film con la Columbia Pictures y la canonización de su estilo en una producción seriada y poco innovadora, son un síntoma claro de que el estereotipo se ha convertido en un mito comercial y de que no hay ninguna configuración discursiva revolucionaria sino, en tono más débil, una tímida denuncia verbosa de la *souffrance* barrial y genérica de la que proviene.

Cantinflas es el fenómeno que permite observar las reacomodaciones del campo cultural y sus entramados sociopolíticos postrevolucionarios: deja ver el cambio de rumbo nacional entre Cárdenas y Avila Camacho, entre los servicios políticos de las artes tradicionales con su fervor por la monumentalidad del pasado y su elaboración nacionalista, hasta el impacto de la modernización que retoma esas imágenes y las funcionaliza diferentemente para atender ahora las contradicciones generadas por un mercado que hay que satisfacer y controlar

---

Quijote, el autor trata de explicarse el sentido del sinsentido del humor cantinflesco. La conclusión, como era de esperar de la mezcla de autores y abordajes, resulta ser que Cantinflas "es un artista que es como es, y en ese ser de no ser lógico, está la clave de su arte" (96).

[22] Conviene leer en el libro de Miguel A. Morales el episodio de Cantinflas ligado por Luis Morones a la retórica oficial de Lombardo Toledano (161-2).

científicamente, en especial proveyendo "mass entertainment, leaving the hearts and minds of most of the population to commercial exploitation" (Riding, 307); esto es, reforzando los ideales pequeño-burgueses de dominación masculina, obediencia femenina, admiración por el dinero, respeto a las autoridades y sobre todo "avoiding any suggestion of political or social comment of dissent" (Riding, 309). Toda esta producción de imágenes y dominación por medio de ellas, recurren al humor y a las formas de sentimentalismo o mitificación del pasado nacional, como recursos necesarios frente al impresionante incremento poblacional de los grandes centros urbanos, y más específicamente del Distrito Federal (Meyer y Sherman, 609-38; Riding, 307-15).

La relación entre la imagen y la audiencia está mediada en estos casos (circo, teatro, cine, televisión) por la identificación que, en un sistema de producción seriada (Benjamin), no desaprovecha la oportunidad de reforzar las imágenes que ideológica y sociológicamente son más impugnables o cuyo verosímil hay que ortopedizar (bombero, policía, cartero, alumno retrasado, o cualquier otra profesión "humilde" [Monsiváis, 96]), siempre dentro de una narración amorosa estereotipada y gótica que -superados los infinitos obstáculos- culmina en el casamiento del protagonista con la dama inocente que él merece.

4.2 *Brecht: tecnología y teatro popular*

> We are not in fact speaking in the name of morality but in that of the victims.
> (Bertold Brecht, 75)

La trayectoria de Brecht y la elaboración de su teoría teatral parten de otros condicionantes históricos, ideológicos y culturales, diferentes a los de Cantinflas. Brecht parte fundamentalmente de la propuesta de Piscator de generar un teatro político que, sin caer en los requerimientos burgueses del realismo socialista y sin convertirse en una mera estrategia de agitación y propaganda, logre definir una estética cuya consistencia dialéctica (esto es, procesual y siempre necesitada de rectificación teórico-práctica) permita a su vez ir desmontando críticamente las contradicciones inherentes al sistema de producción capitalista. La identificación se define por la alienación del sujeto a una teatralidad conformada como una relación de poder en donde la escena vive vicariamente la representación inconsciente de los deseos de la audiencia, es decir, en donde la representación teatral se hace cargo de dar forma, en beneficio de los sectores dominantes, la desdicha o la felicidad del público al que se dirige, corrigiendo los desbordes o imponiéndole soluciones o compensaciones imaginarias (catarsis) para que el mundo siga siempre regido por valores supuestamente "naturales" y "humanos." Frente a esto, el teatro de Brecht buscará definir una nueva política del placer mediante una nueva economía narrativa, pero no escópica. En efecto, como resultaría de un cotejo más detallado, la propuesta brechtiana no puede superar su propia adhesión a la definición racional de la relación estética entre producción y recepción teatral. Evidentemente, un acercamiento a su *Short Organum for the Theatre* desde una perspectiva freudiana, deja emerger algunos cuestionamientos fundamentales en la elaboración marxista de la ideología y de la transformación social, no obstante el hecho de que Brecht, igual que Freud, pone el acento en los efectos transformadores y revolucionarios del placer y, en especial, del *placer de saber la verdad*. En su artículo "Theatre for Pleasure or Theatre for Instruction" (Brecht, 69-76), no publicado en vida del autor, Brecht investiga las relaciones entre saber y placer. Pero es en su *Short Organum* donde afirma: "[T]he "theatre" set-up's broadest function was to give pleasure. It is the noblest function that we have found for 'theatre'" (180) y, posteriormente: "Every art contributes to the greatest art of all, the art of living" (277).

En efecto, Freud no dejó de observar a lo largo de su periódica reelaboración teórica el hecho de que todo sujeto sufre y goza de su síntoma, así como también sufre y goza no directamente de la imposición de lo real sino a través de sus elaboraciones imaginarias. Frente a esto, nada vale el esfuerzo de *exponer lo real* por cuanto lo real no es nunca prueba suficiente para que el sujeto deponga su creencia en los impulsos que lo dominan o los fantasmas que lo rodean. En fin, Freud se fue haciendo consciente de que el poder social no residía tanto en la demostración científica de las arbitrariedades o sinsentidos de la ideología, sino en la forma en que la ilusión se las arreglaba para dominar justamente a causa de su insensatez.

Brecht parte de una confianza cientificista propia de los residuos positivistas del marxismo, que supone no sólo el conocimiento objetivo de éste por parte del equipo de teatristas sino una euforia en los posibles efectos de transformación objetiva derivados de los postulados científicos de la doctrina. Elabora así un concepto simétricamente opuesto al de identificación y que llamará "distanciamiento" o "efecto de distanciamiento" (*Verfremdungseffekt*). Busca un espectador que pueda generar una distancia entre la representación y la historia en la que está situado, capaz de producir un espacio crítico que ineludiblemente promoverá el paso a una trasformación de la realidad, fuera del teatro. Todo lo que se ha llamado un poco reductivamente el "sistema Brecht" (de Toro) -teatro como teatro, despliegue del trabajo de la ficción, estructura abierta, desdoblamiento actor/personaje- son instantes de un proceso de producción teatral que tiende a definir utilitariamente una desalienación del sujeto y un enfrentamiento de éste a la tarea revolucionaria para transformar un orden social injusto, opresivo, enajenante y explotador de muchos en beneficio de pocos.

Es claro que Brecht no proponía un teatro intelectual o intelectualizado, pero no es menos cierto que todas las etapas de producción teatral (selección o elaboración de un texto, adiestramiento actoral, ensayo e improvisación, control de la puesta en escena) requieren que todo el equipo posea un saber crítico (esto es, teórico y práctico) del marxismo y de sus fundamentos filosóficos y políticos.

Teatralidad y experiencia política en América Latina

Tampoco es posible negar que tanto el llamado teatro burgués de estructura aristotélica y el teatro épico brechtiano comparten un mismo posicionamiento discursivo del sujeto de producción: me refiero a que ambos se proponen como discurso del Amo o discurso de la Universidad (Lacan), es decir, como sujetos que ostentan un saber y tienen acceso a la verdad y, por tal razón, se sitúan como la autoridad capaz de sancionar (Aristóteles) o adoctrinar[23] (Brecht) desde sus ideologías respectivas. Quiero decir que, aunque los contenidos y procedimientos teatrales puestos en juego determinan dos estrategias estéticas diferenciales en cuanto a los circuitos económicos del saber/placer/poder -identificación, distanciamiento- la posición del sujeto teatral sigue siendo la que se sostiene en criterios de autoridad (filosófico-aristocráticos, en un caso, científico-marxistas o "intelectuales," en el otro).

Si el teatro llamado aristotélico o burgués supone una estructura cerrada, con un orden sintagmático de desenvolvimiento continuo y progresivo desde una crisis del orden establecido hasta su reposición (con sanción para los que atentaron contra él y/o recompensa para los que se inscriben en él nuevamente), si a la desarmonía inicial corresponde, con etapas de aparente desviación y tensión (suspenso), una reposición de la armonía inicial o anterior a la crisis y, finalmente, si su narrativización está dada desde un solo punto de vista u óptica ideológica, con personajes de una sola convicción o un solo objetivo, el "sistema Brecht" pareciera reafirmar una estructura simétricamente inversa a la anterior, donde la historia expuesta se despliega por medio de disrupciones distanciadoras que determinan cuadros de conexión no necesariamente causal o cronológica, con fracasos calculados del suspenso, con imposibilidad de adherir a un protagonista o antagonista monológico, con una crisis del orden cuyas causas son ahora objeto de examen y consideración, ya no para reponer el orden anterior, ni siquiera para proponer uno diferente, sino más bien para abrir -desde la perspectiva del proletariado- las cuestiones capaces de conducir a la audiencia a una evaluación de sus ideologemas y narraciones maestras más "naturalizadas" y, por

---

[23] Es evidente que Brecht no usaría este término para definir la función de su teatro. Por el contrario, el hecho de que Brecht propusiera una actitud distanciada y crítica para el espectador y la apelación a una estructura abierta del sintagma narrativo de sus obras, hacen que parezca injusto atribuir a su teatro este adjetivo de connotaciones peyorativas. Sin embargo, aquí lo asumimos porque, fuera de la libertad otorgada al espectador frente a lo expuesto en la representación, la pretensión brechtiana se basa en la aplicación de criterios bien específicos de selección de temas, organización del sintagma narrativo, presentación escenográfica, etc., que suponen un saber del marxismo y, por tanto, una verdad revolucionaria, crítica y transformativa a la que adhiere y desde la cual se organiza la representación. Es decir, si la recepción está distanciada y el margen de desalienación es algo buscado y provocado, el discurso dramático-teatral se sostiene en una posición de saber la verdad de las contradicciones del sistema capitalista y del bien que le conviene al público. Así, esta posición autorizada hace del distanciamiento un efecto controlado y de la recepción una actividad dinámica pero siempre contemplativa y capaz de aprender lo que *supuestamente* no sabe o sabe engañosamente.

ende, de sus prerrogativas sociales que necesariamente conducirán a la elaboración de una agenda revolucionaria.

4.3 *Brecht y Cantinflas: ¿extremos sintetizables?*

La frase de Valdez comienza a mostrar no ya una serie de indicios para que se reconozcan en sus textos rasgos de Brecht o de Cantinflas (como en Huerta, 16; también Hernández, 32), sino la apertura de un espacio inédito y difícil porque justamente Brecht y Cantinflas son los polos de dos alternativas estéticas diferentes y de dos trayectorias inversas. Brecht parte de un discurso intelectual sofisticado como son las estéticas teatrales de su época, con sus géneros altos, canónicos, como también con el reciclado crítico de los subgéneros de la tradición masivo popular, con sus bases filosóficas respectivas, más la teoría marxista en su totalidad junto al horizonte de la Revolución Rusa y la organización del movimiento obrero internacional en una etapa sacudida por las guerras mundiales, para finalmente acceder a las masas y ofrecerles un teatro dado desde la perspectiva proletaria (tan difícil de alcanzar para un intelectual de clase media). Cantinflas, en cambio, parte de un barrio y de la heterogeneidad ideológica que supone la convivencia de diversos sectores sociales (campesinos, ex-soldados de las luchas revolucionarias en México, pequeña burguesía suburbana, lumpen), y de una estética marginada con géneros "degradados" como es el circo y luego el vaudeville o el melodrama, la canción popular y las aspiraciones típicas de aquello que Jauretche designó -para un proceso similar argentino- como "el medio pelo," para alcanzar luego su canonización y mitificación en la producción masiva y seriada típica de la modernización burguesa y del mercado de consumo, y ser objeto redimido y redentor de su clase, puesto ahora al servicio de los intereses del sector hegemónico.[24]

Pero también, y no es menos importante, la frase de Valdez sitúa al Teatro Campesino en un lugar controversial que no compete ya a los fundamentos sociopolíticos de la teatralidad sino a las bases materiales de la puesta en escena, en la medida en que Cantinflas y Brecht representan dos sistemas de producción teatral diferenciados. Cantinflas no es más que un emblema construido con escasos elementos de vestuario y maquillaje; su potencia está en el desarreglo de su

---

[24] La trayectoria de Cantinflas forma parte de una estrategia típica de la burguesía para compensar la marginación de que hace objeto a los discursos subalternos. Esta estrategia se perfecciona en México con Juan Gabriel (Geirola) y consiste, fundamentalmente, en canonizar a un representante de lo excluido -cambio de nombre de por medio- a quien ubica ahora en el centro cultural, para permitir la preservación de la distancia y de la exclusión de las masas que, identificación mediante, alcanzan en lo imaginario una consagración social. Esto podría ser admitido como un procedimiento de la "perversión paradójica" de la que habla Dollimore.

vestimenta y de su habla; todo el impacto de su actuación circense, teatral o cinematográfica, reside en esta economía de rasgos caracterizadores (Dranoell, 76). Escuchemos al propio Cantinflas:

> Adopté el nombre artístico de Cantinflas para ahorrarle vergüenzas a mi familia. Era una familia humilde, pero tenía su orgullo. Y yo era un artista de última categoría. Trabajaba en las carpas a las que acudía la gente sin dinero para entrar a un teatro caro. Cantinflas había nacido y empezó a crecer. Poco a poco tomó forma la apariencia física de Cantinflas. Adoptó la vestimenta de la gente humilde, la necesidad escogió el atuendo. Camisa de algodón de largas mangas, que alguna vez fue blanca. Pantalones arrugados y no muy amplios, sostenidos no en la cintura sino en las caderas. Y zapatos que le quedarían mejor a un hipopótamo. Sobre esta vestimenta venía un pedazo de trapo conocido como "la gabardina."
> El rostro de Cantinflas siempre es el mismo porque Cantinflas no tiene edad. Es un rostro redondo con una nariz demasiado chica para la boca, ¡demasiado grande! Sobre el labio superior, dos hilitos de bigotes caen como un par de oscuras cejas fuera de lugar. Intenté alguna vez dejar caer sobre la frente un mechón de pelo. Pero no valía la pena. ¡Ah!, y tampoco le habría caído mal una afeitada! (Monsiváis, 84)

Por su parte, Brecht tiene que reconocer que el teatro épico (o dialéctico, según nota escrita antes de morir) requiere para su implementación y efecto de distanciamiento ya no solamente de profesionalización (término difícil de pensar en el sistema de producción en el que se inscribe el caso de Cantinflas), sino de una base tecnológica muy desarrollada. Escribe Brecht a propósito de las posibilidades del teatro épico: "It demands not only a certain technological level but a powerful movement in society which is interested to see vital questions freely aired with a view to their solution, and can defend this interest against every contrary trend" (Brecht, 76). La exigencia tecnológica viene, como vemos, acompañada de un movimiento de conciencia social generalizado, y no generado desde las élites ilustradas. Además, el hecho de que se recurra a la proyección de fotografías y a la incorporación del cine en la representación épica, la estructura a cuadros que impone frecuentes cambios escenográficos, la utilización de música (muchas veces con orquesta en vivo), entre otros procedimientos de distanciación, implica una base de producción costosa, que supone a la vez una cierta institucionalización de la acción teatral y de sus participantes, con continuidad y permanencia financiera, más una división del trabajo que, rotativa o no, implica amplia diversificación (Brecht, 76).

La frase de Valdez, entonces, está remitiendo a un espacio utópico, que puede entenderse como la convivencia, la síntesis o la yuxtaposición de dos economías muy diferentes, las cuales remiten a modos de producción también diferenciados. La frase parece entonces querer conjugar por un lado la tradición aristotélica europea (en cierta medida rechazada por Brecht),[25] más su particular transformación mexicana (esto es, feudal/modernista de un país subdesarrollado) y, por otro, la producción industrial mediada por la tecnología del capitalismo avanzado.[26] De modo que el Teatro Campesino, como expresión de una minoría en medio de un país hegemónico a nivel mundial, pareciera no estar dispuesto a rechazar ningún aporte estético ni dejar fuera ninguna teatralidad. No olvidemos que, de alguna forma, Valdez trata de hacer aquello que Herms (118) puntúa como "the cultural hegemony of a subordinate culture."

4.4 *Valdez: ¿síntesis estética o negociación cultural?*

> The nature of Chicanismo calls for a revolutionary turn in the arts as well as in society. Chicano theatre must be revolutionary in technique as well as content. It must be popular, subject to no other critics except the pueblo itself; but it must also educate the pueblo toward an appreciation of *social change*, on and off the stage. (Valdez, 7-8)

Se podrían deconstruir estas afirmaciones valdezianas: la única crítica admitida es la del pueblo; el pueblo debe, sin embargo, ser revolucionado; el teatro es un medio de revolucionar la sociedad si es revolucionario él mismo; el pueblo no es revolucionario en sí, debe admitir la intervención del teatro, capaz de mostrarle, en sí y fuera de sí mismo, en qué consiste el cambio social. Conclusión: todo pueblo educado y consciente de la revolución está excluido de la crítica al

---

[25] Guillermo Hernández, en su *Chicano Satire* (1991), trata de rastrear los antecedentes del teatro chicano en la tradición satírica desde la antigüedad greco-latina. Independientemente de acordar o no con este planteo, es evidente el esfuerzo de los críticos literarios chicanos de monumentalizar el corpus textual chicano a los fines de su aceptación e institucionalización académica.

[26] Dieter Herms intenta colocar el estudio de los textos en una perspectiva amplia; adecuadamente, piensa que la producción cultural de las minorías y "[t]he discussion of ideology and ideological changes... has to take into account the situation of the mainstream, the interrelation of ruling power, ideology, and culture, on the one hand, with the struggles of the ethnic, or in case of a specific political consciousness, of the third world groups and nations in the U.S., on the other" (114). Y, además, considera necesaria prudencia cuando se piensa en elaboraciones teóricas dentro del marxismo realizadas en otros contextos culturales.

teatro chicano; es más, si el chicanismo consiste en aquello que debe ser revolucionado social y artísticamente, entonces lo que ya es consciente de la revolución y del cambio no es chicano.

No vale la pena seguir con estas paradojas. Es un cantinflismo de "hablar para nada decir." Pero no es ajeno a cierta tradición marxista, incluso a la del mismo Brecht. En efecto, si se lee el artículo "The Popular and the Realistic" (publicado en 1958), que Brecht escribió, según parece en 1938, para participar en un debate sobre el realismo, pueden observarse las mismas dificultades y los mismos procedimientos de exclusión que los enunciados por Valdez. Escribe Brecht:

> Our conception of "popular" refers to the people who are not only fully involved in the process of development but are actually taking it over, forcing it, deciding it. We have in mind a people that is making history and altering the world and itself. We have in mind a fighting people and also a fighting conception of "popularity."
> "Popular" means intelligible to the broad masses, taking over their own forms of expressions and enriching them / adopting and consolidating their standpoint / representing the most progressive section of the people in such a way that it can take over the leadership: thus intelligible to other sections too / linking with tradition and carrying it further / handing on the achievements of the section now leading to the section of the people that is struggling for the lead. (108)

Como se puede observar en la cita, la palabra "people" va reduciendo su extensión por medio de exclusiones sucesivas de una otredad que no se sabría cómo catalogar. Si en el primer párrafo admite aquello que se propone como dinámico -opuesto al tradicional sentido estático del *Volktum*- y a la vez capaz de hacer historia, sin duda tenemos que incluir a la burguesía, a pesar de que en unas líneas anteriores a la cita, Brecht habla del arte "for the broad masses of the people, for the many oppressed by the few, 'the people proper,' the mass of producers that has so long been the object of politics and now has to become its subject" (108). En la segunda parte de la cita sustrae de la masa a los inertes no progresistas, a las masas conservadoras incapaces de alcanzar ese "inteligible" que configura lo popular para los sectores iluminados del pueblo.

Lo que podemos por ahora admitir de la posición brechtiana es su visión histórica de lo popular (y por ende del realismo): "What was popular yesterday is no longer so today, for the people of yesterday were not the people as it is today" (110). Si ahora admitimos, con el optimismo de Brecht[27] y las precauciones de Walter Benjamin (244), que estamos en una era científica cuya función

---

[27] Brecht parece haber tenido dificultades con "the concept THEATRE OF THE SCIENTIFIC AGE" en la medida en que en los apéndices al *Short Organum* le parece

pareciera diseñarse como un desarrollo tecnológico que, incapaz de modificar el sistema de propiedad, revierte sobre la destructividad de la guerra, entonces necesariamente nos conducimos a replantear las condiciones teóricas y prácticas de la lucha de clase y, particularmente, el rol del teatro y del arte en esa dimensión.

Alguien como Linda Hutcheon recurriría al concepto de negociación ("the process of negotiating the postmodern contradictions" [xi]) para indicar, de algún modo, la propuesta de Valdez, cuyo teatro se sitúa, en principio, como avanzada de la minoría chicana en el espacio de una cultura hegemónica separada por lo racial y lo lingüístico. Pero si "the concept of *process*... is at the heart of postmodernism," resulta paradójico que "there is no dialectic in the postmodern" (Hutcheon, x-xi). Sin embargo, esta paradoja parece funcionar para la cultura chicana: una guerrilla sin revolución, es decir, un avance de la minoría que no cuestiona las bases del sistema capitalista sino la implacabilidad expulsatoria del discurso hegemónico que la margina. No se trata de definir un nuevo orden social sino de participar del vigente: aceptar las bases éticas y políticas del dominador y querer participar del festín, ser mirado y reconocido por el Otro del poder y convidado igualitariamente a la mesa de la distribución económica y de la formulación de decisiones.

Por eso la elaboración imaginaria de *lo racial* y la insistencia en *lo religioso* en los textos de Valdez van a ir tomando matices que -no sin razones- la crítica latinoamericana, con su tradición en el marxismo revolucionario y no sin cierta ortodoxia, ha puesto bajo sospecha de fascismo.[28] Si la tesis de Benjamin sobre la cancelación de la relación de dependencia del arte tradicional con el ritual por medio de la reproducción mecánica es adecuada, entonces el pasaje de la creación colectiva (*Actos*) a la producción dramática autorial, del teatro de agitación y propaganda a la institucionalización del Teatro Campesino en San Juan Bautista y de éste a Broadway y Hollywood, forman parte de ese proceso que Valdez posiciona entre Brecht y Cantinflas, y que él define, paradójicamente, como religión: "At its high point Chicano theatre is religion" (6).[29]

La construcción de estereotipos, que no viene tanto de la tradición brechtiana, pero sí, lógicamente, de la de Cantinflas como "ya metido" en la maquinaria de la producción seriada de películas y en sus repetitivos esquemas cinematográficos, e incluso de la experiencia de Valdez con la San Francisco Mime Troupe y

---

demasiado amplio. "The Short Organum may give an adequate explanation of what is meant by a scientific age, but the bare expression, in the form in which it is normally used, is too discredited" (276).

[28] La participación de Luis Valdez en el Encuentro de México en 1974 despertó enormes polémicas. Puede leerse, por ejemplo, el informe que Augusto Boal hace en su artículo "Hay muchas formas del teatro popular, ¡yo prefiero todas!"

[29] Ivonne Yarbro-Bejarano (entre otros como Huerta o Flores) señalan el impacto de El Teatro Campesino en su presentación en México durante los festivales de 1974. Son ilustrativas las reacciones de Boal y Buenaventura desde su óptica marxista frente a la solución religiosa que ofrece Valdez (especialmente 178-80).

su uso de la *commedia dell'arte*, muestran la encrucijada de una propuesta que se debate, en la cabeza del monstruo, entre reivindicar una identidad o diseñar una estrategia cultural. Para ambas tareas, los procedimientos del distanciamiento brechtiano permiten exponer el juego del atrapamiento imaginario del sujeto chicano en la "naturalidad" de las imágenes creadas por el dominador, mientras que la identificación se hace un componente necesario para generar la adhesión semiótica y política en una comunidad cuyos medios masivos son órganos dinámicos de la lucha ideológica.

Los *Actos* permiten observar las vicisitudes de la negociación tanto lingüística como genérica, pero siempre dan por resultado la ambigüedad en la utilización de los procedimientos. Todos los *Actos* tratan de generar un distanciamiento de las imágenes del chicano que provee la visión hegemónica, e identificarlo nuevamente con otra imagen propuesta desde la autoridad y la posición de verdad del "nuevo" sujeto. Podríamos decir que en la mayoría de sus primeras obras se trata de un teatro de agitación y propaganda que lentamente va admitiendo la denuncia social y política pero no necesariamente la subversión del orden opresor mediante un estudio científico de las contradicciones del capitalismo.

Todo lo dicho pareciera ceder al imaginario de que Valdez necesariamente deba ser revolucionario o funcionar como tal, aun cuando haya afirmado en 1967 que "[w]e don't think in terms of art, but of our political purpose in putting across certain points... I'm talking politics, not art..." (citado por Cárdenas de Dwyer, 163). Se puede querer participar en política sin necesariamente sostener un discurso revolucionario, y se puede dar a Valdez la posibilidad de que imagine la revolución fuera del marxismo o desde una lectura "chicana" del marxismo que habría que estudiar detenidamente. Lo que nos ha interesado, porque nos ha parecido más útil, ha sido no intentar someter sus textos a los estereotipos de la década del 60 y pretender que míticamente Valdez quedase fuera de la historia y respondiese siempre a las mismas certezas o a inmodificables convicciones. Por el contrario, resulta útil entender qué se dice cuando se usan ciertos términos y qué efectos tiene lo no definido sobre la producción textual. De ahí la necesidad de señalar el funcionamiento de una teatralidad elaborada en función de coordenadas históricas precisas, y formas de dialectizar frente a imposiciones culturales concretas.

5. Boal y los límites de la teatralidad

> Denial of communion in the revolutionary process, avoidance of dialogue with the people under the pretext of organizing them, of strenghtening revolutionary power, or of ensuring a united front, is really a fear of freedom. It is fear or lack of faith in the people. But if the people cannot be trusted, there is no reason for liberation; in this case revolution is not even carried out *for the people*, but *"by" the people for the leaders*: a complete self-negation. (Paulo Freire, *Pedagogy of the Oppressed*, 123-24)

Se podría imaginar una escena de lectura: Fidel Castro leyendo al menos el capítulo IV de la *Pedagogía del oprimido* (publicada en portugués en 1968, en castellano en 1970 y en inglés en 1981), usando la técnica del teatro periodístico. Allí Paulo Freire detalla, en términos que -como él mismo dice del Che Guevara (*Pedagogy*, 171)- no pueden ser más que evangélicos, el perfil de lo que debe ser un líder revolucionario. Sin embargo, la escena de esta lectura, dejaría ver, a través de las inflexiones de entonación del líder cubano, aquellos núcleos "idealistas" que sostienen la precaria posición de líder frente a las concretas presiones nacionales e internacionales para sostener la revolución y orientarla sin caer en la reproducción del ejercicio de poder del enemigo. Si hay una divergencia entre Fidel y el Che, ésa es indudablemente la cuestión sobre la forma de articular la práctica política con la fe revolucionaria. ¿Cómo llevar a cabo la revolución sin imaginar otra forma de ejercicio autoritario del poder? ¿Cómo imaginar otro ejercicio del poder frente a las presiones del capitalismo internacional y el aislacionismo de la revolución como tal? Tal vez la forma de evitar lo que Freire enumera como procedimientos opresivos (de hecho, para él, no "evangélicamente" revolucionarios), tales como la conquista, el dividir y gobernar, la manipulación, la invasión cultural, sería haber intentado, antes del salto alternativo binariamente opositivo, investigar más a fondo la relación entre ellos y el modo de producción capitalista. Como había escrito Brecht, es necesario "estudiar esos usos desarrollados por el capitalismo, para extraer su valor de uso revolucionario" ("La producción," 48), antes de anatemizarlos como contrarrevolucionarios en sí. La mayor parte de las contradicciones teóricas y prácticas de ese enorme laboratorio cultural de los *sesentas* devendrá de haber planteado las cuestiones en los términos del idealismo binario-opositivo de la filosofía burguesa y del acatamiento a principios universalistas anacrónicamente instalados en el núcleo del proyecto revolucionario. Demás está decir que la realidad socio-económica latinoamericana, con la convivencia de temporalidades y modos de producción, hace cortocircuito cuando los planteos sobre ella quieren realizarse desde la instancia "científica."

Freire hizo sus planteos "revolucionarios" sobre la base del modelo pedagógico, es decir, la necesidad de un proceso educativo liberalizador capaz de promover la revolución y capaz de continuar críticamente, sin cesar, una vez que la revolución haya accedido al poder. Polemizando con varias posturas de los marxistas de los *sesentas* (*Pedagogy*, 131) -llamémosles esquemáticamente "rupturistas," que confían en la toma del poder para iniciar luego la tarea revolucionaria; "continuistas," que confían en el desarrollo interno de las contradicciones de la burguesía como tal- la cuestión es que permanece sin revisar la concepción misma del poder. La fe "cientificista" de los intelectuales progresistas que hemos comentado siempre está sostenida en una certeza apoyada en la concientización de las masas, en la eficacia del pensamiento crítico como articulador indispensable para lograr los parámetros "revolucionarios" que Freire denomina diálogo, unidad para la liberación, cooperación, organización, síntesis cultural. Lo paradójico es que esta apelación a la crítica se soporte sobre una adhesión religiosa y acrítica, lo que dará lugar a la necesidad de pensar *constantemente* el rol de los intelectuales en esta articulación entre pueblo y revolución. Ya no se trata de afirmar, oligárquica o iluministamente, que el pueblo no piensa; para los intelectuales del momento el pueblo piensa, es fuente de inspiración, pero no lo hace correctamente, es decir, *críticamente*, a saber, en los términos del materialismo histórico y dialéctico. Por eso las relaciones entre teatralidad y socialidad tendrán como articulador la *identificación* (Freire, *Pedagogy*, 127): el líder identificado con la masa, y ésta con él, pero a su vez, simultáneamente, esta identificación corre los riesgos de derivar hacia posiciones autoritarias, caudillistas, dictatoriales, burocráticas, que vuelven a reproducir el sistema opresor, incluso en el encuadre revolucionario, haciendo por ello necesaria la intervención de los intelectuales. De lo que se deduce que la revolución no está directamente ligada a la liberación, o que la liberación es un prolegómeno imaginario de la revolución y por lo tanto no hay posibilidad de una revolución sin el discurso del Amo. En efecto, se explica así que el intelectual ya no pretenda ocupar lo que Lacan denominaría el discurso del Amo, sino el discurso de la Universidad. La influencia del psicoanálisis, tanto en Freire como en el proceso posterior de Augusto Boal, irá haciendo girar -según hoy podemos visualizar mediante las posiciones del esquema lacaniano- hacia una posición que, debido a los residuos religiosos, se ha orientado -después de la euforia de los sesentas- hacia la nostalgia y la melancolía, como una forma de "reducción" del narcisismo, más que como una posición y profundización en el discurso del analista.

Elena de Costa ha señalado, entre otros investigadores, la influencia de Paulo Freire tanto en las técnicas instrumentadas por Augusto Boal en diversas campañas educativas (Perú, por ejemplo) acompañadas de técnicas teatrales, como en las del llamado Nuevo Teatro Popular (Weiss) o Nuevo Teatro (Rizk) -cada país, dice Ileana Azor, "posee un criterio específico acerca de lo que define como *nuevo teatro*" ("Variaciones," 4)- cuyo centro es la experimentación con la creación colectiva. Dice de Costa:

> Thus, the New Popular Theatre movement of liberation has a decided pedagogical function incorporating socio-drama techniques used as a tool for learning and reflection à la Paulo Freire and a combination of experimental methods with bases in European Brechtian tradition, early regional forms of entertainment, and recent experimental techniques. (18)

Tanto las técnicas de Boal como las de la creación colectiva, orientadas hacia la liberación del oprimido por vía de un proceso creativo-pedagógico cuya meta (utópica o evangélica) podríamos definir como *palabra mancomunada* o "estética de la participación" (Pianca, 27), descartan la concepción bancaria del espectador como *tabula rasa* o *recipiente pasivo*, para abrirle un lugar a su palabra, aunque sin dejarle espacio para ella. Esta "estética de la participación," según Gilberto Martínez, no descartó el uso de la agresión al espectador como forma de movilización, aunque sí descartó teorizar sobre la agresividad, para lo cual tenía a la mano importantes planteamientos freudianos (*TLCC*, 229230). La presencia del intelectual, como vanguardia revolucionaria, no puede dejar de imponer una perspectiva crítica determinada -más allá de los límites de paciencia y humildad que puedan cristianamente instrumentarse- convirtiendo así el proceso de concientización en un teatro donde la palabra del pueblo enmascara, en una peligrosa autosatisfacción, las metas de la élite revolucionaria.

No es intención de este ensayo realizar un cotejo punto por punto de las coordenadas discursivas de Freire con la experimentación teatral de la época. Baste decir, en primer lugar, que la práctica teatral estuvo pensada también sobre el modelo educativo y como instrumento de una idea de revolución, de una adhesión filosófica a cierta lectura "religiosa" del marxismo y -directa o indirectamente, orgánicamente o no- hasta de la burocracia de partido. En segundo lugar, la práctica teatral se pensó a sí misma como militante (*TLCC*, 305). Por eso, sus resultados, muchas veces discutidos y hasta deplorados,[30] se medían en orden a su eficacia cognoscitiva (de la historia, de la opresión, del capitalismo), siempre reducido a instancias estereotipadas, y a su rol servicial a la causa. Su entusiasmo "metodologista" no pasará de ser un mero reciclado de experimentaciones técnicas que tenían larga data y que, en la mayoría de los casos, especialmente con la creación colectiva, era difícil situar históricamente. Pero el afán historicista, por llamarlo de alguna manera, tendiente a iluminar a la platea con aquellos acontecimientos del pasado que, alegóricamente o no, se relacionaban con el presente de opresión y explotación capitalista, obturaba la imaginación artística hacia la experimentación con nuevas formas de ejercicio del poder político y hacia la efectiva puesta en tela de juicio de las condiciones de posibilidad de una *palabra mancomunada*. Porque si, como afirma Freire, el diálogo -realizado entre sujetos, donde la acción y la reflexión ocurren simultáneamente- permite desarrollar solidaridades y potenciar capacidades y conocimientos (*Pedagogy*, 122-131), no es una propuesta que asegure ninguna *comunión*, sea por la identificación del pueblo a su líder, sea porque éste *encarne* (es palabra de Freire [124]) los deseos de aquél. Esta comunión, que reproduce la unión fundamental entre el hombre y su creador, aparte de sólo ser posible por la mediación de un tercero (teoría, partido, iglesia), es una "[u]nión que, por la propia esencia, jamás será de dominación o de domesticación, sino siempre de liberación. De ahí -agrega Freire al comienzo de *La educación como práctica de la libertad*- que la religión -*religare*- que encarna este

---

[30] Léase en *TLCC*, por ejemplo, las intervenciones de Alonso Alegría en el artículo "Debate sobre el teatro de creación colectiva," en especial las páginas 61 a 67. Hay que observar, de paso, cómo el avance crítico -cualesquiera fueren sus bases epistemológicas- genera de inmediato una respuesta, como la de María Escudero, decididamente dogmática, empirista y acrítica, atravesada de slogans y de euforia militante.

sentido trascendental de las relaciones del hombre jamás debe ser un instrumento de su alienación" (29). Como en casi toda la producción discursiva de los teatristas de los *sesentas*, se explica así que la meta se definiera sobre los supuestos que sostienen una visión del pueblo elaborada por la burguesía y acatada ahora por la vanguardia lúcida: "¿Pero cómo realizar esta educación? ¿Cómo proporcionar al hombre medios para superar sus actitudes mágicas o ingenuas frente a su realidad? ¿Cómo *ayudarlo a crear*, si era analfabeto, el mundo de los signos gráficos? ¿Cómo *ayudarlo a comprometerse* con su realidad?" (Freire, *La educación*, 103, el subrayado es nuestro).

La educación permanente, como camino hacia la revolución y en la revolución, toma en Paulo Freire una orientación pigmaliónica hacia el oprimido. A su manera, la pregunta "¿puede el subalterno hablar?" va a tener una implacable influencia en los grupos de avanzada de los *sesentas* y va a tomar múltiples sentidos; la pregunta presupone, en primer lugar, que el subalterno no sabe hablar, o que pudiendo no sabría cómo significar su padecimiento, lo cual equivale a afirmar que, a los fines políticos, no tendría nada que decir. Presupone también que el subalterno debe contar con el permiso para hablar o al menos alguna autorización "reconocida" (el grupo chileno Aleph valida su práctica con el beneplácito de Grotowski [*TLCC*, 385], otros lo harán con el aval de Buenaventura). El subalterno no es considerado aquí como sujeto; prueba de ello es que no se supone que el subalterno quiera callar o que tenga una ética del decir y del silencio, o del secreto (como Rigoberta Menchú señalará al final de "su" texto). El secreto del otro, del "objeto," es insoportable para el "sujeto" vanguardista que, ahora, hará lo posible para extraerlo, develarlo, o -como dice Foucault, invocando la caracterización brechtiana del fascismo- hacerlo hablar: la literatura latinoamericana pasará a ser progresivamente testimonial, inflacionando la importancia de la autobiografía. Todas las estrategias teatrales de la época están dirigidas a hacer hablar al pueblo; sin embargo, en la mayoría de los casos, bajo pretexto de darle la palabra se deja leer la necesidad de los grupos insurgentes por encontrar sus aliados y, por esa vía, una autorización a su posición de intelectuales sin efectiva representatividad.

Pero la educación permanente tendrá, además, una definición foquista que corresponde a la teatralidad de la guerrilla: "The revolution is born as a social entity within the oppressor society" en la medida en que "[t]he newness of the revolution is generated within the old, oppressive society" (*Pedagogy*, 132). Clandestinamente o no, el destino de quien se impone la tarea de la educación o de la revolución -ya no definido como "educador" sino como "coordinador"- es el mismo que el de todo (hijo) rebelde: "Este ensayo -dice Freire- intenta hacer un poco de historia de los fundamentos y resultados de esta clase de empeño en el Brasil, que costó a su autor, obviamente, el alejamiento de sus actividades universitarias, prisión, exilio" (*La educación*, 27). Estamos otra vez en el encuadre de compromiso con el otro por sacrificio y autoinmolación: "in the revolutionary process there is only one way for the emerging leaders to achieve authenticity:

they must 'die', in order to be re-born through and with the oppressed " (Freire, *Pedagogy*, 127).

Boal, integrado a un proyecto alfabetizador auspiciado por el gobierno revolucionario de Perú en 1973, va a relacionar teatro y revolución mediante una operación de modelización que supone utilizar al primero como una propedéutica para lograr la segunda. Esta modelización atiende las exigencias técnicas, que permiten que los oprimidos "se expresen y para que, al utilizar un nuevo lenguaje, descubran también nuevos contenidos" ("Teatro del oprimido," 26). Sobre la freireana "pedagogía del oprimido," Boal trata de enumerar técnicas que oficlan de tácticas para un "teatro del oprimido" cuyo objetivo es "transformar al pueblo, espectador, ser pasivo en el fenómeno teatral, en sujeto, en actor, en modificador de la acción dramática" ("Teatro," 26). Esta operación que se desentiende de revolucionar la recepción está en la base de casi todos los grupos latinoamericanos de los *sesentas* en la medida en que su función es ser "un ensayo de la revolución" ("Teatro," 26), y va a tener como correlato la proliferación de versiones de una obra o de un texto dramático. Las versiones son como el testimonio de que la escritura se ha colectivizado y que la voz del otro ha sido tenida en cuenta.

Para Boal, no obstante, a diferencia de Buenaventura o del Teatro Escambray, el teatro del oprimido -en la medida en que es *teatro* y por lo tanto aparece, en primer término, como algo *dado a ver*- va a distinguirse tanto de la propuesta aristotélica como de la brechtiana: no es un teatro donde el espectador delega poderes al personaje para que actúe y piense por él, ni tampoco un teatro para reservarse la posibilidad de pensar mientras el otro actúa sobre el escenario; no hay, pues, ni catarsis ni concientización: "El "teatro del oprimido" propone la acción misma: el espectador no delega poderes al personaje para que piense ni para que actúe en su lugar; por el contrario, él mismo asume un papel protagónico, cambia la acción dramática, ensaya soluciones, se entrena para la acción real" (Boal, "Teatro," 26). Boal quiere ir más allá del "teatro," busca un más allá teatral en el que desaparece prácticamente la posición del espectador, lo cual hace que todas las experiencias, incluso la del *happening*, se sitúen más acá de ese límite entre hacer/contemplar, actuar/mirar. Este "ensayo" convierte a los espectadores, para usar las palabras de Freire, en "Subjects *in expectancy*" (*Pedagogy*, 125, subrayado del autor), en la medida en que, no siendo "real," tiene la eficacia de una ficción que -al actuar sobre el registro imaginario- abre el juego de un espacio en la alienación para movilizar el deseo -y el goce- de la acción y, por ende, de la revolución en tanto tal.

Inmediatamente nos damos cuenta que, dentro de todas las tácticas enumeradas (teatro periodístico, teatro foro, teatro-mito, teatro fotonovela, teatro-juicio), es el *teatro invisible* el que colma y realiza ese más allá. Pero es también y justamente ese teatro invisible el que representa la mejor realización de la teatralidad de la guerrilla en cuanto tal.

Partiendo de reconocer en el cuerpo el punto de partida materialista de toda práctica liberadora, el "experimento" ("Teatro," 28) tiende a abrir una distancia entre una identidad-otra promovida por una cultura dominante devastadora, y las máscaras sociales impuestas por la división del trabajo en el capitalismo. Boal intenta abrir una distancia entre "[e]l conjunto de 'roles' que una persona tiene que desempeñar" ("Teatro," 28) y la máscara de comportamiento que esos roles le imponen. Es necesario "desmontar" las estructuras alienadas, para "montar" o potenciar al otro en sus capacidades de montar las estructuras propias. Si en la creación colectiva, con sus "versiones," van a ponerse en juego los procedimientos del formalismo ruso, de la antropología estructural y, en especial, los modelos de análisis del relato (con base en Greimas, Lévi-Strauss, Barthes y Bremond), tal como Buenaventura y el Teatro Experimental de Cali harán en forma sistemática (*TLCC*, 318, 347), en Boal se juega a experimentar con las máscaras, se apuesta a la travestización como forma de conocimiento por combinatoria y rasgo relevante, pero también a la clandestinidad posibilitada por la máscara para denunciar la teatralización generalizada de la vida social en el capitalismo y, a la vez, la operación foquista permitida por las coordenadas de visibilidad/invisibilidad de la máscara como tal. De ahí que, cuando relata las etapas del Teatro Arena, con sus iniciales trasplantes de la experiencia norteamericana y con la técnica de Stanislavsky (Doria, 162), se pasa por una instancia de radicalización máxima que luego se atenúa mediante la incorporación de una jerga más cientificista. Las palabras que utiliza para definir esta dinámica irán pasando de un orden "fanoniano" a otro más "metodologista" o "estructuralista": "destrucción" ("Etapas," 205), "desorden" ("Etapas," 206), "sustitución" ("Etapas," 217).

La combinatoria de máscaras realizada por el intérprete, paralela a la proliferación de puntos de vista de la creación colectiva o del "sistema comodín" (foco, en sentido óptico, o bien "multiplicación de perspectivas ópticas" ["Etapas," 235]), tiene como rédito no sólo la producción de un saber -y está, en ese sentido, internamente animada por la cuestión del conocimiento por las causas (Freire, *Pedagogy*, 125-126)- sino también la relativización de los determinismos sociales propugnados por la ideología dominante. Aunque se espera contribuya a la solidaridad, al desarrollo de las capacidades críticas, no se atenúa sin embargo su peligrosidad, especialmente si no se ha decidido, de antemano, asumir la productividad del modelo -esa eficacia social que va a permitir el ejercicio de la ficción, que Boal distingue muy bien de la mentira. La mentira tiene, en Boal, un estatus contradictorio: en efecto, si puede ser síntoma de la inteligencia de los héroes, como en el caso de Galileo Galilei, o bien una estrategia inspirada en el maoísmo ("Etapas," 230), a la vez carece de "un rol revolucionario ("Hay muchas formas," 54) -desde un punto de vista ético y político. En efecto, la práctica con un modelo tiene consecuencias de objetividad, que son políticas, y que no pueden detenerse en el limbo de los "Subjects in expectancy." Más allá de las interferencias que entre teatristas y potenciales actores puede promover el Otro como tal desde la silenciosa operación del montaje (subrayado de palabras, cambio de ritmo en las lecturas, elección de la historia a tratar, y otras tantas tácticas del teatro del oprimido), más allá de que los actores no necesariamente alcanzan, mediante la acción, la categoría de sujeto que el mismo Boal reconoce para la clase social ("Teatro," 32), la emergencia de una verdad sociopolítica a partir del teatro "[e]s ficción pero también es experiencia concreta" ("Teatro," 30), aunque lo contrario también es igualmente cierto. Y el grupo que lidera las actividades no puede evadir las proyecciones de esta ficción, bajo argumento de que se trata de teatro.

Por esto es que el teatro invisible culmina este proceso experimental, pero también lo excusa. Boal lo define:

> Se representa una escena fuera del teatro y ante personas que no son espectadores. El lugar puede ser una cola, un restaurante, un mercado, un tren, y las personas que asisten a la escena son las que se encuentran accidentalmente en el local. Estos participantes casuales no deben estar al tanto de que se trata de un "espectáculo" pues entonces se transformarían en "espectadores." ("Teatro," 30)

Un grupo de actores, bajo la máscara de ser personas comunes y corrientes, toman por asalto un *lugar* fuera del reconocido socialmente como teatro. Promueven una acción tendiente a involucrar a los eventuales individuos que, por razones diversas, aciertan a estar presentes en ese momento. Se establece un conflicto programado con anticipación que incluye, en tanto tal, varias soluciones alternativas. Se genera -o se tiene la ilusión de hacerlo- una serie de transformaciones, y luego estos actores solapados se retiran, junto con el resto de los participantes que desconocen y desconocerán siempre haber participado (¿como "actores?") en el acontecimiento.

Para Boal, este teatro invisible se diferencia del *happening*, en la medida en que no es caótico, sino que, en tanto "pretende ser arte e, como tal, em termos sensitivos uma organização de um determinado conhecimento da realidade... tem ideologia, pretende fazer demonstrações" ("Técnicas," 72-73). Se trata de "o teatro não institucionalizado" ("Técnicas," 72), que rompe con la convención teatral y los rituales inherentes al teatro, a saber: "que cada um sabe o seu papel, os espectadores sabem que são espectadores, os atores sabem que são atores, [que] [j]á está predeterminado quem deve atuar e quem deve ver a atuação; [que] existe um muro, uma separação" ("Técnicas," 71). La acción no necesariamente define el cambio de rol: Boal aclara que no se trata de sentar a los espectadores en el escenario, o hacerlos bailar o a jugar con la escenografía, para devolverlos luego, con o sin violencia, a sus asientos. En estos casos, se haga lo que se haga, el poder es siempre del actor. Y el teatro invisible trataría justamente de ir más allá de las convenciones del teatro y, a la vez, de realizar una verdadera transferencia de poderes para permitir la liberación: "O fenômeno teatral, quando se processa livremente, produz uma extraordinária expansão de energia. Mas os rituais a que está submetido o fenômeno teatral, enquadram e reduzem essa energia" ("Técnicas," 71).

Teatralidad y experiencia política en América Latina

Son los rituales los que oprimen. Sin embargo, los rituales son parte de un contrato social sobre el que el individuo reconoce su disidencia o su alienación, y no a costa de hacerlo invisible y de "hacerlo actuar" sin que sepa. El teatro invisible ya no se mantiene dentro de los límites contractuales con los que Boal pensaba, en su experiencia con el Teatro Arena de San Pablo, la práctica teatral: en ese entonces, el sistema "comodín" era eficaz en la medida en que la audiencia conocía las reglas del juego: "En teatro sólo se podrá conseguir este efecto [crítico] si el público conoce de antemano las reglas del juego" ("Etapas," 218). Y esto era así porque, en esa época, "lo que más nos desagrada[ba] -dice Boal- [era] el camuflaje" ("Etapas," 214).

Pero en la teatralidad guerrillera del teatro invisible se harán evidentes algunos componentes fascistas ineludibles, que vienen de un discurso más amplio que el particular de la experimentación teatral, a saber: los individuos hablan, participan, sin saber que son ahora actores de un espectáculo que desconocen, como el de la vida social, pero cuyo fracaso o éxito se les escapa igualmente, con lo cual desaparece toda posibilidad de juicio crítico sobre el acontecimiento. La pretendida disolución de la dicotomía actor-espectador, se convierte en un verdadero ataque a la "buena fe" de los participantes, y además en nada diferente al que la clase dominante realiza, invisiblemente, sobre las masas a través de los aparatos ideológicos del estado y fundamentalmente de los medios de comunicación. Sacar de ello la conclusión de que la invisibilidad contribuye en tanto "[e]l espectador reacciona entonces libre y espontáneamente" ("Teatro," 31), no sólo es experimentar con individuos en un grado de animalización (estímulo-respuesta), sino que resulta contraproducente y contradictorio con el discurso de base que se alega sostener.

El hecho de que el teatro invisible "apresenta uma visâo da realidade coordenada, organizada" ("Técnicas," 73), muestra a las claras que se trata de un "hacer hablar al otro," haciéndole creer que habla por sí mismo. Muestra, además, que hay "alguien" que se otorga el derecho de explotar la energía de los demás (explotación de la fuerza de trabajo de un actor que ni siquiera se sabe tal), y de imponerle, mediante un programa de ataque meditado de antemano, una visión del mundo que responde a sus intereses y que, aún cuando suponga representar los del pueblo, no ha sido delegado ni apelado para dicha representatividad. Es más: el hecho de que "[e]m cenas como estas, que representam certo perigo para o elenco, certas precauções devem ser tomadas" ("Técnicas," 80), tales como ubicar actores que controlen los accesos al lugar, tener un actor preparado para solucionar el conflicto o para impedir que se llame a la policía, indican claramente que estamos ante una verdadera teatralidad de la guerrilla.

Como teatro alternativo a la práctica teatral burguesa, Boal insiste en que se trata de un programa organizado, sea porque se han analizado las posibilidades narrativas, evaluadas ideológicamente, sea porque el teatro invisible, como las versiones de la creación colectiva, "[d]eve ter um texto escrito básico que será inevitavelmente modificado segundo as circunstâncias, atendendo às intervenções dos espectadores" ("Técnicas," 141). Esta afirmación tiene un arraigo mayor y no corresponde a su experiencia con el Teatro Arena sino al perfil de la izquierda de los *sesentas*. Es que el imperativo de organización no cumple funciones meramente burocráticas. Corresponde a cierta manera de conceptualizar el poder: el "sistema comodín," inspirado en el "teatro sacro medieval" ("Etapas," 204) y basado en el modelo estructuralista de las permutaciones, "acarrea un peligro bastante grande, ya que se puede caer en la total anarquía" ("Etapas," 216).[31] El "sistema comodín" significa la posibilidad de permutación de géneros y roles, lo cual remata en la producción de una cierta distancia entre personaje y espectador para impedir la empatía, admitida solamente para el protagonista. Como tal, el "comodín" es una estrategia de producción teatral que prontamente se inserta en una concepción verticalista del poder: ya no es el autor, ni el director ni los actores los que pueden arrogarse la autoridad; toda puesta en escena va a ser ahora "una puesta *obediente* al sistema 'Comodín'" ("Etapas," 219, el subrayado es nuestro). Por eso, hasta los personajes terminan procesados en relación a él: "En el "Comodín," la estructura de los conflictos es siempre infraestructural, aunque los personajes no sean conscientes de este desarrollo subterráneo, es decir aunque sean hegelianamente libres." ("Etapas," 219).

También los espectadores van a resultar ser "hegelianamente libres," enfrentados a un espectáculo que, en su aparente anarquía, resulta responder a una planificación estricta que desde ya prevé su inserción en tanto espectador. Lo que se piensa para dar la palabra, termina convirtiéndose en propaganda. La instalación de este sistema, inmediatamente tiene el rédito de pensar las relaciones dramáticas y teatrales como funciones, pero el "sistema," en vez de presentarse -como algunas veces en Buenaventura- en tanto aparato de descubrimiento artístico, deviene prontamente asimilado al dispositivo de poder y por lo tanto termina produciendo efectos coercitivos.

De ahí que, justamente por esta "funcionalización," toquemos el núcleo o límite de la experiencia de la izquierda revolucionaria: se trata del momento en que el juego combinatorio de la sintaxis se detiene frente a la sexualidad. Aunque el "Comodín" como estructura básica "tendrá que ser lo bastante flexible" ("Etapas," 224), no lo es tanto cuando la permutación lleva al límite de la perspectiva homofóbica:

> Actores y actrices podrán, indistintamente, representar papeles masculinos o femeninos, menos, claro, en las escenas en que el sexo determina la acción dramática. Las escenas de amor, por ejemplo, deberán ser desempeñadas por actores de sexos opuestos -a menos, que inesperada-

---

[31] También Buenaventura rechaza la anarquía, cuando habla de la libertad y de la improvisación (*TLCC*, 331).

mente, el Arena decida contar Tennessee Williams. Cosa bastante improbable. ("Etapas," 225, el desajuste de la puntuación -sintomático- es del autor)

Ningún otro ejemplo (ni el Teatro Campesino, ni el Grupo Teatro Escambray, ni la experimentación en el Instituto Di Tella, ni el TEC de Buenaventura) puede ser invocado como teatralidad de la guerrilla con tan nítidos componentes fascistas, con tantas connotaciones terroristas, con tanta homofobia, como esta propuesta de teatro invisible, que ni responde ni puede responder, por estructura, a otros intereses que no sean el del grupo de actores. Ningún otro grupo de los *sesentas* ha llevado el discurso del Amo hasta estos extremos, salvo la burguesía misma. Y como la "teatralidad" sólo está en juego para quienes conocen el atentado, éste apenas puede ser evaluado en el orden de una eficacia imaginaria, la que surge de reproducir los sistemas de victimización invisibles, naturalizados por la ideología dominante, y que no están socialmente reconocidos como tales.

6. Happenings

> Y mientras usted camina encima de un objeto ícono de un cuerpo real, el otro camina con los ojos sobre su propio cuerpo real. ¿Pero no hay aquí, entonces, una escalera de niveles de realidad y de simbolización donde el que está más arriba es *sujeto* con respecto al que está más abajo, y el que está más abajo *símbolo* con respecto al que está más arriba? Una cadena de ida y vuelta donde el que está afuera objetiva al que está adentro y donde el que está adentro sólo puede objetivar al que está afuera por medio de un rodeo simbólico. Extraña escalera, combinación plástica de verdugos y víctimas, donde el resultado es una yuxtaposición de experiencias, y que hace de *El Batacazo* un verdadero happening. (Oscar Masotta, *Happenings*, 109)

1966. Buenos Aires. Instituto Di Tella. Iglesia -alguien la llamó Catedral- del arte cuyo Papa incuestionable es Romero Brest (King, 245). Lugar de reunión de artistas e intelectuales, deliberada promoción de la experimentación, laboratorios y seminarios. Lugar de realización de *happenings* -si realmente lo fueron (King, 138)- y también lugar de su teorización. El resultado es el libro *Happenings* (1967),[32] que constituye en sí un *happening*: formado por artículos, programas, manifiestos, cartas, guiones, traducciones, donde sobresale, indudablemente, la figura de Oscar Masotta, en la medida en que realiza todo el recorrido, asume todas las posiciones: espectador, teorizador, organizador y promotor de *happenings*. Atraviesa también todos los discursos: la filosofía sartreana, el marxismo,

---

[32] Todas las citas de este apartado, salvo indicación en contrario, son de *Happenings*.

la semiología, el psicoanálisis, la lingüística, la literatura, el cine, la plástica, las historietas, los medios masivos. Viaja, escribe, participa, experimenta, polemiza, se autocritica. Su figura diseña el perfil del intelectual de los *sesentas* de una Buenos Aires que quiere estar al día del mundo, de las vanguardias del mundo. Masotta -como una rémora del intelectual de 1880, incluso obsesionado por la formación de grupos o "huestes" y por el "nosotros" (Correas, 103)- integra ese discurso eufórico de la época, y su práctica es la escritura, y la escritura es su cuerpo. Si Octavio Paz, en la carta que envía al Di Tella desde Nueva Delhi y que se incluye en el libro, acerca el happening al fin del mundo (142), para Masotta la experiencia pareciera ser justamente la contraria: el happening es *la puerta* que abre a un nuevo mundo, donde todo está por hacerse, donde todo espera ser inventado, donde todo propone ser conocido de nuevo, con una mirada nueva (Longoni) y, si le creemos a Correas, por su ineludible mediación. Pero prontamente esa euforia reconoce sus límites: el artículo que firma Masotta y que se titula "Yo cometí un happening" -que merecería un estudio aparte, minucioso, de deconstrucción, porque se deja leer en él toda la época- recapta la forma en la discursividad religiosa: happening/crimen/pecado. No nos extraña entonces la conclusión: si el artículo comienza polemizando con Gregorio Klimovsky, en relación a la responsabilidad del intelectual de izquierda que, en vez de ocuparse de *happenigs*, debiera ocuparse del hambre en el mundo, Masotta, una vez relatada su experiencia como "espectador" de *happenings* realizados en New York, en el que se sintió "asaltado" (165), y como organizador de su propio *happening*, termina reconociendo la dimensión perversa del experimento: "Mi happening, repito ahora, no fue sino "*un acto de sadismo social explicitado*" (173, el subrayado es del autor).

El *happening* no es teatro, pero tiene una teatralidad. Esa teatralidad es también la de la guerrilla, pero guerrilla urbana. Sería imposible y carecería de sentido un *happening* campesino, porque la experiencia está orientada fundamentalmente a "jugar" con los códigos culturales de espacios atravesados por protocolos y mensajes de alta sofisticación. Si el *happening* se define por ser un atentado a la confianza del consumidor de una sociedad capitalista desarrollada, que deja en suspensión su credibilidad sobre aquellos gestos más cotidianos de su conducta, se comprende que haya sido la creación colectiva la que atendiera, en un plano complementario, las experiencias de un teatro no urbano o no metropolitano. La creación colectiva y los grupos que más la practicaron en América Latina surgieron en provincias y trabajaron fundamentalmente con públicos barriales suburbanos o campesinos.

El *happening*, que pareciera provenir de un proceso cuya base estaría en la experiencia dadaísta, en las operaciones de las vanguardias artísticas, en el pop art, en Brecht y hasta en Artaud (Goldberg, 128-34), no podría causar ningún tipo de efecto en zonas rurales. En Buenos Aires hubo una preponderancia de experimentaciones (como las de Marta Menujin, las de Jacoby, Costa y Escari, muy intelectualizadas y por ende diferentes de las norteamericanas y las francesas

[King, 138]) que tuvieron como centro de cuestionamiento la credulidad implícita que el consumidor tiene en los medios de comunicación. Esta posibilidad -que hoy podría ser en parte posible en áreas campesinas- no existía en 1966, donde la red televisiva no cubría, con la exhaustividad y globalidad que lo hace hoy, todo el espacio nacional. Por eso Octavio Paz, quien comenta el *happening* de Roberto Jacoby y de Eduardo Costa, consistente en instalar una "mentira" -como quien instala una bomba- dentro de los medios masivos para dar cuenta de un *happening* que nunca sucedió, puede decir: "La radio y la televisión son nuestros evangelistas y, más afortunados que los profetas y los filósofos, no necesitan probar lo que dicen" (142). Paz señala inmediatamente los límites perversos del experimento: si el *happening* quería (de)mostrar la credibilidad acrítica que el público otorga a los medios de comunicación, incluso para un acontecimiento que nunca ocurrió, "¿[c]ómo saber dónde está la verdad? ¿Cuándo se informa que se celebró un "happening" o cuándo se dice que no había sucedido?" (143). El público que asistió a los *happenings* realizados por Masotta, Menujin o Jacoby, estaba adiestrado en ciertas conductas "observacionales": visitaba salas o galerías de arte, teatros, y miraba cine y televisión. Las convocatorias se realizaban entre amigos y conocidos, o bien eran el resultado de la promoción efectuada por los mismos medios masivos que promovieron la dinámica del Instituto Di Tella. Configuraban, como se ve, un cierto "camp" ("exquisitos" es la palabra que prefiere John King [61]), y de ahí que Eliseo Verón insista en el carácter elitista de la experiencia ("'elitización' de los símbolos de la cultura de masas" [90]). El happening, en tanto orientado a invertir (incluso destruir dadaísticamente) "la estructura misma de las conductas de acceso a la imagen" (59), independizándose de la continuidad de sentido impuesta por la secuencia-relato, quiere reinstalar en la experiencia del participante la discontinuidad intrínseca del mundo y de la producción del sentido (64). Configurado como un diálogo ineludible entre ciencia y arte, el *happening* no es, sin embargo, una práctica anárquica. Tiene un guion y está minuciosamente controlado y programado. Y si su búsqueda es de un espacio (artístico, político, imaginario), no termina más que promoviendo *nuevos lugares*: la calle, los estadios, los sótanos. Y como síntoma de que Buenos Aires no es ni Nueva York ni París, a pesar de todas las semejanzas imaginarias, los fracasos que se mencionan en el libro que tomamos como base, son siempre tecnológicos (97), políticos o económicos (170-172), o bien -como ocurre con el *happening* de Jacoby y Costa- por la delación de algún confidente (116), lo que hizo que algunos medios se negaran a publicar sobre el *happening* que jamás ocurrió.

Si bien el *happening* va a tener una historia bastante breve, su influencia en el arte contemporáneo se hace sentir incluso en el presente, y tal vez sería interesante señalar su parentesco con algunas formas de la cultura postmoderna, en tanto se basa en "[e]l predominio de la facticidad" (42), la pérdida del sentido, el trabajo con "la esfera de la experiencia de la vida cotidiana" (40). Resulta imposible realizar esta discusión aquí. Vale, de todos modos, establecer algunas filiaciones relevantes para nuestro ensayo. En primer lugar, la base sartreana de la mirada: el *happening*, en tanto atenido a la materialidad del significante (y no al signo), juega con las posiciones de sujeto/objeto, para instalar una distancia en la percepción de las cosas y del yo: una persona puede ser ubicada en posición de objeto (dada a ver) y un objeto puede situarse en la posición del sujeto (mirada). Reconocemos aquí la influencia del estructuralismo: posiciones, actancias, funciones. Pero no hay sino permutaciones sintácticas sobre *espacios* simbólicos que resultan, a pesar de los *happenings*, inalterados: el *happening* no va más allá de un desplazamiento del imaginario en la obra de arte tal como la concibe la sociedad burguesa. Enfrentado al teatro, el *happening* quiere disolver la oposición actor-espectador, y por esa vía, alterar los protocolos tradicionales de la contemplación estética. Recurriendo a todo tipo de tácticas ("manipulación creativa," la llama Alicia Paez [28]), que incluyen obligar a un constante movimiento "o a la inversa, el estar obligado a permanecer en posiciones o lugares incómodos" (28), el asco, los "crímenes simbólicos, alegorías exageradas" (15) y hasta el aburrimiento y la tortura sádica, se promueve la "participación plena" del espectador y se lo invita a abandonar su actitud pasiva. Se intenta que el público, como contemplador, desaparezca para dar paso al "participante." Escribe Masotta sobre *El Batacazo* de Marta Menujin, *happening* presentado en New York desde el 8 al 18 de febrero de 1966:

> *El Batacazo* es ante todo una "anti-pintura" y una "anti-escultura," y por lo mismo, un "objeto" (como se dice en Buenos Aires; un objeto y no una ambientación). Es decir, algo que ocupa el espacio real del espectador, y que puede ser gozado con la vista, constituirse en receptáculo de valores visuales, en portador de una imagen. Pero simultáneamente, y sucesivamente, el espectador *queda obligado a* constituirse en participante [el subrayado es nuestro], a recorrer los momentos espaciales interiores de la imagen, a vivir con el cuerpo y desde adentro, o por adentro, lo que hace un momento miraba desde afuera, sobrevolaba con los ojos. Objeto-happening, entonces, donde el espectador es por momentos espectador, es decir, *sujeto exterior* a un objeto que puede contemplar desde afuera, y por momentos *objeto*, "cosa" susceptible de ser objetivada por los otros, ante quienes queda expuesto, y ante quienes debe recorrer la construcción. (107)

A diferencia de las experiencias con la creación colectiva, orientadas por la construcción de un relato que promueve un saber crítico sobre la historia y las formas de opresión, el *happening*, al basarse en el significante como tal y la renuncia a la secuencia lógica, se propone reencontrar al sujeto con el placer; su objetivo es intensificar la sensibilidad, el juego, la festividad y la exuberancia de lo instintivo, como parte esencial de toda forma artística y como condición indispensable de todo levantamiento de la represión sobre lo sexual y lo político. El *happening* no promociona una experiencia mediatizada -como el teatro- sino directa (40), que pone en tela de juicio la consistencia no de la razón, sino de cierta forma histórica de la racionalidad. Esta inmediatez no es sólo en relación a los materiales y sus propuestas perceptivas sobre el cuerpo; el *happening* es directo en tanto no tiene una acción (salvo un programa de pautas) que pueda ser "ensayada" ni requiere de los participantes mayor adiestramiento técnico que el de la vida cotidiana. Si apela a la totalidad de una experiencia, no se define por ella: en principio, si el teatro se altera al quitar una escena o un personaje o al cambiar escenas de lugar, el *happening* es más elástico en cuanto al recorrido, y no sufre demasiado si se le amputa un dispositivo. En palabras de Eliseo Verón, "la materia del teatro es la *acción social como historia*" (79, el subrayado del autor), porque supone un relato que implica una historicidad y sujetos de una acción; el happening, por su parte, "es la *acción social como sistema*" (79, subrayado del autor), es decir, no tiene condicionamientos de causa-efecto, no impone una temporalidad y no requiere de sujetos o personajes de una historia. Pero en tanto no se confunde con la vida cotidiana porque promueve "una *transformación sistemática de los componentes de la acción social*" (80, subrayado del autor), se define como una forma artística elitizada, en la medida en que se cumple solamente para ciertos grupos. Verón intuía, en 1966, el agotamiento de ciertas experiencias artísticas que vaciaban de representatividad a los grupos intelectuales, lanzados -desde el pop- al reciclado-*collage, bricolage, assamblage, combine*- de los productos masivos: "sospecho -dice Verón, refiriéndose al *happening* de Menujin sobre los medios de comunicación- precisamente la presencia implícita de una referencia a este proceso por el cual grupos de élite elaboran los elementos simbólicos de su propio encerramiento cultural" (90). Y no impunemente: son conocidos los problemas del Instituto Di Tella con la censura de izquierda y de derecha (King, 109-112, "Mesa redonda," 1731, Longoni); de Alberto Greco, en 1963 en Italia, con motivo de su desnudo en *Cristo 63*, es conminado a abandonar el país en 48 horas (14).

Por todo ello, el *happening* -según Kaprow citado por Masotta- "es el único arte realmente 'experimental'" (162), y tanto su ética como su política -en el extremo opuesto del teatro invisible- se define por una compulsión a la visibilidad y a la acción: es una provocación, una rebeldía artística con los sistemas de acatamiento y dominación simbólica. Sin embargo, no puede eludir ser una práctica que termina fascinada por el "hacer hacer" que ella misma impugna en los medios masivos y en el entorno social represivo; por una multiplicación ficticia de puntos de vista, en la medida en que el recorrido o el programa aparecen como un Otro que, no dejándose ver, convierte al *happening* en un "imaginario construido sobre un imaginario" y que, si tiene el rédito de dejar sólo "el espectáculo de su propia conciencia engañada" (125), genera una producción imaginante que no cuestiona la imposibilidad "real" de un determinismo sociopolítico, esto es, la imposibilidad en lo real de jugar con la combinatoria de opciones simbólicamente excluidas. En palabras de David Viñas: "en la zona Di Tella, la ideología impugnadora del consumicionismo [estaba] encabalgada contradictoriamente con empresas generadoras de consumición. Y vivida como una ideologización de la abundancia en una zona de carencias y despojos" (26). ¿Cuáles son, pues, las alternativas del hambre? Serán estas alternativas excluidas las que, queriéndose imponer en un espacio de experimentación generalizada -que no es precisamente una institución financiada por la burguesía y las fundaciones estadounidenses, como el Instituto Di Tella (Longoni, 111)- dejarán como saldo la multiplicación de las siluetas de un siniestro que Alberto Greco había dejado *entrever* cuando trazara con pintura azul los contornos de los participantes a su *happening Vivo-Dito* de 1963.

7. La creación colectiva

> Notamment sur ce qui s'en répand d'équivoque, concernant la relation de réversion qui unirait le sadisme à une idée du masochisme dont on imagine mal au dehors le pêle-mêle qu'elle suporte. Mieux vaut d'y trouver le prix d'une historiette, fameuse, sur l'exploitation de l'homme par l'homme: définition du capitalisme on le sait. Et le socialisme alors? C'est le contraire. (Lacan, *Écrits*, 777)

Sin lugar a dudas, la creación colectiva constituye el aspecto más comúnmente citado cuando hay que referirse a las prácticas teatrales de los *sesentas*. Si la discusión sobre los antecedentes -que encubre la polémica sobre el carácter revolucionario de la "metodología"- pueden situarse en remotas expresiones rituales de varias culturas (Galich, *TLCC*, 38-39), si el término "creación" tiene presupuestos teológicos (*TLCC*, 184), y si para algunos no deja de ser un "producto" más, importado de las prácticas de la disidencia cultural en los países hegemónicos (Rizk, *El Nuevo Teatro*, 72), lo cierto es que el llamado Nuevo Teatro ha centrado su preocupación en la eficacia que este tipo de "metodología" comporta, especialmente cuando se trata de reconstruir la historia de las culturas sometidas o de dar cuenta de su presente, cuando se carece de infraestructura económica o de tecnología, e incluso cuando se trata de una falta de autores o de abordar a un público distante de las prácticas teatrales burguesas (Lagos de Kassai, 5-7, "Manifiesto de CLETA [Pianca, 365-367]). La bibliografía sobre la creación colectiva resulta particularmente abultada y merecería un estudio detalladísimo, no sólo porque alcanzó niveles de modelo en la "teorización" de Enrique Buenaventura y su Teatro Experimental de Cali, sino porque implicó la modelización de las prácticas teatrales de innumerables grupos dentro y fuera de América Latina a la vez que estructuró parte de las prácticas educativas teatrales en muchas escuelas

Teatralidad y experiencia política en América Latina

de formación del actor (Chapato e Islas). La consideración de la creación colectiva no estará, sin embargo, completa, hasta tanto no se estudien, paralelamente, las prácticas teatrales institucionales y comerciales para el mismo período.

La creación colectiva, enfrentada a los reacomodamientos sociopolíticos de los *sesentas* -con las características propias que tomó en cada país- enfrenta también la competencia con otros medios de difusión que, apelando a lo masivo y globalizando su influencia social, constituye el mayor enemigo técnico y político. Si el cine y la televisión están diseñando nuevos perfiles del actor y de las prácticas de producción en las que éste se inserta, la creación colectiva se ve obligada a redefinir la dimensión del teatro y de su lenguaje, tanto en la urgencia que significa abordar las temáticas contestatarias, como en la necesidad de definir una estética capacitada de promover un placer específico y, por esa vía, una convocatoria políticamente bien determinada.

Lo que resulta cuestionable es en qué medida la metodología construida por esos años puede hoy ser categorizada como "ruptura" con la tradición teatral burguesa: la intervención modelizante de la lingüística y la semiología, de la antropología levistraussiana, y en general de sus imperativos de cientificidad, podría ser hoy vista como parte de un desarrollo de la "gran maquinaria" que hemos descripto en un capítulo anterior. En efecto, la intervención de los modelos estructuralistas y formalistas en la construcción de las historias y discursos dramáticos y hasta espectaculares, que recibieron una adaptación sin una crítica epistemológica previa, proyectó su poder sobre las formas de abordar el relato; y si estos modelos se definían por la importancia otorgada a la *dispositio*, esto es, al nivel sintáctico o combinatorio, y pretendían aportar su poder de predictibilidad al nivel del contexto de descubrimiento de hipótesis, sus imperativos no tuvieron ninguna incidencia al momento de poner en tela de juicio lo que, en nuestra perspectiva, hemos definido como consistencia de la teatralidad del teatro. Habrá que iniciar en el futuro una investigación sobre la lectura que recibió el corpus brechtiano y marxista desde esta perspectiva estructuralista -no siempre autoconsciente- tratando de ver hasta qué punto implicó una matematización excesiva, y en consecuencia, una dogmatización o esquematización empobrecedora en el abordaje de temas y formas.

Si la creación colectiva adopta "la noción de teatro como laboratorio" y se define por su carácter experimental (Rizk, *El Nuevo Teatro*, 70), no deja de presentarse como un espacio problemático donde la mezcla de estilos y de técnicas no siempre responde a los requerimientos epistemológicos que, contradictoriamente, eran un requisito de todos los modelos formalistas y estructuralistas a los que se apelaba, obsesionados con la formulación de unidades homogéneas y de su sistematización por niveles. Otra vez estamos ante discursos en los que el modelo o la discursividad del modelo -como ya es histórico en la situación colonial- cubre el verdadero vacío de una teorización exhaustiva e impone maquinalmente una cadena de acatamientos ("the epistemic violence" [Spivak, 151]) que dejan en suspenso el verdadero objetivo de experimentación para definir una estética y un lenguaje latinoamericanos. El modelo aparece, en este encuadre perverso, más como validación y autorización del prestigio (revolucionario) de una práctica orientada hacia la liberación (del pueblo, de los teatristas, de la estética), que como un verdadero disparador para cuestionar la racionalidad burguesa que se filtra en el empirismo de la demanda de aplicación. Sin pretenderlo, María Escudero, del Libre Teatro Libre de Córdoba (Argentina), situaba inequívocamente esta situación cuando, en 1975, abría su ponencia a la mesa redonda organizada por Casa de las Américas para debatir sobre la creación colectiva, con estas palabras: "Voy a hablar del último *hijo* que dio el *teatro*" (*TLCC*, 43, el subrayado es nuestro). Puesto el teatro en posición de madre, se agrega inmediatamente que la paternidad le corresponde a Enrique Buenaventura y su Teatro Experimental de Cali (*TLCC*, 45). Ocurre, como dice Carlos José Reyes, aunque en otro sentido, que "[e]l teatro ha cambiado de propietario" (TLCC, 77): es la propiedad de los medios de producción -con su inherente legalidad de una nueva organización del trabajo y la promoción de un nuevo público consumidor- la que se define con la creación colectiva como "maquinaria" capaz de instalar un mercado alternativo al del teatro burgués. Como hemos indicado en otro momento de este ensayo, el incremento de festivales y encuentros establecerán solidaridades que, prontamente, se transformarán en redes (cuando no "trenzas") de promoción nacional e internacional en un mercado definido por las reglas de la competencia y la acumulación de capital simbólico. Esta "internacionalización" del Nuevo Teatro, con la base "maquinal" de la producción seriada de la "identidad" latinoamericana producida por la aplicación de modelos estructuralistas, generará -como es el caso de los grupos menos talentosos- un teatro cada vez más poblado de fetiches y estereotipos culturales latinoamericanos para venta y consumo internacional en un mercado que, si al principio era alternativo, prontamente será recuperado por las reglas del mercado mundial.

Al principio, como es el caso del Libre Teatro Libre e incluso de aquellos grupos ligados a una práctica revolucionaria explícita, como el Teatro Escambray, la creación colectiva se define con los protocolos de la guerrilla. Es también Escudero quien va a poner la creación colectiva en relación a la teatralidad de la guerrilla: se trata de una "militancia fuertemente comprometida" (*TLCC*, 55) que reclama "toda nuestra identificación" (*TLCC*, 57), porque "tenemos capacidad combativa" (*TLCC*, 48). En palabras de Adolfo Gutkin, los teatros que utilizan la creación colectiva "*minan por dentro* las estructuras morales (¡desde Ibsen!) e ideológicas que sustenta la burguesía" (*TLCC*, 170).

Conviene detenerse sobre los testimonios y documentos reunidos por Séjourné en *Teatro Escambray: una experiencia* (1977), porque dan cuenta de una serie de operaciones análogas a las que estudiamos a propósito de la teatralidad de la guerrilla en los textos del Che Guevara: insatisfacción, elección del lugar, aislamiento, preparación táctica; y, además, porque hacen de contrapunto a las transformaciones textuales (temáticas y formales) expuestas anteriormente a propósito de *El paraíso recobrao*. Conviene señalar, en principio, cierto carácter paradojal que surge de la instalación de una estrategia guerrillera en el encuadre de una revolución triunfante; la resolución de esta aparente contradicción puede pensarse en la tarea misional del Teatro Escambray, ligado a los proyectos del Partido, lo cual explica a la vez su carácter de modelización y efectividad para otros grupos latinoamericanos que no operaron en una situación revolucionaria institucionalizada.

Los testimonios y documentos mencionados, reunidos desde 1968, fecha en que el Grupo parte a su primera investigación en el Escambray, se postulan como emergentes de una situación de insatisfacción personal y artística ligada a la desconexión entre la práctica teatral urbana, toda ella atravesada por propuestas burguesas en sus resonancias coloniales, y la revolución como diseño de una sociedad nueva con un hombre nuevo. "Nos juntamos -dice Corrieri- *doce* personas con puntos de vista afines para poner en marcha nuestro proyecto" (Monleón, 127, el subrayado es nuestro). Las declaraciones de los integrantes del Grupo esbozan un cuadro de sucesivas deconstrucciones ideológicas y emocionales, mientras relatan la "gesta" apostólica hacia los espacios incontaminados, vírgenes, de la nación: "Para nosotros se trataba de la búsqueda decidida de otro público; de una comunicación que fuéramos capaces de controlar; de otra ética teatral; de otras formas artísticas y organizativas" (Séjourné, 9). Se realizan entonces diversas reuniones e investigaciones previas para elegir el lugar, así como luego se realizará una convocatoria de especialistas para evaluar los datos. Se trata de observación y acopio de información que, no obstante, se sostiene en al menos tres supuestos ideológicos cuestionables: a) Elaboración de espectáculos que "fueran, fundamentalmente, dirigidos a problemáticas que afectaban a la zona, mediante los cuales los pobladores pudieran reconocer y reinterpretar la imagen de su propia vida" (Séjourné, 14). Derivado de esto, resulta la selección de "la obra más realista y cercana a ellos" (21); b) Frente a la heterogénea procedencia social de los integrantes del grupo, será necesario establecer "una ideología común suficientemente estructurada que le [confiera] una verdadera cohesión" (23); c) Finalmente, definir el objetivo de la experiencia como una meta utilitaria según la cual hay que "[h]acer del teatro un arma eficaz al servicio de las necesidades del desarrollo del país" (23).

Estos tres supuestos permiten inferir el espacio teórico-político en el que se debate la producción de una salida y, a la vez, permite observar la clausura de la misma ya contenida desde esos presupuestos.

El postulado a) marca sin duda el diseño de espectador; se trata de una construcción del otro (fundamentalmente el campesino y el obrero) que, como se reitera en los testimonios y en el interior de los textos mismos, vive en estado de profunda inocencia, de absoluta ignorancia y de histórica improductividad (especialmente la relacionada con la creación artística). A esto se suma el postulado de que el campesino desea verse reflejado en el teatro y que su acceso virginal al mismo sólo es posible mediante la apelación al realismo. Demás está decir que las tradiciones narrativas de los pueblos no registran, en general, estos postulados: los reservorios folclóricos, sin ir más lejos, tratan lo sobrenatural y especialmente el imaginario de clase al que se aspira y no al que se pertenece. Por ello aparecen monstruos y hadas, palacios y princesas, fracturas temporales y espaciales, objetos mágicos. Seguramente eso explica el éxito del Grupo al momento de tratar los cuentos tradicionales y "admitir" al otro como emisor-creador.

De lo que se trata aquí ya no es tanto de la falta de cuestionamiento de una teoría de la mímesis en los marcos de la teoría marxista, sino el afán de anular la diferencia o el desajuste en el campo de la mirada: más que el campesino como mirada, se mira al campesino, creyéndose estar viendo lo que el ojo del campesino ve "incorrectamente." Más que permitir -como hacía Brecht en *Madre Coraje*, o en *El círculo de tiza caucasiano* al recurrir a repertorios alejados en el tiempo y del acervo tradicional- la producción de una distancia para captar la diferencia histórica y/en la intervención del Otro, el Grupo se decide por reificar al campesino como objeto de la representación. Se trata de una captación del otro como objeto, diversamente confundido entre el yo ideal y el ideal del yo de los teatristas. Esta mistificación del teatro como un "estadio del espejo" produce un simulacro de constitución de identidades dentro de un encuadre infantil: "Ellos jamás han conocido una imagen de sí mismos. Hemos tratado de decirles: "Mira, así eres tú, así te vemos. ¿Qué tú crees?" Ellos se ven por primera vez y las reacciones son variadísimas" (Séjourné, 116). Y agrega: "Teníamos que transformarnos en espejo de nuestro público" (174).

Apelar al realismo es otro de los procedimientos de la construcción burguesa de la teatralidad, en el supuesto de que "lo real" es "lo natural." Con ello, en vez de provocar lo que los formalistas rusos designaban como "desautomatización de la percepción" (función poética), el Grupo recurre a la automatización del reflejo, generando una ilusión de representatividad y de compromiso. La introducción del "lenguaje cotidiano" de los campesinos -incluso en el título de *El paraíso recobrao*- intenta certificar la fidelidad como garantía de autenticidad del reflejo y captación "científica" del objeto. Al ponerse como espectadores del campesinado, el Grupo cree elaborar una teatralidad para los otros, cuando lo único que logra es satisfacer teatralmente sus propias demandas *voyeurísticas*.

El subalterno puede hablar ahora en el teatro, puede acceder a la escena, en tanto ha pasado por el cedazo de la mirada del intelectual. Su virginidad "cultural" accede ahora a la representación gracias a la mediación del Grupo como portador de la verdad y del poder de realizar la apertura de un espacio inmediatamente etiquetado como efecto de la revolución. Como dice Pedro Rentería: "La idea fundamental que Sergio tenía en la cabeza era salir del marco geográfico de La Habana, lo que nos permitiría iniciar una experiencia virgen, asumir una realidad virgen. Era un poco lanzarnos al vacío" (Séjourné, 61).

Más allá del postulado colonialista típico según el cual el otro es un salvaje que vive en una realidad virginal, pura, ahistórica y bárbara, la ética del Grupo pareciera no ir más allá de justificarse a sí mismo, abrirse un espacio en la historia (léase todo lo relativo a la construcción del campamento en La Macagua), a costa de negar esta situación creyendo que se ha abierto el espacio para el otro.

El segundo presupuesto remite a la dinámica interna del Grupo. Se pueden leer en el libro de Séjourné las confesiones de los integrantes al momento de caracterizar sus experiencias de deconstrucción de sus "residuos" burgueses. La práctica democrática que subrayan estos documentos no deja de ser paradojal: supone un planteo meramente sintáctico y combinatorio de perspectivas que, en el fondo, nunca remiten a un otro sujeto. Es decir, el debate democrático sólo se admite desde un punto de vista metodológico, pero nunca de una confrontación efectiva de discursos ideológicos, ya que el trabajo del Grupo ha consistido en una homogeneización previa o una reducción a un único sujeto ideológico. Es natural entonces que la única confrontación valedera resultara de los debates con el público y que luego se inscribiera en el orden de los textos representados: la diferencia, anulada en el interior del grupo hegemónico, se proyecta como diferencia entre el ser del campesino y su conducta revolucionaria, como contradicción interna que ahora el grupo ofrece gratuitamente en forma de "conciencia crítica":

> El propósito fundamental del espectáculo iba en este sentido: mostrarle al campesino una imagen contradictoria de sí mismo (*lo que nosotros habíamos apreciado*) en cuanto a su conducta social en el marco revolucionario que, con la llegada del plan, le plantea continuas y nuevas exigencias a su crecimiento ideológico. (Séjourné, 28, el subrayado es nuestro)

Actuar sobre el espectador haciéndole repensar su propia realidad es la forma invertida de la proposición que menta: inventar una realidad para el otro sobre la cual pueda compararse mientras se distrae de la arbitrariedad o interés del espejo. No es casual que las obras, entonces, se sitúen en el campo de una crítica a la eficacia religiosa de los Testigos. El supuesto de que la realidad sólo es categorizable y por ende vivenciable en términos de pensamiento, conforma una restricción epistemológica que deja de lado la dimensión del deseo y del afecto como instancias no alcanzables por la mediación intelectual.

Hacer "re-pensar" al campesino, puede ahora leerse en dos direcciones: que el campesino pensaba fuera de los marcos adecuados de categorización (por eso hay que ofrecerle el espejo -teoría/teatro tienen etimología visual) y que ahora puede volver a pensarse en los términos fijados por su representación; o bien, que el campesino deba reproducir por medio del pensamiento las categorizaciones ofrecidas por el grupo en el campo de la representación. En ambos casos, la propuesta del grupo, siempre subrayada como investigación y honesto afán de conocimiento, incapaz de ceder su puesto como guardiana de la verdad, se cierra las puertas de antemano para comprender el lugar del sujeto "popular" en el que ancla el discurso religioso y su eficacia simbólica.

El tercer postulado, por último, configura la dimensión más problemática: no sólo porque pone en cuestión las relaciones del arte con el Estado, ni tampoco porque replantea las cuestiones del arte y la literatura en el socialismo, sino porque remite a la oposición "revolución nacional/internacionalización de la revolución" como espacio crítico y controversial. Sin duda, el verdadero aporte revolucionario del Grupo hubiera consistido no en hacerles un teatro a los campesinos en el orden de sus elucubraciones vanguardistas, sino en provocar un espacio para que los campesinos elaboraran el teatro que ellos quisieran, si lo hubiesen querido. Esto es imposible, porque pone inmediatamente en tela de juicio los otros dos supuestos que hemos esbozado rápidamente antes: por un lado, la ideología que supone creer que el otro no tiene "saber" o que tiene un saber "virginal," "natural" o -como dice Babilonia en *El paraíso recobrao*: "Que somos unos brutos, vaya" (Leal, 204)- incapaz de llevar a cabo una producción propia; por otro lado, la imposibilidad política de sostener la ilusión de imaginar un sujeto fuera de toda contaminación y subalternización por la cultura -la lucha de clases y la alienación ideológica- esto es, pensar que el pueblo tiene absoluta certeza de lo que es mejor, más conveniente, más verdadero en el debate por los destinos de la nación.

Indudablemente, la necesidad de la vanguardia lúcida se ve justamente legitimada en el corpus de textos que configuran la base folclórica y popular, cuyos procedimientos de reproducción, ritualidad, ahistorización, no originalidad, desbaratan los postulados burgueses y marxistas de la ideología del arte. Por eso, el único registro afectivo de la vanguardia es la elevación de la Revolución a nivel del discurso evangélico y, correlativamente, la asunción del martirologio del Grupo, el cual remite directamente a la culpabilización o, en términos del Nietzsche de *Genealogía de la moral*, al endeudamiento del otro: "La Revolución marcha hacia un futuro que necesariamente sacrifica el presente de todos; ese sacrificio es nuestra responsabilidad histórica y también nuestra posibilidad de ser (Séjourné, 65). Agrega: "El hecho de adquirir una capacidad de sacrificio, de generosidad con los compañeros, en una palabra, de ser mejores, adquiría para nosotros un valor igual o más importante que tener inteligencia, preparación o talento teatral" (Séjourné, 106). Finalmente apunta: "Ya viniendo de la Yaya, ellos veían *La vitrina* como a distancia, como algo que ya no les tocaba rudamente, que no los ofendía haciéndoles sentir esa especie de culpabilidad de ser semejantes a los personajes" (Séjourné, 312). Estos procesos de constitución discursiva y de modelización de una práctica teatral (o cultural en general) tuvieron sin duda descendencia en el resto de Latinoamérica. Queda todavía por evaluar no tanto las transformaciones por las cuales se constituye un teatro de la Revolución sino fundamentalmente aquéllas por las que la Revolución misma se teatraliza y se hace paradigmática para la izquierda tercermundista.[33]

8. Los ideologemas de la producción teatral

Sin entrar a discutir aquí la consistencia de la metodología de la creación colectiva, conviene sin embargo detenernos a enumerar los ideologemas[34] que atraviesan los textos en los que dicha metodología buscaría sus garantías filosóficas. Estos ideologemas están trabados entre sí y despliegan una red de inconsistencias que ponen en tela de juicio la efectividad política, práctica, de su operación discursiva. Todos estos ideologemas atraviesan, por lo demás, las obras y los manifiestos, las prácticas teatrales en particular y culturales en general en el período que estudiamos. Sin embargo, la ética y la política que sostienen el corpus requerirán en el futuro de una minuciosa investigación. Este libro no tiene otra meta que simplemente presentar la cuestión para, al menos, sacar al sujeto de la lectura de la confortabilidad de la ortodoxia o de la incomodidad quejosa de la nostalgia.

8.1 *De la ciencia/ideología*: el modelo "científico" formalista-estructuralista es una adaptación mecánica al proceso teatral, sin la mediación teórica. Es esta adaptación la que los teatristas designan como "teoría" o "hacer teoría" (Díez, 49, *TLCC*, 299, 344). Al faltar la práctica teórica, el modelo deviene técnica (y ni siquiera "método") y deja la instancia teórica como el espacio enajenado en donde el Otro "hace hablar" allí donde se alega creatividad propia: se vive eufóricamente, en lo imaginario, la ilusión de ser sujeto. La racionalidad burguesa que se quiere impugnar sale por la puerta y entra por la ventana, a la vez que se sigue imponiendo como instancia de decisión para la construcción de los textos dramáticos y los textos espectaculares: exigencias de claridad, coherencia, continuidad -cuyos correlatos opositivos de oscuridad, incoherencia y discontinuidad hay que atribuir a "la crisis de la razón" del pueblo alienado (Buenaventura, "De Stanislavki a Bert Brecht," 203)- aparecen incluso sofocando las tímidas y vulgarizadas apelaciones al discurso psicoanalítico. Cuando Carlos José Reyes, retomando el tema de la analogía propuesto por el TEC (*TLCC*, 333-335), describe las alternativas de improvisación, no puede evitar preguntarse quién autoriza la

---

[33] En los testimonios y documentos que hemos citado hay muy poca información respecto a los adiestramientos actorales, ensayos y relectura de las técnicas de Stanislawski, Grotowski, Living Theatre o Brecht.

[34] Tomamos el término en el sentido de Jameson como "a historically determinate conceptual or complex which can project itself variously in the form of a 'value system' or 'philosophical concept,' or in the form of a protonarrative, a private or collective narrative fantasy" (*The Political Unconscious*, 115); el carácter dialógico del ideologema permite pensarlo como una tensión de términos oposicionales/contradictorios.

relación analógica, qué saberes pone en juego y hasta qué punto permite "el descubrimiento de nuevas relaciones" (*TLCC*, 98). Con la designación de "área de seguridad" y de "área de peligro," Reyes designa el espacio de la razón y su más allá, lo que no está a disposición del sujeto, los tropiezos de la memoria, la sorpresa, el golpe o la desorientación del actor; se intenta introducir una analogía con el chiste, el lapsus, los sueños -formaciones del inconsciente- capaces de abrir a lo desconocido (*TLCC*, 99). Pero esto no va más allá de cierto momento de trabajo que se recupera en el orden de la lógica del relato y por las exigencias de los contenidos ideológicos que se quieren promocionar, amén del tipo de público que se tiene en cuenta para el espectáculo.

Queda, por otra parte, sin justificar en qué sentido un nuevo "método" produciría automáticamente una nueva forma. Ni la construcción de los relatos, ni las tácticas de la puesta en escena, ni menos aún la teatralidad postulada ni la política de la mirada fueron cuestionadas como tal, aun cuando había un gran desarrollo de estudios sociales en América Latina durante los *sesentas*. La última etapa de Buenaventura, tal como la designa Rizk, configurada como una búsqueda de una estética basada en la semiótica, replantea un acatamiento simbólico discutible: en efecto, la racionalidad cartesiana que soporta estas modelizaciones es lo cuestionable como tal -Buenaventura cita directamente a Noan Chomsky (Rizk, 111). Esta última etapa del maestro colombiano se articula con sus primeras elucubraciones de un proyecto humanista burgués y abre un campo de discusiones más amplio que el intentado por Rizk; dice Buenaventura en 1962:

> Nuestro mundo se abre hacia la incorporación, cada vez más vasta del pueblo, de todos los hombres, a los beneficios de la civilización y la cultura. Nuestro mundo busca, dolorosamente, una realización del Humanismo, que apenas soñaron los humanistas más consecuentes... Pues bien, el teatro, fiel a su destino de reflejar la realidad y de mostrar mejor que cualquier arte, su condición variable, tiene que responder al propósito enunciado arriba y convertirse en un instrumento eficaz para realizarlo. (citado por Rizk, 23-24)

8.2 *Del empirismo/criticismo*: se refiere a la doble incidencia que supone la práctica teatral desde posiciones supuestamente marxistas, y las instancias de autorización de la práctica de la creación colectiva como tal. Hemos insistido en la no distinción entre lugar/espacio, que analizaremos luego como un ideologema derivado. Pero hay que agregar aquí también la utilización exhaustiva de las oposiciones binarias (víctimas/victimarios, burgueses/obreros) a nivel de las temáticas, o la apelación exagerada y reductiva de la alegoría como operador de acercamientos temporales entre la materia relatada y el presente referido.

Pero el empirismo también es el que autoriza (y no la producción crítica y teórica) la supuesta eficacia de los espectáculos y del "método" como tal: la extracción del público al que se dirige, la formulación panfletaria en la que se descansa, la falta de recursos con la que se excusa, la "democracia" supuesta con las que se impugnan los poderes del autor, del texto o del director, los ejercicios que se proponen para la creatividad, la ilusión de certificación que supone la utilización de documentos provenientes de entrevistas, recolección de datos y estudios de campo, la convocatoria de profesionales diversos y, finalmente, los premios con los que se satisface.

Es casi nula la interrogación teórica sobre una estética popular o sobre las condiciones en las que podría establecerse un consenso (entre los actores, entre los técnicos, entre el espectáculo y el público). Se comprueba que no es posible ese consenso sin el mismo nivel educativo (*TLCC*, 378) o sin la misma base teórica, según lo establece Buenaventura (*TLCC*, 342). Se deplora constantemente la masificación promovida por los medios de comunicación -a la que no están ajenos los integrantes de los grupos- a la vez que se descalifica como alienación, sin mayores interrogaciones, el placer y la convocatoria de algunos géneros como el melodrama, el teleteatro, la comedia sentimental o pasatista. Atahualpa del Cioppo señala, justamente, la necesidad del teatro latinoamericano de enfrentar la lucha con los medios de comunicación de masas, para aprender de ellos en sus mecanismos de dominación de mercado. Se trata para el maestro uruguayo no sólo de definir un nuevo teatro o de estudiar la influencia de esos medios en el teatro como tal, sino también de disputar a la burguesía el mercado donde promueve su ideología y de apropiarse de esos medios masivos, de socializarlos (*TLCC*, 111).

El empirismo -conviene recordarlo- era uno de los obstáculos epistemológicos (Bachelard los analiza bajo los nombres de "sustancialismo," "realismo," y Buenaventura suele citarlo [*TLCC*, 343, 350]) -o una proposición ideológica según la expresión althusseriana-, y constituía una problemática de los marxistas por estos mismos años que estamos abarcando. Sobre estos puntos, no hay ni una mención en los documentos que hemos revisado.

8.3 *Del saber/ignorancia del público*: referido a la competencia del pueblo, afirma simultáneamente que el público al que se apela, sabe apreciar la nueva forma concretada por el Nuevo Teatro, aunque se señala que la tarea de los grupos está orientada especialmente a aquéllos que, por diversas razones, nunca vieron teatro. No se sabría, entonces, cómo o con qué criterios el "público virgen" (en palabras de Corrieri [Sfeir, 51]), "de una sensibilidad y una óptima vírgenes" (en palabras del grupo La Yaya [*TLCC*, 470]) reconocería lo nuevo sin un paradigma de comparación. Las conquistas de la creación colectiva se definirían como "auténticas," "completas" y "totalizadoras," pero es difícil saber sobre qué instancias definen estas nociones y qué o quién podría garantizarlas desde la teoría. Además, no se plantea cómo el público más urbano, que estaría expuesto a la "capacidad destructiva del gusto" (*TLCC*, 112) provocada por los medios masivos, tendría aún capacidad estética para evaluar lo nuevo de la nueva forma teatral que se le propone, ni con qué estrategias (salvo una mística del pueblo), el público lograría distinguir que no se trata de una nueva y provocativa manipulación.

Paralelamente, amén de afirmarse, sin mayores elementos probatorios, que el pueblo requiere productos auténticos, completos y totales -lo cual está bastante reñido con la experiencia- y, a su vez, de insistirse en el hecho de la necesidad de desarrollar una conciencia revolucionaria que el pueblo no tendría, queda en suspenso, incluso bajo sospecha, la capacidad de ese mismo pueblo de servir de corrector de las sucesivas versiones. Como se aprecia, es toda la dimensión del sujeto del saber lo que permanece no formulado en estos discursos de la creación colectiva. Y nuevamente interviene el ideologema empirista: las versiones son el resultado de una compulsa con el pueblo, considerado desde la perspectiva de la psicología reflexiva; las versiones son un estímulo al que el pueblo reacciona. "Seguiremos probando la reacción," afirma Sergio Corrieri, a propósito de *El paraíso recobrao* (Sfeir, 51), pero inmediatamente se equivoca al fallar la crítica epistemológica, cuando agrega: "La medida de lo que hay que hacer la dará el público" (Sfeir, 51). Sfeir relata su experiencia con el Teatro Escambray, subrayando los inconvenientes que estos jóvenes artistas han decidido enfrentar al trasladarse a una zona tan alejada de sus costumbres cotidianas; la metáfora no se hace esperar: "'Sí, chica. Tienes que acostumbrarte a saber tratar a los bichos y a distinguir los buenos de los malos.' Arañas, ratones, lagartijas, hormigas, cangrejos: al poco tiempo sentía que dialogaba normalmente con ellos. 'A un cangrejo, si tú no lo agredes, nunca te hace daño,' me decía Gilda. Y tenía razón. Todo es cuestión de inteligencia social" (53). Se trata, pues, de dos afirmaciones que no se sostienen entre sí: por un lado, se afirma que es el pueblo, "en sus sectores más populares o más marginados, [el que] no tiene conciencia del hecho real de que es el fundamental creador de la cultura nacional" (Gené, 78), y por el otro, que "[a] la gente hay que darle los elementos necesarios para que entienda su vida, su medio, para que pueda obrar sobre él y así realizarse" (Corrieri, citado por Sfeir, 52). En el espacio de la paradoja, donde se invalidan mutuamente, se deja leer claramente que no es del pueblo del que se quiere saber algo con las experimentaciones; resulta evidente que los intelectuales no carecían de una agenda para la clase que querían representar y por eso se ocuparon de adecuarla a sus presupuestos revolucionarios. No se trataba de ser orgánicos con el pueblo, sino de que el pueblo fuera orgánico con su agenda preestablecida. Albio Paz es explícito:

> Hace cuatro años que vivimos en esta zona. Lo que les vamos a ofrecer es algo que normalmente se hace en un teatro cerrado, con escenario y luces que concentran la acción en un lugar y cómodas butacas para el público. Aquí no hay nada de eso y no podemos esperar a que la Revolución pueda llegar a construir esos locales en pueblos como éste. Podrían pasar más de

diez o quince años, porque primero hay que construir carreteras, los hospitales, las escuelas. Nosotros decidimos hacerlo ya, con la colaboración de ustedes, que no podrán caminar ni hablar fuerte. Lo que sí deberán hacer, es participar en los debates, porque lo que digan será lo más importante para nosotros. (Sfeir, 54)

Todo este afán de ser orgánico, de acercarse a la realidad y a la historia, tiene como contrapartida la certeza impronunciable de que se está marginado de ellas (*TLCC*, 312, 389).

8.4 *Del proceso estético/proceso social*: conjuga a la vez la demanda de un nuevo lenguaje teatral que testimoniaría la identidad latinoamericana y a la vez situaría esta consistencia fuera del teatro, "en el desarrollo mismo de la sociedad, en la organización y en la lucha de las clases populares" (*TLCC*, 92). Se desplaza así la cuestión artística a la cuestión de estrategia revolucionaria, haciendo depender a la primera de la segunda, lo cual revierte inmediatamente en convertir a la creación colectiva y al teatro derivado de ella en un mero instrumento de propaganda y activismo político, es decir, el mismo estatus que la burguesía realmente acuerda a su teatro, su cine y su televisión bajo el simulado discurso de un arte apolitizado.

8.5 *De la producción artesanal/producción fabril*: la mayor parte de los grupos que trabajaron en los *sesentas* con la creación colectiva recurrieron a esta dinámica para enfrentar los problemas surgidos de la precaria base económica. Se produce así un encuadre en el que la creación colectiva venía a justificar el derrocamiento de las figuras del autor, del texto o del director, en aras de promover una libertad creativa basada en la abolición de jerarquías y la supuesta horizontalización y rotación de funciones: "No desaparece el director -dirá Garzón Céspedes- pero adquiere una función" (*TLCC*, 194, citado por Gilberto Martínez). Sin embargo, muchas de las producciones de la creación colectiva, como lo señalaba Alonso Alegría (*TLCC*, 62-66), resultaban en estereotipos y carecían de "unidad" artística, de "claridad" y de "profundidad." Dejando de lado el hecho de que Alegría quisiera evaluar lo nuevo con los protocolos del canon teatral burgués, lo cierto es que se balbuceaba en su posición una disconformidad que, a nuestro entender, denunciaba algunos aspectos a tener en cuenta. En primer lugar, la instalación del modelo estructuralista (bajo pátina brechtiana), más que invalidar las funciones de autor, texto, director u actor, sólo las sacaba de una práctica política personalista para reciclarlas en un aparato imaginariamente democrático y hasta populista. Si las personas rotaban, las posiciones se mantenían o al menos no se trabajaba teóricamente para pensar hasta qué punto una nueva estética iba a redefinir las antiguas funciones. A su vez, el supuesto democrático que las animaba no pasaba de ser un factor imaginario e igualitario de índole cuantitativa (*TLCC*, 91). Si para Buenaventura el director seguía siendo el encargado de la totalidad

(*TLCC*, 142), el tema del consenso quedaba suspendido como tal: en efecto, si la producción teórica tenía alguna cabida (por integración de profesionales de diversa extracción disciplinaria), y si la creación colectiva quería ser un develamiento de las condiciones de producción y opresión del imperialismo, entonces los integrantes del grupo debían ostentar una impresionante preparación intelectual, como de hecho lo demostraban los integrantes del TEC. Pero esto fue más la excepción que la regla. Tener una formación teórica y metodológica, estar al día de la producción vanguardista, y ostentar un adiestramiento técnico en lo específico teatral, supone una dedicación exclusiva a la práctica teatral. Estas coordenadas de producción, lejos de ser revolucionarias, estaban más cerca del modelo fabril como tal: cada integrante definía una función ya no en orden a sus características personales, sino al adiestramiento y saber que requería el rol a desempeñar. Su ausencia podía producir algún trastorno en el tiempo de la producción, pero no en la consistencia del producto como tal. De modo que la creación colectiva aparecía a la vez encabalgada en la promoción de un sistema fabril y en la realidad de un sistema artesanal, con integrantes de saberes diversos, asistemáticos, con dedicación amateur, con un completamiento de las funciones exigidas más que por la totalidad por la necesidad. El problema del consenso se torna así en un punto fundamental: ¿quién ocupa el lugar del saber o de legislar sobre la consistencia de un saber? No se trata de asegurar la unidad, claridad y profundidad del discurso espectacular, sino de quién aparece como garantía de las opiniones que se ponen en juego en la mesa de decisiones. Sólo un empirismo chabacano puede sostener que la cantidad de opiniones (con la base experiencial que se quiera) puede dar como resultado un producto de dimensión a la vez artística y revolucionaria. La sumatoria de puntos de vista puede satisfacer cierta ilusión de libertad laboral o elastizar ciertas prácticas autoritarias, pero no puede garantizar la superación de los niveles de alienación que los integrantes traen, sea del adoctrinamiento militante, sea de la vida cotidiana dominada y programada por los impositivos capitalistas (*TLCC*, 81).

8.6 *Del reflejo/ilustración*: queremos situar así las polémicas derivadas del ideologema anterior, en cuanto a la ubicación que estas prácticas artesanales/fabriles abrían imaginariamente a la posición del "sujeto" en cuanto revolucionario, artista comprometido y creador. Se trata de los discursos elaborados para justificar la práctica teatral, darle una garantía de eficacia y pacificar las angustias por una representatividad no solicitada. Los grupos de la creación colectiva ocuparon el lugar de un sujeto-supuesto-al-saber: ellos se querían la vanguardia popular y por ello daban consistencia a su ser como sacrificados a una causa de la que se creían indispensables. Pero este lugar del sujeto era paradojal: por una parte, porque requirieron de un enorme aparato de investigación del público (lo que resultaba en temas, tácticas de representación, armado de estereotipos); pero a la vez promovieron otra salida imaginaria: la obra abierta, la reelaboración de versiones. El mito de la colectivización de la escritura (la búsqueda de ese autor trascendental) sostenía todas estas ilusiones. El grupo decía saber cuáles eran los deseos revolucionarios del pueblo (no siempre definido con estricta ideoneidad), sin embargo, tenía que esperar al debate con la audiencia para acomodar, corregir, depurar aquello que no parecía corresponderse con la visión popular. No se entiende, pues, para qué había que hacer un teatro si el público era tan lúcido como para mejorar las versiones. Escribe Sfeir, en su aventura por el Escambray, sin percatarse del absurdo de su argumento: "los campesinos dicen siempre la palabra justa. No tienen ninguna duda en expresar cómo debe ser una verdadera conducta revolucionaria, y adónde pueden conducir ciertas debilidades" (55).

Una de dos: o se trataba de adoctrinamiento del público o de desaburguesamiento del intelectual. ¿Para qué ir a dar servicios revolucionarios a una zona tan inhóspita donde la gente ya tiene tanta conciencia revolucionaria? Este espacio problemático va a sobreponerse al debate sobre las relaciones entre marxismo, realismo y literatura. Por un lado, la novelística de los *sesentas* recurre al realismo-mágico o lo real-maravilloso, por otro, el teatro de creación colectiva se obsesiona -como ya vimos para el Teatro Escambray- con el reflejo y la identificación del espectador. El pueblo resulta ser, en todos los casos, objeto: objeto de las investigaciones, objeto de la representación y objeto de contraste. Queriéndose hacer un teatro desde la perspectiva del pueblo, se termina haciendo un teatro desde la atopía de los grupos intelectuales puestos al servicio de una adhesión religiosa a los postulados del socialismo. La creación colectiva y todo lo que de ella derivaba se pone al servicio de dar una ilusión de subjetividad a los intelectuales-objeto de discursos fraguados en otra parte. A su vez, la polémica con los medios de comunicación de masas hacía que tomaran una actitud totalmente sectaria con aquello que, en principio, definía la bases de una estética popular: los géneros menores, el fabuloso mundo de la imaginación popular, descartados de un plumazo por mediocres, vulgares, lacrimosos, románticos (*TLCC*, 88). Para individuos que nunca habían visto teatro, como los del Escambray, con un seguro acervo de tradiciones hispanoafricanas, verse en el centro de la representación, con sus problemas cotidianos, podía satisfacerlos narcisísticamente de la marginación en la que por siglos habían sido dejados, y darles por un momento la euforia que todos los grupos teatrales relatan como garantía de una práctica que se suponía por ello en la dirección correcta. La creación colectiva permitió, en parte, construir un puente con esta marginalidad, pero todo su aparato de investigación social, en vez de orientarse a producir un saber sobre por qué el pueblo disfrutaba los géneros desechados, dirigió su batería para saber cómo subalternizar al pueblo a los ideales utópicos del grupo. Poner un espejo, especialmente deformado por la óptica del intelectual burgués o pequeño burgués militante, si está cerca del *agit-prop*, si termina siendo -con los matices que se quiera- un teatro tan didáctico, tan ilustrativo como el burgués, está muy lejos de ser una práctica artística revolucionaria.

8.7 *Del lugar/espacio*: resulta evidente que los públicos exigidos por la ideología de los grupos no eran los que concurrían a las salas de los teatros metropolitanos. Pero también resulta evidente que estos públicos eran tal vez los únicos que podían haber tenido la competencia de polemizar una propuesta teatral específica. La teatralidad del teatro no se modificó por apelar a representaciones en lugares abiertos o cerrados no convencionales; como lo muestra la mayor parte de las fotografías de espectáculos al aire libre, siempre se trata de una "forma semicircular" (Sfeir, 55), en el que se instituye algún tipo de espacio de reserva. Además, el público apelado no hizo más que aumentar una euforia imaginaria con un proceso ilusorio de transformaciones estéticas. Sin embargo, la definición de un lenguaje teatral no era tan prioritaria como lo era cautivar nuevos públicos para construir un mercado alternativo a fin de enfrentar las estrictas reglas de trabajo que el teatro comercial imponía desde su proyecto ideológico. Llevar el teatro a donde "este público se encuentra *naturalmente*" -como dice Reyes (*TLCC*, 91, el subrayado es nuestro)- equivale a distanciar aún más a los sectores marginados del usufructo de las instituciones burguesas. Así, el presupuesto de que las salas teatrales mantienen al público en "una relación de consumo tradicional" (*TLCC*, 90), con sus corolarios de pasividad, adormecimiento y acatamiento, se compensa con el recurso imaginario de suponer que el aparato simbólico tendría efectos opuestos con el mero cambio de lugar: "este lugar -agrega Reyes- lo coloca [al público] en una situación activa, despierta, vigilante" (*TLCC*, 91).

El ideologema, además, requeriría un cuestionamiento a fondo en relación a la teatralidad de la guerrilla, si se tiene en cuenta hasta qué punto los espectáculos ofrecidos por los grupos de la vanguardia izquierdista debían estar en permanente movimiento para no ser cercados por los aparatos de control social, sea la crítica, sea directamente la represión policial. La experiencia de Teatro Abierto, en los 80, demostrará los riesgos de trabajar en una sala que pasa a identificarse con lo contestario.

8.8 *De lo universal/lo revolucionario*: la creación colectiva, según lo especifica Manuel Galich, "es un arma revolucionaria esgrimida por los teatristas, que éstos han retomado, en defecto de una dramaturgia revolucionaria" (*TLCC*, 35). Es un arma revolucionaria sólo eventualmente para propender a una dramaturgia revolucionaria, no a una teatralidad revolucionaria. Pero aún en este caso, la dramaturgia revolucionaria no puede dejar de enfrentar los requerimientos de universalidad. Esto lleva a paradojas como la siguiente: si un grupo de teatristas, pongamos el Teatro Escambray, es el "embrión" del teatro cubano revolucionario (*TLCC*, 41), y si éstos utilizan la creación colectiva como carácter instrumental y como un arma revolucionaria, entonces el teatro revolucionario cubano es un modelo inimitable en la medida en que carece de la universalidad que exigiría la internacionalización de la revolución. De modo que un grupo que utilice como arma la creación colectiva no puede, por el sistema de mediaciones que el "método" supone, desembocar más que en una dramaturgia o a lo sumo en un teatro nacional, y hasta nacionalista. Por el otro lado, se levanta el fantasma de la tradición teatral -donde está por lo menos Brecht- que Galich tilda de "universal," designando con ello la trayectoria del teatro europeo. Esta tradición ostenta la universalidad de los "grandes clásicos," modelo sobre el que se instaura la evaluación de las obras y que oficia como horizonte de expectativa de la producción teatral. Pero esta pretendida universalidad (que garantiza de no ser chauvinista ni xenófobo [*TLCC*, 42]), siendo una utopía del teatro revolucionario, es una categoría burguesa -con larga trayectoria en la situación colonial- que no sólo va contra el materialismo histórico, sino que a la vez aparece como elemento deformador de las tradiciones populares autóctonas, que los teatristas tienen "burguesamente" que rescatar, recrear y develar.

La universalidad aparece de todos modos en el nivel de "lo real" de las obras en el que ancla el esquema marxista, lo cual hace cortocircuito con las búsquedas de especificidad nacional. Si las piezas históricas quieren arrojar una nueva visión sobre aquellos acontecimientos del pasado que fueron deformados por la versión oficial ("Arena cuenta Zumbí," 21), terminan siendo productos casi similares, en la medida en que todas ellas arrojan como resultado los slogans más conocidos de la vulgarización marxista.

Por eso resulta curioso que en la bibliografía sobre el teatro latinoamericano del período se insista tanto en el "fenómeno de los festivales internacionales de teatro que quebraron la incomunicación -producida por la congénita balcanización de América Latina- creando citas político/teatrales donde se delinearon las estrategias del naciente movimiento" (Pianca, 10). Los teatristas iban a descubrir allí -agrega Pianca- "que las respuestas teatrales que habían encontrado para hacer frente a la historia, y para cambiarla, eran poderosamente similares en todo el continente. Muchos habían adoptado posturas semejantes y se movían en la misma dirección sin saberlo (64). Sin embargo, el hecho de partir de metas similares y de resultados analogables (*TLCC*, 300-301), debería si no haber hecho innecesario convocar a nuevos festivales, al menos haberse hecho la pregunta fundamental sobre la causa de esa similaridad: si todos estaban trabajando en lo mismo, y sin saberlo, entonces la internacionalización estaba lograda y se convertía en algo sospechoso, puesto que la causa externa era el imperialismo y lo compartido la situación colonial. Pianca insiste:

> En los festivales descubrieron *con sorpresa* que lo que parecía una actividad marginal en sus propios países pertenecía a un incipiente movimiento presente en numerosas naciones. Los festivales internacionales de teatro lograron consolidar lo que llegó a ser un movimiento continental de rica trayectoria simplemente porque propiciaron, y en algunos casos aún propician, la comunicación y el intercambio. (64, el subrayado es nuestro)

Si todos estaban haciendo lo mismo ¿qué tenían que intercambiar, salvo la certeza de que algo común había entre ellos? Si ese "algo" no era exclusivo de ningún país, lo compartido se debió haber presentado como una duda: ¿se trataba de una identidad alcanzada -eufóricamente festejada- o se trataba de que algo los modelaba "desde afuera?" ¿O se trataba de una identidad definida perversamente desde el Otro? En ese caso, la ola de represión que se inaugura alrededor de 1977 en el continente correspondería a la ira de un padre que castiga a los hijos rebeldes más por su desobediencia desplegada que por sus deseos de independencia. No se hicieron congresos ni festivales para profundizar las causas del fracaso y de la derrota, del desamparo de los teatristas y los intelectuales frente a pueblos que no respondían a las concientizaciones promovidas con tantos esfuerzos y tantos "métodos," de los componentes fascistas que podrían anidar en el seno de los discursos "progresistas." Se buscó solidaridad para las víctimas, se hicieron discursos de repudio frente a la avanzada de la represión de Estado, pero no se apeló al arsenal de la "ciencia" para afrontar si no ya los alegados *errores del marxismo*, al menos la interpretación *religiosa* de la doctrina de Marx y de Lenin.

Y que esta política cultural de las "izquierdas" derrotadas continúe sin hacerse cargo de sus responsabilidades, o se llame a silencio, o se asuma culpable e intente como alternativa un teatro de ritualidades y pastiches antropológicos, es lo que la mantendrá en el banquillo de los acusados de la historia en el futuro, cuando haya que evaluar en qué medida se fue responsable de taponar -y probablemente por bastante tiempo- las iniciativas populares de liberación.

9. Un lapsus, a manera de conclusión

Habla Enrique Buenaventura, el "padre" de la creación colectiva:

> Cuando cayó el gobierno militar, en lo cual intervinimos nosotros en todas las formas posibles, la escuela subió y se organizó y hubo modos y medios económicos, sueldo a los actores y toda esa cosa. Entonces hicimos un *teatro en grande*. Hicimos *Edipo Rey* y *Ubu Rey*, hicimos Moliere, Lope de Vega... (Pianca, 87, el subrayado es nuestro)

Independientemente del contexto, la existencia de un "teatro en grande" resulta, sin necesidad de ser un estructuralista *avant la lettre*, por relación a un "teatro en chico." ¿Qué es un teatro en grande? Es un teatro realizado en "democracia," que cuenta con "salario" a los trabajadores; un teatro en el que, por las piezas y autores aludidos, hay cuadros simultáneos, decorado armado por técnicos, permanencia seguramente del coro, pero por imposición de la tradición europea clásica, y seguramente anulación del relator y del distanciamiento. "En grande" es la tradición greco-latino-europeo-vanguardista, que queda sin representar no porque se la cuestione ideológicamente, sino porque, en determinadas situaciones históricas, no existen los medios para hacerla: es decir, cuando no hay salario, ni salas, ni técnicos. ¿Qué es un teatro en chico? Buenaventura continúa su relato: se va a París, y se queda unos años. En el Festival de las Naciones realizado en la capital francesa presenta, sin embargo, *A la diestra de Dios Padre* y las *Historias para ser contadas*, de Osvaldo Dragún.

No se trata de invalidar los enormes esfuerzos de Buenaventura y del TEC por definir un teatro latinoamericano, ni siquiera de dudar de sus intenciones revolucionarias. Se trata de hacer una travesía por los desfiladeros que origina "lapsus," sus consecuencias, los avatares del deseo que la trama significante deja abierta en ese desajuste discursivo.

BIBLIOGRAFIA

Adorno, Theodor W. "Freudian Theory and the Pattern of Fascist Propaganda." *The Essential Frankfurt School Reader.* Ed. Arato, Andrew y Eike Gebhardt. New York: The Continuum Publishing Co., 1992. 118-137.

Arenas, Reinaldo. "Los dichosos sesentas." *Ideas'92* 4.2 (1989): 7-13.

Aricó, José. "Prólogo." Guevara, Ernesto Che. *El socialismo y el hombre nuevo.* México: Siglo XXI, 1977. xi-xvi.

Aristotle. *Nicomachean Ethics.* New York: Macmillan Pub. Co., 1986.

Arvon, Henri. *Les Juif et l'idéologie.* París: Presses Universitaires de France, 1978.

Azor, Ileana. *Teatro latinoamericano siglo XX.* La Habana: Editorial Pueblo y Educación, 1989.

---. *Variaciones sobre teatro latinoamericano.* La Habana: Editorial Pueblo y Educación, 1987.

Bachelard, Gastón. *Le Nouevel sprit scientifique.* París: Presses Universitaires de France, 1975.

Balandier, Georges. *Sociologie actualle de l'Afrique noir, dynamique des changements socieux en Afrique Central.* París: Press Universitaires de France, 1955.

Barba, Eugenio. *Beyond the Floating Islands.* New York: PAJ Publications, 1986.

Barthes, Roland. *Essais Critiques.* Paris: Du Seuil, 1964.

---. *Le Plaisir du texte.* París: Du Seuil, 1973.

---. *Sade, Fourier, Loyola.* París: Editions du Seuil, 1971.

Baudrillard, Jean. *De la seducción.* Madrid: Cátedra, 1986.

Benjamin, Jessica y Anson Rabinbach. "Foreword." Theweleit, K. *Male Fantasies.* Minneapolis: U of Minnesota P, 1987. Tomo 2, ix-xxv.

Benjamin, Walter. *Illuminations.* New York: Harcourt, Brace & World, Inc., 1968.

Beverley, John y Marc Zimmerman. *Literature and Politics in the Central American Revolutions.* Austin: U of Texas P, 1990.

Boal, Augusto. "Hay muchas formas de teatro popular, ¡yo prefiero todas!" *Crisis* 19 (1974): 51-57.

---. "El sistema comodín." *Teatro del oprimido y otras poéticas políticas.* Buenos Aires: Ediciones de la Flor, 1974. 193-238.

---. *Técnicas latino-americanas de teatro popular.* San Pablo: Editora Hucitec, 1979.

---. "Teatro del oprimido." *Crisis* 14 (1974): 25-32.

---. *3 Obras de teatro: Las aventuras del Tío Patilludo, Torquemada, Revolución en América del Sur.* Buenos Aires: Ediciones Noé, 1973.

Bonilla, María y Stoyan Vladich. *El teatro latinoamericano en busca de su identidad cultural.* San José: Cultur Art, 1988.

Braudel, Ferdinand. *Ecrits sur l'histoire.* París: Flammarion, 1969.

Braun, Edward. *Meyerhold: A Revolt in Theatre.* London: Methuen, 1995.

Brecht, Bertolt. *Brecht on Theatre.* New York: Hill and Wang, 1964.

---. "La producción del arte y de la gloria." *Crisis* 22 (1975): 48-59.

Breyer, Gastón A. *Teatro: el ámbito escénico.* Buenos Aires: Centro Editor de América Latina, 1978.

Buenaventura, Enrique. "De Stanislavski a Bert Brecht." *Máscaras y ficciones.* Vásquez Zawasdski, Carlos, comp. Cali, Colombia: Centro Editorial Universidad del Valle, 1992. 197-205.

---. *Los papeles del infierno y otros textos.* México: Siglo XXI, 1990.

Burgess, Ronald D. *The New Dramatists of Mexico 1967-1985.* Lexington, Kentucky: The UP of Kentucky, 1991.

Campbell, Bruce. "Teología de la liberación: poética y práctica en el umbral de la Iglesia." *Hermenéuticas de lo popular.* Ed. Hernán Vidal. Minneapolis, Minnesota: Institute for the Study of Ideologies and Literature, 1992. 205-243.

Carballido, Emilio. "La miseria." *D.F. 26 obras en un acto.* México: Grijalbo, 1978. 207-216.

---. *Yo también hablo de la rosa.* México: Instituto Nacional de Bellas Artes, Departamento de Teatro, 1970.

Cardenal, Ernesto y Fidel Castro. *Cristianismo y revolución.* Buenos Aires: Editorial Quetzal, 1974.

Cárdenas de Dwyer, Carlota. "The Development of Chicano Drama and Luis Valdez's *Actos.*" *Modern Chicano Writers.* Ed. Joseph Sommers y Tomás Ybarra-Frausto. Englewood Cliffs, NJ: Prentice-Hall, Inc., 1979. 160-166.

Castro, Fidel. *Discurso de clausura ante el congreso de mujeres de toda América.* Pekin: Ediciones en Lenguas Extranjeras, 1963.

Clausewitz, Carl von. *On War.* Princeton, NJ: Princeton UP, 1976.

Colás, Santiago. *Postmodernity in Latin America: The Argentine Paradigm.* Durham: Duke UP, 1994.

Collier, Peter y David Horowitz. *Destructive Generation. Second Thoughts About the Sixties*. New York: Summit Books, 1989.

Correas, Carlos. *La operación Masotta*. Buenos Aires: Catálogos Editora, 1991.

Cortázar, Julio. *Rayuela*. Buenos Aires: Sudamericana, 1967.

Craig, Edward Gordon. "Gentlemen, the Marionette!" *The Theatre-Advancing*. Boston: Little, Brown, and Company, 1919. 93-97.

---. *On the Art of the Theatre*. Chicago: Browne's Bookstore, 1911.

Cucuel, Madeleine. "Seki Sano y el teatro en México (1939-1948)." Ed. Peter Roster y Mario Rojas. *De la Colonia a la postmodernidad*. Buenos Aires: Galerna, 1992. 135-48

Chaffe, Lyman. "Dramaturgical politics: the culture and ritual of demonstrations in Argentina." *Media, Culture and Society* 15 (1993): 113-35.

Chapato, María Elsa y Marcelo José Islas. "Procesos de aprendizaje en creación colectiva." *La escalera* 2 (1992): 39-55.

Dalton, Roque. *Poemas clandestinos/Clandestine Poems*. San Francisco: Solidarity Publications, 1984.

---, et al. *El intelectual y la sociedad*. 3a ed. México: Siglo XXI Editores, 1981.

Davis, Ron G. *The San Francisco Mime-Troupe: The First Ten Years*. Palo Alto, CA: Ramparts Press, 1975.

Debord, Guy. *La société du spectacle*. Paris: Buchet-Chastel, 1967.

Debray, Régis. *Critique de la raison politique*. París: Éditions Gallimard, 1981.

---. *Ensayos sobre América Latina*. México: Ediciones Era, 1969.

de Costa, Elena. *Collaborative Latin American Popular Theatre*. New York: Peter Lang, 1992.

De Marinis, Marco. "La década prodigiosa: teatro norteamericano de los '60 y '70." *Teatro 2* 2.2 (1992): 87-96.

Derrida, Jacques. *Dos ensayos*. Barcelona: Anagrama, 1972.

de Toro, Fernando. *Brecht en el teatro hispanoamericano contemporáneo*. Canadá: Girol Books, 1984.

Dickstein, Morris. "After Utopia: The 1960s Today." Ed. Tischler, Barbara L. *Sights on the Sixties*. New Brunswick, NJ: Rutgers UP, 1992. 13-23.

Díez, Luys A. "Entrevista con Enrique Buenaventura." *Latin American Theatre Review* 14.2 (1981): 49-55.

Dollimore, Jonathan. *Sexual Dissidence: Augustine to Wilde, Freud to Foucault.* Oxford: Clarendon Press, 1991.

Doria, Gustavo A. *Moderno teatro brasileiro.* Río de Janeiro: Ministerio da Educação e Cultura, 1975.

Dragún, Osvaldo. *Amoretta.* Buenos Aires: Argentores, 1965.

---. "Entrevista." *Teatro: Hoy se comen al flaco, Al violador.* Ottawa, Canadá: Girol Books, 1981. 7-38.

---. *Heroica de Buenos Aires.* La Habana: Casa de las Américas, 1966.

---. *La peste viene de Melos.* Buenos Aires: Editorial Ariadna, 1956.

---. "Osvaldo Dragún: la honesta desnudez." *Teatro: Hoy se comen al flaco, Al violador.* Ottawa, Canadá: Girol Books, 1981. 39-71.

---. *Teatro: Hoy se comen al flaco, Al violador.* Ottawa, Canadá: Girol Books, 1981.

---. *¡Un maldito domingo!, Y nos dijeron que éramos inmortales, Milagro en el mercado viejo.* Madrid: Taurus, 1968.

Dranoel. *Quién es Cantinflas.* s.f.

Duvignaud, Jean. *El actor: bosquejo de una sociología del comediante.* Madrid: Taurus, 1966.

---. *Le Théâtre et après.* Belgique: Casterman, 1971.

---. *Spectacle et Société.* Paris: Denoël/Gonthier, 1970.

El caso Padilla: literatura y revolución en Cuba. Documentos. New York: Ediciones Nueva Atlántida, s.f.

Elliott, Jr., John R. "Medieval Acting." *Contexte of Early English Drama.* Ed. Marianne G. Briscoe y John C. Coldewey. Bloomington e Indianapolis: Indiana UP, 1989. 238-250.

Ehrenreich, Barbara. "Legacies of the 1960s: New Rights and New Lefts." Ed. Tischler, Barbara L. *Sights on the Sixties.* New Brunswick, NJ: Rutgers UP, 1992. 227-234.

El teatro latinoamericano de creación colectiva. La Habana: Casa de las Américas, 1978.

Fanon, Franz. *Los condenados de la tierra.* México: Fondo de Cultura Económica, 1963.

Farber, David. *The Age of Great Dreams: America in the 1960s.* New York: Hill and Wang, 1994.

Foster, David William. *Estudios sobre teatro mexicano contemporáneo.* New York: Peter Lang, 1984.

---. "Germán Rozenmacher: escribiendo la experiencia contemporánea judía en Argentina." *Teatro y teatristas*. Ed. Osvaldo Pellettieri. Buenos Aires: Editorial Galerna/Facultad de Filosofía y Letras (UBA), 1992. 129-136.

Foucault, Michel. *La verdad y las formas jurídicas*. México: Gedisa, 1986.

---. *Surveiller et punir*. Paris: Gallimard, 1975.

Freire, Paulo. *La educación como práctica de la libertad*. México: Siglo XXI Editores, 1978.

---. *Pedagogy of the Oppressed*. New York: Continuum, 1981.

Freud, Sigmund. *El yo y el ello. Obras completas*. Tomo XIX. Buenos Aires: Amorrortu Editores, 1984.

---. *Totem y tabú y Psicología de las masas y análisis del yo. Obras completas*. Tomo XIII. Buenos Aires: Amorrortu Editores, 1984.

---. *Standard Edition*, v. XIX. London: The Hogarth Press, 1961.

Furtado, Celso. *La economía latinoamericana: desde la conquista ibérica a la Revolución Cubana*. México: Siglo XXI, 1969.

Gambaro, Griselda. "Griselda Gambaro: La ética de la confrontación." *Griselda Gambaro. Teatro*. Ottawa: Girol Books, 1983.

García, Clóvis. "A evoluçao do espaço cenico ocidental." Serroni, J.C. *Uma experiencia cenográfica*. São Paulo: XX Bienal Internacional, 1989.

Garcia, Silvana. *Teatro da militância*. São Paulo: Editora Perspectiva, 1990.

García Márquez, Gabriel. *Cien años de soledad*. Buenos Aires: Editorial Sudamericana, 1967.

---. *El general en su laberinto*. Madrid: Mondadori, 1989.

Gavi, Philippe. *Che Guevara*. París: Editions Universitaires, 1970.

Gay, Peter. *Freud, Jews, and Other Germans. Masters and Victims in Modernist Culture*. New York: Oxford UP, 1978.

Geirola, Gustavo. "Algunas reflexiones preliminares a un discurso histórico y semiótico sobre el teatro argentino." *Revista del Instituto de Investigaciones Estéticas* 1 (1989): 70-77.

---. "Bases para una semiótica de la teatralidad: espacio, imagen y puesta en escena." *Gestos* 15 (1993): 25-40.

---. "Convergencias y divergencias entre la poesía de vanguardia y la poesía surgida de la Guerra Civil española." *Revista chilena de literatura* 47 (1995): 27-56.

---. "Esbozo para una lectura profana del Cántico Espiritual de San Juan de la Cruz." *Cuadernos para la Investigación de la Literatura Hispánica* 23 (1998):137-158.

---. "Juan Gabriel: cultura popular y sexo de los ángeles." *Latin American Music Review* 14.2 (1993): 232-267.

---. "Semiótica y proceso de producción." *Dispositio* 33-35 (1988): 163-269.

---. "Sobre la praxis teatral." *Espacio* 9 (1991): 85-97.

Gené, Juan Carlos y otros. "Teatro argentino: de Stanislavski a cuatro tablones en la calle." *Crisis* 11 (1979): 75-79.

Gitlin, Todd. *The Sixties: Years of Hope, Days of Rage.* New York: Bantam Book, 1987.

Goldberg, Roselee. *Performance Art: From Futurism to the Present.* New York: Harry N. Abrams, Inc., Publishers, 1988.

Goldsmith, Barclay. "Brecht and Chicano Theater." *Modern Chicano Writers.* Ed. Joseph Sommers y Tomás Ybarra-Frausto. Englewood Cliffs, NJ: Prentice-Hall, Inc., 1979. 167-175.

Gorostiza, Carlos. *El puente, El pan de la locura, Los prójimos.* Buenos Aires: Editorial Sudamericana, 1966.

Grotowski, Jerzy. *Hacia un teatro pobre.* México: Siglo XXI, 1981.

Gruzinski, Serge. "La guerra de las imágenes." *Nexos* 148 (1990): 5-9.

Guevara, Ernesto Che. *Obras* (1957-1967). 2 Vols. La Habana: Casa de las Américas, 1977.

Gutiérrez, Gustavo. *Dios o el oro en las Indias.* San Salvador: UCA Editores, 1991.

---. *Teología de la liberación: perspectivas.* Salamanca: Ediciones Sígueme, 1975.

Herms, Dieter. "Ideology and El Teatro Campesino." *Missions in Conflict: Essays on U.S.-Mexican Relations and Chicano Culture.* Ed. Juan Bardeleben y otros. Tubingen: Narr, 1986. 113-20.

Hernández, Guillermo E. *Chicano Satire: A Study in Literary Culture.* Austin: U of Texas P, 1991.

Hernández-Gutiérrez, Manuel de Jesús. *El colonialismo interno en la narrativa chicana.* Tempe, Arizona: Bilingual Press, 1994.

Hethmon, Robert H. *El método del Actors Studio. Conversaciones con Lee Strasberg.* Madrid: Editorial Fundamentos, 1972.

Huerta, Jorge A. *Chicano Theater: Themes and Forms.* Ypsilanti, Michigan: Bilingual Press/Editorial Bilingüe, 1982.

---. "Introducción." Valdez, Luis. *Zoot Suit and Other Plays*. Texas: Arte Publico Press, 1992. 7-20.

Hutcheon, Linda. *A Poetics of Postmodernism*. New York: Routledge, 1988.

Ivernel, Philippe. "Introduction Générale." Ed. Denis Bablet. *Le Théâtre d'agit-prop de 1917 à 1932*. Tomo 1. Lausanne, Suisse: La Cité-L'Age d'Homme, 1977. 9-26.

---. "Ouverture Historique 1936 et 1968." Eds. Jonny Ebstein y Philippe Ivernel. *Le Théâtre d'intervention depuis 1968*. Tomo I. Laussanne, Suisse: L'Age d'Homme, 1983. 9-28.

Jameson, Fredric. "Periodizing the 60s." *The Ideologies of Theory: Essays 1971-1986*. Vol. 2: Sintax of History. Minneapolis: U of Minnesotta, 1988. 178-208.

---. *Postmodernism or, The Cultural Logic of Late Capitalism*. Durham: Duke UP, 1991.

---. *The Political Unconscious*. Ithaca, NY: Cornell UP, 1981.

Jauretche, Arturo. *El medio pelo en la sociedad argentina (apuntes para una sociología nacional)*. Buenos Aires: A. Peña Lillo, 1976.

Jitrik, Noé. *Los dos ejes de la Cruz: la escritura de apropiación en el diario, el Memorial, las cartas y el testamento del enviado real Cristóbal Colón*. México: ICUAP, 1983.

---. *Producción literaria y producción social*. Buenos Aires: Editorial Sudamericana, 1975.

Kahrl, Stanley J. "Medieval Staging and Performance." *Contexts of Early English Drama*. Eds. Marianne G. Briscoe y John C. Coldewey. Bloomington e Indianapolis: Indiana UP, 1989. 219-237.

King, John. *El Di Tella y el desarrollo cultural argentino en la década del sesenta*. Buenos Aires: Ediciones de Arte Gaglianone, 1985.

Knowles, Richard Paul. "The Dramaturgy of the Perverse." *Theatre Research International* 17.3 (199): 226-235.

Kristeva, Julia. "On Yuri Lotman." *PMLA* 109.3 (1994): 375-376.

---. *Soleil Noir. Dépression et mélancolie*. París: Gallimard, 1987.

Lacan, Jacques. *Écrits*. París: du Seuil, 1966.

---. *Seminario II: El yo en la teoría de Freud y en la técnica psicoanalítica*. Buenos Aires: Paidós, 1988.

---. *Seminario XI: Los cuatro conceptos fundamentales del psicoanálisis*. Buenos Aires: Paidós, 1987.

---. *Seminario XX: Aun*. Barcelona: Paidós, 1985.

Lagos de Kassai, M. Soledad. *Creación colectiva: teatro chileno a fines de la década de los 80*. Frankfurt am Main: Peter Lang, 1994.

Laqueur, Walter. *Guerrilla: A Historical and Critical Study*. Bouilder and London: Westview Press, 1984.

Leal, Rine. *Breve historia del teatro cubano*. La Habana: Editorial Letras Cubanas, 1980.

---. *Teatro Escambray*. La Habana: Editorial Letras Cubanas, 1978.

Leis, Héctor Ricardo. *Intelectuales y política (1966-1973)*. Buenos Aires: Centro Editor de América Latina, 1991.

Lévi-Strauss, Claude. *Anthropologie structurale*. París: Plon, 1958.

Longoni, Ana. "Vanguardia artística y vanguardia política en la Argentina de los sesenta: una primera aproximación." *Revista chilena de literatura* 42 (1993): 107-114.

Loyola, Ignacio de. *Obras completas*. Madrid: BAC, 1982.

Ludmer, Josefina. "El delito: ficciones de exclusión y sueños de justicia." *Revista de crítica literaria latinoamericana* 38 (1993): 145-153.

---, comp. *Las culturas de fin de siglo en América Latina*. Rosario, Argentina: Beatriz Viterbo Editora, 1994.

Mannoni, Octave. *La otra escena. Claves de lo imaginario*. Buenos Aires: Amorrortu, 1979.

Manso, Leonor. "Los actores en las décadas del setenta y el ochenta." *Cuadernos hispanoamericanos* 517-519 (1993): 538-540.

Marchilli, Alberto. "El fantasma y lo invocante." *Conjetural* 9 (1985): 13-32.

Marks, Elaine. "Presidential Address 1993. Multiplicity and Mortality." *PMLA* 109.3 (1994): 366-374.

Martí, José. "Nuestra América." *Literatura hispanoamericana: una antología*. Ed. David W. Foster. New York & London: Garland Publishing, 1994. 453-461.

Marx, Karl. *El Capital: crítica de la economía política*. 3 vols. México: F.C.E., 1973.

Masotta, Oscar y otros. *Happenings*. Buenos Aires: Editorial Jorge Alvarez, 1967.

---. *Lecturas de psicoanálisis: Freud, Lacan*. Buenos Aires: Paidós, 1992.

Mattelart, Armand y Michèle. *The Carnival of Images: Brazilian Television Fiction*. New York: Bergin & Garvey, 1990.

McQuade, Frank. "Mundo Nuevo: el discurso político en una revista intelectual de los sesenta." *Revista chilena de literatura* 42 (1993): 123-130.

Memmi, Albert. *Portrait du colonisé.* París: Gallimard, 1985.

"Mesa redonda sobre el teatro argentino de la década del 60." *Teatro argentino de los '60: polémica, continuidad y ruptura.* Pellettieri, Osvaldo, comp. Buenos Aires: Corregidor, 1989. 17-31.

Meyer, Michael C. y William L. Sherman. *The Course of Mexican History.* New York: Oxford UP, 1983.

Miller, Jacques-Alain. *Recorrido de Lacan.* Buenos Aires: Manantial, 1986.

Molloy, Silvia. "La política de la pose." *Las culturas de fin de siglo en América Latina.* Josefina Ludmer, comp. Rosario, Argentina: Beatriz Viterbo Editora, 1994. 128-138.

Monsiváis, Carlos. "Instituciones: Cantinflas. Ahí estuvo el detalle." *Escenas de pudor y liviandad.* México: Grijalbo, 1988. 77-96.

---. "Los milenarismos." *Las culturas de fin de siglo en América Latina.* Josefina Ludmer, comp. Rosario, Argentina: Beatriz Viterbo Editora, 1994. 164-183.

Monteleone, Jorge. "Cuerpo constelado. Sobre la poesía de rock argentino." *Cuadernos hispanoamericanos* 517-519 (1993): 401-420.

Monti, Ricardo. *Una pasión sudamericana. Teatro argentino contemporáneo: antología.* Madrid: Fondo de Cultura Económica, 1992. 1023-97.

Morales, Miguel Angel. *Cómicos de México.* México: Panorama Editorial, 1987.

Mosse, George L. *Nationalism and Sexuality.* New York: Howard Fertig, 1985.

Muguercia, Magaly. *Teatro: en busca de una expresión socialista.* La Habana: Edito-rial Letras Cubanas, 1981.

Muraro, Heriberto. "La manija: ¿quiénes son los dueños de los medios de comunicación en América Latina? *Crisis* 1 (1973): 48-54.

---. "La manija (II): los dueños de la televisión argentina." *Crisis* 2 (1973): 52-60.

Mutchinick, Daniel. "La voz: un estilo del fantasma." *Conjetural 9* (1985): 47-53.

Nietzsche, Friedrich. *The Genealogy of Morals.* New York: The Modern Library, s.f.

Noé, Luis Felipe. "Artes plásticas argentinas, sociedad anónima." *Cuadernos hispanoamericanos* 517-519 (1993): 245-268.

Orona-Cordova, Roberta. "Zoot Suit and the Pachuco Phenomenon: An Interview with Luis Valdez." *Revista chicano-riqueña* XI.1 (1983): 95-111.

Pavlovsky, Eduardo. "El nacimiento del señor Galíndez." *Crisis* 4 (1973): 70-71.

---. *El señor Galíndez. Antología del teatro hispanoamericano del siglo XX*. Ottawa: Girol Books, 1983. 149-201.

Payne, D.R. *Theory and Craft of the Scenographic Model*. Illinois: Soutthern Illinois UP, 1976.

Paz, Octavio. *Corriente alterna*. México: Siglo XXI, 1972.

Peirce, Charles S. *La ciencia de la semiótica*. Buenos Aires: Nueva Visión, 1974.

Pellettieri, Osvaldo. "El teatro argentino del sesenta y su proyección en la actualidad." Comp. Osvaldo Pellettieri. *Teatro argentino de los '60: polémica, continuidad y ruptura*. Buenos Aires: Corregidor, 1989. 75-97.

---. "Los modelos del teatro popular argentino de las primeras décadas del siglo y su productividad en el sistema teatral abierto en los sesenta." *De la colonia a la postmodernidad*. Ed. Peter Roster y Mario Rojas. Buenos Aires: Galerna, 1992. 119-133.

Perales, Rosalina. *Teatro hispanoamericano contemporáneo (1967-1987)*. 2 vols. México: Grupo Editorial Gaceta, 1989 y 1993.

Pérez, Ismael Diego. *Cantinflas: genio del humor y del absurdo*. México: Editorial Indo-Hispana, 1954.

Petras, James. "The metamorphosis of Latin America's Intellectuals." *International Journal of Contemporary Sociology* 161-70.

Pianca, Marina. *El teatro de Nuestra América: un proyecto continental 1959-1989*. Minnesota: Institute for the Study of Ideologies and Literature, 1990.

Pirenne, M.H. Optics, *Painting & Photography*. London: Cambridge UP, 1970.

Price, Richard. *Maroon Societies. Rebel Slaves Communities in Americas*. New York: Anchor Books/Doubleday, 1973.

Puig, Manuel. *El beso de la mujer araña*. Barcelona: Editorial Seix Barral, 1976.

Reachi, Santiago. *La revolución, Cantinflas y Jolopo*. México: Edamex, 1982.

Riding, Alan. *Distant Neighbors: A Portrait of the Mexicans*. New York: Alfred A. Knopf, 1985.

Rizk, Beatriz. *Buenaventura: la dramaturgia de la creación colectiva*. México: Grupo Editorial Gaceta, 1991.

---. *El nuevo teatro latinoamericano: una lectura histórica*. Minneapolis, MN: Prisma Institute-Institute for the Studies of Ideologies and Literature, 1987.

Roach, Joseph R. *The Player's Passion*. Cranbury, NJ: Associated UP, 1985.

Robles, Humberto. *Los desarraigados*. México: Instituto Nacional de Bellas Artes, 1962.

Rodríguez-Carranza, Luz. "L'Individu et l'institution: le discours critique des revues littéraires des années 1960 en Amerique Latine." *Proceedings of the XIIth Congress of The International Comparative Literature Association*. Ed. Roger Bauer y Douwe Fokkema. Vol. IV. München: Iudicium Verlag, 1990. 176-183.

Romano, Eduardo. "Parodia televisiva y sobre otros géneros discursivos populares." *Cuadernos hispanoamericanos* 517-519 (1993): 323- 335.

Rozenmacher, Germán. *El Lazarillo de Tormes*. Buenos Aires: Talía, 1971.

---. *Réquiem para un viernes a la noche. Teatro argentino contemporáneo: antología*. Madrid: Fondo de Cultura Económica, 1992. 797-852.

Rozitchner, León. *Moral burguesa y revolución*. Buenos Aires: Editorial Tiempo Contemporáneo, 1969.

---. *Freud y los límites del individualismo burgués*. México: Siglo XXI Editores, 1979.

Rudnitsky, Konstantin. *Russian & Soviet Theatre: Tradition & the Avant-Garde*. London: Thames and Hudson, 1988.

Sarlo, Beatriz. *Escenas de la vida posmoderna: intelectuales, arte y videocultura en la Argentina*. Buenos Aires: Ariel, 1994.

Sartre, Jean Paul. *El ser y la nada*. Buenos Aires: Losada, 1966.

---. *L'Etre et le Néant*. Paris: Gallimard, 1943.

---. "Prefacio." Fanon, Franz. *Los condenados de la tierra*. México: Fondo de Cultura Económica, 1963. 7-29.

Schechner, R. "6 Axioms for Environmental Theatre." *The Drama Review* 12 (1968): 41-64.

Schumann, Peter B. *Historia del cine latinoamericano*. Buenos Aires: Editorial Legasa, 1987.

Séjourné, Laurette. *Teatro Escambray: una experiencia*. La Habana: Editorial de Ciencias Sociales, 1977.

Serrano, Raúl. *Dialéctica del trabajo creador del actor*. Buenos Aires: Adams, 1982.

Serroni, J.C. *Uma experiencia cenográfica*. São Paulo: XX Bienal Internacional, 1989.

Sfeir, Dahd. "Ocho días en el nuevo teatro de la revolución." *Crisis* 6 (1973): 49-55.

Shank, Theodore. *American Alternative Theater*. New York: Grove Press, 1982.

Sigal, Silvia. *Intelectuales y poder en la década del sesenta*. Buenos Aires: Puntosur Editores, 1991.

Spivak, Gayatri Ch. "Negotiating the Structures of Violence." *The Post-Colonial Critic*. New York: Routledge, 1990. 138-151.

Stanislavski, Constantin. *An Actor Prepares*. New York: Routledge, 1989.

---. *Creating a Role*. New York: Theatre Arts Books, 1975.

Stierli, Josef. "Ignatian Prayer: Seeking God in All Things." Ed. Friedrich Wulf, S.J. *Ignatius of Loyola: His Personality and Spiritual Heritage 1556-1956*. St. Louis: The Institute of Jesuit Sources, 1977. 135-63

Strasberg, Lee. *El método del Actor Studio. Conversaciones con Lee Strasberg*. Ed. Robert H. Hethmon. Madrid: Editorial Fundamentos, 1972.

Symons, James Martin. "A Theatre Laboratory: The Productions of Vsevo-lod Meyerhold, 1920-1932." *DAI* 71-14,600. Cornell University, 1970.

Talesnik, Ricardo. *Teatro. La fiaca. Cien veces no debo*. Ottawa: Girol Books, 1980.

Terán, Oscar. *Nuestros años sesentas*. Buenos Aires: Puntosur Editores, 1991.

---. *Rasgos de la cultura intelectual argentina, 1956-1966*. Latin American Studies Center Series No. 2. Maryland: U of Maryland, 1991.

Theroux, Paul. *The Old Patagonian Express*. Boston: Houghton Mifflin Company, 1979.

Theweleit, Klaus. *Male Fantasies*. 2 vols. Minneapolis: U of Minnesota P, 1987.

Tischler, Barbara L. "Introduction: 'It Was Twenty Years Ago Today' or Why We Need More 1960s Scholarship." Ed. Tischler, Barbara L. *Sights on the Sixties*. New Brunswick, NJ: Rutgers UP, 1992. 1-11.

Valdez, Luis. *Early Works: Actos, Bernabé, Pensamiento Serpentino*. Houston: Arte Público Press, 1990.

---. "El Teatro Campesino." *Ramparts* (Julio 1966): 55-56.

Valente, José A. "Cuba: dogma y ritual." *El caso Padrilla: literatura y revolución en Cuba. Documentos*. New York: Ediciones Nueva Atlántida, s.f.

Valiño Cedré, Omar. *La aventura del Escambray: notas sobre teatro y sociedad*. La Habana: Instituto Cubano del Libro, s.f.

Vallejo, César. *Crónicas*. 2 Vols. México: UNAM, 1984.

Versényi, Adam. *Theatre in Latin America: Religion, Politics, and culture from Cortés to the 1980s*. New York: Cambridge UP, 1993.

Villegas, Juan. "De canonización y recanonización. La historia del teatro latinoamericano." Ed. Peter Roster y Mario Rojas. *De la Colonia a la Postmodernidad.* Buenos Aires: Editorial Galerna, 1992. 99-106.

---. "Historia del teatro hispanoamericano. Tipos de discursos críticos y discursos teatrales." *Dispositio* 33-35 (1988): 146-160.

Villegas, Oscar. *Mucho gusto en conocerlo y otras obras.* México: Editores Mexicanos Unidos, 1985.

Viñas, David. "19 núcleos para una primera discusión alrededor de un teatro." *Crisis* 1 (1973): 24-26.

Vuskovic, Pedro y Belarmino Elgueta. *Che Guevara: en el presente de América Latina.* Buenos Aires: Ed. Contrapunto, 1987.

Weiss, Judith A. et al. *Latin American Popular Theatre.* Albuquerque: U of New Mexico P, 1993.

Wolter, Hans. "Elements of Crusade Spirituality." Ed. Friedrich Wulf, S.J. *Ignatius of Loyola: His Personality and Spiritual Heritage 1556-1956.* St. Louis: The Institute of Jesuit Sources, 1977. 97-134.

Woodyard, George. "El teatro de Oscar Villegas: experimentación con la forma." Villegas, Oscar. *Mucho gusto en conocerlo y otras obras.* México: Edito-res Mexicanos Unidos, 1985. 5-8.

Worthen, William B. "Stanislavky and the Ethos of Acting." *Theatre Journal* 35.1 (1983): 32-40.

Yarbro-Bejarano, Yvonne. "From acto to mito: A Critical Appraisal of the Teatro Campesino." *Modern Chicano Writers.* Ed. Joseph Sommers y Tomás Ybarra-Frausto. Englewood Cliffs, NJ: Prentice-Hall, Inc., 1979. 176-185.

Zubov, Andrés. "Meyerhold, profeta del teatro del futuro." *Crisis* 30 (1975): 36-39.

Argus-*a*
Artes y Humanidades / Arts & Humanities
Los Ángeles – Buenos Aires
2018

www.ingramcontent.com/pod-product-compliance
Lightning Source LLC
Chambersburg PA
CBHW020633220526
45464CB00001B/135